Segretari e leader
del socialismo italiano
di Ferdinando Leonzio

ZeroBook
2018

Titolo originario: *Segretari e leader del socialismo italiano* / di Ferdinando Leonzio

Questo libro è stato edito da ZeroBook: www.zerobook.it.
Seconda edizione: novembre 2018
ISBN 978-88-6711-114-5

Tutti i diritti riservati in tutti i Paesi. Questo libro è pubblicato senza scopi di lucro ed esce sotto Creative Commons Licenses. Si fa divieto di riproduzione per fini commerciali. Il testo può essere citato o sviluppato purché sia mantenuto il tipo di licenza, e sia avvertito l'editore o l'autore.
Font utilizzati: Alegreya (testo), Franklin gothic heavy (titoli principali), Book antiqua, Carlito.
Controllo qualità ZeroBook: se trovi un errore, segnalacelo!
mailto: zerobook@girodivite.it

Indice generale

Introduzione..9
La storia..17
   Il periodo riformista (1892-1912).......................................17
      1 - Verso il partito di classe...................................... 17
      2 – Il Partito dei Lavoratori Italiani............................ 21
      3 - Dal PLI al PSL1... 23
      4 – Il PSI e l'Avanti!... 24
      5 - I fatti di Milano 27
      6 – La vittoria riformista del 1902............................. 28
      7 - La vittoria di Enrico Ferri..................................... 29
      8 - La vittoria integralista... 30
      9 – Il ritorno dei riformisti.. 32
   Il periodo rivoluzionario (1912-1926)................................38
      1 - La scissione dei riformisti di destra e la guerra...................38
      2 - La scissione comunista (1921) 50
      3 - La scissione riformista (1922)............................ 53
      4 - L'avvento del fascismo....................................... 58
      5 - Lo scioglimento dei partiti.................................. 61
   Il periodo dell'esilio (1926 – 1943).....................................66
      1 - La ricostituzione all'estero.................................. 66
      2 – Il convegno di Marsiglia..................................... 70
      3 - Il congresso di Grenoble..................................... 71
      4 - L'unificazione socialista e la battaglia antifascista...............75
      5 – Guerra e sbandamento...................................... 83
      6 – La ricostituzione del PSI in Italia........................ 87
   Il periodo del dopoguerra (1943-1955).............................91
      1 - La nascita del PSIUP... 91
      2 – La Repubblica... 95
      3 - La scissione di Saragat....................................... 98
      4 - La scissione di Romita..................................... 104
      5- La fondazione del PSU...................................... 111

  6 - Fusione socialdemocratica e legge truffa..........................116
  7 - Qui Budapest..126
 Il periodo dell'autonomia e del centro-sinistra (1956-1976) 135
  1- Il difficile dialogo...135
  2 - L'autonomia...139
  3- Scissione a sinistra..150
  4 - Fusione a destra..158
  5- Scissione a destra..163
  6 - De Martino..169
 Il periodo craxiano (1976-1994)...178
  1 - Il Midas...178
  2 - Proudhon..182
  3 - Il pentapartito..193
  4 - Cariglia..206
  5 - Scissione (dal PSDI) e confluenza (nel PSI)......................213
  6 -Verso la crisi..220
  6 - Il crollo..228
  8 - Dimissioni...236
  9 - Scioglimento...247
 Il periodo della diaspora (1994-2010)...............................254
  1 - L'ala sinistra..254
  2 - L'ala destra...259
  3 - Lo SDI e il Nuovo PSI..262
  4 - Il nuovo PSDI..269
  5 - La Costituente Socialista..279
  6 - Attualità...287
 Riflessioni...293
Partiti e leader del socialismo italiano............................299
 Partiti e movimenti...299
 Segretari e leader...331
Testi consultati...563
Nota di edizione...567
 Questo libro...567

L'autore..567
Le edizioni ZeroBook...568

Introduzione

> *Il socialismo è istinto, che diviene coscienza e si tramuta in volontà.*
> Claudio Treves

Mi sono chiesto più volte perché, qualche anno fa, decisi di intraprendere questo lavoro; la risposta che mi sono dato è stata sempre la stessa: "**Per soddisfare una mia curiosità**"; ed ora posso aggiungere, dal momento che ho deciso di pubblicarne i risultati, "**...e quella di qualche altro**".
Questa curiosità era principalmente diretta a conoscere i nomi e alcune informazioni sui segretari nazionali, o meglio su coloro in genere che, nel corso di un secolo, avevano diretto e rappresentato al massimo livello il partito socialista italiano, in cui avevo militato dal 1957 al suo scioglimento nel 1994. Nel corso del lavoro sono "incappato" in alcuni fatti poco noti o dimenticati ed ho deciso di inserirli nel testo, così come ho deciso di estendere la ricerca ai partiti e movimenti *socialisti* derivati dal ramo principale, intendendo per ramo principale il PSI e per socialisti quei raggruppamenti che si sono proclamati tali, prescindendo dal fatto se l'aggettivo sia

stato da loro appropriatamente utilizzato o inopinatamente usurpato.

Mi preme anzitutto precisare che inizialmente il ruolo di un segretario di partito era appunto quello di fare il... segretario; egli aveva cioè il compito, di natura prevalentemente burocratica, di mantenere i contatti con e fra gli associati. Come appunto avveniva nella Prima Internazionale, dove c'era un segretario per l'Italia, un altro per la Germania, e così via.

A livello internazionale il "salto di qualità" si ebbe nell'Unione sovietica nel 1922, quando nel Partito bolscevico (comunista), il cui leader indiscusso era Lenin, allora capo del governo (più precisamente: Presidente del Consiglio dei Commissari del Popolo), senza darvi troppa importanza, fu eletto segretario Giuseppe Stalin. Quando Lenin si accorse dell'errore fu troppo tardi, perché Stalin, controllando la vita interna del partito, principalmente il tesseramento, man mano se ne assicurò il controllo, di cui si servì per eliminare i suoi concorrenti nella lotta per il potere. Fu da allora, comunque, che si cominciò a capire come poteva diventare importante la carica di segretario, non solo nell'URSS e nel PCUS, ma in tutto il mondo.

In alcuni partiti italiani è successivamente avvenuto che accanto al segretario è comparsa la figura del Presidente, detto "del partito", ma più spesso e più precisamente "del Comitato

Centrale" o "del Consiglio Nazionale", come fu il caso di Nenni nel PSI e di Moro nella DC; si trattava però, in quei casi, di personaggi forti, autorevoli per il loro carisma o per il seguito che avevano nel Paese, ma non certo per gli scarsi poteri che lo Statuto gli conferiva.

In tempi a noi più vicini si è avuta una decisa inversione di rotta. Se *la terminologia è lo specchio dell'ideologia*, come ebbe a dire una volta Turati, e se il segretario, da organo di coordinamento burocratico qual'era agli inizi, è diventato colui che presiede alle attività di un partito e che lo rappresenta nei rapporti con l'esterno, è di recente sembrato giusto che lo si indichi in modo più appropriato, che lo si denomini quindi "presidente", come è avvenuto per esempio per Berlusconi (presidente di Forza Italia e poi del PDL) o per Fini (presidente di AN e poi di FLI). Quando invece il segretario, specialmente a livello locale, è diventato praticamente solo colui che indice le riunioni e si"sciroppa" gli incontri politici più inconcludenti, ecco che cede il posto all'evanescente, ma più appropriato termine di "coordinatore". Un nome, dunque, per ogni tempo.

Nel PSI, oggetto principale della presente ricerca, inizialmente la figura del segretario-leader non c'era, poiché la direzione del partito era collegiale ("Comitato Centrale", "Ufficio Esecutivo Centrale") e spesso essa rimaneva oscurata dal prestigio dei più famosi parlamentari come Turati o Prampolini o, più ancora, da quello del direttore dell'*Avanti!*, lo strumento più efficace di collegamento fra le sezioni e di orientamento politico e di formazione della base (basti pensare all'autorevolezza di direttori come Bissolati, Mussolini o Serrati, assai più noti dei segretari loro coevi).

Il segretario, nel partito socialista, compare dapprima come un funzionario stipendiato che esegue le direttive dell'organo collegiale, senza farne parte e poi (dal 1908) diventa un membro della Direzione ed un rappresentante della stessa (Pompeo Ciotti); ma è soprattutto dal 1912, con la vittoria della sinistra al congresso di Reggio Emilia, che il segretario (Costantino Lazzari) comincia ad acquistare spessore politico. La nuova maggioranza, infatti, controlla il partito e il quotidiano, ma non il gruppo parlamentare e il sindacato, in cui prevalgono i riformisti. Di conseguenza emerge e si consolida la tendenza a promuovere, anche statutariamente, la preminenza del partito, e quindi del segretario che lo rappresenta, nei confronti di altri poteri, quale quello della rappresentanza parlamentare e di quelle degli enti locali, che in passato avevano goduto di larga autonomia.

Il presente lavoro consiste in una narrazione sommaria della secolare vicenda partitica che riguarda il movimento socialista italiano, con l'indicazione di brevi note biografiche di coloro che, nel corso della sua lunga vita, si trovarono ai massimi vertici delle sue varie espressioni, o come componenti di un vertice collegiale, come avvenne nel PSI fino al 1908, o come esponenti che singolarmente esercitarono la massima funzione direttiva nei partiti o movimenti socialisti italiani, escludendo quelli inseritisi in altri filoni, come ad esempio il PDS/DS, e i gruppuscoli di rapida evaporazione. Alla fine della cornice narrativa, inoltre, ho ritenuto opportuno aggiungere, come appendice, in ordine cronologico e partito per partito, gli elenchi completi di tutti gli organismi (collegiali o singoli) che si sono succeduti alla guida di ognuno di essi.

Mi pare giusto, infine, precisare, che non è intendimento dell'autore offrire ai lettori originali spunti interpretativi sulle già note vicende storiche, del resto qui appena tratteggiate, né illustrare particolari scoperte storiografiche, essendo questo libro frutto esclusivo di ricerche nella vasta bibliografia esistente sul socialismo italiano. Più modestamente egli ha ritenuto di raggruppare e ordinare notizie e particolari di non sempre facile reperimento, sicuramente utili per chi voglia utilizzarli a supporto di lavori storicamente più impegnativi.
Di una cosa posso, comunque, rassicurarli: della serietà della biennale impegnativa ricerca, svolta con la passione necessaria per cercare di superare gli innumerevoli ostacoli, via via presentatisi.

F. L.

Segretari e leader
del socialismo italiano

La storia

Il periodo riformista (1892-1912)

> *Il socialismo è portare avanti
> quelli che sono nati indietro*
> Pietro Nenni

1 - Verso il partito di classe

Gli ultimi decenni dell'Ottocento furono contrassegnati, nell'ambito parlamentare italiano —parliamo di un parlamento eletto a suffragio assai ristretto - dal fenomeno del *trasformismo*, praticato dopo l'avvento al potere (1876) della sinistra costituzionale di Depretis. Esso si rivelò ben presto uno strumento di unificazione della borghesia, compresa quella risorgimentale, che, superato il periodo epico delle lotte per l'unità e per l'indipendenza, venne a trovarsi nella necessità di difendere assai più materiali interessi: gli interessi monopolistici del sorgente capitalismo del Nord, la cui politica protezionistica finì con lo scaricare sui consumatori e sui lavoratori il prezzo dello sviluppo industriale, e gli interessi degli agrari del Centro e del Sud, smaniosi di contenere la pressione delle masse contadine, ridotte, specialmente in seguito alla crisi degli anni '90 e alla conseguente disoccupazione, a condizioni di vita ai limiti della sopravvivenza.

Di fronte alla politica di brutale sfruttamento e di repressione nei confronti della classe lavoratrice, adottata dai convergenti interessi di industriali ed agrari, che si avvalevano in ciò anche della forza coercitiva dello Stato, la risposta non poteva essere quella adottata dalle esistenti forze d'opposizione: non di quelle d'ispirazione mazziniana o repubblicana in genere, organizzate nelle *Società Operaie Affratellate*, inclini a forme di collaborazione, piuttosto che di lotta di classe, con obiettivi di tipo solidaristico e scarsamente presenti nelle campagne, specie del Mezzogiorno; non di quelle anarchiche, egemoni nella Federazione Italiana dell'Internazionale, ma votate a metodi di lotta legati allo spontaneismo insurrezionale di masse esasperate e ad attività di tipo cospirativo, che nessun risultato concreto avevano conseguito.
Né erano riuscite a dare risposte valide alle esigenze di difesa e di lotta delle masse alcune formazioni politiche, organizzate sì, ma che non erano riuscite a superare la dimensione regionale, come il **Partito Operaio Italiano**, presente in Lombardia dal 1882, che aveva limitato la sua azione al campo economico, rifuggendo dal partecipare alla lotta politica per influire sui centri del potere; o come il **Partito Socialista Rivoluzionario di Romagna**, fondato (1881) dal socialista **Andrea Costa**. Erano altresì presenti nel territorio nazionale vari gruppi di ispirazione socialista, come quelli organizzati

da **Rosario Garibaldi Bosco** in Sicilia (Fascio dei Lavoratori di Palermo) o dall'on. **Camillo Prampolini** (organizzatore e *apostolo del socialismo* nelle campagne) a Reggio Emilia, ormai orientati verso un processo di unificazione, reso ancor più necessario dalla vocazione conservatrice del capitalismo italiano.

A rendersi conto per primi, con decisione e lucidità, della necessità di mettere al passo con quanto avveniva in Europa (il 14-7-1889 era stata fondata la Seconda Internazionale) in ambito proletario, il movimento operaio italiano - ancora diviso fra socialisti, anarchici, operaisti, mazziniani, radicali - furono intellettuali che si erano staccati dal radicalismo democratico per approdare al socialismo di ispirazione marxista, come il milanese **Filippo Turati**, sulla cui evoluzione politica grande influenza avevano esercitato la sua compagna di vita, l'esule russa **Anna Kuliscioff**, e il filosofo marxista **Antonio Labriola**; furono anche i più lucidi dirigenti operai, come **Costantino Lazzari** e **Giuseppe Croce** a capire la necessità, ormai impellente, di sostenere la lotta economica dei lavoratori con la partecipazione alla lotta politica e soprattutto col favorire un processo unitario su basi chiare, su basi socialiste.
Turati e la Kuliscioff furono i promotori (1889) e gli animatori della **Lega Socialista** di Milano, un'associazione politico-culturale che diede un forte impulso per la fondazione in Italia di un partito socialista, capace di fare una politica di classe

non più vincolata al radicalismo borghese e di superare l'economicismo degli operaisti. Vi riuscirono soprattutto con l'approvazione di un documento programmatico, poi divenuto la piattaforma del nuovo partito, che aveva come punto centrale l'esigenza di un'organizzazione autonoma dei lavoratori, attrezzata per lottare per la conquista dei pubblici poteri, col fine ultimo della socializzazione dei mezzi di produzione, elementi tutti di distinzione rispetto agli altri filoni culturali allora presenti nel movimento operaio italiano.

Fu dunque per iniziativa dei milanesi che nelle giornate del 2 e del 3 agosto 1891 si riunì, presenti 250 delegati in rappresentanza di 450 associazioni operaie, il *Congresso Operaio Italiano*, le cui principali deliberazioni riguardarono la volontà di costituire, in un nuovo congresso, da tenersi a Genova l'anno seguente, il **Partito dei Lavoratori Italiani** (denominazione proposta da Maffi) e la nomina di una *Commissione*, per la formazione di un progetto di programma e di statuto del nuovo partito da sottoporre al congresso stesso. La Commissione, la cui sede era stabilita a Milano, ultimato il suo lavoro, si sarebbe poi trasformata in *Comitato Centrale Provvisorio*.
Di essa furono designati a far parte **Enrico Bertini, Silvio Cattaneo, Carlo Cremonesi, Giuseppe Croce, Costantino Lazzari, Antonio Maffi** e **Anna Maria Mozzoni**.

2 – Il Partito dei Lavoratori Italiani

Il congresso costitutivo del **Partito dei Lavoratori Italiani**, in cui erano rappresentate 324 associazioni, si tenne a Genova il 14 e 15 agosto 1892 e fu segnato, all'inizio, dalla contrapposizione, a volte piuttosto aspra, fra la corrente socialista, maggioritaria, e quelle, per l'occasione alleate, degli operaisti irriducibili, guidati da Alfredo Casati, e degli anarchici, il cui esponente più famoso fra i presenti era Pietro Gori. Dopo il sostanziale nulla di fatto della prima giornata, i socialisti decisero di riunirsi l'indomani in un'altra sala e da soli, rendendo così irreversibile la scissione dagli anarchici. Il congresso socialista deliberò dunque la nascita del **Partito dei Lavoratori Italiani** (aderente alla II Internazionale), ne approvò il programma e lo statuto, scelse come suo organo ufficiale il settimanale *Lotta di classe* (sottotitolo: *Organo Socialista Centrale del Partito dei Lavoratori Italiani*), con direttore **Camillo Prampolini** (già direttore de *La Giustizia* di Reggio Emilia) ed elesse il nuovo Comitato Centrale di sette membri, sempre con sede a Milano, col compito di esercitare la funzione esecutiva delle risoluzioni congressuali ed in particolare di sorvegliare e dirigere l'organizzazione e la propaganda del partito. Esso risultò così composto: **Enrico Bertini**, **Giuseppe Croce**, **Carlo Dell'Avalle**, **Annetta Ferla**, **Giuseppe Fossati**, **Costantino Lazzari** e **Antonio Maffi**.

Da rilevare che, in questa fase di gestazione del nuovo partito nato dalla confluenza del movimento operaio e della ideologia socialista, al Comitato Centrale spettano funzioni più che altro amministrative e burocratiche, come è evidenziato anche dall'assenza nel suo seno delle personalità allora più illustri del socialismo italiano, le quali in effetti esercitavano la loro funzione dirigente con ben più efficaci strumenti. La loro posizione di preminenza nell'elaborazione della linea del partito era assicurata, infatti, prevalentemente dal controllo della stampa, come ad esempio accadeva per Turati, che dirigeva *Critica Sociale* e influiva anche su *Lotta di* classe, o dalla presenza in parlamento, come nel caso di Costa e Prampolini, tutte personalità, comunque, di alto spessore morale, oltre che politico.

L'adesione al partito era riservata alle associazioni che ne condividevano le finalità (socializzazione dei mezzi di lavoro, da ottenere mediante la lotta di classe, mirante al miglioramento delle condizioni di lavoro ed alla conquista dei pubblici poteri).
Già nel novembre 1892 il PLI poteva registrare due successi: l'elezione di quattro deputati socialisti e l'uscita del periodico *L'asino*, diretto da Guido Podrecca.

3 – Dal PLI al PSL1

Il secondo congresso del Partito dei Lavoratori Italiani (8-10/09/1893) si tenne a Reggio Emilia, centro dell'azione del deputato Camillo Prampolini, con la partecipazione di 300 delegati in rappresentanza di 217 associazioni. Nel corso dei lavori, a cui presenziava anche Andrea Costa, dall'agosto precedente entrato nel partito, furono assunte importanti deliberazioni, fra cui rilevante fu la modifica —su proposta di Zirardini - della denominazione in **Partito Socialista dei Lavoratori Italiani**.

Per la prima volta, ad iniziativa principalmente di Costantino Lazzari, fu posto il problema dei rapporti tra organi di partito e parlamentari o amministratori socialisti, ora formalmente invitati a costituirsi in gruppo autonomo, con un proprio segretario, al fine di coordinarsi con il Comitato Centrale (o con gli organi periferici del partito) e di eseguirne le direttive. Importanti furono le prese di posizione per l'abolizione dei dazi di consumo, per le otto ore di lavoro, per la protezione del lavoro femminile e minorile, per il suffragio universale e per il referendum. Il congresso registrò inoltre l'adesione al socialismo del deputato radicale e noto avvocato penalista **Enrico Ferri**.

La Commissione Esecutiva del Comitato Centrale risultò così composta: **Enrico Bertini**, **Carlo Dell'Avalle**, **Costantino Lazzari**, **Leonardi**, **Giuseppe Croce**.

4 – Il PSI e l'*Avanti!*

Subito dopo il congresso si costituì il Gruppo parlamentare socialista con cinque aderenti (Agnini, Badaloni, Berenini, Ferri e Prampolini), mentre si avvicinavano al socialismo importanti personalità, tra le quali lo scrittore **Edmondo De Amicis**, lo scienziato **Cesare Lombroso**, la poetessa **Ada Negri**, il sociologo **Guglielmo Ferrero**.

Intanto in Sicilia, dal 1891, per impulso di **Rosario Garibaldi Bosco**, **Nicola Barbato**, **Bernardino Verro** e tanti altri, erano sorti i *Fasci dei Lavoratori* per cercare di risollevare le sorti di categorie come quelle dei braccianti *jurnatari*, angariati da una organizzazione sociale parassitaria costituita da *galantuomini*, *gabellotti* e *sub-gabellotti*, o come quella dei *carusi*, minorenni costretti dai *picconieri* a trasportare in superficie, dalle miniere di zolfo, pesanti blocchi per dodici ore al giorno e per una misera paga spesso in natura. La classe sfruttatrice era spalleggiata inoltre dalle *consorterie* borghesi che gravitavano intorno alle amministrazioni locali, diventate timorose di perdere i loro vantaggi da quando i Fasci avevano conseguito qualche successo in alcune elezioni municipali. Il governo Crispi, per risolvere tutti questi problemi, non trovò di meglio che sciogliere i Fasci, proclamando anche lo stato d'assedio in Sicilia (4-1-1894) e comminando decine di anni di carcere ai principali dirigenti del movimento proletario siciliano. Per completare il "lavoro", lo stesso Crispi, il 22-10-1894, ordinò lo scioglimento di tutti i circoli socialisti, sostanzialmente del PSLI.

Ma gruppi socialisti continuarono nell'illegalità il lavoro di propaganda e di organizzazione, sicché il congresso annuale socialista, che non si era potuto tenere nel 1894, si tenne clandestinamente a Parma il 15-1-1895, con la partecipazione di 64 socialisti, rappresentanti delle varie regioni italiane. Le deliberazioni più importanti furono: il passaggio —anche per sfuggire alle persecuzioni - dalle adesioni tramite associazioni, aderenti in blocco al partito, alle adesioni individuali, con la direttiva, per gli iscritti, di costituire delle *sezioni*; l'adozione della tattica elettorale *intransigente*, cioè contraria a candidature unitarie con i partiti cosiddetti *affini*, con facoltà di deroghe in caso di ballottaggio; la ricostituzione del partito con il cambio della sua denominazione in **Partito Socialista Italiano**; la creazione di un *Consiglio Nazionale*, composto dai rappresentanti delle singole organizzazioni regionali, e di un *Ufficio Esecutivo Centrale* di cinque membri che, unitamente al *Gruppo parlamentare*, avrebbero costituito la *Direzione del Partito*.

L'organo del partito *Lotta di classe* riportò il resoconto dei lavori ma, per ovvie ragioni, senza i nomi dei partecipanti; comunque dell'Ufficio Esecutivo Centrale fecero senz'altro parte **Carlo Dell'Avalle** (segretario), **Enrico Bertini** (cassiere-contabile), **Costantino Lazzari** e **Dino Rondani**.

Alle elezioni del maggio-giugno 1896 i socialisti passarono dai 20000 voti del 1892 a 76000 e il gruppo parlamentare da 5 a 11 deputati, con segretario **Gregorio Agnini** (1856/1945), deputato dal 1891 al 1926, che era stato uno dei fondatori del partito a Genova. Il 14-6-1896, in un'elezione suppletiva del 5° collegio di Milano, fu eletto per la prima volta Turati.

Caduto il governo Crispi e ripristinate le libertà democratiche, il 24-3-1896 il *Consiglio Nazionale*, riunitosi a Bologna, considerando *massimo* il programma approvato nel congresso di fondazione del 1892, adottò un programma *minimo* (suffragio universale, libertà di stampa, autonomia comunale, parità fra i sessi, espropriazione delle terre incolte, giornata lavorativa non superiore a otto ore, protezione del lavoro femminile e minorile, ecc.) da servire come piattaforma rivendicativa nelle varie battaglie politiche ed amministrative, e convocò il nuovo congresso (rappresentativo di 20.000 iscritti), il IV, a Firenze, in forma ampia e pubblica, per i giorni dall'11 al 13 luglio successivo.
Una delle più importanti decisioni in esso adottate stabilì che in futuro i delegati ai congressi avrebbero avuto *mandati imperativi*, cioè vincolati alle scelte della base che li aveva eletti. Dell'Esecutivo, sempre con sede a Milano, vennero chiamati a far parte **Enrico Bertini**, **Garzia Cassola**, **Carlo Dell'Avalle** (segretario), **Costantino Lazzari** e **Dino Rondani**.

La fine dell'anno 1896 registrò un importante successo socialista con l'uscita —il 25 dicembre —di un organo del partito quotidiano, a diffusione nazionale, l' *Avanti!*, il cui titolo echeggiava il settimanale del *Partito Socialista Rivoluzionario di Romagna*, fondato nel 1881 da Costa ed era la traduzione italiana del confratello tedesco *Vorwarts*. Spesso sarà l'*Avanti!* il reale punto di riferimento delle sezioni, ancor più che gli organi ufficiali del partito. Come primo direttore il Consiglio Nazionale designò l'on. **Leonida Bissolati**. Fra i collaboratori italiani figuravano scrittori di notevole spessore come Edmondo De Amicis e Cesare Lombroso, fra quelli stranieri il francese Paul Lafargue (genero di Marx) e lo spagnolo Pablo Iglesias. *Lotta di classe* divenne organo della Federazione Socialista Milanese.

Una nuova affermazione il PSI l'ebbe nel marzo del 1897, in occasione delle elezioni politiche, in cui passò da 11 a 15 deputati.

Il congresso di Bologna (1897), rappresentativo di ventisettemila iscritti, decise di ridurre l'*Ufficio Esecutivo Centrale* a tre componenti. Furono eletti **Enrico Bertini**, **Carlo Dell'Avalle** e **Dino Rondani**.

5 – I fatti di Milano

Il congresso di Roma del settembre 1900 era stato preceduto dai tragici fatti (80 morti, 450 feriti) verificatisi a Milano nel

1898, in seguito all'aumento del prezzo del pane, e conclusisi con un'ondata di arresti (803 imputati, 1488 anni di reclusione) di vari politici, fa cui spiccavano i socialisti Kuliscioff, Turati e Lazzari. Per "il grande servizio" repressivo, il re Umberto I conferirà al generale Bava Beccaris la Croce di Grande Ufficiale. In seguito allo sbandamento causato dagli arresti, la Direzione del partito era stata assunta dal gruppo parlamentare, con segretario (nel senso di funzionario), dal luglio 1899, Enrico Bertini; c'erano state anche le elezioni politiche del giugno 1900, che avevano segnato un'avanzata dell'Estrema (PSI 32 deputati), e l'assassinio del re Umberto I per mano dell'anarchico Bresci.

Il congresso stabilì che la nuova Direzione avrebbe avuto sede a Roma e sarebbe stata composta da 11 membri: 5 eletti dal congresso, 5 dal gruppo parlamentare, più il direttore dell'*Avanti!*.

Il congresso elesse: **Cesare Alessandri, Nicola Barbato, Giovanni Lerda, Arnaldo Lucci** e **Romeo Soldi**, ai quali poi si aggiunsero., per il gruppo parlamentare **Alfredo Bertesi, Andrea Costa, Enrico Ferri, Rinaldo Rigola** e **Filippo Turati**, più il direttore dell'*Avanti!* **Leonida Bissolati**.

6 – La vittoria riformista del 1902

Il congresso di Imola (51 mila iscritti) del 6-9 settembre 1902 fu contrassegnato dal confronto tra la corrente "riformista" di Turati-Bissolati che prevalse, e le due correnti di sinistra, quella "intransigente", guidata da Enrico Ferri e quella "sindacalista rivoluzionaria", il cui principale leader era Arturo Labriola.

L'ordine del giorno approvato dichiarava che "l'azione del partito è riformista perché rivoluzionaria, è rivoluzionaria perché riformista".

Per la Direzione del partito furono eletti **Alfredo Bertesi**, **Alessandro Bocconi**, **Pietro Chiesa**, **Andrea Costa**, **Enrico Ferri**, **Ernesto Cesare Longobardi**, **Romeo Soldi**, **Filippo Turati**, **Giuseppe Parpagnoli**, **Fernando Pozzani** e il direttore dell'*Avanti!* **Leonida Bissolati** che lascerà la direzione del giornale il 1° aprile 1903. Avrebbero collaborato con la Direzione tre *segretari* (nel senso di funzionari).

Il 6 e 7 settembre 1903 ebbe luogo a Firenze il congresso costitutivo della Federazione Giovanile Socialista, al quale parteciparono 45 delegati in rappresentanza di 54 circoli.

7 – La vittoria di Enrico Ferri

Due anni dopo, nell'aprile 1904, a Bologna (32 mila iscritti), le parti si rovesciarono; fu la corrente intermedia di centro-sinistra di Enrico Ferri (sostenuta dalla sinistra sindacalista rivoluzionaria di Arturo Labriola) a prevalere.

Stabilito che il partito non avrebbe dato appoggio a nessun governo, né partecipato al potere politico, l'VIII congresso deliberò di costituire una Direzione di 9 componenti, di cui 7 eletti dal congresso stesso. Furono eletti: **Giuseppe Croce, Paride Fabi, Eugenio Guarino, Giovanni Lerda, Ernesto Cesare Longobardi, Guido Marangoni, Romeo Soldi**, più il nuovo direttore (dall'11 maggio 1903) dell'*Avanti!* **Enrico Ferri** e un rappresentante del gruppo parlamentare, che inizialmente fu **Oddino Morgari**, in seguito sostituito da **Leonida Bissolati**. La Direzione sarebbe stata assistita da un segretario politico e da un segretario amministrativo (funzionari).

La Direzione, secondo il mandato ricevuto, emanò poi un nuovo Statuto in cui, fra l'altro, era stabilito che le iscrizioni al partito, da farsi nelle sezioni del comune di residenza, dovevano essere solo personali; veniva, inoltre, istituita una *Commissione Esecutiva*, composta dai membri della Direzione residenti a Roma.

8 - La vittoria integralista

Le elezioni del novembre 1904 segnarono un arretramento per il PSI, che passò da 32 deputati a 29.
All'interno del partito intanto si cominciava a verificare un distacco tra i sindacalisti di Labriola e i rivoluzionari di Ferri, che gradatamente si avvicinavano ai riformisti. Un momento

di contrasto si ebbe tra la Direzione, a maggioranza sindacalista, e il gruppo parlamentare, a maggioranza riformista, quando quest'ultimo concesse la fiducia al governo Sonnino (9-3-1906). Ai primi di ottobre venne costituita la Confederazione Generale del Lavoro, che organizzava 250 mila lavoratori, con sede a Torino e primo segretario Rinaldo Rigola. L'assise sindacale registrò un netto successo dei riformisti e l'abbandono dei lavori da parte dei sindacalisti rivoluzionari e degli anarchici.

C'era dunque abbastanza materiale per il IX Congresso (34.800 tesserati)) socialista di Roma del 7-10 ottobre 1906, in cui si sarebbero confrontate la "destra" riformista e la "sinistra" sindacalista rivoluzionaria; tra le due opposte correnti, si collocava la tendenza detta "integralista", promossa da Oddino Morgari, a cui aveva aderito anche Enrico Ferri, la quale si dichiarava per un "socialismo integrale" e si proponeva di operare una sintesi degli aspetti più validi degli opposti schieramenti, salvaguardando così l'unità del partito. Durante il congresso emerse una quarta posizione, quella "intransigente", rappresentata da Giovanni Lerda.
Prevalse, con una larga maggioranza, l'ordine del giorno integralista, sul quale confluirono i voti dei riformisti, che non ne avevano presentato uno proprio, ritenendo minime le differenze tra loro e gli integralisti.
Il congresso affermò che il PSI, per raggiungere i suoi obbiettivi, si sarebbe servito di mezzi legali, ma che, qualora le clas-

si dominanti avessero voluto comprimere l'esercizio delle libertà democratiche, esso si riservava il diritto alla rivoluzione.

Della Direzione, composta interamente da integralisti unitari vennero chiamati a far parte: Felice Quaglino, Rinaldo Rigola, Ambrogio Belloni, Marchetti, Alfredo Angiolini, Giovanni Bacci, Serviliano Corniani, Giuseppe Garibotti, Angiolo Cabrini, Ferruccio Nicolini, Sebastiano Del Buono, Argentina Altobelli, Ennio Gandolfo, Anselmo Marabini, Genunzio Bentini, Casattini, Armando Bussi, Marzetto, Pietro Filoni, Guardabassi, Scalini, Giuseppe Mantica, Luigi Basile, Giacomo Montalto, Comboni, più i residenti a Roma **Adolfo Zerbini, Camillo Camerini, Luigi Colli, Alberto Paglierini, Billanovich, Francesco Paoloni, Luigi Salvatori**, che costituirono il *Comitato Esecutivo*; ad essi si aggiunsero il direttore dell'*Avanti!* **Enrico Ferri** e il delegato del gruppo parlamentare **Oddino Morgari**.

9 – Il ritorno dei riformisti

Nel luglio 1907 nel PSI si modificarono i rapporti di forza interni, in seguito alla decisione (1 luglio 1907) dei sindacalisti rivoluzionari di uscire dal partito; essi, nel novembre 1912, assieme agli anarchici, costituiranno l'USI (Unione Sindacale Italiana). Li seguirà la maggioranza della Federazione Giovanile Socialista. Non li seguirono comunque i socialisti rivoluzionari, facenti capo a Costantino Lazzari che in precedenza li avevano sostenuti, pur senza aderire alla loro corrente.

Il 26 gennaio 1908 Enrico Ferri , dovendosi recare in Sud America per un ciclo di conferenze, lasciò la direzione dell'*Avanti!*, a cui venne chiamato **Oddino Morgari**, socialista di ben altra tempra, rispetto al predecessore; al rientro in Italia, Ferri non sarà più socialista (approverà infatti il decreto di annessione della Libia) e finirà, in seguito, con l'aderire al Fascismo.

Il 19 settembre dello stesso 1908 si aprì a Firenze il X congresso del PSI, in cui si verificò la convergenza di una parte degli integralisti con i riformisti, che in tal modo, superato il rischio di un'egemonia rivoluzionaria, riconquistarono la maggioranza. All'accordo non aderirono Morgari e il gruppo rimasto integralista, convinti della necessità e della utilità di una mediazione tra le ali estreme del partito, quella riformista e quella rivoluzionaria.
La maggioranza, detta di "Concentrazione socialista", deliberò l'autonomia dei collegi in materia di alleanze elettorali e decise la riduzione del numero dei membri della Direzione a 12. Furono eletti: Argentina Altobelli, Luigi Basile, Bidolli, Armando Bussi, Sebastiano Cammareri Scurti, Giuseppe Canepa, Marzotto, Giuseppe Emanuele Modigliani, Raffaello Pignatari, Felice Quaglino, Ettore Reina e Rosetti), più il diret-

tore dell'*Avanti!* (di nuovo **Leonida Bissolati**), il rappresentante del Gruppo Parlamentare (Morgari) e il Segretario politico, che sarebbe stato nominato dalla Direzione ed avrebbe avuto voto deliberativo. È quest'ultima deliberazione che segna l'ingresso nella scena politica di una funzione destinata ad una lunga durata. Segretario sarà nominato, il 13 febbraio 1909, l'avv. **Pompeo Ciotti.**

Le elezioni del 7 e 14 marzo del 1909 segnarono un successo per i socialisti, che ottennero 42 seggi e la vicepresidenza della Camera per Andrea Costa.

L'XI congresso (Milano, 21-25 ottobre 1910) del PSI (36.900 iscritti) vide tre schieramenti analoghi ai precedenti: al centro si collocavano gli integralisti di Morgari, a cui si erano aggiunti i riformisti "dissidenti" o "intermedi", facenti capo a Modigliani; a destra stavano i riformisti, con una differenziazione non secondaria tra Turati e Bissolati, ed a sinistra i rivoluzionari, con leader Costantino Lazzari. Di quest'ultimo gruppo faceva parte anche il delegato romagnolo Benito Mussolini, che per la prima volta prese la parola in un congresso nazionale.
I riformisti prevalsero sugli intermedi e sui rivoluzionari e, al posto di Bissolati, che rifiutò il reincarico, direttore dell'*Avanti!* fu nominato **Claudio Treves**. Membri della Direzione furono eletti: D'Aragona, Calza, Reina, Spinotti, A. Altobelli, Vergagnini, Bussi, Modiglioni, Rosetti, Bidolli, Pignatari e il

siciliano **Cammareri Scurti**; Segretario politico fu riconfermato **Pompeo Ciotti**.

Man mano le differenze tra i riformisti cominciarono ad acuirsi sul tema del sostegno al governo Giolitti, che aveva intrapreso la guerra di Libia. Si presentarono dunque divisi, al XII congresso (straordinario) di Modena dell'ottobre 1911, i riformisti di destra (Bissolati) e quelli di sinistra (Turati), da cui si differenziava il gruppo facente capo a Modigliani. Bissolati, in occasione della crisi di governo del marzo 1911, aveva partecipato alle consultazioni , recandosi dal re e suscitando con ciò gravi malumori nel partito; inoltre alcuni riformisti di destra e cioè Bissolati, Bonomi, Cabrini, De Felice, Podrecca (ma anche sindacalisti rivoluzionari, ormai fuori del partito, come Arturo Labriola e Paolo Orano), pur con vari distinguo, avevano finito con l'accettare la guerra di Libia.
Partecipavano, infine, al congresso la componente rivoluzionaria, il cui peso era cresciuto di molto, e la pattuglia integralista.

La vittoria arrise, per l'ultima volta, ai riformisti di sinistra, che in sede di votazione ebbero il sostegno del gruppo Modigliani e dei riformisti di destra e la vecchia Direzione fu riconfermata, con Segretario ancora una volta **Pompeo Ciotti**.

La guerra di Libia mise fine ad ogni esperimento di collaborazione governativa del PSI e alla prevalenza riformista all'interno del partito, che da allora passò all'opposizione.

Fra i meriti storici del riformismo vanno ricordati, oltre alla fondazione del PSI e degli organismi collaterali, il grande contributo dato per strappare i lavoratori dallo stato di abbrutimento e di miseria e l'opera di educazione alla solidarietà di classe, anche in ambito internazionale. In sintesi il socialismo era considerato da esso un obiettivo da conseguire non soltanto con la lotta per il miglioramento delle condizioni dei lavoratori, compito specifico questo dei sindacati, ma anche con la conquista dei pubblici poteri, anche mediante accordi con i partiti "affini". Basta leggere i punti del programma "minimo" approvato nel 1896, per capire che le riforme propugnate dai riformisti di allora erano veramente "di struttura", cioè capaci di incidere sulla realtà economica e sociale del Paese.

Per quanto riguarda la struttura organizzativa del movimento, occorre sottolineare che il partito, a volte considerato quasi come un'istanza fiancheggiatrice del più forte movimento sindacale, era visto più che altro come un organismo con funzioni pedagogiche al fine di destare nel proletariato una reale coscienza di classe. Il partito riformista, inoltre, privilegiava il momento elettorale e quello parlamentare e le campagne d'opinione, e ciò finiva per dilatare le funzioni del Gruppo Parlamentare e quelle dell'*Avanti!*, spesso punto di riferimento, più ancora che la Direzione del partito, delle sezioni periferiche. Un partito dunque, quello del periodo riformista, con scarse capacità di mobilitazione, fiducioso nell'evoluzionismo pacifista e nella graduale avanzata verso la conquista del potere.

Di conseguenza, quando occorrerà dare una risposta politica alle nuove spinte imperialistiche e alla crisi economica, e per questo sarà necessaria una ristrutturazione unitaria e centralizzata dell'intero movimento socialista, la corrente riformista entrerà in crisi e lascerà la direzione del partito a quella intransigente rivoluzionaria, che porrà fine al sistema delle autonomie e sosterrà la priorità dell'istanza politica, cioè del partito, sul movimento sindacale, sul Gruppo Parlamentare e sulle altre organizzazioni proletarie. Ciò finirà per creare, all'interno del movimento, una sorta di dicotomia: maggioranza nel partito ai rivoluzionari; maggioranza nella CGdL, nella Federterra, nel movimento cooperativo, fra i deputati e nei comuni ai riformisti. Notevoli quindi i rischi di immobilismo.

Il periodo rivoluzionario (1912-1926)

Voi uccidete me, ma l'idea che è in me non l'ucciderete mai!
Giacomo Matteotti

1 – La scissione dei riformisti di destra e la guerra

Nel marzo 1912, essendo i sovrani italiani scampati ad un attentato, l'intera Camera dei deputati sospese la seduta in cui era impegnata e si recò a felicitarsi col re. Non ci andarono però i socialisti, tranne i deputati Leonida Bissolati, Ivanoe Bonomi e Angiolo Cabrini. Questo atteggiamento, sommato alle posizioni da loro espresse sulla guerra di Libia e alla partecipazione di Bissolati alle consultazioni del re, aprì una profonda divaricazione fra i riformisti di destra, che i tre capeggiavano, e tutti gli altri gruppi, che finirono per chiedere l'espulsione dei bissolatiani, ormai destinati a sbarcare sulle sponde di una generica democrazia sociale.
Le conclusioni furono tratte al congresso (24.944 iscritti) di Reggio Emilia del 7 luglio 1912. Per l'espulsione degli onorevoli Bissolati, Bonomi, Cabrini e Podrecca si pronunciarono i riformisti di sinistra (che consideravano la prassi riformista

strumentale ai fini della lotta di classe) e i rivoluzionari, la cui mozione (presentata da Mussolini) fu quella vincente (10-07-1912).

Lo stesso giorno i riformisti di destra, usciti dal partito al seguito dei loro capi espulsi, costituirono il **PSRI** (Partito Socialista Riformista Italiano). La *Direzione* fu composta da Bidolli, Bissolati, Boninsegni, Bonomi, Cabrini, Mazzoni, Pignatari, Rosetti, Silvestri, Vercelloni, con segretario **Pompeo Ciotti** e organo di stampa il settimanale *Azione Socialista*.

Anche la mozione politica presentata dalla corrente intransigente rivoluzionaria fu approvata dal congresso. In essa si stabiliva, fra l'altro, di porre fine al sistema delle "autonomie" (dei gruppi di rappresentanti eletti nelle istituzioni) e si affidava alla sola Direzione del partito l'interpretazione e l'esecuzione dei deliberati congressuali; si dichiarava incompatibile l'appartenenza al partito con la partecipazione al potere della borghesia, con la collaborazione fra le classi sociali e con l'approvazione della recente guerra coloniale, oltreché con sette segrete, come la massoneria; si dichiarava la priorità dell'istanza politica su quella sindacale; si introduceva il principio della disciplina a tutti i livelli; si adottava il metodo intransigente per le future elezioni politiche, presentando candidati propri al primo turno, lasciando alla Direzione il potere di autorizzare le sezioni ad appoggiare nei ballottaggi candidati di altri partiti. Erano dunque piuttosto consistenti le modifiche al quadro organizzativo del partito, che dava poteri sostanziali alla Direzione e quindi anche al Segretario che la rappresentava.

La nuova *Direzione* risultò composta da Gregorio Agnini, Egisto Cagnoni, Alceste Della Seta, Domenico Fioritto, Costantino Lazzari, Enrico Mastracchi, Elia Musatti, Benito Mussolini, Filiberto Smorti, Euclide Trematore, **Arturo Vella**, siciliano di Caltagirone. Due posti, dapprima riservati ai riformisti di sinistra, che però rifiutarono, furono poi assegnati ad Angelica Balabanoff e a Celestino Ratti. La Direzione elesse *Segretario* del partito, nella sua prima riunione, **Costantino Lazzari** (vicesegretario Arturo Vella). Rappresentante del Gruppo Parlamentare rimase Oddino Morgari, mentre la direzione dell'*Avanti!* venne affidata a **Giovanni Bacci**, il quale però, per i suoi impegni di dirigente politico nel Ravennate, si dimise nel novembre 1912. Il I° dicembre successivo la Direzione nominò al suo posto **Benito Mussolini**.

Le elezioni politiche dell'ottobre 1913, tenute col suffragio universale maschile e contrassegnate dal *Patto Gentiloni* tra giolittiani e cattolici, segnarono una nuova avanzata del PSI che conquistò 53 mandati, rispetto ai 26 cui si era ridotto dopo la scissione del PSRI, che ne ottenne 26.

Il congresso di Ancona (47.000 iscritti) dell'aprile 1914 va ricordato per l'approvazione della mozione Zibordi-Mussolini che dichiarò incompatibile la presenza nel partito di iscritti alla massoneria. Per il resto fu riconfermata la larga maggioranza intransigente rivoluzionaria e ribadita la vocazione antimilitarista del partito. La *nuova Direzione* risultò composta da Giovanni Bacci, Angelica Balabanoff, Francesco Barberis, Alceste Della Seta, Anselmo Marabini, Giuseppe Prampolini, Celestino Ratti, Giacinto Menotti Serrati, Filiberto Smorti, **Arturo Vella**, Adolfo Zerbini più **Costantino Lazzari**, riconfermato segretario del partito, Oddino Morgari (rappresentante del Gruppo Parlamentare) e **Benito Mussolini** (direttore dell'*Avanti!*).

I mesi successivi furono densi di avvenimenti: la "Settimana rossa", durante la quale si creò un imponente movimento popolare e un clima insurrezionale in molte parti d'Italia; la conquista, il 12 giugno 1914, da parte dei socialisti, di importanti amministrazioni comunali, quali quella di Milano e quella di Bologna; lo scoppio (28 luglio 1914) della prima guerra mondiale e il crollo dell'Internazionale Socialista, i cui più importanti partiti, a partire dal tedesco e dal francese, si schierarono con i propri governi, contraddicendo in pieno i precedenti deliberati solidaristici
e pacifisti adottati dai vari congressi internazionali.

Fra i partiti che rimasero fedeli all'internazionalismo proletario sono da ricordare il POSDR (partito bolscevico) e il PSI, il quale unitariamente si schierò per la neutralità assoluta e lanciò (22- 09-1914) un manifesto per la pace redatto da una commissione composta da Prampolini, Turati e Mussolini.

Ma fu proprio quest'ultimo a cambiare opinione con un articolo sull'*Avanti!* che preparava il suo passaggio al campo interventista, rendendo quindi inevitabili le sue dimissioni da direttore dell'organo di stampa socialista; la Direzione del partito lo sostituì con un triumvirato composto da **Giovanni Bacci**, **Costantino Lazzari** e **Giacinto Menotti Serrati**; quest'ultimo, a partire dal successivo 1° dicembre, divenne direttore unico.

Intanto il 15 novembre 1914 era uscito il primo numero di un nuovo giornale diretto da Mussolini e dichiaratamente interventista, *Il Popolo d'Italia*. La risposta socialista non si fece attendere: il 24 novembre l'assemblea della sezione del PSI milanese espulse dal partito Mussolini, e il 30 successivo la Direzione ratificò il provvedimento.

L'Italia entrò in guerra, a fianco dell'Intesa, il 24 maggio 1915 e il governo Salandra ottenne i pieni poteri dall'intera Camera dei deputati, fatta eccezione —oltre che per pochi giolittiani - per i socialisti, che condannarono unitariamente il conflitto e si batterono sempre per il ritorno della pace e la ricostruzione dell'internazionalismo proletario. L'atteggiamento dei socialisti nei confronti della guerra fu riassunto nella formula elaborata dal segretario Lazzari: *Né aderire, né sabotare*.

Molte furono le iniziative del PSI per ricucire le file del socialismo internazionale e far cessare l'orribile carneficina. Di esse le più importanti furono due conferenze tenute nella neutrale Svizzera, a cui parteciparono i partiti socialisti rimasti fedeli all'internazionalismo e le minoranze degli altri: la prima si tenne a Zimmerwald (5-8/9/1915), con la partecipazione di una delegazione del PSI composta da Lazzari, Modigliani, Morgari, Serrati e Angelica Balabanoff, che fece anche da interprete; la seconda ebbe luogo a Kienthal (24-30/4/1916), in cui la delegazione italiana era composta da Balabanoff, Dugoni, Lazzari, Modigliani, Morgari, Prampolini e Serrati.

Nell'impossibilità di convocare un regolare congresso, considerato lo stato di guerra dell'Italia, la Direzione decise di convocare un Convegno consultivo a Roma, per il 25/27 febbraio 1917, con la partecipazione dei quadri dirigenti politici, sindacali e istituzionali, in cui furono prese le distanze da quei partiti socialisti esteri che si erano associati ai propri governi nella conduzione della guerra, mentre il PSI era rimasto fedele al programma e ai metodi dell'Internazionale.

Alcuni giorni dopo la chiusura del Convegno, in Russia scoppiò la prima rivoluzione, che portò alla caduta dello zarismo e all'instaurazione della repubblica, che, tuttavia, si impegnò a continuare la guerra assieme ai suoi alleati dell'Intesa, mentre continuava la lotta dei socialisti italiani per la pace. A questo proposito un'eco importante ebbe il discorso di Claudio Treves tenuto alla Camera il 12 luglio 1917, conclusosi con un appassionato appello: - Il prossimo inverno non più in trincea! —

Circa un mese dopo a Torino uno sciopero per la mancanza di pane si trasformò in un'imponente manifestazione per la pace, repressa duramente dai militari, che comportò l'arresto di importanti dirigenti socialisti come il direttore dell'*Avanti!* Serrati e la segretaria della federazione provinciale Maria Giudice. Nel novembre 1917 il POSDR (bolscevico, poi comunista), guidato da Lenin, conquistò il potere in Russia, che poco dopo si ritirò dalla guerra, per concentrarsi nella costruzione di uno stato socialista.

Il 24 gennaio 1918 venne arrestato il segretario del partito Lazzari, per la sua attività politica a favore della pace, e condannato, nonostante la testimonianza a suo favore di Turati e Treves, a 2 anni e 11 mesi di reclusione. Uscirà, come pure il vicesegretario Bombacci (cooptato nella Direzione nel luglio 1917), anch'egli detenuto, il 20 novembre successivo, in seguito alla decadenza del decreto Sacchi. Durante il periodo della sua prigionia venne sostituito (24-1-1918/18-6-1918) da **Oddino Morgari**, che era anche segretario del Gruppo Parlamentare, e poi da **Egidio Gennari**.

Il XV congresso nazionale (Roma, 1-5/9/1918) si svolse quindi in assenza di molti importanti dirigenti come Lazzari (per alcuni mesi sostituito da Gennari), Serrati e Vella (detenuti), che simbolicamente furono chiamati a presiedere i lavori, o come Ratti e Smorti, chiamati alle armi. Il congresso registrò il rafforzamento della corrente di sinistra, che da allora assunse l'appellativo di "massimalista", in quanto propugnava la realizzazione del programma massimo del partito; da essa si era distaccata una parte più moderata, per l'occasione guidata da Alessandro Tiraboschi, che ne ereditò il vecchio appellativo di "intransigente" e si collocò al centro dello schieramento congressuale; era infine presente la corrente riformista, facente capo a Turati e a Modigliani.

Il congresso, vinto dai massimalisti, ribadì la supremazia, nelle decisioni politiche, della Direzione rispetto al Gruppo Parlamentare, rafforzò il principio della disciplina di partito e ribadì la più assoluta condanna della guerra. Si schierò, inoltre, per l'instaurazione di una Repubblica socialista e per la dittatura del proletariato.

La nuova *Direzione* risultò composta da Luigi Alfani, Giovanni Bacci, Ambrogio Belloni, Anselmo Marabini, Nicola Bombacci (eletto vicesegretario, guiderà il partito per molti mesi, in assenza di Lazzari e Vella), Pietro Farini, Egidio Gennari, **Costantino Lazzari** (riconfermato segretario politico), Luigi Repossi, Sangiorgio, **Giacinto Menotti Serrati** (riconfermato alla direzione dell'*Avanti!*, in cui sarebbe stato temporaneamente sostituito, essendo detenuto, dal redattore capo), Severino, **Arturo Vella** (riconfermato vicesegretario) e Voghera.

Conclusasi la guerra (seicentomila morti e un milione e mezzo di invalidi e mutilati), il PSI, che vi si era decisamente opposto, vide crescere la sua popolarità ed anche la sua forza organizzativa ed elettorale, ma rimase diviso fra una maggioranza massimalista smaniosa di *fare come in Russia*, senza approntarne gli strumenti, ed una minoranza riformista, che si attardava in programmi e metodi che avevano dato buoni risultati nel periodo giolittiano, ma ormai inadatti nel confronto con una borghesia poco disposta a dialogare e magari pronta ad utilizzare la reazione fascista per rintuzzare le rivendicazioni proletarie.

Nel marzo 1919 la Direzione decise di staccarsi dalla II Internazionale (socialdemocratica), ricostituita il 3-2-1919, e di aderire alla III (comunista), fondata a Mosca nello stesso mese. La decisione sarà ratificata dal congresso successivo.

Il XVI congresso (87.500 tesserati) ebbe luogo a Roma, dal 5 all'8 ottobre 1919. Tutti e tre gli ordini del giorno che vi si fronteggiavano avevano un'impostazione rivoluzionaria che li accomunava; ma non mancavano le differenziazioni.

Alla destra dello schieramento interno stavano i "massimalisti unitari" capeggiati dal prestigioso segretario uscente Costantino Lazzari: essi mettevano l'accento sulla necessità di mantenere l'unità del partito, assicurando a tutti gli iscritti la completa libertà di pensiero, accompagnata dalla disciplina nell'azione, e di conservare il programma del 1892; su questa mozione finiranno per confluire, per motivi tattici, i voti dei riformisti.

La corrente "massimalista elezionista", che occupava la zona di centro del congresso ed aveva come *leader* il direttore dell'*Avanti!* Serrati, considerava invece superato il programma della fondazione ed iniziato un periodo rivoluzionario, il che non doveva significare comunque l'abbandono delle conquiste economiche e sociali ottenute dai lavoratori in lunghi anni di lotte. Essa, sia pure strumentalmente, intendeva partecipare alle imminenti elezioni politiche. Questa tendenza, caratterizzata da una forte tensione ideale e da un profondo legame con il movimento operaio di base, risultò largamente maggioritaria.

La terza mozione era quella dei "comunisti astensionisti", capeggiati da Amadeo Bordiga, che erano per l'abbandono di ogni attività parlamentare. Essi erano sostenuti dal giornale napoletano *Il Soviet*.

Della nuova *Direzione*, composta da soli massimalisti elezionisti, avendo le altre due componenti rifiutato di entrarvi, facevano parte: Giovanni Bacci, Nicola Bombacci, Arduino Fora, Egidio Gennari, Giacomini, Anselmo Marabini, Vincenzo Pagella, Reghen, Luigi Repossi, Sangiorgio, **Giacinto Menotti Serrati** (riconfermato direttore dell'*Avanti!*) Giuseppe Tuntar e **Arturo Vella**. Alcuni giorni dopo la Direzione elesse segretario **Nicola Bombacci**.

Una commissione appositamente istituita, approvò, due mesi dopo la conclusione del congresso, un nuovo Statuto, in cui le novità che qui più interessano erano:

1. l'obbligo dell'iscrizione (individuale, età minima 20 anni), presso la sezione territorialmente competente, cioè quella della città di residenza;
2. l'obbligo per gli iscritti di aderire alle associazioni professionali o sindacali di orientamento socialista;
3. il divieto di ricoprire cariche di partito e istituzionali, se non dopo un preciso periodo di appartenenza al partito;
4. la composizione della *Direzione* fissata in 15 membri, di cui 14 eletti dal congresso, *fra i quali* saranno eletti il segretario politico del partito (di cui quindi è definitivamente stabilita la preminenza) e il direttore dell'*Avanti!*, + il segretario del gruppo parlamentare;
5. la rappresentanza del partito *nella sua molteplice azione* affidata alla sola Direzione;
6. la norma che stabiliva che il segretario rappresentava la Direzione e partecipava di diritto alle riunioni del Gruppo Parlamentare;
7. l'istituzione di un Consiglio Nazionale, con carattere consultivo, composto da un rappresentante per ogni federazione provinciale;
8. l'incompatibilità tra mandato parlamentare e cariche di partito di livello nazionale o provinciale;

9. la precisazione che considerava massima istanza del partito il Congresso nazionale, composto dai delegati, ma al quale potevano partecipare, con voto consultivo i parlamentari e i membri della Direzione e del Consiglio Nazionale (che in questo modo si potevano svincolare dalle beghe locali)

Appare quindi definitivamente concluso il periodo della diarchia tra Gruppo Parlamentare (a prevalenza riformista) e Direzione (dal 1912 espressione della sinistra rivoluzionaria), con la prevalenza politica di quest'ultima, grazie anche al principio, ora più rigido, della disciplina di partito.

Il 16 novembre 1919 si svolsero le nuove elezioni politiche, questa volta col sistema elettorale proporzionale, e il PSI, che aveva adottato come simbolo la falce e il martello (i contadini e gli operai), stemma della "Repubblica Federativa dei Soviet di Russia" - ormai oggetto di larga simpatia da parte di coloro che avevano sofferto a causa della guerra, dai socialisti mai condivisa - colse un importantissimo successo eleggendo 156 deputati (di cui nessuno nelle isole). Fra i deputati eletti vi furono alcuni membri della Direzione (Bacci, Belloni, Bombacci, Fora, Marabini, Pagella, Repossi e Vella), che, in base al nuovo principio di incompatibilità furono sostituiti con Adelchi Baratono (professore, n. Firenze 8-4-1875/m. Genova 28-9-1947), Virgilio Bellone, Casimiro Casacci, Giuseppe Cimino, Marzano, Cesare Sessa, Umberto Terracini ed Emilio Zannerini. Decaduto quindi anche il segretario Nicola Bombacci (25-02-1920), nuovo segretario politico fu eletto **Egidio Gennari**.

2 - La scissione comunista (1921)

L'ondata favorevole ai socialisti nel dopoguerra si tradusse in un forte aumento degli iscritti al PSI (nel 1921, all'atto della scissione erano 216327, rispetto ai 24944 del 1912) e alla CGdL. Il "biennio rosso" fu anche caratterizzato da una forte ondata di scioperi e soprattutto dall'occupazione delle fabbriche, avvenuta nel settembre 1920 e ispirata alle idee del gruppo torinese sorto attorno alla rivista *Ordine nuovo* (Gramsci, Tasca, Terracini, Togliatti), che segnò il punto più alto del movimento proletario, prima del riflusso, provocato anche dal crescendo di violenze fasciste.

Comunque un nuovo successo il PSI, per l'ultima volta unito, lo colse nelle amministrative di fine ottobre 1920, conquistando 2162 Comuni su 8000 e 26 Province su 69, proprio nel periodo di maggiore pressione dello squadrismo agrario.
In precedenza il 2° congresso della III Internazionale comunista (17 luglio/7 agosto 1920) aveva formulato 21 punti, la cui accettazione era considerata indispensabile per l'ammissione in essa dei vari partiti che lo richiedessero. Due fra queste

condizioni furono causa di divisione fra i socialisti italiani: quella che stabiliva l'espulsione dei riformisti dal partito e quella che comportava il cambio di denominazione da PSI a PCI. La maggioranza della Direzione si dichiarò d'accordo, ma la (momentanea) minoranza, guidata dall'autorevole direttore dell'*Avanti!* Serrati le respinse.

Il nodo —si decise —sarebbe stato sciolto dal congresso nazionale, da tenersi a Livorno dal 15 al 20 gennaio 1921.

Al congresso, che fu assai vivace e appassionante, si fronteggiarono tre posizioni:

a. quella riformista di "Concentrazione" che aveva i suoi leader in Turati e Modigliani, la quale accettava l'adesione alla III Internazionale, ma respingeva ogni discriminazione nei confronti dei riformisti e si pronunciava per la conquista legalitaria del potere;

b. all'estremo opposto dello schieramento stava la corrente dei "comunisti puri", guidata da un comitato di otto persone (Bordiga, Gramsci, Fortichiari, Repossi, Terracini, Misiano, Bombacci e Polano); i "puri" accettavano incondizionatamente i 21 punti di Mosca; vi aderivano il gruppo del *Soviet* guidato da Amadeo Bordiga, quello dell'*Ordine nuovo*, che aveva il suo leader più autorevole in Antonio Gramsci e quello dei massimalisti di sinistra (Gennari, Bombacci); sulla loro mozione finirà per convergere anche il gruppo Marabini-Graziadei. Vi aderiva anche la grande maggioranza della Federazione Giovanile Socialista (segretario Luigi Polano), che infatti, nel suo congresso del 29-31/1/1921 deciderà di passare al PCI. La minoranza rimasta fedele al PSI sarà riorganizzata da Fernando Santi (il futuro vice di Di Vittorio nella CGIL).

c. Al centro si collocava la corrente dei "comunisti unitari", i cui esponenti di punta erano Achille Baratono e Giacinto Menotti Serrati. Essi accettavano i 21 punti, ma volevano salvare l'unità del partito e non erano disposti a cancellarne il vecchio nome. Queste posizioni finirono per far convergere sulla loro mozione anche i voti del gruppo "intransigente rivoluzionario" capeggiato da Costantino Lazzari.

A vincere il congresso fu quest'ultimo raggruppamento dei comunisti unitari (o massimalisti), e per conseguenza i "comunisti puri" attuarono la storica scissione detta "di Livorno", dalla quale nacque il **PCdI** (Partito Comunista d'Italia), alla cui guida sarà chiamato Amadeo Bordiga, con un Comitato Esecutivo formato, oltre che dallo stesso Bordiga, da Terracini, Greco, Repossi e Fortichiari.. Iniziava così la perniciosa divisione del movimento operaio italiano, proprio nel momento in cui cresceva la violenza restauratrice del fascismo.

La nuova direzione socialista risultò composta da soli "comunisti unitari" (massimalisti): Giovanni Bacci, Adelchi Baratono, il siciliano **Sebastiano Bonfiglio**, sindaco di Monte San Giuliano (TP), Franco Clerici, Domenico Fioritto, Giuseppe Mantica, Viscardo Montanari, Eugenio Mortasa, Giuseppe Parpagnoli, Passigli, Gaetano Pilati, Giacinto Menotti Serrati (riconfermato direttore dell'*Avanti!*), Stolfa ed Emilio Zannerini. Successivamente la Direzione elesse segretario del partito **Giovanni Bacci**.

Poco dopo (22-27/2/1921) venne costituita a Vienna la *Unione internazionale socialista*, detta "Internazionale due e mezzo", che raggruppava i socialisti centristi, contrari sia alle posizioni, considerate di "destra", dell'Internazionale Socialista" (erede della Seconda Internazionale), che a quelle della Terza Internazionale comunista.
Alle elezioni politiche anticipate del 15 maggio 1921, nonostante le aspre polemiche in ambito proletario, seguite alla scissione comunista e il crescendo di violenze fasciste, il PSI colse un buon risultato, riuscendo a far eleggere 122 deputati (16 ne ebbe il PCdI). In quell'occasione i socialisti aggiunsero, nel loro contrassegno, alla falce e al martello, il libro (simbolo della cultura).

3 - La scissione riformista (1922)

Il 3° congresso dell'Internazionale comunista (29-6-1921), cui il PSI aveva inviato una propria delegazione (Lazzari, Maffi, Riboldi, per questo soprannominati "i pellegrini di mosca"), ribadì le 21 condizioni, aggiungendo anzi l'invito ad espellere, oltre i riformisti, anche i centristi che li difendevano. La Direzione non accettò questa impostazione, fatta propria dai tre delegati, e fu quindi necessario, per prendere una decisione in merito, convocare un congresso straordinario (iscritti scesi a 106.000), che si tenne a Milano dal 10 al 15 ottobre 1921.

Si confrontarono in esso 4 componenti politiche:

a) All'estrema sinistra si collocava la corrente organizzata dai "pellegrini di Mosca", che presentarono la mozione del "gruppo massimalista per la III Internazionale", per cui saranno detti "terzinternazionalisti" o, più brevemente "terzini". Essi accettavano in pieno i deliberati di Mosca.

b) Seguivano i "massimalisti unitari" (Baratono, Serrati), i quali erano per mantenere l'adesione alla III Internazionale, ma nei modi e nei limiti consoni alle condizioni storiche e politiche dell'Italia, ed erano contrari ad ulteriori divisioni nel partito. Chiedevano ai riformisti, ferma restando nel partito la libertà di opinione, la disciplina nell'azione.

c) Gli aderenti alla "mozione di azione unitaria" (Alessandri, Musatti), che occupava nel congresso una posizione di centro, secondo cui si doveva tentare di utilizzare la forza parlamentare del partito per tentare di realizzare qualcosa, come sostenevano i riformisti, senza bisogno di stringere alleanze organiche con i partiti borghesi o addirittura andare al governo, come temevano i massimalisti.

d) La frazione di "Concentrazione" (i riformisti, guidati da Turati e Baldesi) sosteneva il diritto di cittadinanza nel partito per tutti coloro che ne accettavano le basi fondamentali e cioè l'abolizione della proprietà privata come fine e la lotta di classe come metodo. Le differenze tattiche non dovevano essere causa di scissioni; bisognava, invece, tenere unita una compagine che era il frutto delle sofferenze e delle privazioni di una massa enorme di lavoratori.

La nuova Direzione, i cui componenti furono ridotti a 6, fu interamente composta dai "massimalisti unitari", risultati vincitori del congresso. Furono eletti (Bacci chiese di essere esonerato): Achille Baratono, Giuliano Corsi, Domenico Fioritto, Giuseppe Parpagnoli, **Giacinto Menotti Serrati** (ancora riconfermato direttore dell'*Avanti!*) e **Arturo Vella**. Alla prima riunione della Direzione fu eletto segretario politico **Domenico Fioritto**.

La Direzione inviò un nuovo appello alla III Internazionale, che però lo rigettò in pieno, non essendo stata operata la separazione con i riformisti. Nel frattempo infuriava lo squadrismo fascista, tanto che una parte minoritaria della Direzione massimalista (Cazzamalli, Baratono), cominciò a porsi il problema della utilizzazione del Gruppo Parlamentare - fino ad allora imbalsamato nella politica di intransigenza assoluta - per modificare la situazione politica con l'obiettivo di una cessazione delle violenze, che stavano distruggendo tutte le conquiste del proletariato italiano (incendi dell'*Avanti!*, estromissione forzata dell'amministrazione socialista di Milano, ecc.). A nulla valse la costituzione (20-2-1922) dell'*Alleanza del Lavoro* da parte di tutti i sindacati di sinistra (CGL, USI, UIL, Sindacato Ferrovieri, Federazione Lavoratori del Porto), sicché il Gruppo Parlamentare si ritenne in dovere di intervenire autonomamente, cioè rompendo la disciplina di partito, approvando un ordine del giorno con cui si dichiarava disponibile ad appoggiare un governo rispettoso delle leggi e delle libertà dei cittadini. Il che consentì a Turati, in occasione della crisi di governo di fine luglio 1922, di partecipare alle consultazioni e chiedere al Re un governo che ristabilisse le libertà statutarie. Il tentativo si rivelò inutile, ma aprì la strada ad una rottura con i massimalisti.

Il congresso straordinario (73.000 tesserati), il XIX, fu convocato a Roma per i giorni 1-4 ottobre 1922. Vi si affrontavano i massimalisti, sulla cui mozione finirono per convergere i terzinternazionalisti, e i riformisti che, assieme ai sostenitori della mozione centrista (Zilocchi), che non volevano più aderire alla III Internazionale, fecero convergere i propri voti sulla mozione unitaria di Cazzamalli e Baratono, che non intendevano più accettarne il dispotismo. Da segnalare il discorso del riformista Treves concluso col grido: "I socialisti coi socialisti e i comunisti coi comunisti". La vittoria arrise alla mozione massimalista e, di conseguenza, mentre il fascismo si accingeva a prendere il potere, il PSI si spezzettava ancora, estromettendo i riformisti.

Costoro (Turati, Treves, Modigliani, Matteotti, Buozzi, Morgari, D'Aragona, ecc.) unitamente ai centristi (Vacirca), la mattina del 4 ottobre si riunirono in un altro locale e costituirono il **PSU** (Partito Socialista Unitario), in cui in seguito confluiranno anche **Achille Baratono** (ex professore di filosofia di Sandro Pertini al liceo di Savona) e la maggioranza degli aderenti alla frazione unitaria, e il giovane Giuseppe Saragat. Dal congresso costitutivo di Milano fu eletta la prima Direzione, della quale fecero parte Nullo Baldini, Gino Baldesi, Giuseppe Canepa, Targetti, Francesco Flora, Giuseppe Emanuele Modigliani, Claudio Treves, Filippo Turati, Antonio Greppi (in rappresentanza dei giovani, aventi come organo *Libertà!*, diretto da Giovanni Zibordi), con segretario **Giacomo Matteotti** e vicesegretario Emilio Zannerini; organo del nuovo partito *La Giustizia*, con direttore **Claudio Treves** e redattore capo Vincenzo Vacirca; simbolo il sole nascente. Vi aderirono anche circa ottanta deputati del gruppo socialista.

Nel frattempo continuava il congresso del PSI che, dopo aver mandato un saluto a coloro che erano usciti dal partito, prese atto di un telegramma dell'Internazionale Comunista, finalmente soddisfatta, che lo invitava ad inviare all'imminente suo IV congresso una delegazione per predisporre quanto necessario per la fusione col PCdI. Rilevante in merito l'intervento del siciliano **Arturo Vella** che avanzò riserve su una fusione incondizionata, chiedendo il mantenimento del nome del partito, il rifiuto di ogni defenestrazione di militanti e l'autonomia del PSI relativamente alla politica nazionale. Il congresso rinnovò, per l'ennesima volta, l'adesione alla III Internazionale, deliberò le dimissioni delle amministrazioni locali tenute assieme ai riformisti e la soppressione di tutte le pubblicazioni quotidiane socialiste, al fine di far convergere le forze nel sostegno all'organo ufficiale *Avanti!*.

Il congresso, infine, abrogò il Consiglio Nazionale ed elesse la nuova *Direzione*, che risultò così composta: Giuliano Corsi, **Domenico Fioritto**, che sarà rieletto segretario del partito, Garruccio, Francesco Lo Sardo, Domenico Marzi, Vincenzo Pagella, Ezio Riboldi, **Giacinto Menotti Serrati**, ancora riconfermato direttore dell'*Avanti!*, e Francesco Buffoni (nel gennaio 1923 sostituito da Tito Oro Nobili), in rappresentanza del Gruppo Parlamentare, ora composto da 36 deputati.

4 – L'avvento del fascismo

Intanto la situazione politica si andava velocemente deteriorando, al punto che, verso la fine di ottobre 1922, il fascismo organizzò la *Marcia su Roma*, che il Re si rifiutò di ostacolare non firmando lo stato d'assedio proposto dal dimissionario governo Facta; anzi conferì l'incarico di formare il nuovo governo al capo del fascismo Benito Mussolini. Le violenze aumentarono ancora di più e furono distrutti l'*Avanti!* e la sede della Direzione del PSI, che indirizzò un manifesto al proletariato invitandolo a resistere, mentre i rappresentanti del PSU alla Camera (Matteotti e Modigliani) difendevano le prerogative del Parlamento.

Il 5 novembre 1922 cominciò il IV congresso dell'Internazionale Comunista, con la partecipazione di una delegazione del PCdI e di una del PSI (Garruccio, Maffi, Romita, Serrati e Tonetti) per discutere della fusione dei due partiti. Nel documento concordato (e più che altro subito dalla maggioranza del PCdI), si chiedeva, oltre a tutte le condizioni in precedenza avanzate, anche l'espulsione dell'on. Arturo Vella (e di quanti avevano con lui solidarizzato) per le riserve espresse al congresso del PSI. Tale documento, il 31 dicembre 1922, venne ratificato all'unanimità dalla Direzione, con la sola astensione del segretario Fioritto. Il successivo 3 gennaio 1923, l'*Avanti!*, per il momento guidato dal redattore capo Pietro Nenni, essendo il direttore Serrati a Mosca, pubblicò un articolo dello stesso Serrati, inneggiante alla fusione. Nella stessa pagina apparve, però, un articolo di Nenni dal titolo *La liquidazione del Partito Socialista?*, in cui si considerava appunto una liquidazione sotto-costo del PSI la progettata fusione. Su queste basi sorse un movimento antifusionista che si organizzò attorno a un *Comitato Nazionale di Difesa Socialista*, costituito a Milano il 14-1-1923, che occupò l'*Avanti!* ed elesse a capogruppo parlamentare Tito Oro Nobili, al posto del fusionista Francesco Buffoni. I "fusionisti", dal canto loro, diedero vita, il 25-2-1923 al "Comitato Nazionale Unionista".

A quel punto la Direzione non poté fare a meno di convocare un nuovo congresso (Milano, 15-17 aprile 1923) per decidere sull'intricata situazione del partito, ormai ridotto a 10.000 iscritti, e sulla tormentata vicenda dell'adesione alla III Internazionale, che si trascinava dal 1919 ed aveva già registrato due scissioni: quella dei comunisti (gennaio1921) e quella dei riformisti (ottobre 1922).
Vi si fronteggiavano tre posizioni: quella del *Comitato di Difesa Socialista* (Arturo Vella, Pietro Nenni) che respingeva le 14 condizioni concordate a Mosca dalle due delegazioni e praticamente accantonava l'adesione all'Internazionale Comunista; quella dei terzinternazionalisti, ormai unificati con i massimalisti di sinistra amici di Serrati (il quale non poté partecipare al congresso, essendo stato arrestato, al suo rientro in Italia, dalla polizia fascista), favorevoli alla fusione e quella dell'ex segretario Costantino Lazzari, favorevole all'adesione all'Internazionale, purché non si rinunciasse al nome e alla gloriosa tradizione del PSI. Le ultime due si accordarono poi per votare un'unica mozione Lazzari-Buffoni, che risultò comunque minoritaria.
La nuova Direzione, tutta espressione del *Comitato di Difesa Socialista*, risultò cosi composta: Luigi Fabbri, Riccardo Momigliano, Pietro Nenni, Tito Oro Nobili, Andrea Pirri, Giuseppe Romita, Olindo Vernocchi e **Arturo Vella**, più il rappre-

sentante del Gruppo Parlamentare (Assennato, poi sostituito da Diego Del Bello).

Segretario del partito fu poi nominato **Tito Oro Nobili**, mentre la direzione dell'*Avanti!* fu affidata ad un Comitato composto da **Pietro Nenni**, **Riccardo Momigliano** ed **Olindo Vernocchi**.

5 – Lo scioglimento dei partiti

La nuova direzione dichiarò incompatibili con l'appartenenza al PSI le frazioni organizzate; di conseguenza, quando fu pubblicata una rivista terzinternazionalista, *Pagine Rosse*, mise fuori del partito (15-5-1923), con la sola astensione di Nenni, dando così l'avvio alla terza scissione, i componenti del comitato di redazione (Giacinto Menotti Serrati, Francesco Buffoni, Maurizio Maffi, Mario Malatesta ed Ezio Riboldi), che erano anche i leader della frazione.

Altri componenti furono radiati dal partito quando, in prossimità delle elezioni politiche del 6 aprile 1924, essi decisero di presentarsi nelle stesse liste col partito comunista (fecero eccezione Lazzari e il suo gruppo che rimasero fedeli al PSI), in cui, dopo le elezioni (luglio 1924), finiranno per confluire; nello stesso tempo sarà sancita la definitiva rottura tra l'Internazionale Comunista e il PSI.

Le elezioni, tenute con la nuova legge maggioritaria, svoltesi in un clima di inaudita violenza squadristica (in Abruzzo-Molise e in Sardegna i socialisti non poterono presentare liste per le intimidazioni fasciste), furono vinte dal "listone" fascista; i socialisti del PSI ottennero 22 seggi, quelli del PSU 24 e l' *Alleanza per l'unità proletaria* (PCdI + Terzini) 19.
L'inizio della nuova legislatura fu contrassegnato dal forte discorso di Giacomo Matteotti che documentò le violenze messe in atto in occasione delle elezioni, di cui chiese l'annullamento. Il 10 giugno 1924 il coraggioso deputato socialista venne rapito ed assassinato a pugnalate da sicari fascisti (il cadavere sarà ritrovato il 16 agosto successivo in una località della campagna romana).
A reggere la segreteria del PSU fu designato (18-6-1924) il vecchio deputato di Belluno **Luigi Bassi**. Il convegno di Milano (28-30/3/1925) riconfermò riconfermò poi Luigi Bassi segretario del partito e **Claudio Treves** direttore de *La Giustizia*. Il delitto scosse fortemente l'opinione pubblica e il governo fascista sembrò traballare, mentre le opposizioni abbandonarono l'aula di Montecitorio col proposito di non rientrarvi fino al ripristino della legalità (il cosiddetto *Aventino*). Ma il governo fascista seppe superare il momento di difficoltà ed anzi Mussolini, sicuro del sostegno del Re, col discorso del 3 gennaio 1925, diede l'avvio all'instaurazione di un vero e proprio regime.

Il 25 aprile dello stesso 1925 al dimissionario Tito Oro Nobili (fautore della continuazione dell'"Aventino"), subentrò, come segretario del PSI **Olindo Vernocchi.** Nel settembre successivo il PSI deliberò, infatti, di lasciare l'"Aventino", ormai senza sbocco politico.

In seguito al (fallito) attentato (5-11-1925) a Mussolini organizzato dall'ex deputato socialista unitario Tito Zaniboni, il primo partito ad essere sciolto fu il PSU (6-11-1925) e soppresso fu anche il giornale *La Giustizia*; successivamente, per iniziativa di un gruppo di ex aderenti al PSU, il parito dei riformisti si ricostituì (congresso di Roma del 29-11-1925, al quale parteciparono 60 delegati) col nome di **PSLI** (Partito Socialista dei Lavoratori Italiani, sezione italiana dell'IOS), con Segretario **Emilio Zannerini**; membri della Direzione, fra gli altri, Caldara, Saragat e Morgari, e con organo il settimanale *Italia socialista*.

Fine ultimo del partito era la costruzione di una società socialista, fine immediato la rivendicazione delle distrutte libertà politiche; metodo del partito era quello democratico, nel solco della dottrina marxista. Un nuovo congresso (clandestino) del PSLI sarà tenuto a Milano il 21-22/10/1926: nella dirigenza saranno confermati, fra gli altri Claudio Treves, Giuseppe Saragat e Carlo Rosselli; dopo di che la maggior parte dei suoi esponenti sarà costretta ad andare in esilio, per evitare il confino o il carcere.

Subito dopo il provvedimento di scioglimento del PSU, Pietro Nenni (condirettore dell'*Avanti!*) aveva proposto alla Direzione del PSI di fare di nuovo posto nel partito ai riformisti, di richiamare all'*Avanti!* Treves e di ricomporre così l'unità fra i socialisti. La Direzione, però, con l'eccezione di Giuseppe Romita, respinse la proposta e Nenni, il 17 dicembre 1925, lasciò la direzione dell'*Avanti!* (fonderà poi, assieme a Rosselli, la rivista *Quarto Stato*) e l'esecutivo del PSI.

Il partito da allora è di nuovo diviso fra massimalisti e fusionisti, cioè fautori dell'unità socialista (Nenni, Romita, Schiavi, ecc.). Sulla questione avrebbe dovuto pronunciarsi un nuovo congresso convocato per il 14 novembre 1926, nel quale erano pronte a fronteggiarsi tre mozioni: la prima, detta di *Difesa Socialista*, era espressione della maggioranza massimalista (Vella, Vernocchi, Momigliano, Nobili, ecc.) contraria alla fusione col PSU, ma divisa sulla proposta di Vella di aderire all'*Ufficio Internazionale dei Partiti Socialisti Rivoluzionari* di Parigi, che era stato costituito nel 1926 ed aveva come segretaria la massimalista Angelica Balabanoff; una seconda, chiamata di *Azione socialista* (Bacci, Mazzali, Morigi, Valeri) favorevole all'unificazione, ma su posizioni di sinistra; la terza, facente capo al *Comitato per l'unità socialista nel PSI* (Nenni, Romita, Amedeo, Schiavi, Viotto), decisamente favorevole all'unificazione col PSU; c'era anche una quarta posizione dei terzinternazionalisti rimasti nel PSI (Lazzari, Mancini, Clerici), favorevole all'adesione alla III Internazionale, che però non presentò alcuna mozione, probabilmente nell'intendimento di far confluire i propri voti sulla mozione massimalista.

Tutto questo ribollio, scaturente dallo spirito libertario tradizionale del socialismo italiano, ma del tutto inconcludente e inadeguato per fronteggiare con la necessaria determinazione la situazione politica, caratterizzata da provvedimenti liberticidi, che sancivano la fine delle libertà sindacali (dal 25 gennaio 1926 nuovo segretario della CGL è Bruno Buozzi), la illegalità della proclamazione dello sciopero e la soppressione dei consigli comunali elettivi, sostituiti da podestà di nomina governativa, non poté produrre alcun risultato, in quanto il congresso non poté aver luogo.

Infatti, il 5 novembre 1926 il governo fascista deliberò la soppressione dei giornali antifascisti, lo scioglimento di tutti i partiti e associazioni contrari al regime, la revoca dei passaporti, l'ordine di far uso delle armi contro gli emigranti clandestini (Nenni, la cui casa era stata devastata dai fascisti, riparò in Francia), l'istituzione del confino di polizia per gli elementi politicamente sospetti, la presentazione di un disegno di legge che ripristinava la pena di morte e l'istituzione del Tribunale Speciale per gli avversari politici.

Qualche giorno dopo (9-11-1926) venne deliberata la decadenza dei 120 deputati "aventiniani" e quindi di tutti quelli socialisti.

La dittatura era iniziata, ma il partito socialista, soppresso in Italia, sarebbe risorto all'estero.

Il periodo dell'esilio (1926 – 1943)

*La libertà è sempre
la libertà di dissentire*
Rosa Luxemburg

1 – La ricostituzione all'estero

Fin dal 1922 molti antifascisti, per sfuggire alle minacce e alle persecuzioni squadristiche, erano stati costretti a riparare all'estero. Ma fu soprattutto verso la fine del 1926, con lo scioglimento di tutti i partiti e con la conseguente impossibilità di svolgere in Italia la benché minima attività politica, anche clandestina per i più noti, che molti esponenti dell'antifascismo furono costretti a riparare all'estero. In particolare assai consistente fu l'esodo socialista, in prevalenza verso la Francia.

Per quanto riguarda il PSI, la sua Direzione deliberò, prima che il partito fosse sciolto nel novembre 1926, di rimettere i suoi poteri alla Direzione già designata a suo tempo e residente all'estero, che si riunì al completo il 19-12-1926. Essa (inizialmente rimasta in contatto, a Roma, col solo segretario

Olindo Vernocchi) era composta da **Ugo Coccia**, ex vicesegretario nel 1925, ora segretario politico, Giorgio Salvi (vicesegretario e segretario amministrativo), Alfredo Masini, Gino Tempia, Siro Burgassi, Giovanni Bordini (Francia), Carlo Pedroni (Ginevra), Domenico Armuzzi e Dante Lombardo (Zurigo), a cui successivamente si aggiunsero Angelica Balabanoff (massimalista) e Pietro Nenni (fusionista), che furono anche designati, nell'aprile 1927, come rappresentanti del PSI nella *Concentrazione di Azione Antifascista* (1927-1934), primo organismo unitario dell'emigrazione antifascista (esclusi i comunisti), con segretario politico Pietro Nenni.

L'adesione alla *Concentrazione* avvenne dopo un referendum fra i militanti. Di essa facevano parte il PSI, il PSULI, il PRI, la Lega Italiana dei diritti dell'Uomo e la CGdL, ricostituita all'estero dal socialista **Bruno Buozzi**, che non ne aveva riconosciuto lo scioglimento attuato da un gruppo di dirigenti rimasti in Italia, che si erano poi organizzati attorno alla rivista *Problemi del Lavoro*.

La responsabilità politica dell'*Avanti!*, che riprenderà ad uscire a Parigi come settimanale a partire dal 10 dicembre 1926, fu affidata alla Direzione emigrata, con redattore-capo il segretario Coccia, di fatto il direttore. Il PSI aderì all'*Ufficio dei partiti socialisti rivoluzionari* (segretaria Angelica Balabanoff), costituito da alcuni partiti e gruppi socialisti di sinistra, che avevano lasciato l'organizzazione centrista di Vienna (*Unione internazionale socialista*, detta anche *Internazionale due e mezzo*), quando essa si era riunificata (Amburgo, maggio 1923) con la Seconda Internazionale, dando così vita all'**IOS** (Internazionale Operaia Socialista), a cui aderiva il PSLI. Inoltre, una deliberazione della vecchia direzione italiana impegnava il PSI a respingere la fusione con i riformisti del PSLI e vietava le correnti organizzate, tanto che, per aver violato questa disposizione erano stati radiati diversi "terzini" e saranno espulsi in Francia diversi "fusionisti" della corrente Nenni. Secondo questa impostazione, ogni decisione politica spettava al congresso che non si era potuto tenere in Italia ed era perciò rinviata a quando le condizioni politiche in Italia avessero potuto permetterlo. Alla fine del 1927 gli iscritti al PSI erano circa un migliaio.

I socialisti riformisti del PSLI, partito più piccolo, ma anche più omogeneo, avevano ricostituito in Francia, per iniziativa della sezione di Parigi, nel novembre 1926, la loro organizzazione (leader sarà **Filippo Turati,** espatriato clandestinamente, nel dicembre 1926, con l'aiuto di Parri, Pertini e Rosselli)**.**

Essi, nel loro primo congresso in esilio (Parigi,18 e 19 dicembre 1927) assunsero la nuova denominazione di **PSULI** (Partito Socialista Unitario dei Lavoratori Italiani) e confermarono l'adesione alla Concentrazione, dove furono rappresentati da Modigliani, apostolo ed eroe del pacifismo fin dal tempo della guerra libica, e da Treves, quest'ultimo anche direttore del settimanale concentrazionista *La Libertà*, il cui primo numero uscì il 1° maggio 1927, mentre **G.E. Modigliani**, sarà il direttore dell'organo del partito, il quindicinale *Rinascita Socialista*, che uscirà nel 1928. Ne facevano parte eminenti figure di socialisti, come Morgari, Buozzi, Rugginenti, Faravelli e Saragat; esso contava circa cinquecento iscritti e godeva dell'appoggio della SFIO e dell'IOS; le iniziali tre sezioni (Parigi, Tolosa, Lione) nell'agosto 1927 erano diventate diciotto.

Per quanto riguarda il sindacato, i due partiti socialisti — PSI e PSLI — aderirono all'iniziativa presa da Bruno Buozzi, nel gennaio del 1927, di trasformare il segretariato degli operai italiani in Francia in rappresentanza ufficiale della CGdL.

Alla fine del 1927 e alla vigilia del suo primo convegno all'estero (Marsiglia, 15 gennaio 1928) erano presenti nel PSI, che, con circa mille iscritti, contava tre federazioni in Francia, e una ciascuno in Svizzera, Belgio, Argentina, USA, più trenta gruppi sparsi nel mondo e alcuni gruppi clandestini in Italia, tre diverse componenti:

> a) una frazione "terzina", che proponeva l'unificazione coi comunisti ed era organizzata attorno al giornale *Il Nostro Avanti*, avente la sua forza nella sezione di Parigi, che venne però sciolta dalla Direzione, mentre la frazione "terzina" finirà espulsa;

b) una componente "fusionista", capeggiata da Nenni, che riteneva non più rinviabile la fusione con i socialisti del PSULI, per meglio affrontare la lotta antifascista. Quest'ala destra del PSI era piuttosto numerosa e avrebbe potuto anche prevalere, se alcune sue frange non fossero state preventivamente espulse;

c) la terza posizione era quella della Direzione massimalista, capeggiata dalla Balabanoff, la quale si considerava vincolata dagli ultimi deliberati della direzione italiana, che solo un congresso italiano, e non un convegno di emigrati, avrebbe potuto modificare ed era contraria a ogni fusione con comunisti o riformisti, in nome della purezza rivoluzionaria del PSI.

2 - Il convegno di Marsiglia

Il dibattito in vista del convegno di Marsiglia (15-1-1928) - a cui non parteciperanno né Nenni (secondo cui era inutile partecipare ad un convegno in cui non si deve discutere, fino a quando non sarà possibile farlo in Italia) né la Balabanoff (impegnata nel *Boureau* in Svezia) - supera di slancio la pretesa della Direzione di limitare la discussione al solo campo organizzativo; tutti i partecipanti ad esso, massimalisti, fusionisti o terzini, hanno voglia di discutere e di deliberare, tanto che appaiono le mozioni: quella del *Comitato di Difesa* (massimalista), quella di Filippo Amodeo (fusionista) e quelle votate nelle diverse federazioni, fra cui Londra e Zurigo.

Il convegno, infatti, non riesce ad evitare la discussione e la maggioranza massimalista, pur prevalendo, comincia a mostrare qualche crepa.; sulla riunificazione socialista col PSU-LI nulla è deciso, per cui il problema rimarrà aperto nel periodo successivo.

Dalla Direzione venne, poco tempo dopo, eletta (19-2-1928) nuova segretaria politica **Angelica Balabanoff**, con la collaborazione di un Comitato Esecutivo composto da Giorgio Salvi, Giovanni Bordini, Siro Burgassi e Ugo Coccia, il quale ultimo affiancherà Nenni nell'Esecutivo della *Concentrazione*.

La Direzione fu integrata con tre nuovi componenti: il massimalista di sinistra Carlo Marchisio (organizzatore della sezione di Lione), il fusionista Filippo Amedeo (ex sindacalista ed ex deputato di Torino) e il massimalista Franco Clerici (1897-1934, avvocato, già membro della Direzione del PSI nel 1921).

3 – Il congresso di Grenoble

La maggioranza di Marsiglia, come già accennato, non si dimostra però compatta. A parte quei socialisti, come Amedeo e Nenni, che nel gennaio 1928 presentano il documento *La lotta antifascista e l'unità socialista* e si schierano nettamente per la fusione col PSULI, altri autorevoli esponenti, già massimalisti, come Clerici e Coccia cominciano a dissentire dalle rigide posizioni della maggioranza; e quando quest'ultima d'autorità dichiara chiusa ogni discussione sulla fusione, Coccia lascia la direzione dell'*Avanti!*, che il 12 agosto 1928 viene assunta dalla segretaria **Angelica Balabanoff**.

Di fronte ai dissensi emersi ed alla diffusa voglia degli iscritti di un serio dibattito interno, Nenni chiede un regolare congresso. Viene invece convocato un convegno a Grenoble che, per la Direzione, si deve occupare solo di problemi organizzativi. Ma il dibattito è ormai inarrestabile e si diffonde anche fuori dei confini della Francia, in particolare nella Federazione socialista italiana della Svizzera, che a Zurigo pubblica *L'Avvenire del lavoratore*, sostenitore delle posizioni unificazioniste. Al dibattito contribuisce pure il periodico del PSULI *Rinascita Socialista,* su cui scrive il nuovo astro emergente socialismo italiano, Giuseppe Saragat.
La polemica si fa sempre più vivace e spesso la Direzione ricorre a provvedimenti disciplinari nei confronti di fusionisti, organizzati nel *Comitato per l'unità socialista*, isolati nella Direzione, ma nei congressi di sezione maggioritari (746 per l'unificazione, a fronte di 239 contrari, 50 astenuti e 21 "terzini") rispetto ai massimalisti puri, che rifanno il *Comitato di Difesa del PSI.*

Si arriva così al 16 marzo 1930, giorno dell'apertura del convegno di Grenoble. Un ristretto incontro precongressuale, al quale, fra gli altri, partecipano la Balabanoff e Nenni, deve registrare il fallimento di un tentativo di conciliazione, in quanto la richiesta di Nenni di riammettere 58 fusionisti di recente espulsi, è respinta.

Così i convenuti si dividono in due parti, operando l'ennesima scissione: i massimalisti "di sinistra", una cinquantina circa, facenti capo alla Balabanoff, si riuniscono al *Cafè Belle Donne* ed eleggono una nuova Direzione, composta da Sigfrido Ciccotti, Carlo Marchisio, Oreste Mombello, Pietro Refolo, Giorgio Salvi (vicesegretario e segretario amministrativo) e Gino Tempia, con segretaria sempre **Angelica Balabanoff**; quelli "di destra", capeggiati da Coccia e Nenni si recano al *Cafè Rivoire*, dove il dibattito si prolunga fino al mattino del 17 marzo. Alla fine viene eletta una Direzione composta da Antonio Bianchi, Franco Clerici, Ugo Coccia, Mario Gabici e **Pietro Nenni**, designato segretario e direttore de *L'Avvenire del Lavoratore* di Zurigo, che dal 22 marzo successivo si intitolerà *Avanti!*, suscitando la contestazione, anche legale, del PSI massimalista, cui era rimasta la testata omonima pubblicata a Parigi. I due tronconi si richiamano ambedue alla medesima tradizione del PSI, di cui si dichiarano entrambi eredi legittimi.

Nel frattempo una ennesima pattuglia di terzini aveva visitato le due assemblee per annunciare la sua adesione al PCdI.

IL PSI massimalista ottiene una vittoria sul piano legale: il giornale diretto da Nenni potrà intitolarsi *Avanti!* fin quando sarà pubblicato in Svizzera, ma quando potrà trasferirsi a Parigi dovrà assumere la denominazione di *Nuovo Avanti* (senza punto esclamativo), mentre la gloriosa testata socialista rimarrà ai massimalisti, che la pubblicheranno fino al 1° maggio 1940, data dell'ultimo numero.

Sul piano politico, però, le cose vanno diversamente. La base del partito, già minoritaria rispetto al confratello rivale sorto a Grenoble, viene erosa continuamente a vantaggio del partito unificato che sorgerà qualche mese dopo a Parigi e, dall'altro versante, a favore del PCdI; formazioni contro cui la Balabanoff e i suoi sono fortemente critici. La rigida intransigenza ideologica non impedisce però al PSI massimalista di compiere gesti di generosità e di coerenza antifascista, come la partecipazione alla guerra di Spagna (dove simpatizza con il POUM) con una propria rappresentanza armata, che avrà i propri caduti. L'invasione nazista della Francia finirà per spegnere del tutto la ormai flebile voce socialista massimalista, mentre la Balabanoff sarà costretta a riparare negli USA.

Nell'altro PSI, quello fusionista (e maggioritario), che gode delle simpatie dell'IOS, attorno a Nenni convergono elementi più giovani e impegnati, come Coccia e Clerici. Ai lavori del congresso, aperti con una relazione di Nenni, sono presenti rappresentanti della *Concentrazione* e del PSULI (Pallante Rugginenti), oltre a vari rappresentanti della stampa socialista europea. I lavori si concludono con l'approvazione, per acclamazione, di un documento il cui primo punto è la lotta per l'unità socialista.

Alla campagna per l'unificazione partecipano i maggiori leader dei due partiti, a cominciare da Turati, ma sono soprattutto Nenni (PSI) e Saragat (PSULI) a gettare le basi politiche ed ideali del futuro partito unificato: conquista rivoluzionaria della democrazia, edificazione democratica del socialismo. Fautori dell'unità sono anche due giovani in quel momento detenuti per motivi politici: Fernando De Rosa (PSI) e Sandro Pertini (PSULI).

Su posizioni critiche è invece Carlo Rosselli, già iscritto al PSLI/PSULI, che però finirà per dare autonomia politica ed ideologica ("socialismo liberale") al suo movimento *Giustizia e Libertà*, fondato a Parigi nell'agosto 1929, nei cui gruppi in Italia inizialmente operano i socialisti, fino alla costituzione del *Centro Interno Socialista*.

4 - L'unificazione socialista e la battaglia antifascista

Il congresso dell'unità ha luogo a Parigi, nella *Casa dei Socialisti* francesi, dal 19 al 20 luglio 1930, in un clima di entusiasmo, alla presenza dei rappresentanti di molti partiti socialisti, del presidente (Emile Vandervelde) e del segretario (Fritz Adler) dell'Internazionale. I delegati sono 47, in rappresentanza di 1017 iscritti, per i massimalisti fusionisti e altri 50, in rappresentanza di 811 iscritti, per i riformisti unitari. Nell'arco di un anno gli iscritti rappresentati a Parigi raddoppieranno di numero.

Nella sala del congresso i ritratti di due martiri socialisti: il francese Jaurès e l'italiano Matteotti. Alla presidenza Filippo Turati, che pronuncia un vibrante discorso di apertura. Temi dominanti la lotta antifascista e quella per la pace e per la libertà. Le relazioni sono svolte da Nenni e Treves ("La Carta dell'Unità"), Franco Clerici ("Il Partito e l'Internazionale"), Ugo Coccia (("Il Partito Socialista e la Concentrazione Antifascista"), Giuseppe Saragat ("L'azione politica in Italia"), Bruno Buozzi ("L'azione sindacale in Italia"), Pietro Nenni ("I pericoli di guerra e le relazioni fra Italia e Francia"). I documenti conclusivi sono tutti approvati all'unanimità. Il nome scelto per il partito unificato è **PSI-IOS** (Partito Socialista Italiano-Sezione dell'Internazionale Operaia Socialista), per distinguerlo dal PSI massimalista, che giuridicamente detiene la vecchia sigla. Organo del partito sarà l'*Avanti!* di Zurigo (dal gennaio 1934, quando si trasferirà a Parigi, diventerà *Il Nuovo Avanti*, il cui ultimo numero uscirà l'8 giugno 1940), mentre *Rinascita Socialista* sarà trasformata in rivista mensile di cultura socialista.

La *Carta dell'Unità* stabiliva che il PSI-IOS, democratico nei fini e nei mezzi, si fondava sulla dottrina marxista ed adottava come strumento la lotta di classe e come fine la liberazione dell'umanità da ogni servitù economica e politica

Il partito venne organizzato in nove federazioni: sei in Francia, una in Svizzera, una in Belgio e un'altra in Argentina. Altre due saranno costituite nel 1936, nel Nord America e in Spagna. Fra gli organismi statutari fu previsto, con voto consultivo e al fine di coadiuvare la Direzione, il *Consiglio Generale*, composto dai membri della Direzione e da due rappresentanti per ogni Federazione.

La Direzione del PSI-IOS risultò composta di 11 membri: Giuseppe Battaini, Silvio Bianchi; Franco Clerici, Ugo Coccia, Mario Gabici, Gambini, Gianni, Emanuele Modigliani, Pietro Nenni, Pallante Rugginenti e Giuseppe Saragat. Segretario politico venne nominato **Ugo Coccia**, segretario amministrativo Oddino Morgari, tesoriere Ernesto Piemonte. Fu anche costituito un esecutivo formato da Coccia, Modigliani, Nenni, Rugginenti e Saragat. A rappresentare il partito nella *Concentrazione* furono designati Turati, Treves e Clerici; nell'esecutivo dell'Internazionale Modigliani, Nenni e Treves; alla direzione dell'*Avanti!* **Pietro Nenni** e **Pallante Rugginenti** (giovane ex deputato ed ex redattore della *Giustizia* con Treves e poi di *Rinascita Socialista* con Modigliani). I rappresentanti in tali enti sarebbero stati membri di diritto della Direzione.

Il congresso si chiuse al canto dell'*Inno dei lavoratori*, dell'*Internazionale* e di *Bandiera rossa*.

I mesi seguenti hanno come tema la lotta teorica, guidata soprattutto da Saragat, che si svolge su due fronti: da un lato nei confronti del "socialismo liberale" di Rosselli, ormai apertamente critico verso il marxismo ed orientato a dare al suo movimento autonomia organizzativa ed ideologica; dall'altro verso il partito comunista, del tutto allineato con l'aberrante dottrina staliniana dell'Internazionale Comunista del "socialfascismo", mentre in Europa si diffonde il fascismo. Alla fine del 1932 si ha l'avvento del nazismo al potere in Germania, frutto amaro della lotta fratricida fra la socialdemocrazia e il partito comunista tedeschi, definiti con rammarico da Saragat *orgoglio delle due Internazionali e dei proletari di tutto il mondo.*

Nel 1932 il PSI-IOS subì due gravi perdite: la morte di Turati, patriarca del socialismo italiano, e quella del giovane segretario del partito Coccia (a cui sarà poi intitolata la Federazione del Sud-Est), vittima di una cardiopatia contratta durante la prima guerra mondiale. E fu nel nome di queste due personalità (commemorate da Treves) che si aprì il XXII congresso socialista (Marsiglia 17-18/4/1933). La relazione della Direzione fu svolta da Nenni, che illustrò il lavoro svolto per realizzare gli obiettivi fissati dal precedente congresso, quali il rafforzamento della raggiunta unità, che si vorrebbe ora estendere al residuo gruppo massimalista della Balabanoff (presente con una delegazione capeggiata da Felice Vischioni), la

lotta al fascismo, il rafforzamento organizzativo, il collegamento con l'IOS. Si parlò del ruolo della *Concentrazione Antifascista*, che presto sarebbe entrata in crisi, e dei rapporti coi comunisti. Il Consiglio Nazionale del PSI/IOS fu riorganizzato sulla base delle rappresentanze delle federazioni: esso si sarebbe riunito almeno una volta l'anno e a richiesta delle federazioni, o in circostanze particolarmente importanti.
La Direzione risultò così composta: Giuseppe Battaini, Franco Clerici, Mario Gabici, Emanuele Modigliani, Pietro Nenni, Pallante Rugginenti, Giuseppe Saragat. Segretario del partito venne eletto **Pietro Nenni**, nominato anche direttore dell'*Avanti!*, rappresentante del PSI-IOS (assieme a Rugginenti e Treves) nella *Concentrazione* (che sarà sciolta il 5-5-1934) e (assieme a Modigliani e Treves) nell'IOS.

Pochi mesi dopo (11-6-1933) moriva a Parigi Claudio Treves, grande amico e collaboratore di Turati. Si era iscritto al PSI nel 1892 ed era stato deputato dal 1906 al 1926. Si era quindi affermato come giornalista diventando direttore de *Il tempo* (1902-1910), l'*Avanti!* (1910-1912), *La Giustizia* (1922-1925), *La Libertà* (1927-1933). A lui verrà intitolata la Federazione della regione parigina.

Nel gennaio 1934 l'*Avanti!* di Zurigo si trasferì a Parigi col titolo *Il Nuovo Avanti*, sempre diretto da Nenni e con periodicità settimanale. Tra i suoi più validi scrittori erano Giuseppe Saragat, ormai considerato il maggior teorico del socialismo italiano, e l'ex comunista Angelo Tasca, espulso dal PCdI nel 1929 e rientrato nel marzo 1935 nel PSI-IOS. Dopo la morte di Clerici e l'allontanamento di Saragat da Parigi, Tasca, unitamente ad Alessandro Bocconi (federazione parigina) e a Pierre Louis (gioventù socialista) vennero inseriti nella Direzione per decisione del Consiglio Nazionale.

Nello stesso anno 1934, dopo la rottura con *Giustizia e Libertà* e lo scioglimento della *Concentrazione*, si costituì a Milano il *Centro Interno Socialista*, con fine immediato la riorganizzazione del movimento clandestino, che sarà poi la base per la partecipazione dei socialisti alla Resistenza. Esso era in contatto —tramite Faravelli e Tasca - con la Direzione di Parigi, ed era diretto da Rodolfo Moranti, con la collaborazione di Lucio Luzzatto, Bruno Maffi, Marco Riccardi (ucciso dai fascisti nel 1935) e Lelio Basso. Arrestato Morandi (in carcere dal 1937 al 1943), la direzione del *Centro* passerà a Eugenio Colorni, poi arrestato a sua volta (1938) e sostituito da Eugenio Curiel, divenuto in seguito comunista ed ucciso dai fascisti nel febbraio 1945. Dissoltosi il *Centro* per l'arresto dei suoi dirigenti, l'iniziativa di ricostituire in Italia il movimento socialista sarà presa nel 1942 da gruppi sparsi.

Già nel congresso di Marsiglia del 1933, di fronte all'avanzata del fascismo in tutta Europa e particolarmente in Germania, aveva cominciato a farsi strada fra i socialisti l'idea di un nuovo rapporto con i comunisti. Il 17 agosto 1934 il processo di avvicinamento tra il PSI-IOS e il PCdI trova un punto

d'approdo nella stipulazione del *Patto di unità d'azione*. Per i socialisti firmano Nenni e Saragat, le cui riserve nei confronti dei comunisti vengono mantenute sul piano ideologico, ma superate su quello politico, essendo la lotta unitaria contro il comune avversario fascista assolutamente prioritaria.
Sullo sfondo, avvenimenti che si susseguono incalzanti: la deliberazione dell'IOS che autorizza i partiti membri a definire autonomamente i loro rapporti coi comunisti (novembre1934), l'invasione fascista dell'Etiopia (3-10-1935), la presa di posizione del VII congresso dell'Internazionale Comunista (25-7-1935/20-8-1935) a favore della politica dei fronti popolari nella lotta al fascismo, la vittoria del Fronte Popolare in Spagna (febbraio 1936) e in Francia (maggio 1936), la guerra civile in Spagna, nella quale intervengono volontari antifascisti di vari Paesi, fra cui gli italiani della *Brigata Garibaldi*, l'assassinio (9-6-1937), ad opera di fascisti francesi, dei fratelli Rosselli (è di Carlo il motto "Oggi in Spagna, domani in Italia!"). Fra i socialisti intervenuti in Spagna sono il segretario del PSI-IOS Pietro Nenni e il giovane Fernando De Rosa, che morirà in combattimento (16-9-1936) e al quale verrà intitolata la Federazione dell'Est.

In questo agitato clima internazionale ha luogo a Parigi, dal 26 al 28 giugno 1937, il XXIII congresso del PSI-IOS (3° ed ultimo dell'esilio), in cui sono rappresentate 118 sezioni, per affrontare le numerose problematiche del momento.

Nella sala *Susset*, in cui campeggiano i ritratti di Matteotti e di Turati, il congresso, dopo la commemorazione di Treves e di altri caduti antifascisti, è aperto dalla relazione di Nenni, cui segue un ampio dibattito, in cui gli interventi più significativi sono quelli di Saragat, di Tasca e di Modigliani, ultimo superstite della vecchia guardia, alfiere della pace e della libertà, critico nei confronti del comunismo. L'accordo è unanime sulla necessità di potenziare la lotta al fascismo, in particolare con la difesa della repubblica spagnola, mentre elementi di disaccordo emergono sui limiti da dare alla politica di unità d'azione col PCdI. A prevalere, a larga maggioranza, è la linea unitaria Nenni-Saragat, per cui il congresso delibera il rinnovo del Patto e l'ingresso del partito nell'*Unione Popolare Italiana*, organizzazione di emigrati influenzata dai comunisti..

La nuova Direzione risulta così composta: Enrico Bertoluzzi, Roberto Boschi, Pietro Nenni, Pallante Rugginenti (vicesegretario; morirà nel luglio 1938), Giuseppe Saragat, Angelo Tasca. **Pietro Nenni** è riconfermato segretario, direttore del *Nuovo Avanti* e (assieme a Modigliani) rappresentante del partito nell'esecutivo dell'IOS.

Il 26 luglio 1937 venne firmata la nuova *Carta d'unità d'azione* fra PSI-IOS e PCdI e il 28 luglio il PSI-IOS aderì all' U.P.I.
La politica unitaria ispirò l'azione del PSI-IOS fino a quando non si seppe dell'accordo Molotov-Ribbentrop, che avevano

sottoscritto il patto di non aggressione fra Unione Sovietica e Germania nazista (agosto1939). Tale notizia determinò un forte disorientamento in tutta la sinistra. Il 25 agosto 1939 — assente Nenni —la Direzione socialista dichiarò decaduto il Patto d'unità d'azione e due giorni dopo rese pubblica la decisione. Il giorno successivo (28-8-1939) Nenni, che era stato il più convinto assertore della politica unitaria col PCdI, rassegnò le dimissioni dalle cariche di segretario del partito e di direttore del *Nuovo Avanti*. Il Consiglio Nazionale lo sostituì (2-9-1939) con un Comitato Esecutivo (composto da **Oddino Morgari**, **Giuseppe Saragat** e **Angelo Tasca**), che dichiarò cessata qualsiasi collaborazione con i comunisti e cooptò nella Direzione Bruno Buozzi e Giuseppe Faravelli. Riprese quindi, nei mesi successivi, la polemica tra socialisti e comunisti italiani. Il 15 dicembre 1939 la Direzione, col voto contrario di Nenni e di Boschi, approvò un documento di dura condanna della politica comunista.

5 – Guerra e sbandamento

Agli inizi del 1940 Nenni si dimise anche dall'Esecutivo dell'IOS e nell'aprile successivo il Consiglio Nazionale del partito lo tolse anche dalla Direzione, ma egli non disperò di riprendere in futuro il filo di un discorso unitario.
In queste condizioni Nenni prese a condurre la sua battaglia interna contro la "destra" socialista, ora maggioritaria, e

quelle che lui chiamava le posizioni "neo-riformiste", fino a quando i fatti sembreranno dare ragione alle sue precedenti intuizioni circa l'importanza della politica unitaria nella lotta contro il fascismo: l'ingresso in guerra, in seguito all'aggressione delle potenze dell'Asse, dell'URSS (giugno 1941) e poi degli USA (dicembre 1941) aprì scenari nuovi per la lotta di liberazione. Nenni entrò allora in contatto con un gruppo di dirigenti socialisti di Marsiglia, assieme ai quali decise di promuovere un convegno unitario, con giellisti e comunisti, a Tolosa, che ebbe luogo nel settembre 1941 e dal quale scaturì un documento- appello per l'uscita dell'Italia dalla guerra e per il ripristino delle libertà democratiche. Il documento venne firmato per i socialisti —il che gli conferiva un valore politico significativo —da quelle che erano considerate le due maggiori personalità del partito, Nenni e —appositamente contattato —Saragat, la cui politica unitaria antifascista trovava maggiori aderenze nella base socialista, in Francia e in Italia, a confronto del pacifismo di Modigliani e dell'autonomismo diffidente verso i comunisti di Faravelli.

Lo scoppio della II guerra mondiale (1-9-1939), l'occupazione a Bruxelles, da parte della *Gestapo* della sede centrale dell'IOS, che praticamente cessò di esistere, l'ingresso in guerra dell'Italia (10-6-1940), la disfatta della Francia, con la conseguente occupazione nazista e con la nascita, nella parte meridionale di essa, del regime collaborazionista di Vichy, guidato dal maresciallo Pétain, determinarono la dispersione dell'emigrazione antifascista italiana, ora oggetto di una particolare "attenzione" da parte del governo di Roma. L'Esecutivo nazionale del partito, dopo l'occupazione tedesca di Parigi (14-6-1940), andò in frantumi: Tasca si aggregò al regime di Pétain; Morgari, ammalato, alla fine del 1940, rientrò in Italia; Saragat viveva appartato nell'Alta Garonna; Buozzi, dopo un breve soggiorno a Tours, fu arrestato (1941) a Parigi e infine estradato in Italia; Faravelli, confinato in una località dei Pirenei, venne poi arrestato dalla polizia di Vichy, tradotto in Italia e incarcerato.

A seguito di questa crisi di leadership, al fine di assicurare la continuità politico-organizzativa del partito, la guida del PSI-IOS fu trasferita —fu l'ultimo atto della dispersa Direzione francese —al Comitato della Federazione socialista del Sud-Ovest (Tolosa), anch'esso di orientamento autonomistico, di cui era segretario **Giovanni Faraboli**.

Dopo l'occupazione nazista (novembre 1941) del territorio di Vichy, la Federazione del Sud-Ovest, con lettera da Tolosa del 23 dicembre 1941, a firma di Giovanni Faraboli, Emilio Zannerini ed Enrico Bertoluzzi, affidò la continuità e la rappresentanza del PSI al Comitato della Federazione socialista italiana in svizzera. Si trattava però di una copertura, al fine di non attirare l'attenzione delle rigorose autorità svizzere, essendo ogni attività politica vietata dalle leggi elvetiche di sicurezza che regolamentavano la presenza degli stranieri nella Confederazione: in realtà la rappresentanza era stata affidata al *Centro Estero* socialista clandestino, costituito a Zurigo e regolarmente funzionante dal settembre 1941, con segretario **Ignazio Silone,** autore di un documento politico chiamato *Tesi del Terzo Fronte,* cioè il fronte interno di ogni paese, in cui il socialismo doveva essere capace di battere il fascismo, per dar vita, a guerra finita, all'Europa dei popoli.

Oltre a Silone, ne facevano parte Emanuele Modiglioni (dall'aprile 1943), **Riccardo Formica** (giornalista, di Trapani), Olindo Gorni (professore d'agronomia), Piero Pellegrini (redattore di *Libera stampa*) ed Erich Valar (tipografo). La prima riunione (presenti Silone, Formica, Gorni e Pellegrino) fu tenuta a Zurigo il 7-9-1941.

Due i compiti ereditati dal *Centro Estero*: coordinare il lavoro dei socialisti italiani fuorusciti e assistere i gruppi clandestini operanti in Italia.

Un primo problema per il *Centro Estero* fu costituito dall'atto politico di Nenni e Saragat di cui sopra ("Tesi di Tolosa"), formalmente illegittimo e contrario alla linea della Direzione, che provocò una proposta di espulsione per i due, bloccata però da Ignazio Silone.

All'inizio del 1942 Nenni scrisse e distribuì un bollettino intitolato *Nuovo Avanti,* di cui uscirono sei numeri. Dopo di che fu arrestato dai tedeschi (8-2-1943), estradato in Italia (maggio 1943) e confinato a Ponza. Nello stesso anno si costituì il

Movimento per il rinnovamento politico e sociale, poi divenuto *Partito d'Azione,* erede del pensiero di Carlo Rosselli.

La prima fase dell'attività del *Centro* si chiuse con gli arresti del dicembre 1942, per "illecito svolgimento di attività politica". Riprenderà nel febbraio 1944, ma solo su un piano di elaborazione teorica, per cessare il 16 aprile 1944, con la lettera da Zurigo con cui Marcello Cirenei e Lucio Luzzatto, a nome della Direzione del PSIUP, dichiaravano cessato il *Centro Estero* e assumevano la rappresentanza del partito.

6 – La ricostituzione del PSI in Italia

Non va dimenticato che, mentre i socialisti emigrati tenevano alta all'estero la bandiera del loro partito, nel vortice dei drammatici avvenimenti che caratterizzarono il periodo del loro esilio, altri militanti fronteggiavano in modo diverso, ma altrettanto eroico, il ventennale dominio fascista: c'erano quelli per i quali la militanza socialista aveva coinciso col loro impegno antifascista, come Rodolfo Morandi, Giuliano Vassalli, Lelio Basso, Mario Zagari, Oreste Lizzadri, Achille Corona; c'erano, poi, e numericamente costituivano la maggioranza, quelli che erano rimasti in Italia, mantenendo la loro fede politica, pagata spesso con la miseria, il confino, il carcere, mentre attendevano con fede profonda l'auspicato crollo del regime.

Fin dal 1938 avevano preso a riunirsi a Roma cinque vecchi socialisti (l'ex deputato Emilio Canevari, il sindacalista Oreste Lizzadri, Nicola Perrotti, l'ex deputato Giuseppe Romita e l'ex segretario del PSI Olindo Vernocchi). Il piccolo gruppo, a partire dal febbraio 1942, di fronte alle prime difficoltà belliche dell'Asse in Grecia, Iugoslavia e URSS, al fine di tentare una ricostituzione del PSI, decise di prendere contatto con altri vecchi socialisti romani, quindi del Lazio e poi dell' Italia meridionale. Come primo risultato di questi contatti fu nominata una piccola commissione (Lizzadri, Romita e Vernocchi) per preparare una bozza di dichiarazione programmatica finalizzata alla ricostituzione del PSI. Il documento, definitivamente approvato dai cinque fondatori il 22-7-1942, venne quindi inviato a un centinaio di qualificati ex militanti, che unanimemente lo condivisero.

L'atto di ricostituzione del PSI fu definitivamente approvato il 20-9-1942 e i cinque fondatori si costituirono componenti dell'Esecutivo segreto e permanente, che avrebbe diretto il partito fino a quando la situazione non avesse consentito una più larga partecipazione. Intanto fu eletto segretario l'ex deputato **Giuseppe Romita**, con vicesegretario Oreste Lizzadri. A Milano aderirono al partito Antonio Greppi, Ivan Matteo Lombardo, Alcide Malagugini, Lina Merlin ed altri, fra cui il vecchio Gregorio Agnini, che aveva partecipato al congresso di Genova del 1892.

I giovani erano invece attratti da un movimento politico sorto a Milano il 10-1-1943 attorno a **Lelio Basso**, con la denominazione di **MUP** (Movimento di Unità Proletaria per la repubblica socialista); ne facevano parte, oltre al leader Basso, Carlo Andreoni, Lucio Luzzatto, Corrado Bonfantini, Domenico Viotto, ed altri aderenti di altre città, soprattutto del Nord. Il gruppo si proponeva il superamento del "tatticismo" riformista e del "nullismo" massimalista. Nel suo terzo ed ultimo convegno del 25-5-1943, a cui parteciparono esponenti di UP, venne spianata la strada alla fusione fra MUP e UP.

Nello stesso periodo a Roma si costituì l'**UP** (Unione Proletaria), formatasi nell'ambito del movimento antifascista giovanile e in seguito rafforzata dalla confluenza di altri piccoli gruppi. Essa abbracciava i valori del socialismo "come realizzatore delle libertà individuali e collettive" contrapposto al regime repressivo e si schierava per un progetto europeista e federalista ostile al gretto nazionalismo autoritario.
I suoi esponenti principali, oltre al leader **Giuliano Vassalli**, erano Edoardo Perna, Vezio Crisafulli, Mario Fioretti, Giuseppe Lo Presti e i "giovani socialisti rivoluzionari" Mario Zagari, Tullio Vecchietti e Leo Solari (da Nenni in seguito scherzosamente definiti *i giovani turchi*).
I due gruppi (MUP e UP) erano fra loro politicamente vicini, al punto che nel corso del terzo ed ultimo convegno del MUP del 25-5-1973 venne spianata la strada per la loro fusione; essi

si battevano entrambi per l'instaurazione di una società socialista, ma al loro interno erano scarsamente omogenei.
Esponenti del PSI, Romita soprattutto, presero contatti con i due movimenti ed alla fine, dopo la caduta del fascismo (25-7-1943), si raggiunse l'accordo per la fusione. Il 4 agosto 1943, intanto, due giorni prima dell'arrivo di Nenni dal confino, venne rinnovato da PSI (Romita e Vernocchi) e PCI (denominazione assunta dai comunisti il 24-5-1943, dopo lo scioglimento del Comintern) il Patto d'Unità d'Azione fra i due partiti, nella prospettiva di una fusione organica.

Il periodo del dopoguerra (1943-1955)

Per me libertà e giustizia sociale, che poi sono le mete del socialismo, costituiscono un binomio inscindibile: non vi può essere vera libertà senza giustizia sociale, come non vi può essere vera giustizia sociale senza libertà
Sandro Pertini

1 - La nascita del PSIUP

Grazie all'opera di ricucitura svolta da Romita al Nord e da Lizzadri al Sud, il 22 e 23 agosto 1943 ebbe luogo un convegno di fusione fra PSI, MUP e UP, presenti Buozzi, Pertini e Nenni, tutti e tre reduci dal confino. Alla riunione, tenuta in casa di Lizzadri, quasi un congresso, partecipò una quarantina di persone, provenienti da varie città italiane, che proclamarono costituito il **PSIUP** (Partito Socialista Italiano di Unità Proletaria).

La Direzione del partito unificato fu composta da **Pietro Nenni** (segretario), Sandro Pertini (vicesegretario), Giuseppe

Saragat (non ancora rientrato dalla Francia, fu inserito su proposta di Nenni, che lo definì *il migliore di tutti noi*), **Rodolfo Morandi**, che venne incaricato della redazione milanese dell'*Avanti!*, Bruno Buozzi, Emilio Canevari, Giuseppe Romita, Oreste Lizzadri, Nicola Perrotti, Marcello Cirenei, Vannuccio Taralli, Filippo Acciarini, Carmine Mancinelli, Roberto Veratri, provenienti dal PSI; Lelio Basso, Carlo Andreoni (vicesegretario; si dimetterà nel successivo novembre), Lucio Luzzatto, Corrado Bonfantini, Gianguido Borghese (ex MUP); Mario Zagari, Giuliano Vassalli, Vezio Crisafulli, Tullio Vecchietti (ex UP).

L'annuncio dell'armistizio (8-9-1943), la fuga del Re e del governo Badoglio, la reazione tedesca costrinsero di nuovo alla clandestinità i vari partiti da poco ricostituiti, il cui Comitato Antifascista si trasformò, il giorno dopo, in Comitato di Liberazione Nazionale (CLN): il PSI vi fu rappresentato da Nenni e Romita. Un nuovo Patto di unità d'azione venne stipulato (17-10-1943) col PCI dalla delegazione socialista composta da Pertini, Nenni e Saragat

Il 18 del mese successivo vennero arrestati proprio Saragat e Pertini, che in seguito saranno liberati, con un rischioso stratagemma, da un commando partigiano socialista (ne faceva parte il siciliano **Filippo Lupis**), guidato da Giuliano Vassalli, futuro presidente della Corte Costituzionale.

In una riunione clandestina tenuta a Roma il 5-11-1943, venuti a mancare i due vicesegretari, a seguito dell'arresto di Pertini e delle dimissioni di Andreoni fu nominato un nuovo esecutivo segreto, composto dal segretario Nenni e da Vassalli e Lizzadri; quest'ultimo, il 9-1-1944, sarà chiamato a rappresentare il PSI nella Giunta Militare Centrale del CVL (Corpo Volontari della Libertà), comprensivo di tutti i gruppi impegnati nella resistenza armata al nazifascismo.

Poco dopo la liberazione di Napoli (1943) era stato costituito il Partito Socialista dell'Italia liberata per iniziativa dell'avv. Lelio Porzio, e proprio nello studio di quest'ultimo. Dal suo primo libero convegno, cui parteciparono autorevoli esponenti socialisti meridionali, scaturì poi (20-12-1943) un Consiglio Nazionale, composto da un rappresentante per ogni federazione, che nella sua prima riunione elesse segretario generale **Lelio Porzio,** con una direzione composta da Tito Zaniboni (il mancato attentatore di Mussolini), Luigi Numis, Eugenio Laricchiuta, Nino Gaeta, Luigi Cacciatore, Pietro Mancini, Luigi Renato Sansone, Giovanni Ardengo e l'ex parlamentare siciliano **Vincenzo Vacirca**. Nella successiva sessione del Consiglio Nazionale del 15-4-1944 la segreteria passò a **Oreste Lizzadri**, delegato dalla Direzione centrale di Roma del PSIUP anche per partecipare al Congresso di Bari del CLN (28-29/1/1944), che aveva passato le linee col nome di Oreste Longobardi. Lelio Porzio e Luigi Cacciatore furono nominati vicesegretari. Direttore dell'*Avanti!* **Nino Gaeta**.

Con la liberazione di Roma il Comitato Centrale e la segreteria del PSIUP rientrarono nella pienezza dei loro poteri. Ma il PSIUP rimaneva ancora diviso tra una direzione politica romana e una (dalla primavera 1944) dell'Italia occupata dai nazifascisti affidata a **Sandro Pertini** e composta da Basso, Bonfantini, Mazzali e Morandi, costituita soprattutto per un'efficace partecipazione alla Resistenza, mediante la creazione delle "Brigate Matteotti".
Il 22-4-1944 il PSIUP entrò nel nuovo governo Badoglio, con i ministri Pietro Mancini (Ministro senza portafoglio) e Attilio Di Napoli (Commercio, Industria e Lavoro). Il successivo 27 maggio venne assassinato dai fascisti il redattore capo dell'*Avanti!* Eugenio Colorni. Il 4 giugno fu la volta del leader sindacale Bruno Buozzi, trucidato dai nazisti. Poco prima era stato firmato, dai rappresentanti dei tre partiti di massa Achille Grandi (DC), Giuseppe Di Vittorio (PCI) ed Emilio Canevari (PSIUP) il "Patto di Roma" che sanciva, con la costituzione della CGIL, l'unità sindacale di tutti i lavoratori.

Dopo la liberazione di Roma nel nuovo governo presieduto da Bonomi per il PSIUP entrarono Giuseppe Saragat (Ministro senza portafoglio) e Pietro Mancini (LL.PP.). Il PSIUP non partecipò invece al secondo governo Bonomi, cioè quello esistente il giorno della Liberazione, il 25 aprile 1945. Fece parte invece del governo Parri con tre ministri: Pietro Nenni (vicepresidente), Giuseppe Romita (LL.PP.) e Gaetano Barbareschi (Lavoro).

2 - La Repubblica

La crisi seguita alla caduta del governo Parri fu risolta con la formazione del primo governo De Gasperi (10-12-1945/13-7-1946), a cui i socialisti parteciparono con tre importanti ministeri, anche in considerazione dell'approssimarsi della data fissata per l'elezione dell'Assemblea Costituente e del referendum istituzionale (2-6-1946): Nenni (vicepresidente e ministro per la Costituente), Romita (Interni), Barbareschi (Lavoro).
Nello stesso periodo era in corso nel PSIUP un ampio dibattito ideologico incentrato principalmente sui rapporti da intrattenere col PCI, cui partecipavano anche varie riviste socialiste: *Critica Sociale*, diretta da Ugo Guido Mondolfo, a cui faceva capo l'ala "destra" del partito che si richiamava a Turati e Treves, *Socialismo*, diretta prima da Saragat e poi da Morandi; *Quarto Stato* di Lelio Basso; *Compiti nuovi* di Lizzadri; *Iniziativa Socialista* di Mario Zagari, da cui prenderà il nome l'omonima corrente.

Le due vecchie anime (la *riformista* e la *massimalista*) del socialismo italiano riemersero durante il Consiglio Nazionale tenuto dal 29 luglio al 1° agosto 1945, importante quasi quanto un congresso per la sua rappresentatività, in cui si registrarono una posizione, maggioritaria, di "sinistra" (Cacciatore, Morandi, Basso, Nenni), unitaria rispetto al PCI per arrivare, in un futuro imprecisato, al partito unico dei lavoratori, antica aspirazione dei socialisti, e una tendenza (Saragat, Silone, Bonfantini) che, pur non contestando il Patto di Unità, propugnava l'indipendenza politica e organizzativa del partito. Furono eletti segretario generale **Pietro Nenni** e segretario **Sandro Pertini**, che si dimetterà il 22-12-1945, in contrasto con la posizione accentuatamente fusionista (già rigettata dal Comitato Centrale del 17/22 ottobre) dei due vicesegretari (Lelio Basso e Luigi Cacciatore), pure loro dimissionari. Sarà sostituito (22-12-1945) da **Rodolfo Morandi**, con Foscolo Lombardi vicesegretario e **Ignazio Silone** direttore dell'*Avanti!* Della Direzione entrarono a far parte anche Giuseppe Faravelli, Alberto Jacometti, Oreste Lizzadri, Foscolo Lombardi, Virgilio Luisetti, Carmine Mancinelli, Lina Merlin, Rodolfo Morandi, Giuseppe Saragat, Ignazio Silone, Olindo Vernocchi. Segretario della Federazione Giovanile Matteo Matteotti, direttore dell'edizione milanese dell'*Avanti!* **Guido Mazzali**.

Dall'11 al 16 aprile 1946 il PSIUP (860 mila iscritti) celebrò il suo primo congresso dopo la Liberazione (il XXIV della serie), in cui grande risonanza ebbero i prestigiosi discorsi di Nenni, fautore di una lotta unitaria della classe lavoratrice per il socialismo, e di Saragat, che propugnava una politica socialista autonoma, di orientamento democratico e gradualista, in consonanza con quanto andava emergendo nel socialismo europeo.

Il congresso si concluse senza un vincitore netto: alla sinistra (46,1%) andarono 7 componenti della Direzione e 7 furono assegnati ai gruppi autonomisti della mozione "unificata" (40,6%) e di Critica Sociale (11,4%). Presidente del partito fu eletto **Pietro Nenni,** mentre la segreteria fu affidata ad un esponente poco noto, considerato estraneo alle correnti: **Ivan Matteo Lombardo;** nella Direzione entrarono anche per la "sinistra" Lelio Basso, Luigi Cacciatore, Rodolfo Morandi, Alberto Jacometti, Foscolo Lombardi (vicesegretario); per "Iniziativa" Luigi Chignoli, Sandro Pertini, Ignazio Silone, Aldo Valcarenghi, Mario Zagari; per "Critica Sociale" Giuseppe Saragat e Alberto Simonini. Vi entrarono inoltre Lina Merlin per le donne, Matteo Matteotti per i giovani e Oreste Lizzadri per la CGIL.

La convivenza di un Presidente, leader della corrente di maggioranza relativa, e di un segretario di scarso peso, fino ad allora personaggio di secondo piano, che peraltro non era stato presente al Congresso, diede luogo ad una diarchia di poteri, che ricordava i tempi del prefascismo, quando il vero leader del partito, più che il segretario del partito, era il direttore dell'*Avanti!* Ed infatti la gestione del partito e l'elaborazione della sua linea politica, furono influenzati assai più da Nenni che da Lombardo.

Nel referendum, com'è noto, prevalse la Repubblica, per la quale si erano mobilitati i socialisti, all'insegna dello slogan nenniano *O la Repubblica o il caos*.

Anche i risultati delle votazioni per l'Assemblea Costituente, in cui una certa influenza sembrava averla ancora esercitata *il vento del Nord*, furono soddisfacenti per il PSIUP (20,7% e 115 deputati) che si rivelò essere il secondo partito dopo la DC, tanto che ottenne (25-6-1946) la presidenza dell'Assemblea (Giuseppe Saragat). Di conseguenza al secondo governo De Gasperi (13-7-1946/2-2-1947) parteciparono quattro ministri socialisti: Nenni (Esteri), Morandi (Industria), D'Aragona (Lavoro e Previdenza Sociale), Romita (LL.PP.).

3 - La scissione di Saragat

Sbollito l'entusiasmo per i positivi esiti del 2 giugno, ricominciarono le polemiche interne, specie dopo i deludenti risultati delle amministrative parziali del novembre 1946, nelle quali il PSIUP fu superato dal PCI, mentre nel mondo, rompendosi l'unità antifascista, si andavano coagulando due blocchi di potenze: quello occidentale, guidato dagli USA, e quello sovietico, capitanato dall'URSS.

Il 25-10-1946 venne comunque sottoscritto il nuovo Patto di unità d'azione fra socialisti e comunisti. Per la parte socialista esso portava le firme di Nenni, Pertini, Saragat, I.M. Lombardo, F. Lombardi e Jacometti.

Il nuovo congresso (9-13 gennaio 1947), in cui si fronteggiavano due diverse, e all'apparenza inconciliabili, concezioni della strategia socialista, emblematicamente impersonate da Nenni e da Saragat, ma in realtà coinvolgenti l'intero stato maggiore socialista, si concluse, nonostante i tentativi di mediazione di Sandro Pertini e di Alberto Simonini, con una nuova scissione, che fu detta "di Palazzo Barberini", dal luogo in cui si radunarono, in contemporanea col congresso del PSIUP, da essi contestato per presunte irregolarità, i secessionisti, per fondare (11-1-1947) il nuovo partito.

Ad uscire dal PSIUP furono, sotto la leadership di Giuseppe Saragat, le correnti di "Iniziativa Socialista" (Mario Zagari, Matteo Matteotti, Giuliano Vassalli) e di "Critica Sociale" (Giuseppe Modigliani, Ugo Guido Mondolfo, Ludovico D'Aragona, Alessandro Schiavi, Giuseppe Faravelli, Antonio Greppi). Al nuovo partito, che assunse la denominazione di **PSLI** (Partito Socialista dei Lavoratori Italiani), aderirono 52 deputati su 115 (presidente del Gruppo G.E. Modigliani). Al Gruppo (ma non al nuovo partito) aderì anche Ignazio Silone, che dal marzo 1946 dirigeva la rivista *Europa Socialista*. Vi entrarono, inoltre, il filosofo marxista Rodolfo Mondolfo, l'organizzatore delle brigate "Matteotti" Corrado Bonfantini e il comandante partigiano Aldo Aniasi, Leo Solari, leader della Federazione Giovanile e la grande maggioranza di quest'ultima, Angelica Balabanoff, già segretaria del PSI massimalista in Francia e del *Bureau* dei partiti rivoluzionari.

Il partito nato a Palazzo Barberini era un partito classista avente come obiettivo la socializzazione dei mezzi di produzione e come base ideologica il marxismo, che propugnava un'assoluta autonomia dal PCI, ma che non escludeva la ripresa di una politica unitaria.

La Direzione del nuovo partito risultò composta da Saragat, Martoni-Castiglioni, Spalla, U.G.Mondolfo, Schiavi, Viotto, Guazza, Pietra, Zagari, Bonfantini, Dagnino, M. Matteotti, Valcarenghi, Chignoli, Tolino, Russo, V. Lombardi, **Giuseppe Faravelli**, **Alberto Simonini**, **Giuliano Vassalli**, gli ultimi tre eletti, il 15-1-1947, componenti di una segreteria collegiale.

Organo del partito era designato *L'Umanità*, con una direzione composta da **Matteo Matteotti**, **Giuseppe Saragat** e **Paolo Treves**. Ad essa collaborò, per un paio d'anni, il celebre disegnatore dell'*Avanti!* Scalarini, che firmava col disegno di una piccola scala, seguito dalla scritta "rini". Come simbolo, in un primo tempo (1947-48) furono mantenute la falce e il martello inserite in un cerchio attraversato da tre frecce (la forza fisica, quella economica e quella spirituale), queste ultime dal 1931 adottate dell'Internazionale Socialista, che in seguito si orienterà per la rosa rossa. Successivamente il partito socialdemocratico tornerà al simbolo che fu già del partito di Turati e Matteotti nel 1922 (sole nascente).

Rimase nel vecchio partito, però, un nutrito gruppo di autonomisti, il cui esponente principale era Giuseppe Romita, avente una sua ala estrema che faceva capo al segretario uscente Ivan Matteo Lombardi. Si trattava di forze, anche esterne al PSI, che aspiravano ad un socialismo intransigente nei contenuti e legato alla sua storia, ma libero da condizionamenti sia a livello internazionale (i due "blocchi" contrapposti) che interni (DC e PCI). Aspirazione prioritaria di questi gruppi era comunque la ricomposizione dell'unità socialista.

Il congresso del PSIUP, vinto dalla "sinistra", si concluse, su proposta di Vernocchi, con la riassunzione della storica sigla di PSI (Partito Socialista Italiano) e con l'elezione della nuova Direzione così composta: **Lelio Basso** (segretario), Foscolo Lombardi (vicesegretario), **Pietro Nenni** (direttore dell'*Avanti!*), Gaetano Bertelli, **Agatino Bonfiglio**, Amerigo Bottai, Luigi Cacciatore, Vannuccio Taralli, Michele Giuia, Alberto Jacometti, Cesare Lombroso, Lucio Luzzatto, Oreste Lizzadri, Giacomo Mancini, Lina Merlin, Rodolfo Morandi, Nicola Perrotti, Giuseppe Romita, Piero Rossi, Luigi Renato Sansone, Giusto Tolloy.

Dopo la scissione si costituì il terzo governo De Gasperi (2-2-1947/31-5-1947), sostenuto dal tripartito DC-PCI-PSI, al quale i socialisti parteciparono con tre ministri: Cacciatore (Poste), Morandi (Industria e Commercio) e Romita (Lavoro e Previdenza sociale). Il governo durerà pochi mesi, perché De Gasperi, dopo alcuni mesi, decise di estrometterci le sinistre e formò un governo dc con qualche liberale (31-5-1947/23-5-1948).

Il 13-9-1947 ebbe luogo a Roma un convegno nazionale del PSLI che riconfermò la linea di opposizione al governo De Gasperi, lasciando però qualche spiraglio. Venne eletta una nuova Direzione composta da Vassalli, D'Aragona, Faravelli, Corsi, Andreoni, Battana, Garavini, Guazza, Spalla, Libertini, Jovino, Pietra, oltre a **Giuseppe Saragat**, segretario unico, e a Mario Zagari (leader della sinistra interna) e Alberto Simonini (leader della destra interna), vicesegretari. **Umberto Colosso** andò alla direzione de *L'Umanità*.

La polemica che si sviluppò fra i due partiti socialisti fu ricca anche di epiteti piuttosto acidi: i socialdemocratici (termine che da allora assunse un significato spregiativo), dal suono della sigla del loro partito (PSLI) furono chiamati *i piselli*; questi, a loro volta, definivano gli ex compagni di partito *socialfusionisti*, benché l'ipotesi della fusione col PCI fosse stata accantonata da tempo, e, in qualche caso, *comunisti nenniani*

Il 21-10-1947 la scissione saragattiana fu in parte compensata dalla confluenza nel PSI della maggioranza (Riccardo Lombardi, Francesco De Martino, Vittorio Foa) del Partito d'Azione, la cui minoranza diede vita al **Movimento d'Azione Socialista Giustizia e Libertà** (Tristano Codignola, Piero Calamandrei, Aldo Garosci, Paolo Vittorelli).
A rappresentare gli azionisti confluiti nel PSI furono cooptati nella Direzione, con voto consultivo, Alberto Cianca e Riccardo Lombardi.

Nel successivo mese di dicembre, in seguito ad un rimpasto, entrarono nel Governo il PRI e il PSLI, quest'ultimo con tre ministri: Saragat (Vicepresidenza e Affari Sociali), Tremelloni (Industria e Commercio) e D'Aragona (Poste e Telecomunicazioni).
La decisione di entrare nel Governo, motivata con la volontà di partecipare alla ricostruzione del Paese e alla lotta contro la miseria, difendendo la libertà e la pace, provocò una piccola scissione nel PSLI: se ne staccarono Virgilio Dagnino e la maggioranza della Federazione Giovanile, compreso il futuro storico del socialismo Gaetano Arfè; un gruppo di giovani fonderà un effimero M.S.U.P. (Movimento Socialista di Unità Proletaria), che dopo aver appoggiato il Fronte Popolare nel 1948 darà vita al primo nucleo della IV Internazionale (trotskista) in Italia. Successivamente lascerà il partito anche il catanese **Lucio Libertini**.

4 - La scissione di Romita

Il XXVI congresso del PSI, che si svolse a Roma dal 19 al 22 gennaio 1948, fu contrassegnato dalla discussione sul Fronte Democratico Popolare che la direzione socialista aveva proposto al PCI di costituire, in vista delle consultazioni politiche del 18-4-1948. Altro argomento, al primo strettamente collegato, riguardava la scelta se presentare liste uniche del Fronte o liste separate di partito. Si confrontavano la linea della maggioranza di sinistra e quella degli autonomisti, capeggiati da Romita i quali accettavano la linea del Fronte, purché limitata nel tempo, ma si schieravano decisamente per le liste separate, anche per il timore che la maggiore efficienza organizzativa del PCI potesse penalizzare il PSI nel gioco delle preferenze.

Il congresso dunque si pronunciò al 99,43% per la costituzione del Fronte, mentre la risoluzione per la lista unica ottenne solo il 66,8% dei voti (il 32,7% si schierò per le liste separate e lo 0,55% per la mozione della "destra" autonomista di Ivan Matteo Lombardo, staccatasi da Romita e ormai orientata verso l'ennesima scissione. Decise, inoltre, di sostituire il Comitato Centrale col Consiglio Nazionale, composto dai rappresentanti delle federazioni.

La nuova Direzione risultò così composta: **Lelio Basso** (riconfermato segretario il 27-1-1947), Lucio Luzzatto (vicesegretario), **Pietro Nenni** (direttore dell'*Avanti!*), Amerigo Bottai, Guido Bernardi, Luigi Cacciatore, Giuseppe Casadei, Laura Conti, Vannuccio Taralli, Michele Giuia, Alberto Jacometti, Foscolo Lombardi, Riccardo Lombardi, Cesare Lombroso, Giacomo Mancini, Rodolfo Morandi, Nicola Perrotti, Luigi Renato Sansone, Fernando Santi, Augusto Talamona, Tullio Vecchietti.

A Napoli, dal 1° al 5 febbraio 1948, si tenne il primo congresso del PSLI, che praticamente ratificò l'ingresso nel Governo. Fu approvata a larghissima maggioranza una mozione "unificata", a cui si contrappose solo una piccola mozione di "sinistra" che disapprovava l'operato della Direzione e l'ingresso nel Governo. Venne eletta una nuova Direzione composta da **Alberto Simonini** (segretario), Carlo Andreoni (vicesegretario politico), Italo Pietra (vicesegretario organizzativo), Saragat, Faravelli, D'Aragona, U.G. Mondolfo, Spalla, Vassalli, Colosso, P. Treves, Bianca Bianchi, Battara, M. Matteotti, Castiglione.

La direzione de *L'Umanità* fu affidata, per l'edizione di Roma a **Giuliano Vassalli** e, per quella di Milano, a **Giuseppe Faravelli**.

Una seconda scissione, anche se di dimensioni ridotte, colpì ancora il PSI.

Il 7-8 febbraio 1948 Ivan Matteo Lombardo, lasciato il PSI, partecipò, a Milano, assieme al gruppo di *Europa Socialista* di Silone, promotore dell'iniziativa, e al gruppo degli ex azionisti di Codignola, alla presenza di Mondolfo, in rappresentanza del PSLI, ad un "convegno nazionale dei socialisti indipendenti" che si concluse con la creazione di un nuovo soggetto politico, l'**UdS** (Unione dei Socialisti), con segretario **Ivan Matteo Lombardo** e vicesegretario Marco Alberto Rollier.

Il 12 febbraio, in vista delle imminenti elezioni politiche, PSLI e UdS stipularono un accordo per costituire un cartello elettorale denominato "Unità Socialista", con simbolo il sole nascente.

I risultati delle elezioni politiche furono disastrosi per il Fronte, che subì una netta flessione rispetto al 1946 (dal 39,7% al 31%); all'interno del Fronte il PSI ottenne, a causa del gioco delle preferenze, ben orchestrato dal PCI, solo 46 deputati sui 183 eletti. Le liste di Unità Socialista raccolsero il 7,1% e mandarono alla Camera 33 deputati; al Senato (4,2%) gli eletti furono 8, più 12 senatori di diritto ad esso vicini, fra cui il siciliano **Edoardo Di Giovanni**. Tutto ciò causò un notevole fermento all'interno del PSI e specialmente nella sua ala "destra", gli autonomisti di Romita, i quali chiesero la denuncia non solo del Fronte, ma anche del Patto di unità d'azione e una politica volta alla riunificazione delle forze socialiste e alla permanenza nel **Comisco** (Comitato della Conferenza Internazionale Socialista, costituito nel novembre 1946), il quale invece, il 5-6-1948, sospenderà il PSI (e finirà nel marzo del 1949, per escluderlo) per la sua politica frontista, ammettendo al suo posto, in rappresentanza del socialismo italiano, "Unità Socialista".

Il 23 maggio 1948 De Gasperi formò il suo 5° governo (23-5-1948/27-1-1950) a cui Unità Socialista partecipò con Saragat (Vicepresidenza), Tremelloni (ministro senza portafoglio) e Ivan Matteo Lombardo (Industria e Commercio).

Pochi giorni dopo, il 27 giugno, ebbe inizio, a Genova il XXVII congresso del PSI. In esso si fronteggiarono tre schieramenti: quello di "sinistra" (Nenni, Basso, Morandi), propenso a continuare la precedente politica unitaria, il quale conseguì il 31,50% dei voti congressuali, perdendo così il controllo del partito; quello della mozione "autonomistica unificata" (Romita, Luisetti, Calogero, Viglianesi), che ottenne il 26,50%; ed infine quello centrista (Lombardi, Jacometti, Santi, Foa, G. Matteotti, Dugoni, Pieraccini) di "Riscossa Socialista" che raggiunse la maggioranza relativa col 42% ed elesse la nuova Direzione, così composta: **Alberto Jacometti** (segretario), Giancarlo Matteotti (vicesegretario), **Riccardo Lombardi** (direttore dell'*Avanti!*), Adinolfi, Barbano, Borghese, Carli-Ballola, Dugoni, Fabbricotti, Manno, Nitti, Pollanca, Pernotti, Pieraccini, Pierantoni, Santi. La nuova Direzione improntò la sua azione alla doppia esigenza di salvaguardare l'autonomia del partito (il Fronte venne sciolto l' 11-8-1948) e, nello stesso tempo, la politica unitaria, ma trovò molte difficoltà, oltreché nella sua eterogeneità, nelle condizioni oggettive in cui si trovò ad operare (la maggior parte dei funzionari aderiva alla "sinistra").

I mesi seguenti, infatti, sono caratterizzati dall'aumento delle tensioni interne (attentato a Togliatti) e internazionali ("guerra fredda"), mentre le varie correnti socialiste non demordono dalle polemiche: Nenni fonda *Mondo Operaio* e Romita *Panorama Socialista*. Il 29 ottobre 1948 Romita elabora un documento (firmato anche da 25 parlamentari di varia scuola socialista), che invia all'UdS, al PSI e al PSLI, per invitarli alla riunificazione, ma con scarsa fortuna, se si esclude l'apprezzamento della sinistra del PSLI. Anzi, in seguito ad una sua intervista, viene deferito ai probiviri e sospeso per sei mesi.

Dal 23 al 26 gennaio 1949 ebbe luogo a Genova il II congresso del PSLI, in cui la Direzione si presentò con una relazione di maggioranza (Simonini) e una di minoranza (Vassalli).

La mozione di centro-destra ("Concentrazione Socialista") di Saragat-D'Aragona (49,44%) ottenne 7 posti nella nuova Direzione (**Alberto Simonini**, riconfermato segretario, Saragat, Andreoni, D'Aragona, Spalla, Battara, P. Treves, poi sostituito da Lami.Starnuti), quella di sinistra ("Una politica socialista per l'unità socialista") di G. Pischel 32,85%) cinque (Vassalli, Piera, M. Matteotti, Vigorelli, Zagari) e quella di centro-sinistra ("Per la riscossa e il primato del movimento socialista") di Faravelli (17,71%) tre (U.G. Mondolfo, Faravelli, Martoni).

Il 31gennaio 1949 Ivan Matteo Lombardo, con un gruppo di suoi amici, lasciò l'UdS per passare al PSLI, nella cui ala destra andò a collocarsi. Gli subentrò, alla testa dell'UdS, **Ignazio Silone**.

Nei mesi successivi la proposta di adesione al Patto Atlantico agitò ulteriormente le acque della politica italiana: il PSI si dichiarò contrario, in quanto fautore della neutralità, mentre nel PSLI si verificarono spaccature; la sua Direzione, infatti, con 8 voti su 15 (sinistra e centrosinistra), si pronunciò contro i patti militari, il che causò le dimissioni del segretario Simonini e l'elezione (7-3-1949), al suo posto, di **Ugo Guido Mondolfo**, sostenuto da Vassalli, Zagari, Matteotti, Calosso, Greppi, Vigorelli e Faravelli. Alla Camera, quando si trattò di votare l'ingresso nell'alleanza militare, nel gruppo del PSLI, cui fu data libertà di voto, 11 deputati si astennero, uno votò contro (Piero Calamandrei, dell'UdS) e gli altri (fra cui Saragat) votarono a favore. Al Senato, su nove componenti, tre si astennero e sei votarono a favore.

Il XXVIII congresso del PSI si aprì a Firenze l'11-5-1949. Anche in questo congresso si fronteggiarono tre mozioni: quella di sinistra (Nenni, Morandi, Basso, Pertini), che risulterà, seppure di poco, maggioritaria (50,06%), quella di centro (Lombardi, Jacometti, Pieraccini), ora denominata "Per il Partito, per la classe" (39%) e quella di destra (9,50%), detta "Per il socialismo" (Romita, Della Chiesa, Scaramuzzi).

Un'importante decisione del congresso fu quella di ripristinare, in luogo del Consiglio Nazionale, il Comitato Centrale (il cosiddetto "parlamentino" del partito) di 80 membri (41 per la "sinistra", 31 per il "centro" e 8 per la "destra"), eletto col sistema proporzionale e avente potere d'indirizzo nell'intervallo tra i congressi.

Nella nuova Direzione, monocolore della corrente di sinistra, vincitrice del congresso, furono eletti: **Pietro Nenni** (il 18 maggio eletto segretario), **Sandro Pertini** (direttore dell'*Avanti!* di Roma), **Guido Mazzali** (direttore dell'*Avanti!* di Milano), Basso, Bottai, Buschi (in seguito sostituito da Macchieti), Cacciatore, E. Caporaso, L. Conti, Corona, De Martino, Giua, Lizzadri, Luzzatto, Malagugini, Matteucci, Morandi (vicesegretario), Sansone, Targetti, Toni, Trebbi.

Chiuso il congresso il 16-5-1949, lo stesso giorno Romita e altri dirigenti della corrente di destra del PSI dichiararono che non intendevano rinunciare alla lotta per l'unificazione socialista, nell'ambito del Comisco, da cui invece il PSI si era tirato definitivamente fuori. Il 21 maggio seguente la Direzione del PSI prese atto che il gruppo dirigente autonomista, dopo aver lanciato un appello per una "Costituente Socialista" e aver costituito un "Comitato provvisorio degli autonomisti del PSI" (Barilli, Borghesi, Bulleri, Chiari, Dalla Chiesa; Farina, Landi, F. Lupis, Motta, Flavio Orlandi, futuro segretario del PSDI, Romita, Spinelli, Viglianesi, Villani, Zampese, Zampini), che lo stesso giorno partecipò ad un "Convegno nazionale di riunificazione socialista" con l'UdS, alla presenza di Mondolfo e di un rappresentante del Comisco, si era posto fuori dal partito.

Tra gli scissionisti piuttosto numeroso era il gruppo di sindacalisti della CGIL, capeggiato dai vicesegretari confederali Renato Bulleri ed Enzo Dalla Chiesa e dai segretari nazionali Arturo Chiari (FIOM) e Italo Viglianesi (Federazione Chimici), il che stava a testimoniare il radicamento che gli autonomisti avevano nella classe operaia.

5- La fondazione del PSU

Subito dopo la scissione gli autonomisti romitiani si organizzarono in **MSA** (Movimento Socialista Autonomo) che, d'intesa coll'UdS, propose al PSLI un Congresso di Unificazione, fortemente voluto dal Comisco. L'idea di una Costituente non godeva però delle simpatie del centro-destra del PSLI, ridivenuto maggioritario grazie al passaggio nelle sue file di un componente (Martoni) della Direzione, proveniente dai mondolfiani. Essa infatti, che pensava piuttosto ad un assorbimento nelle sue file degli altri scissionisti, temeva che la fusione potesse far pendere la bilancia verso quei settori (MSA, UdS, sinistra PSLI) che si erano dichiarati ostili alla politica di partecipazione governativa. Sicché, quando il segretario Mondolfo, per consentire ai rappresentanti del Comisco di far opera di mediazione circa la valutazione numerica da attribuirsi a MSA e UdS, propose il rinvio del congresso del PSLI, per dar tempo di organizzare quello di unificazione, la proposta fu respinta (8 voti contro 7), il segretario si dimise (11-6-1949) e la Direzione attribuì provvisoriamente le funzioni della segreteria ad un Esecutivo composto da **Carlo Andreoni, Pietro Battara e Edgardo Lami-Starnuti**.

Un ulteriore elemento elemento di divisione fu dato dalla decisione dei sindacalisti del PSLI (Canini, D'Aragona, Martoni) di uscire dalla CGIL, mentre quelli romitiani intendevano rimanervi. Ed, infatti, i sindacalisti del PSLI, assieme a quelli repubblicani guidati da Raffaele Vanni, il 4-6-1949 costituirono un nuovo sindacato, la FIL (Federazione Italiana del Lavoro), in concorrenza con la CGIL e con la LCGIL/CISL, il sindacato di ispirazione cattolica che da essa si era staccato nel luglio 1948.

Il congresso del PSLI si tenne dunque a Roma dal 16 al 19 giugno, in un atmosfera piuttosto tesa e politicamente frantumata (vi furono presentate ben sette mozioni). Venne modificato lo Statuto nell'art. che stabiliva il sistema proporzionale nell'elezione della Direzione. La vittoria (63,88%) arrise al centro-destra, favorevole alla presenza del PSLI nel Governo, che elesse una direzione così composta: **Ludovico D'Aragona** (segretario), Alberto Simonini (vicesegretario politico), Eriberto D'Ippolito (vicesegretario organizzativo), i quali, con Battara e Lami-Starnuti formarono l'Esecutivo, Saragat, Andreoni, Valeri, Spalla, P. Treves, Longhitano, Carboni, Paolo Rossi.

Segretario amministrativo venne confermato (lo era stato dalla fondazione del partito) Carlo Casati. Per *L'Umanità* venne nominato un *Comitato di Direzione provvisorio* formato da **Carlo Andreoni**, **Paolo Treves** e **Antonio Valeri**.

L'unificazione con gli altri tronconi socialisti veniva demandata, d'intesa col Comisco, ad un comitato paritetico nazionale per censire le forze effettive di ciascun gruppo e arrivare poi al congresso di unificazione, indetto per il 25-8-1949.

Si allargava così il fossato nel mondo socialista, diviso tra un PSI (governato dalla sua sinistra interna) saldamente piazzato all'opposizione dei governi democristiani e un PSLI (governato dalla sua destra interna), altrettanto saldamente inserito nella centrista compagine governativa.

Quelli che si collocavano politicamente fra i due tronconi socialisti non rimasero soddisfatti degli esiti del congresso del PSLI: non lo era il MSA, contrario al governo a direzione democristiana e non lo era neanche l'UdS, che nel suo Comitato Centrale del 22-24 giugno, in cui elesse un esecutivo nazionale di 7 membri (**Ignazio Silone**, segretario, Luigi Carmagnola, Tristano Codignola, Aldo Garosci, Vittorio Libera, Pasquale Schiano, Paolo Vittorelli), si dichiarò contraria all'egemonia democristiana sul governo e a quella comunista sulla sinistra. La pregiudiziale di questi movimenti rese guardinga la Direzione di centro-destra del PSLI, timorosa di una sconfessione della politica di collaborazione governativa, tanto che essa, il 31-10-1949, annunciò il ritiro dell'adesione al congresso di unificazione e, nello stesso tempo, invitò i propri rappresentanti a lasciare il Governo.

Nonostante ciò, il "Comitato centrale di coordinamento e di controllo per l'Unificazione Socialista", decise (5-11-1949), con l'avallo del Comisco, di andare avanti lo stesso nella preparazione del congresso. Esso ebbe così luogo a Firenze dal 4 all'8 dicembre 1949 e si concluse con la creazione di un terzo soggetto socialista: il **PSU** (Partito Socialista Unitario), con 173.000 tesserati, alla cui formazione concorsero il MSA, l'UdS e il centro e la sinistra del PSLI (Vigorelli, Mondolfo, Faravelli, Zagari, Greppi, Pischel, M. Matteotti, Ariosto, Vassalli, Bonfantini). Al PSU aderirono 8 senatori e 13 deputati. Il nuovo partito socialista riaffermò le note tesi neutraliste, antimilitariste, federaliste ed europeiste che le sue componenti avevano sempre affermato.

La Direzione del PSU risultò così composta: **Ugo Guido Mondolfo** (segretario), con vicesegretari Matteo Matteotti, Tristano Codignola e Italo Viglianesi, Amadio, Bonfantini, Borghesi, Carmagnola, Cartia, Cossu, Faravelli, Garosci, Luisetti, Paresce, Pecoraro, Schiano, Silone, Tolino, Vassalli, Vittorelli, Zagari, più il capogruppo alla Camera (Vigorelli) e quello al Senato (Romita). Il PSU fu subito (12-12-1949) riconosciuto dal Comisco, che espulse dalle sue file il PSLI.

Fin dall'inizio nel PSU si manifestarono due anime: una, facente capo all'ex sinistra del PSLI, che intendeva dare al partito una funzione autonoma rispetto a PSI e PSLI e l'altra, espressa da Romita, che lo considerava un momento di transizione verso l'unificazione col PSLI; ambedue, tuttavia, erano contrarie ad ogni totalitarismo e alla partecipazione a governi centristi.

Intanto il PSI aveva registrato la confluenza (20-11-1949), nel suo seno, del **PSSd'Az.** (Partito Socialista Sardo d'Azione), fondato da **Emilio Lussu** nel 1948.

6 - Fusione socialdemocratica e legge truffa

Temi dominanti del nuovo congresso (4-8 gennaio 1950) del PSLI furono la ulteriore partecipazione, o meno, al governo, l'eventuale riunificazione col PSU e la questione sindacale. Sui primi due punti il congresso si dichiarò possibilista, con le riserve della nuova sinistra interna facente capo a Luigi Preti circa la partecipazione al governo. Per quanto riguarda la questione sindacale esso si orientò per la formazione di un nuovo sindacato privo di tutele partitiche o confessionali.
La nuova direzione fu costituita, per la maggioranza, da **Giuseppe Saragat** (segretario), D'Aragona, Simonini, D'Ippolito, Andreoni, Battara, P. Treves, Spalla, Villani, Massari, Longhitano, Lami-Starnuti, Corsi, Rossi, e l'ex deputato siciliano **Vincenzo Vacirca** e, per la minoranza, da Acanfora, Castellarin e Preti.
Il 27 dello stesso mese il PSLI entrò nel VI governo De Gasperi (27-1-1950/26-7-1951), dove fu rappresentato da Ludovico D'Aragona (Trasporti), Ivan Matteo Lombardo (Commercio con l'Estero) e Alberto Simonini (Marina Mercantile).
Alla fine di gennaio fu deciso di sospendere la pubblicazione dell'organo del partito *L'Umanità*, che , fino al 1952, venne sostituito dai settimanali *Giustizia Sociale* e *La voce socialista*.

Il 5 febbraio 1950 cessò di esistere, nel corso del suo unico congresso, la FIL, i cui aderenti (di area PSLI e PRI), assieme ai sindacalisti del PSU, già organizzati nei GASU (Gruppi di azione sindacale unitaria), il 5-3-1950 a Roma, diedero vita, presenti 253 delegati, alla UIL (Unione Italiana del Lavoro).

Il 20 settembre 1950, in seguito alle dimissioni, per motivi di salute, di Ugo Guido Mondolfo, alla segreteria del PSU fu chiamato **Ignazio Silone**, proprio mentre nel partito aumentava la distanza tra i fautori dell'autonomia organizzativa del partito e i fautori (Romita) dell'unificazione col PSLI.
Del nuovo esecutivo del PSU entrarono a far parte, oltre il segretario Silone, Matteo Matteotti, Enrico Paresce e Paolo Vittorelli, vicesegretari, ed inoltre Ugo Guido Mondolfo, Giuseppe Romita, Italo Viglianesi, Ezio Vigorelli e Mario Zagari.

Il 1951 fu un anno ricco di fermenti politici. Il congresso di Bologna (XXIX) del PSI (17/20-1-1951) segnò una svolta per il partito, poiché esso registrò, da allora in poi, l'unanimità nei documenti congressuali e nell'indirizzo politico, se si esclude la piccola dissidenza di Giancarlo Matteotti.
Il periodo che si apriva (1950/1953) per il PSI sarà caratterizzato da un piatto conformismo, basato, al suo interno, sull'unanimismo a tutti i costi e, in politica estera, sulla condivisione della politica comunista, ma anche dalla sua originale funzione di baluardo in difesa delle classi popolari e della pace nel mondo. Fu anche deciso di favorire la costituzione di un buon gruppo di "quadri" per facilitare i collegamenti tra il partito, la base e le organizzazioni di massa..

La nuova Direzione del PSI (690.000 iscritti), formata tutta da elementi di sinistra, risultò così composta: **Pietro Nenni** (segretario), Rodolfo Morandi (vicesegretario), **Tullio Vecchietti** (direttore dell'*Avanti!* Dal 5-8-1951), Cacciatore, E. Caporaso, Corona, De Martino, Lizzadri, Lussu, Luzzatto, Malagugini, Matteuccci, Mazzali , Panzieri, Pertini, Santi, Sansone, Targetti, Tolloy, Toni, Valori (futuro segretario del secondo PSIUP). **Mazzali** e **Pertini** furono riconfermati direttori delle due edizioni dell'*Avanti!*, fino al 5-8-1951. quando direttore unico diventerà Tullio Vecchietti.

Alcuni giorni dopo la scena politica fu scossa dalla rottura di due deputati comunisti di Reggio Emilia col loro partito (dimessisi il 25-1-1951, furono poi espulsi) per le loro posizioni critiche sui legami tra PCI e URSS e sulla democrazia interna del PCI: si trattava di **Valdo Magnani** (due lauree, in filosofia e in economia, medaglia di bronzo al valor militare per aver partecipato alla Resistenza in Jugoslavia) e Aldo Cucchi (medico, medaglia d'oro della Resistenza).
L'episodio ebbe una certa risonanza, specie negli ambienti di sinistra del PSU (nel cui gruppo i due chiesero l'iscrizione, dopo che la Camera aveva respinto le loro dimissioni), poiché esso sembrava dimostrare che c'era uno spazio per la "terza forza" socialista, collocata tra i socialisti oppositori (PSI) e quelli filogovernativi (PSLI).

Se ne parlò anche a Torino, dove dal 27 al 29-1-1951 si tenne il secondo congresso del PSU, in cui era affluito poco prima, proveniente dal PSI, un ulteriore gruppetto autonomista (Lupis, Cristalli, Musotto), nel corso del quale le due anime del partito, già emerse fin dalla sua costituzione, vennero alla luce in modo esplicito, con la presentazione di due contrapposte mozioni. Il congresso, caratterizzato da un animato dibattito, fu vinto di stretta misura (34.304 voti contro 34.051) dalla mozione romitiana, favorevole alla unificazione col PSLI.

La nuova Direzione risultò così composta: **Giuseppe Romita** (che il 14 -2-1951 venne eletto segretario), Luisetti, Russo, Costa, Battistini, Colajanni, Di Giovanni, Cossu, Albergo Arnone, il siciliano **Giuseppe Lupis**, Mario Tanassi e Flavio Orlandi (futuri segretari del PSDI), per la maggioranza; M.Matteotti, Silone, U.G. Mondolfo, Faravelli, Codignola, Bonfantini, Zagari, Carmagnola, per la minoranza.

La vittoria dei fusionisti nel PSU spinse quest'ultimo e il PSLI a trattative più serrate per concordare tutti gli aspetti della loro unificazione. Gli accordi tra le due delegazioni furono raggiunti sulla base dell'uscita dal governo del PSLI e quindi della collocazione del nuovo partito all'opposizione; che non fosse però un'opposizione di principio, ma suscettibile di un ingresso nell'esecutivo, qualora in futuro se ne fossero presentate le condizioni politiche. In politica estera si accettava, anche da parte del PSU, il Patto Atlantico, di cui si auspicava, in un imprecisato futuro, il superamento.

Su queste premesse si basò la relazione di Saragat al VI congresso del PSLI 31-3/2-4-1951). Il suo ordine del giorno fu approvato con il sostegno del centro saragattiano e della sinistra di Preti (54,06%), e col voto contrario della destra del partito, facente capo ad Alberto Simonini.
La nuova Direzione elesse, per la maggioranza: **Giuseppe Saragat** (confermato segretario), Edgardo Lami-Starnuti e Marcello Villani (vicesegretari), Andreoni, Battara, tutti e cinque membri dell'Esecutivo, Canalini, Grimaldi, Porta, Preti, Paolo Rossi, Tremelloni, Bima; per la minoranza D'Aragona, I.M. Lombardo, Simonini, D'Ippolito, Longhitano, Spalla.
Il 4 aprile successivo D'Aragona, Simonini e Lombardo si dimisero da ministri.

Il 1° maggio 1951 avvenne formalmente la fusione tra PSU e PSLI. Il nuovo partito, con simbolo il sole nascente con libro, organizzativamente governato da una diarchia a tutti i livelli, ebbe quindi due segretari: **Giuseppe Romita** e **Giuseppe Saragat** e assunse la denominazione di **PS-SIIS** (Partito Socialista-Sezione Italiana dell'Internazionale Socialista), la cui sigla sembrava un sibilo e quindi si prestava a qualche sfottò. Il PS-SIIS sarà ammesso, come unico rappresentante dell'Italia, nella ricostituenda Internazionale Socialista (Francoforte, 30-6-1951).

L'11 maggio 1951 anche Giancarlo Matteotti, forse l'unico autonomista ancora rimastovi, lasciò il PSI, per approdare poi nel PS-SIIS.

Sempre nel maggio 1951 Cucchi e Magnani, i due deputati dissidenti usciti dal PCI, col concorso di altri (Lucio Libertini, Giuliano Pischel, Vera Lombardi, Vito Scarongella) diedero vita al **MLI** (Movimento Lavoratori Italiani), avente l'ambizione di realizzare l'unificazione di tutti i socialisti, sulla base dell'autonomia sia dai comunisti che dai partiti non proletari e con qualche simpatia per il comunismo iugoslavo, già scomunicato dal Cominform (Ufficio di informazione dei partiti comunisti). Il 16 giugno successivo uscirà il settimanale d'area *Risorgimento socialista*. Il 23-9-1951 si tenne il primo convegno del MLI, con la partecipazione dell'intero gruppo dirigente (Valdo Magnani, Aldo Cucchi, Lucio Libertini, Riccardo Cocconi, Domenico David, Giovanni Gangemi, Mario Giovana, Giuliano Pischel).

Le elezioni amministrative che si svolsero tra maggio e giugno 1951, e le altre successive, facevano prevedere, per le imminenti elezioni politiche del 1953, un calo dei partiti governativi ed una possibile perdita della loro maggioranza in parlamento. Si cominciò allora a ventilare la possibilità di una modifica della legge elettorale proporzionale in senso maggioritario, che assegnasse i 2/3 dei seggi alla coalizione che avesse raggiunto la maggioranza assoluta dei voti.

Fu questo uno dei temi più importanti affrontato dal congresso del PS-SIIS, tenuto a Bologna dal 3 al 6 gennaio 1952. Sulle elezioni esso si schierò, a larga maggioranza, per la difesa della proporzionale pura e per la presentazione di liste autonome alle politiche. Venne inoltre ratificata la fusione tra i due tronconi socialdemocratici e la denominazione del partito subì, con una maggioranza di consensi abbastanza limitata (123.564 voti a favore e 116.160 contro) una ulteriore modifica in **PSDI** (Partito Socialista Democratico Italiano). Il nuovo partito, unificato sulla carta, accusava tuttavia una certa irrequietezza, come dimostra il fatto che vi vennero presentate ben cinque mozioni: sinistra di Codignola (9,2%), centro-sinistra di Mondolfo-Matteotti (23,8%), centro di Romita (17,8%), centro-destra di Saragat (30,5%), destra di Simonini (18,7%). In queste condizioni fu piuttosto laboriosa l'elezione della direzione e del segretario.

La Direzione, infine, risultò così composta: Andreoni, Battara, Codignola, Cossu, Costantini, Dalla Chiesa, D'Ippolito, Faravelli, Fornaciari, Greppi, Lami-Starnuti, Matteotti, Pelleri, Romita, Rossi, Russo, Saragat, Simonini, Spalla, Tanassi, Vacirca. Un accordo per il segretario non fu possibile, per cui la Direzione affidò le funzioni esecutive ad un Comitato di segreteria, composto da un rappresentante per corrente: **Eriberto D'Ippolito**, **Edgardo Lami-Starnuti**, **Giuseppe Russo**, **Matteo Matteotti** e **Tristano Codignola**, più i rappresentanti dei gruppi parlamentari **D'Aragona** e **Vigorelli**.

Il compromesso reggerà per pochissimo tempo, fino a quando la Direzione, con 11 voti (cioè col sostegno delle componenti provenienti dal PSU) contro 10, il 22-2-1952 elesse segretario **Giuseppe Romita**, con Matteotti vicesegretario; i due più Andreoni (poi sostituito, quando il 18-4-1952 passò col MLI di Magnani, da Faravelli), Codignola, Cossu, Dalla Chiesa e Russo composero l'Esecutivo, relegando il gruppo Saragat all'opposizione.

La nuova tornata amministrativa del 25-5-1952, confermando la tendenza delle precedenti consultazioni (calo dei partiti di area governativa), rese ancora più pressante nella maggioranza la voglia di modificare la legge elettorale nei termini suesposti (il progetto di legge sarà presentato alla Camera il 21-2-1952).

A mantenersi coerenti con i precedenti deliberati sulla legge elettorale, nel nuovo (VIII) congresso del PSDI, che allora contava circa centomila iscritti, svoltosi a Genova, nei giorni 4/7-10-1952, furono solamente Codignola, Faravelli e Mondolfo.Il resto del partito, preoccupato della possibilità che i partiti di sinistra (PCI e PSI) e quelli di destra (PNM e MSI) potessero, nel complesso, raccogliere più consensi di quelli del centro filogovernativo (DC, PSDI, PRI, PLI), capovolgendo le precedenti posizioni, si pronunciò a favore del premio di maggioranza, purchè esso non comportasse la possibilità di una maggioranza assoluta alla sola DC. Tutte le correnti, cioè quella di Saragat (37,3%), la destra di Simonini e Paolo Rossi (17,2%), il centro sinistra di Romita-Matteotti (25,3%), si pronunciarono dunque per la legge maggioritaria, tranne la sinistra di Codignola e Faravelli (20,2%).

Anche per la nuova Direzione del PSDI si formò la stessa maggioranza interna, col voto contrario della sinistra e l'astensione di Matteotti. Entrarono in Direzione: **Giuseppe Saragat** (segretario), D'Ippolito, Russo e Tanassi (vicesegretari), Romita, Simonini e Villani, componenti, assieme ai precedenti, dell'Esecutivo, Spalla, Longhitano, Battara, Lami-Starnuti, Pelleri, Rossi, M. Matteotti, Dalla Chiesa, Paresce, Farina, Codignola, Cossu, Mondolfo, Vittorelli.

Il 15-11-1952, dopo una serie di incontri con gli altri partiti, una delegazione della Direzione del PSDI, composta da Saragat, Romita e Simonini, sottoscrisse l'accordo che avrebbe dovuto assicurare ai partiti della coalizione di maggioranza, se avessero superato il 50% dei voti, il 65% dei seggi alla Camera. Il "patto a quattro" non piacque alla sinistra del PSDI, la quale convocò, per il 23 novembre successivo a Firenze un convegno, al quale parteciparono trecento aderenti (poi chiamati *I Trecento delle Termopili*), i quali invitarono i deputati e i senatori proporzionalisti del PSDI a votare contro la riforma elettorale, poiché il "patto a quattro" era andato oltre i deliberati congressuali, in quanto, in particolare, non escludeva affatto che la DC, da sola, potesse conseguire la maggioranza assoluta dei seggi. I due organizzatori del convegno, Paolo Vittorelli ed Edmondo Cossu, vennero deferiti ai probiviri.

Si aprì così la via verso le scissioni, come avvenne , il 7-12-1952, anche nel PRI, la cui ala sinistra (Parri, Conti, Della Seta), ostile alla riforma, lasciò quel partito e come avverrà per un'ala del PLI (Epicarmo Corbino, Giuseppe Nitti, Franco Antonicelli), che darà vita (10-3-1953) ad ADN (Alleanza Democratica Nazionale). Fu poi la volta della sinistra socialdemocratica, quando, nel suo intervento alla Camera Piero Calamandrei, pare autore della definizione, poi divenuta celebre, di "legge-truffa" per la nuova legge elettorale, dichiarò di votare contro il progetto e venne sospeso dal partito. Codignola, che assieme alla sua corrente, riunita a Roma, gli espresse la sua solidarietà, venne espulso (23-12-1952). A quel punto, la scissione era cosa fatta.

Il XXX congresso del PSI (Milano, 8/11-1-1953), ebbe come parola d'ordine l'*Alternativa socialista* e si svolse mentre in Parlamento le sinistre organizzavano l'ostruzionismo contro la "legge-truffa". Il congresso, all'unanimità, ribadì la stretta connessione tra autonomia del partito e unità di classe. Un piccolo controcongresso di autonomisti, alcuni fuori del PSI, altri ancora iscritti (Pera, Garretto, Belletti, Volpato) si svolse contemporaneamente nella stessa Milano, per chiedere un cambiamento di politica (democrazia interna, rottura col PCI), ma non ebbe alcuna rilevanza, né un seguito politico.

Il congresso, ormai proteso ad organizzare la campagna per le imminenti elezioni politiche, si chiuse con l'elezione della nuova Direzione, che risultò così composta: **Pietro Nenni**, che il 21-1-1953 venne riconfermato segretario, Rodolfo Morandi (vicesegretario), **Tullio Vecchietti** (direttore dell'*Avanti!*), Elena Caporaso, Corona, Francesco De Martino, Lami, Lizzadri, Riccardo Lombardi, Emilio Lussu, Luzzatto, Mancini, Matteucci, Mazzali, Panzieri, Pertini, Fernando Santi (segretario aggiunto della CGIL), Sansone, Targetti, Tolloy, Valori (responsabile nazionale della Gioventù Socialista).
La cosiddetta "legge-truffa" venne approvata, tra mille contestazioni, alla Camera il 21-1-1953 e al Senato il 29-3-1953. Dopo di che, la battaglia si spostò nelle piazze.

7 - Qui Budapest

L'approssimarsi delle elezioni politiche, fissate per il 7-6-1953, continuò a scuotere sempre più il quadro politico.

Il 1° febbraio 1953 numerosi esponenti della sinistra PSDI, usciti dal partito, nel corso di un convegno svoltosi a Vicenza, costituirono il **MAS** (Movimento di Autonomia Socialista), affiancato dal quindicinale, poi settimanale, *Nuova Repubblica*, fondato da Codignola il 5-1-1953 e da lui diretto. Il primo Comitato Centrale del MAS fu composto da **Tristano Codignola** (segretario), Cossu, Costantini, Finocchiaro, Greppi (ex sindaco di Milano), Zanfagnini. Vi aderirono, inoltre, personalità di grande prestigio, come il giurista Piero Calamandrei, l'ex sindaco di Bologna Emilio Zanardi e lo scrittore Piero Caleffi, autore del celebre libro sulla Resistenza *Si fa presto a dire fame*. Anche i repubblicani dissidenti guidati da Ferruccio Parri si organizzarono, fondando l'Unione di Rinascita Repubblicana. I due movimenti, desiderosi di partecipare alla campagna elettorale per contribuire a bloccare la "legge-truffa", impedendo ai centristi di raggiungere la maggioranza assoluta dei voti, necessaria per fare scattare il meccanismo maggioritario, nell'aprile '53 finirono col fondersi, dando vita ad **UP** (Unità Popolare), un movimento di vago orientamento azionista, con emblema la "stretta di mano" davanti al sole nascente, con la scritta *Socialismo, Repubblica, Libertà*.

Il 28 e 29 marzo 1953 si tenne a Milano il 1° congresso dei socialisti indipendenti, che si concluse con l'aggregazione di vari gruppi, fra cui principalmente il MLI, alcuni socialisti autonomisti che avevano lasciato il PSI nel gennaio 1953 (Giuseppe Garetto, Giusepe Pera), ex dirigenti del PSLI (Carlo Andreoni) e del PSU (Lucio Libertini), esponenti del "Gruppo Socialisti Cristiani" di Gerardo Bruni, ex militanti del PdAz (Mario Giovana, Giulio Pischel) e con l'adozione di una nuova denominazione: **USI** (Unione Socialista Indipendente).
La Segreteria Nazionale che venne eletta comprendeva, oltre al leader **Valdo Magnani**, l'on. Aldo Cucchi, Riccardo Cocconi

(ex PCI), Giuliano Pischel, Lucio Libertini, Vera Lombardi e Carlo Andreoni.

Fallito un tentativo di accordo con UP, anche questo movimento parteciperà alle elezioni con proprie liste (fra i candidati di UP: Piero Calamandrei, Aldo Garosci, Federico Chabod, Ferruccio Parri, Antonio Greppi, Piero Caleffi, Luciano Zanardi, Tristano Codignola, Gaetano Pieraccini, Enzo Enriquez Agnolotti, Giorgio Spini, Leopoldo Piccardi, Bruno Zevi).

I tre nuovi movimenti (ADN, UP, USI), che, pur senza ottenere alcun mandato, nel loro complesso raccolsero circa il 2% dei voti, si rivelarono determinanti per non far scattare la "legge-truffa", il che finì per provocare una crisi del centrismo.

Il PSI (12,7%) passò da 46 a 75 seggi alla Camera ed anche il PCI aumentò i suoi eletti, come consistente fu l'avanzata (da 13 a 69 deputati) delle destre (PNM e MSI). I partiti collegati della coalizione centrista (DC, PSDI, PRI, PLI, Volkpartei tirolese e Partito Sardo d'Azione) arretrarono tutti quanti; in particolare il PSDI perse circa un terzo del proprio elettorato, scendendo dal 7,1% del 1948 al 4,5%, e da 33 deputati a 19, tanto che Saragat, con una battuta destinata a divenire famosa, ne incolpò *il destino cinico e baro*. In complesso i partiti di centro apparentati ottennero 13.487.036 voti contro i 13.602.148

degli altri, per cui la legge truffa non scattò, anche se il centro elesse 303 deputati contro i 287 delle opposizioni.

Il PSDI cercò di recuperare a sinistra proponendo, senza fortuna, un governo di centro-sinistra (dalla DC al PSI). Fallito il nuovo tentativo di De Gasperi, nell'agosto 1953 venne varato un governo Pella, che cadde agli inizi del 1954, lasciando il posto, dopo un fallito tentativo Fanfani, ad un governo presieduto dall'on. Scelba (10-2-1954/6-7-1955)), sostenuto da DC, PSDI e PLI, con l'appoggio esterno dei repubblicani. Il PSDI, rovesciando la precedente impostazione di rifiuto di un ritorno al centrismo, vi partecipò con quattro ministri: Giuseppe Saragat (vicepresidente), Giuseppe Romita (LL.PP.), Roberto Tremelloni (Finanze), Ezio Vigorelli (Lavoro).
Fu da allora che cominciarono ad allentarsi i legami del PSDI con la sua base operaia, mentre cominciava un processo di trasformazione sociale del suo tradizionale elettorato.
Con l'ingresso di Saragat nel governo Scelba la segreteria del PSDI passò a **Matteo Matteotti**.
E fu lo stesso Matteotti a svolgere, al IX congresso del PSDI (Roma, 6/9 giugno 1954) la relazione della maggioranza (71%) che aveva promosso il ritorno al governo, col sostegno della "destra" di Simonini (8%) e con la sola opposizione della "sinistra" di Faravelli (21%).
La nuova Direzione risultò composta, per il "centro" da **Matteo Matteotti** (riconfermato segretario), Mario Tanassi (vicesegretario), che, assieme a Paolo Rossi, Pietro Battara, Gino

Ippolito, **Giuseppe Lupis** e Umberto Righetti facevano parte dell'Esecutivo), Carlo Santoro (segretario amministrativo), Bucalossi, Lami Starnuti, Cartia, Degli Esposti; per la "sinistra: U.G. Mondolfo, Zagari, Faravelli, Bonfantini; per la "destra": Simonini, I.M. Lombardo; per la lista "sindacalisti UIL": Novaretti, Cariglia; per la lista "Lavoratori Democratici": Massimo Masetti.

A Torino, dal 31-3-1955 al 3-4-1955 si riunì anche il XXXI congresso del PSI (in cui era rientrato Antonio Greppi e che contava oltre 750.000 iscritti)), avente per tema *l'apertura a sinistra* e il *dialogo con i cattolici*. I documenti congressuali, com'era ormai prassi, vennero tutti approvati all'unanimità, compreso il nuovo statuto che espressamente vietava "frazioni organizzate" e "attività disgregatrici" e stabiliva in 81 il numero dei membri del CC e da 15 a 21 quelli della Direzione.
Il Comitato Centrale, il 4 aprile successivo elesse la nuova Direzione, così composta: **Pietro Nenni** (riconfermato segretario), Rodolfo Morandi (vicesegretario), **Tullio Vecchietti** (direttore dell'*Avanti!*), De Martino, Foa, Gatto, Lami, Lizzadri, Lombardi, Lussu, Luzzatto, Mancini, Mazzali, Panzieri, Pertini (vicesegretario dal 3-8-1955, dopo la morte di Morandi), Santi, Targetti, Tolloy, Valori. Alla segreteria del Movimento giovanile andò Emo Egoli, coadiuvato da Eramo Boiardi e da Vincenzo Balzamo.

Due mesi dopo (22 giugno) cadde il governo Scelba e gli successe quello presieduto da Antonio Segni (6-7-1955/19-5-1957), con la stessa formula del precedente. Per i socialdemocratici, ormai tornati alla politica centrista, vi entrarono Giuseppe Saragat (vicepresidente), Giuseppe Romita (LL.PP.), Paolo Rossi (P.I.), ed Ezio Vigorelli (Lavoro).

Le scelte della maggioranza del PSDI furono contrastate dalla corrente di sinistra, come evidenziò il X congresso (Milano, 31-1/3-2 1956). Esso si concluse con la vittoria del "centro" (59,68%), che ottenne in Direzione 12 posti: **Matteo Matteotti** (confermato segretario), Mario Tanassi (vicesegretario), Carlo Santoro, Pietro Bucalossi, **Giuseppe Lupis**, Gino Ippolito, Guido Ceccherini, Umberto Righetti, Giuseppe Bacci, Edgardo Lami Starnuti, Antonio Cariglia, Dagoberto Degli Esposti; la "sinistra (31,11% ottenne 7 posti: Ugo Guido Mondolfo, Mario Zagari, Giuseppe Faravelli, Ugoberto Alfassio Grimaldi, Enrico Paresce, Corrado Bonfantini, Enzo Dalla Chiesa; la "destra" (4,89%) 1: Alberto Simonini; per la lista "Forze Operaie" fu eletto Giovanni Canini.
Intanto il CC di UP aveva eletto (18-12-1955) 11 componenti della Direzione nazionale (Parri, Codignola, Cossu, Vittorelli, Sagona, Malvezzi, Zuccarini, Cavallera, Ascarelli, Finocchiaro) a cui se ne sarebbero aggiunti altri 10 eletti dalle organizzazioni regionali.

Il XX congresso del PCUS (14/25-2-1956), che diede inizio al processo di destalinizzazione, ebbe grandi ripercussioni in Occidente, specie quando, nel successivo mese di giugno, fu conosciuto il "rapporto segreto" di Kruscev che denunciava gli abusi di Stalin e il *culto della personalità* del dittatore sovietico.

Per quanto riguarda il PSI, fu soprattutto Nenni, in alcuni articoli sulla rivista teorica *Mondo Operaio*, a sottolineare che le deviazioni denunciate da Kruscev non erano errori di Stalin, cioè errori *nel* sistema, ma *del* sistema, basato sul partito unico e quindi lontano dai principi di libertà e di democrazia essenziali per il socialismo, e che il PSI rivendicava come propri.
L'8 aprile 1956 il Comitato Centrale dell'USI decise (48 voti a favore, 14 contrari e 2 astenuti) di appoggiare le liste del PSI alle imminenti amministrative. A trarre irrevocabili conseguenze dagli sviluppi dela politica sovietica e dalle decisioni della maggioranza dell'USI fu Aldo Cucchi, che lascerà il partito, seguito da pochi esponenti (Enrico Foggiani, Giancarlo Dotti, Carlo De Stefani, Romolo Trauzzi, Narciso Bianchi, Silvio Baruchello), assieme ai quali confluirà nel PSDI, nelle cui liste lo stesso Cucchi sarà candidato.

Le elezioni amministrative del 27 maggio registrarono un successo di PSI (appoggiato dall'USI) e PSDI, e ciò provocò un certo riavvicinamento fra i due tronconi del socialismo italiano, rimettendo in primo piano il problema dell'unificazione socialista. L'incontro di Pralognan, in Savoia, tra Nenni e Saragat, avvenuto il 25-8-1956 sotto gli auspici dell'Internazionale Socialista, che inviò in Italia un mediatore ((Pierre Commin), suscitò in tutto il Paese un'atmosfera di attesa e, nei due partiti, entusiasmo, stupore o perplessità, secondo le sensibilità dei singoli.

IL 5 ottobre 1956, dopo un incontro tra una delegazione del PSI (Nenni e Pertini) ed una del PCI (Togliatti e Amendola) il Patto d'unità d'azione fu dichiarato decaduto e sostituito con un Patto di consultazione, che fu accolto con qualche malumore nel PSDI, anche se non intralciò il cammino verso l'unificazione. Venne quindi costituita una commissione mista tra PSI (Nenni, Pertini, De Martino, Mazzali, Vecchietti) e PSDI (Saragat, Tanassi, Matteotti, Simonini, Zagari) per affrontare i problemi dell'unificazione, ma essa non entrò mai in funzione per gli ostacoli frapposti dalla sinistra del PSI (in cui cominciavano a riemergere le correnti) e dalla destra del PSDI, nelle quali le riserve mentali superavano le aspirazioni all'unificazione, più che altro da ciascuna di quelle correnti vista come assorbimento nel proprio partito dell'altro interlocutore.

Intanto sopraggiunsero gli avvenimenti di Polonia e d'Ungheria (le cui vicende furono raccontate dal giornalista dell'*Avanti!* Franco Fossati nelle sue corrispondenze, poi raccolte nel volume *Qui Budapest*).

La rivolta ungherese fu repressa dalle truppe sovietiche. Ciò provocò una frattura tra il PCI, che cercò di giustificarla, e il PSI che la condannò senza reticenze e pubblicamente (salvo uno sparuto gruppetto di cosiddetti *carristi*), denunciando il Patto di consultazione.

Si apriva così una nuova pagina nella storia del movimento operaio italiano.

Il periodo dell'autonomia e del centro-sinistra (1956-1976)

> *Noi viviamo in eterno in quella parte di noi che abbiamo donato agli altri.*
> Salvador Allende

1- Il difficile dialogo

Durante questo periodo politicamente agitato, si svolse lo storico congresso (XXXII) di Venezia del PSI, dal 6 al 10 febbraio 1957. Il dibattito fu incentrato sul ruolo dei socialisti dopo il XX congresso del PCUS e i fatti di Polonia e d'Ungheria e quindi sul rapporto col comunismo nazionale e internazionale. L'impostazione data da Nenni, nettamente autonomista, fu in genere condivisa dagli intervenuti, sia pure con diversità di sfumature. Il congresso, cui per il PSDI portò il saluto il segretario Matteotti, sottolineò quali erano i principi fondamentali del socialismo: classismo, democrazia, internazionalismo, schierandosi dunque a viso aperto con la classe lavoratrice, scegliendo irreversibilmente il metodo democratico nella vita interna del partito e in quella dello Stato, inquadrando la lotta dei lavoratori italiani in quella più generale del proletariato internazionale. Consegnati alla storia il frontismo e il centrismo, venne quindi lanciato un appello

per l'unificazione socialista all'imminente congresso del PSDI, all'USI e ad UP. I deliberati furono adottati all'unanimità, ma al momento della votazione per l'elezione (a scrutinio segreto) del Comitato Centrale (l'ultima veramente libera sui nomi nel PSI, perché le successive riguarderanno liste bloccate delle correnti), il gruppo più vicino alle posizioni autonomiste di Nenni risultò in netta minoranza.
La nuova Direzione, eletta dal C.C. il 13-2-1957, fu così composta: **Pietro Nenni** (riconfermato segretario), Lelio Basso, Francesco De Martino, Guido Mazzali, Tullio Vecchietti (vicesegretari), Bertoldi, i siciliani **Salvatore Corallo** e **Vincenzo Gatto**, De Pascalis, Foa, Lami, Lizzadri, Lombardi, Mancini, Matera, Negri, Paolicchi, Pieraccini, Santi, Valori, Venturini.

Il secondo congresso dell'USI, di cui era segretario Carlo Andreoni (con una segreteria formata anche dal leader Valdo Magnani, da Giuliano Pischel e da Lucio Libertini, direttore di *Risorgimento Socialista*), tenuto a Roma il 2 e 3 febbraio 1957, aveva intanto deciso (240 voti a favore, 3 contrari, 6 astenuti) lo scioglimento del partito e la sua confluenza nel PSI. La nuova Direzione nazionale (che riconfermò la precedente segreteria) risultò così composta: Andreoni, Arrigoni, Clara Boveri, Ferrari, Gagliardi, Giovana, Libertini, Vera Lombardi, Magnani, Palmisciano, Panini, Paolino, Parolai, Petronio, Pischel, Ribalzi, Scarongella, Tumidei, Woditzka.
Il 15-3-1957 le delegazioni del PSI (Nenni, Valori) e dell'usi (Magnani, Libertini) conclusero le trattative per la confluen-

za, con un accordo che stabiliva la cooptazione di 6 membri dell'USI nel C.C. e di dirigenti locali nei direttivi di federazione e di sezione del PSI. Il 24 successivo il CC dell'USI ratificò gli accordi ed elesse i 6 rappresentanti da inserire nel CC del PSI (Lucio Libertini, Giuliano Pischel, Valdo Magnani, Vito Scarongella, Mario Giovana, Nino Woditzka; il 29 successivo *Risorgimento Socialista* (dopo 274 numeri) cessò le pubblicazioni.

Il 29 e 30 giugno 1957 si svolse a Firenze un convegno di UP, che si pronunciò a maggioranza per la confluenza nel PSI. La decisione venne approvata anche dal CC del movimento, riunitosi ai primi di luglio, che elesse la nuova Direzione nazionale (Tullio Ascareli, Piero Caleffi, Tristano Codignola, Edmondo Cossu, Giovanni Dean, Beniamino Finocchiaro, Riccardo Levi, Giovanni Malvezzi, Vittorio Origlia, Ferruccio Parri, Bruno Pincherle, Nunzio Sabbatucci, Pier Luigi Sagona, Paolo Vittorelli, Piero Zerboglio), la quale iniziò le trattative col PSI. Decisivo fu l'incontro del 30-7-1957 tra le delegazioni del PSI (Nenni, De Martino, Mazzali) e di UP (Parri, Codignola, Sogana, Vittorelli).

Nell'ottobre 1957, infine, anche UP, con l'eccezione del gruppo Parri e di altri (Jemolo, Ascarelli, Piccardi), confluì nel PSI. Sarebbero stati di conseguenza cooptati nel Comitato Centrale del PSI Piero Caleffi, Tristano Codignola, Edmondo Cossu, Pier Luigi Sagona, Paolo Vittorelli e Bruno Pincherle. Il 27-10-1957 uscì l'ultimo numero di *Nuova Repubblica*.

In seguito ai fatti d'Ungheria, tra il 1956 e il 1957, il PCI perse circa centomila iscritti, fra cui molti intellettuali (Italo Calvino, Natalino Sapegno), e dirigenti politici, alcuni dei quali (Loris Fortuna, Antonio Giolitti, Furio Diaz, Luciano Cafagna) passeranno al PSI ed altri guarderanno al PSDI. Questi ultimi, capeggiati da Eugenio Reale, diedero vita (9-6-1957) al periodico *Corrispondenza socialista*, attorno al quale si radunò un gruppo consistente di ex militanti comunisti.

I risultati del Congresso di Venezia - solo 26 componenti "nenniani" (cioè autonomisti) su 81 furono eletti nel Comitato Centrale e solo 8 su 21 nella Direzione - furono valutati negativamente dalla maggioranza socialdemocratica, che cominciò ad alzare il "prezzo" dell'unificazione, ad esempio chiedendo al PSI l'adesione incondizionata al Patto Atlantico e la rottura col PCI nelle giunte di sinistra, nella CGIL e negli altri organismi di massa. In sostanza la duplice spinta negativa delle ali estreme dei due partiti dimostrò che i tempi non erano maturi per l'unificazione e l'operazione finì col naufragare. Il segretario del PSDI Matteotti (che propugnava un governo DC-PSDI-PRI, senza i liberali e aperto ai socialisti, però, dissentì dall'impostazione della maggioranza saragattiana e, il 17 aprile 1957, si dimise dalla carica. Venne sostituito da **Mario Tanassi**.
Dirà in seguito Nenni che sull'unificazione era stata posta "una pietra tombale". L'unificazione socialista si sarebbe fatta, ma con chi ci stava e nel PSI.

2 - L'autonomia

Dal 16 al 20 ottobre 1957 si tenne a Milano l'XI congresso del PSDI, chiamato a votare la relazione-mozione di Tanassi intitolata "Fedeltà Socialista", la quale esprimeva le posizioni della corrente centrista saragattiana. Essa cercava di barcamenarsi tra le posizioni unitarie delle sinistre interne e le resistenze forti espresse dalla sua ala destra contro l'unificazione col PSI, ritenuto non ancora acquisito del tutto alla democrazia. Il congresso praticamente rinviò ad un futuro imprecisato la riunificazione socialista ed assegnò la maggioranza relativa al centro di Saragat e Tanassi (48,29%); seguivano il centro-sinistra di Matteotti (22,45%), la sinistra di Zagari e Faravelli (21,09%) e la destra di Simonini (8,17%).

Il congresso istituì il Comitato Centrale (di cui fu chiamato a far parte anche il siracusano **Raffaele Dierna)**, che avrebbe eletto la Direzione, a cui spettava l'elezione del segretario.
La Direzione venne composta da **Giuseppe Saragat** (segretario), Pietro Bucalossi, Antonio Cariglia, Gino Ippolito, Giuseppe Lupis, Luigi Preti, Umberto Righetti, Giuseppe Romita, Paolo Rossi, Alberto Simonini, Mario Tanassi.

Le elezioni politiche del 25-5-1958 furono caratterizzate dal successo del PSI, che ottenne un notevole incremento dei suoi voti, arrivando al 14,23% alla Camera (84 seggi) e al 14,08% al Senato (35 seggi). Nei gruppi parlamentari gli autonomisti nenniani risultarono in maggioranza.

I risultati elettorali furono esaminati particolarmente nel Comitato Centrale che si tenne alla fine di ottobre 1958. La relazione di Nenni, cioè il documento da sottoporre al prossimo congresso, evidenziò le diverse interpretazioni che erano emerse nel partito sui deliberati di Venezia, che le unanimità fittizie non erano riuscite a nascondere; era pertanto necessario un chiarimento di fondo, che in effetti venne fuori, in quanto furono presentate altre due relazioni : quella degli ex morandiani legati alla politica unitaria, guidati da Vecchietti e quella di Basso. La relazione di Nenni ottenne 26 voti, quella di Vecchietti 38 e quella di Basso 19. Aveva fine così il centralismo unanimistico vigente nel PSI dal 1951 e si tornava al pluralismo delle correnti.

Il PSDI alle politiche registrò un lievissimo incremento ottenendo il 4,55% alla Camera (22 seggi) e il 4,46% al Senato (5 seggi). Esso, che nel maggio 1957 aveva lasciato il governo Segni, passando all'opposizione, nel luglio 1958 decise di partecipare al governo Fanfani DC-PSDI
(1-7-1958/26-1-1959) con quattro ministri: Edgardo Lami-Starnuti (Partecipazioni Statali), Luigi Preti (Finanze), Ezio Vigo-

relli (Lavoro) e Alberto Simonini (Poste e Telecomunicazioni).

La mossa sembrò una definitiva ed esplicita inversione di tendenza rispetto alla politica di riunificazione socialista che veniva rinviata ad un imprecisato e nebuloso futuro, per cui il PSI si schierò decisamente all'opposizione.

La diversa posizione dei due partiti socialisti causò riacutizzò le divergenze interne nel PSDI, tanto che nei mesi successivi, la sinistra, guidata da **Mario Zagari** e Giuseppe Faravelli, decise (19-1-1959) di abbandonare il partito, seguita da cinque deputati (Bonfantini (che non aderirà al MUIS), Lucchi, Schiano, Matteotti e Vigorelli (che il 26 gennaio 1959 si dimise da ministro) e 22 componenti del Comitato Centrale. Subito dopo, all'interno del PSDI, si formò una nuova sinistra, organizzata da Ariosto e Dalla Chiesa.

Intanto nel PSI, dopo tanti anni, si erano organizzate (ottobre 1958) ufficialmente le correnti: quella "autonomista" facente capo a Nenni, che aveva vinto politicamente il congresso di Venezia, ma era rimasta in minoranza negli organi del partito; quella della "sinistra", facente capo a Tullio Vecchietti e Dario Valori, legata alla politica di unità di classe; quella di "alternativa democratica", sulle posizioni di Lelio Basso. Furono esse le protagoniste del 33° congresso del PSI che si svolse a Napoli dal 15 al 18 gennaio 1959. Prevalse, col 58,30%, la corrente autonomista, aperta al dialogo con i cattolici, che ottenne la maggioranza nel Comitato Centrale. La nuova Direzione fu costituita tutta da esponenti nenniani: **Pietro Nenni** (segretario), Francesco De Martino (vicesegretario), Riccardo Lombardi, **Giovanni Pieraccini** (direttore dell'*Avanti!*), Giacomo Mancini, Guido Mazzali, Luciano Paolicchi, Aldo Venturini, Luciano De Pascalis (segretario amministrativo), Tullia Carrettoni, Venerio Cattani, Achille Corona, Alberto Jacometti e il siciliano **Simone Gatto**.

Il 7 e l'8 febbraio si svolse un convegno in cui l'ex sinistra socialdemocratica di **Zagari** si diede una struttura organizzativa, costituendo il **MUIS** (Movimento Unitario di Iniziativa Socialista) con 5700 aderenti iniziali.

Nello stesso mese il governo Fanfani, ormai privo di una maggioranza numerica ed ostacolato dai "franchi tiratori", lasciò il posto ad un monocolore Segni, sostenuto, oltre che dalla DC, da liberali e monarchici.
Nel giugno successivo, a maggioranza, con 46 voti a favore (gli autonomisti), 27 contro e 6 astenuti (le sinistre, per il timore delle minoranze che venissero alterati i rapporti di forza scaturiti dal congresso di Napoli), venne approvata (18-6-1959) dal C.C. del PSI, la confluenza del MUIS (da questo decisa nel suo convegno del 24-5-1959, a Roma), che ottenne una rappresentanza nel C.C. stesso dove furono cooptati 12 membri del movimento con voto consultivo. Ai suoi iscritti (9.984) confluenti nel PSI venne, inoltre, riconosciuta l'anzianità di iscrizione nel partito.

Anche nel PSDI si verificò una confluenza, nel corso del XII congresso svoltosi a Roma dal 16 al 20 novembre 1959: quella degli ex comunisti radunatisi attorno alla rivista *Corrispondenza Socialista* (direttore **Giorgio Verdicchi**). Essi, nel novembre 1958, avevano costituito un movimento politico denominato **AS** (Alleanza Socialista), con leader **Eugenio Reale** e responsabile dell'organizzazione lo storico Giuseppe Averardi. Successivamente AS, conformemente alle decisioni del suo Comitato Nazionale (maggio 1959) aveva intavolato —e concluso positivamente —trattative per la sua confluenza nel PSDI, resa operativa in occasione appunto del congresso. Ad AS, che portava in dote al PSDI circa 15 mila iscritti, in maggioranza ex comunisti, vennero assegnati 14 posti nel Comitato Centrale e 4 nella Direzione.

Nel congresso socialdemocratico si confrontarono, oltre ai rappresentanti di AS, ormai su posizioni anticomuniste sempre più rigide, quattro mozioni: quella maggioritaria di centro di Saragat e Tanassi (63,6%), favorevole ad un governo di centro-sinistra in qualche forma sostenuto anche dal PSI, ma molto vaga circa il problema dell'unificazione; quella di centro-sinistra di Preti e Viglianesi (17,3%), sostanzialmente d'accordo con la posizione di Saragat, ma più "morbida" verso il PSI; quella della sinistra di Egidio Ariosto e Margherita Bernabei, ridimensionata (8,7%) dopo l'uscita del MUIS, favorevole all'unificazione; quella della destra di Simonini e Paolo

Rossi (10,2%), diffidente verso il PSI e piuttosto nostalgica del centrismo.

Nel C.C. la corrente del centro saragattiano ottenne 39 seggi, il centro-sinistra 11, la sinistra 5, la destra 6 (oltre i 14 di AS).

La nuova Direzione risultò composta, per il "centro" da **Giuseppe Saragat** (segretario), Mario Tanassi (vicesegretario), Pietro Bucalossi, Antonio Cariglia, Gino Ippolito, Umberto Righetti, Pierluigi Romita; per il "centro- sinistra" da Luigi Preti e Italo Viglianesi; per la "sinistra" da Margherita Barnabei; per la "destra" da Alberto Simonini; per la confluita Alleanza Socialista da Eugenio Reale, Francesco Salvatore Romano, Giuseppe Averardi e Michele Pellicani.

La direzione de *La Giustizia* fu affidata ad un triumvirato composto da **Flavio Orlandi**, **Tomaso Smith** e **Michele Pellicani** (AS).

Dimessosi il governo Segni nel febbraio 1960, gli subentrò quello presieduto da Tambroni, esponente della sinistra DC, ben presto voltosi a destra, col sostegno esterno del MSI al suo monocolore. Questo governo fu travolto dalla ventata di protesta antifascista e dai gravi incidenti avvenuti a Roma, Reggio Emilia, Palermo e Catania il 19-7-1960.

Fu soprattutto il senso di responsabilità dei due partiti socialisti, decisi a salvaguardare le istituzioni democratiche, a consentire la formazione del nuovo monocolore Fanfani, detto di *restaurazione democratica* e anche delle *convergenze paralle-*

le, sostenuto dal voto favorevole di tutti i partiti, esclusi il PCI e il MSI, che votarono contro, mentre i monarchici si astennero. Il vero fatto nuovo fu rappresentato, però, dall'astensione del PSI, che dava così inizio ad una svolta storica nella politica italiana, preannunciata anche dalla costituzione di varie giunte di centro-sinistra "organico" (DC-PSI-PSDI-PRI) in alcuni importanti enti locali (Milano, Genova, Firenze, Venezia).

In questo clima di transizione si svolse a Milano il 34° congresso del PSI, dal 15 al 20 marzo 1961. Mentre la sinistra interna sostanzialmente non proponeva che la salvaguardia della politica portata avanti dal PSI dal dopoguerra, e cioè la politica unitaria, la "destra" autonomista, pur dichiarando di voler salvaguardare le amministrazioni di sinistra da anni confermate dagli elettori, apriva a diverse soluzioni in altre realtà, al fine di evitare situazioni che dessero peso ai conservatori o esponessero al commissariamento; continuava intanto il dialogo con i cattolici iniziato a Torino nel 1955 e proseguito con l'astensione al governo Fanfani; veniva infine ripresa la politica di distinzione fra la fase democratica, ritenuta presupposto necessario, e quella socialista successiva: il passaggio dalla prima alla seconda si riteneva legato alle "riforme di struttura", quelle cioè capaci di spostare l'asse della politica a favore degli interessi della classe lavoratrice. Da qui la necessità di maggior potere del partito nello Stato e dello

Stato nella società, ferma restando la scelta del metodo democratico per la conquista e la conservazione del potere.

Questo attraversamento del "guado", come aveva causato risultati non brillanti alle amministrative del novembre 1960, finì per pesare sui risultati congressuali, che dovettero registrare una flessione per la corrente autonomista, che passò dal precedente 58,30% al 55,09%, ottenendo 45 posti sugli 81 del Comitato Centrale, con uno spostamento interno a favore della sua ala lombardiana, ossia più a sinistra; alla corrente di Basso, anch'essa in flessione, andò il 6,88% dei voti congressuali, con 6 componenti del C.C., ed alla "sinistra" di Vecchietti il 35,04% con 29 seggi. L'1,1% andò inoltre alla unitaria "Lettera di Pertini", con un seggio, attribuito allo stesso Pertini.

Della nuova Direzione, non più monocolore, ma comprensiva di tutte le correnti, entrarono a far parte : **Pietro Nenni** (segretario), Francesco De Martino (vicesegretario), **Giovanni Pieraccini** (direttore dell'*Avanti!*), Lelio Basso, Giacomo Brodolini, Tullia Carrettoni, Venerio Cattani, Achille Corona, Vittorio Foa, i siciliani **Simone Gatto** e **Vincenzo Gatto**, Luciano De Pascalis, Riccardo Lombardi, Francesco Lami, Emilio Lussu, Giacomo Mancini, Giovanni Mosca, Fernando Santi, Dario Valori, Tullio Vecchietti, Aldo Venturini.

Facendo seguito ad una decisione unanime del 35° congresso, nel dicembre 1961, l'VIII convegno del Movimento Giovanile Socialista approvò la ricostituzione della F.G.S. (Federazione Giovanile Socialista).

Dopo il congresso della DC del gennaio 1962, in cui prevalse la linea di Aldo Moro a favore dell'*apertura a sinistra*, Fanfani sciolse il suo governo, per dare vita ad una nuova compagine governativa (21-2-1962/21-6-1963), con la presenza e il sostegno di DC, PSDI e PRI e l'astensione del PSI.
Il PSDI partecipò al nuovo governo con tre ministri: Roberto Tremelloni (Tesoro), Luigi Preti (Commercio con l'Estero) e Virgilio Bertinelli (Lavoro e Previdenza Sociale). Nel corso di questa esperienza governativa furono adottate importanti riforme come la nazionalizzazione dell'energia elettrica e l'istituzione della Scuola Media Unificata.

Fu quindi in un clima piuttosto euforico che si celebrò a Roma il XIII congresso del PSDI, dal 22 al 25 novembre 1962. In esso si fronteggiavano quattro posizioni: quella della corrente Saragat-Tanassi, che sostanzialmente apriva all'ingresso nel Governo del PSI e all'unificazione socialista (61,2%); la "destra" (8,2%) di Paolo Rossi, nuovo leader della corrente dopo la morte di Simonini (6-7-1960), secondo la quale mancavano le condizioni per realizzare la politica indicata da Saragat, fondata —sosteneva - più su speranze che su fatti; la corrente di "centro-sinistra" di Preti e quella di "sinistra" di Barnabei e Ariosto, che in sede di votazione si presentarono assieme (30,6%), favorevoli ad un maggiore impegno per il centro-sinistra organico e per l'unificazione.

I 61 componenti del C.C. furono così assegnati: 41 alla maggioranza saragattiana e 20 alla minoranza di centro-sinistra (fra essi il floridiano on. **Orazio Scalorino**); nessun seggio andò alla destra, non avendo essa raggiunto il quorum minimo richiesto.

La Direzione del partito, tutta della corrente di maggioranza, risultò così composta: **Giuseppe Saragat** (segretario politico), Mario Tanassi (vicesegretario), Giuseppe Averardi, Antonio Cariglia, Gino Ippolito, Umberto Righetti, Pier Luigi Romita, **Flavio Orlandi** e **Michele Pellicani** (direttori de *La Giustizia*).

Le elezioni politiche del 28-4-1963 segnarono un'avanzata della socialdemocrazia, che passò dal 4,6% al 6,1% e da 22 a 33 deputati, ma anche una flessione della DC a favore dei liberali (il che rese la DC più "prudente" nel realizzare riforme progressiste) e uno stallo del PSI, nel cui gruppo parlamentare si ebbe una minore presenza della sinistra socialista (26 deputati su 87, rispetto alla precedente proporzione di 42 su 86).

Sulla base dei risultati, caratterizzati soprattutto dall'avanzata del PCI e dall'arretramento della DC, furono i socialdemocratici a provocare la crisi di governo. Le trattative per la formazione del nuovo esecutivo questa volta coinvolsero tutti i partiti del centro-sinistra, compreso il PSI, che raggiunsero un sofferto accordo il 15-6-1963; nel PSI si dovette però registrare l'immediato dissenso di Santi, Codignola e Zagari.

Il Comitato Centrale del PSI, appositamente convocato per la ratifica dell'accordo e della partecipazione diretta del PSI al nuovo governo, il 16 e 17 giugno successivi, si concluse negativamente, essendosi verificata la convergenza tra la sinistra interna del partito e i 15 autonomisti facenti capo a Riccardo Lombardi, detti "gregoriani" (dalla *notte di San Gregorio* in cui avvenne la differenziazione). Venne pertanto annullato dal C.C. del PSI l'accordo precedentemente raggiunto dalle delegazioni di DC, PSI, PSDI e PRI e convocato un nuovo congresso. La Direzione, le cui dimissioni vennero respinte dal CC, affiancò al segretario Nenni e al suo vice De Martino un Esecutivo che, oltre i due, comprendeva anche Lombardi, Mancini, Vecchietti e Valori.

In attesa di un chiarimento fra le forze politiche per dar vita ad un governo più saldo e ad un indirizzo politico più preciso si ebbe, intanto, la formazione del governo "balneare" presieduto da Giovanni Leone (21-6-1963/4-12-1963), su cui i socialisti si astennero.

Il 35° congresso socialista che si svolse a Roma dal 25 al 29 ottobre 1963 era stato preceduto dal via libera della DC (18-10-1963) alla nuova formula politica e dalla ricomposizione dei dissensi fra l'ala nenniana e quella lombardiana all'interno della corrente autonomista del PSI. Come prevedibile, la relazione del segretario Nenni perorò l'ingresso dei socialisti nel governo, mentre il leader della minoranza Tullio Vecchietti si

pronunciò contro, visto il processo involutivo che, a suo avviso, aveva subito il centro-sinistra. Partecipò al congresso anche una componente facente riferimento a Sandro Pertini che presentò una mozione intitolata "Per l'unità del partito".
Il congresso si concluse con la vittoria (57,42%) della corrente autonomista, favorevole alla politica del centro-sinistra, ritenuta l'unica capace di spezzare le resistenze conservatrici, contro il 39,30% della sinistra unita (Basso e Vecchietti) e il 2,16% della mozione di Pertini.
Nel Comitato Centrale entrarono 59 autonomisti (di cui 15 "gregoriani") su 81 componenti. La nuova Direzione risultò composta da **Pietro Nenni** (segretario), Francesco De Martino (vicesegretario), **Giovanni Pieraccini** (direttore dell'*Avanti!*), Basso, Brodolini, Carrettoni, Cattani, Corona, Foa, **S. Gatto**, **V.Gatto**, Lami, Lombardi, Luzzatto, Mancini, Mosca, Paolicchi, Santi, Valori, Vecchietti, Venturini e, con voto consultivo, il segretario della Federazione Giovanile Socialista Vincenzo Balzamo (aderente alla sinistra).

3- Scissione a sinistra

Dopo le trattative di rito e nonostante il pronunciamento contrario della sinistra socialista (21-11-1963), si arrivò finalmente al varo del primo governo organico (DC-PSI-PSDI-

PRI) di centro-sinistra (4-12-1963/22-7-1964), presieduto dal leader democristiano Aldo Moro.
I ministri socialisti erano: Pietro Nenni (Vicepresidenza), Antonio Giolitti (Bilancio), Giovanni Pieraccini (LL.PP.), Giacomo Mancini (Sanità), Achille Corona (Turismo e Spettacolo); quelli socialdemocratici: Giuseppe Saragat (Esteri), Luigi Preti (Riforma P.A.), Roberto Tremelloni (Finanze). Sull' *Avanti!* del 6-12-1963 apparve l'articolo *Da oggi ognuno è più libero*.

Nenni si dimise da segretario e al suo posto fu eletto (10-12-1963) **Francesco De Martino**, con vicesegretario Giacomo Brodolini. I membri della Direzione entrati nel Governo furono sostituiti da Codignola, Colombo, **Lauricella**, Lezzi, Matteotti e Tolloy. Capigruppo Mariotti (Senato) e . M. Ferri (Camera).

La sinistra, in un convegno del 15-12-1963, ribadì (con le riserve contro un'eventuale scissione del gruppo Bertoldi) la sua opposizione e, quando si trattò di votare la fiducia al nuovo governo, dopo un polemico intervento di Basso, 25 deputati (17-12-1963) e poi 13 senatori (21-2-1963) della corrente si allontanarono dall'aula al momento del voto (17-12-1963). I suddetti parlamentari furono deferiti ai probiviri del partito e sospesi.
Il 10-1-1964 un convegno costitutivo della sinistra, riunitasi a Roma sotto la presidenza di Lucio Luzzatto, diede vita ad un

nuovo partito socialista, il **PSIUP** (Partito Socialista Italiano di Unità Proletaria), avente la stessa denominazione della gloriosa formazione del 1943, affinché i lavoratori socialisti "fedeli ai principi e alle tradizioni del socialismo", potessero continuare, con "l'azione unitaria di classe", la lotta per il socialismo, nella libertà e nella pace. Fu lanciato un appello ai lavoratori ed eletto un Consiglio Nazionale di 121 componenti che avrebbe poi eletto (12-1-1964) una Direzione composta da Giuseppe Avolio, Domenico Ceravolo, i siciliani **Lucio Libertini**, **Salvatore Corallo** e **Vincenzo Gatto**, Andrea Filippa, Vittorio Foa, Elio Giovannini, Francesco Lami, Mario Livigni, Luigi Logoratolo, Lucio Luzzatto, Alcide Malagugini, Alessandro Menchinelli, Luigi Nicosia, Carlo Sanna, Fernando Schiavetti, Dario Valori, Tullio Vecchietti.

La Direzione elesse segretario della nuova formazione **Tullio Vecchietti** e costituì una segreteria in cui furono chiamati lo stesso Vecchietti, **Vincenzo Gatto** e Dario Valori. Al PSIUP aderirono 25 deputati, 8 senatori, 11 consiglieri regionali, oltre 700 sindacalisti, la maggioranza della FGS ed esponenti socialisti di notevole prestigio come Emilio Lussu, Francesco Cacciatore, Silvano Miniati. Nel luglio successivo aderirono anche Lizzadri, Mancinelli e Oro Nobili. Alla fine del tesseramento 1964 furono dichiarati 164.520 iscritti (per lo più erano provenienti dalla sinistra socialista, ma fu registrata anche la presenza di nuovi elementi, fra cui prevalevano gli operai e gli studenti), ripartiti in 101 federazioni. Organo del partito la rivista, già facente capo alla sinistra del PSI, *Mondo Nuovo*.

La struttura organizzativa del nuovo partito era quella classica: Segreteria, Direzione, Comitato Centrale (per la prima volta detto Consiglio Nazionale), massimo organo del partito, con un apparato di circa 500 funzionari.
Per la seconda volta si ebbe così in Italia la presenza contemporanea di tre partiti socialisti (PSI, PSDI, PSIUP).

Non aderirono alla scissione alcuni sindacalisti e cooperatori come Giorgio Veronesi, Silvano Verzelli e Mario Didò ("Nuova Sinistra Socialista") e alcuni parlamentari ("Sinistra Unitaria") come Renato Ballardini, Gino Bertoldi, Loris Fortuna, Oreste Lizzadri, Nello Mariani, Anna Matera e Vincenzo Balzamo. A questa parte della sinistra non confluita nel PSIUP vennero assegnati, con la cooptazione di 21 membri, 34 posti nel C.C. e 5 nella nuova Direzione del PSI. Di questa facevano parte **Francesco De Martino** (segretario), Brodolini (vicesegretario), Balzamo, Bertoldi, Carettoni, Codignola, Colombo, **Lauricella**, Lezzi, Lombardi, Mariani, Matteotti, Mosca, Paolicchi, Santi, Tolloy, Venturini, Veronesi, Verzelli, Vittorelli. In seguito i gruppi della ex sinistra rimasti nel PSI, assieme ai lombardiani, avrebbero ricostituito la "sinistra socialista", guidata prima da Lombardi e poi da Signorile, fino allo scioglimento del PSI.

Il 4 febbraio 1964 **Riccardo Lombardi** sostituì Pieraccini, divenuto ministro, alla direzione dell'*Avanti!*. Nello stesso periodo i socialdemocratici deliberarono la chiusura del loro giornale *La Giustizia*.

Il 26-6-1964 si ebbe la prima crisi di governo del periodo del centro-sinistra, per contrasti in seno alla maggiorana sui finanziamenti alla scuola privata. L'incarico fu affidato allo stesso Moro, che riuscì a fare, con la stessa formula, un secondo governo (22-7-1964/23-2-1966). I socialisti vi parteciparono - nonostante la contrarietà della nuova sinistra interna, costituita dai lombardiani (usciti dalla corrente autonomista in quell'occasione) e da una parte della vecchia sinistra che non aveva aderito al PSIUP, che propendeva per l'astensione —con vicepresidente Nenni (sua l'amara constatazione: *Lo Stato italiano forte coi deboli e debole coi forti*), Pieraccini (Bilancio), Mancini (LL.PP.), Mariotti (Sanità) e Corona (Turismo e Spettacolo); i socialdemocratici con Preti (Riforma P.A.), Tremelloni (Finanze), Lami-Starnuti dal 5-3-1965 (Industria, Commercio e Artigianato) e Saragat (Esteri) fino al 28-12-1964, cioè fino a quando fu eletto Presidente della Repubblica. Poco dopo (19-7-1964) Lombardi lasciò la direzione dell'*Avanti!*, che passò al segretario **Francesco De Martino**.

L'elezione di Saragat, votato dalle sinistre (tranne il PSIUP che votò Fanfani) e dalla DC, la comune collaborazione di governo, la formazione negli enti locali di numerose coalizioni di centro-sinistra sembrarono accorciare le distanze tra PSI e PSDI, per cui cominciarono a riaccendersi le speranze di quanti auspicavano l'unificazione dei socialisti. Particolare importanza ebbe, a questo proposito, una "Lettera ai compagni" redatta da Nenni.

Concreti segnali si colsero nel 36° congresso del PSI che si svolse a Roma dal 10 al 14 novembre 1965, in cui fu sottolineato il ruolo riformatore della formula di centro-sinistra ed anche la sua funzione di salvaguardia della democrazia italiana. Furono posti anche due importanti obiettivi: l'unificazione di tutte le forze socialiste e il rientro nell'Internazionale Socialista.
Nel nuovo Comitato Centrale 80 posti andarono alla maggioranza, composta da demartiniani e da nenniani, fra i quali da alcuni mesi era cominciata ad emergere una certa differenziazione, 2 a mozioni locali e 19 alla sinistra, ormai unita e guidata da Lombardi, la quale aveva notevoli dubbi sulla possibilità di amalgamare PSDI e PSI, col rischio, anzi, anzi che anche quest'ultimo fosse trascinato sul terreno della stabilizzazione del sistema capitalistico.
La nuova Direzione risultò composta, per la maggioranza da Bertoldi, Brodolini, Colombo, Craxi, De Martino, Ferri, **Lauricella**, Lezzi, Mariani, Matteotti, Mosca, Palleschi, Paolicchi, Tolloy, Venturini e Vittorelli; per la minoranza da Balzamo, Giolitti, Lombardi, Santi e Veronesi.

Furono riconfermati **Francesco De Martino** segretario e Giacomo Brodolini vice, mentre **Pietro Nenni** fu eletto presidente del partito; alla direzione dell'*Avanti!* fu chiamato **Franco Gerardi**.

Dopo un mese, nella stessa città di Roma, dal 16 al 19 dicembre 1965, si svolse un altro congresso socialista di tutt'altro orientamento: quello del PSIUP, fortemente critico col centro-sinistra; il PSIUP era reduce da buone affermazioni nelle elezioni comunali e provinciali del novembre 1964 e stava registrando una buona espansione degli iscritti, in un clima di vivace attivismo, specie nel mondo operaio e studentesco, rivaleggiando a volte col PCI, in particolare in politica estera. Esso guardava con rispetto a Lombardi e a Santi, segretario aggiunto della CGIL; si dichiarava contrario alla NATO e alle armi nucleari; era per l'unità della classe operaia e per il "neutralismo attivo", per la causa del Vietnam e per l'ingresso della Cina all'ONU.
Non vi fu scontro fra tesi opposte e la risoluzione finale fu approvata quasi all'unanimità, con tre voti contrari e un astenuto (Basso).
Furono eletti **Lelio Basso** presidente (1965/1968), **Tullio Vecchietti** segretario e Dario Valori vice.

Il tema dell'unificazione fu al centro anche del 14° congresso socialdemocratico che si tenne a Napoli dall'8 all'11 gennaio 1966. Esso si svolse in un clima di entusiasmo per la ormai realistica prospettiva dell'unificazione socialista, con un larghissima maggioranza compatta attorno alla relazione del segretario Tanassi, con la sola differenziazione, in senso maggiormente unitario, del gruppo della sinistra guidato da Ariosto e con l'astensione di un piccolo gruppo facente capo a Pietro Bucalossi . Un momento particolare si ebbe quando fu letto un telegramma di Nenni, salutato da un'ovazione dell'assemblea. Il congresso si chiuse approvando la proposta di un incontro tra le delegazioni dei due partiti socialisti per formulare una carta fondamentale per un nuovo partito unificato e attribuì al CC la facoltà di convocare gli stessi delegati per il congresso di ratifica dell'auspicato documento.

L'ordine del giorno di Tanassi venne approvato da circa il 96% dei delegati.

La nuova Direzione del PSDI risultò così composta: **Mario Tanassi** (segretario), Antonio Cariglia (vicesegretario), Giuseppe Amadei, Egidio Ariosto, Giuseppe Averardi, Margherita Bernabei, Pietro Battana, Alberto Bemporad, Bruno Corti, Alessandro Fabbri, Lionello Levi Sandri, Franco Nicolazzi, Flavio Orlandi, Michele Pellicani, Umberto Righetti, Paolo Rossi, Guido Ruggiero, Carlo Santoro, Italo Viglianesi, Attilio Zannier, Bruno Palmiotti.

Alcuni mesi dopo confluì nel PSDI il **MDL** (Movimento di Democrazia Liberale, proveniente dalla sinistra liberale); di conseguenza cinque suoi rappresentanti furono cooptati nel Comitato Centrale ed uno, il suo leader **Gianpiero Orsello**, nella Direzione del PSDI.

Poco dopo cadde (21-1-1966) il 2° governo Moro, vittima dell'imboscata tesa dai "franchi tiratori" all'istituzione della Scuola Materna Statale. Il presidente Saragat diede di nuovo a Moro l'incarico- riuscito - di formare il nuovo governo (23-2-1966/5-6-1968), in cui entrarono, per il PSI Nenni (Vicepresidenza), Pieraccini (Bilancio), Mancini LL.PP.), Mariotti (Sanità), Tolloy (Commercio con l'Estero) e Corona (Turismo e Spettacolo); per il PSDI furono nominati ministri Preti (Finanze) e Tremelloni (Difesa).

4 - Fusione a destra

Sistemata la crisi di governo, in senso piuttosto moderato rispetto ai primi slanci del centro-sinistra, all'insegna del *progresso senza avventure* (Fanfani) e della *novità nella continuità* (Moro), riprese la marcia di PSI e PSDI verso l'unificazione.
Il 14 aprile l'ala destra del PSI appoggiò la costituzione dell' UCI (Unione Coltivatori Italiani) per controbilanciare la "unitaria" Alleanza dei Contadini. Venne costituito un "Comitato paritetico per l'unificazione", con la partecipazione di 12 socialisti (Nenni, De Martino, Brodolini, Bertoldi, Cattani, Ferri, Matteotti, Venturini, Vittorelli, Lombardi, Balzamo, Giolitti) e di 12 socialdemocratici (Tanassi, Cariglia, Ippolito, Barnabei, Ariosto, Pellicani, Viglianesi, Orlandi, P.Rossi, Nicolazzi, Battara, Ruggiero), di cui Nenni fu eletto (22-4-1966),

per acclamazione, presidente, mentre cominciarono ad emergere riserve da parte della sinistra socialista e della destra socialdemocratica. Ciononostante, si riuscì ad elaborare i tre documenti dell'unificazione: la Carta politico-ideologica, lo Statuto del partito unificato e le norme transitorie. La "Carta" riaffermava la dignità della persona e i valori di libertà e democrazia strettamente connessi al socialismo; essa, inoltre, stabiliva una "frontiera ideale" col comunismo e aderiva all'Internazionale; auspicava, infine, un'alternativa socialista nella direzione del Paese.

Il 28-7-1966 i tre documenti furono approvati dal comitato paritetico, con il voto contrario di tre rappresentanti del PSI: Riccardo Lombardi, Antonio Giolitti e Vincenzo Balzamo; essi furono quindi rimessi all'esame dei due comitati centrali, dei due congressi e della Costituente Socialista.

Il nuovo partito, in base al meccanismo della pariteticità, voluto dai socialdemocratici, sarebbe stato "bicefalo" in tutto e per tutto, nella prima fase, fino alle politiche del 1968: nel nome (PSI-PSDI Unificati), nel simbolo (i simboli di PSI e PSDI inseriti in un cerchio), presto ribattezzato dai detrattori *la bicicletta*, nella segreteria (un segretario e un vicesegretario per parte), nella Direzione (la somma delle due Direzioni, composte dallo stesso numero di persone), nel Comitato Centrale (come per la Direzione); quanto sopra ripetuto nelle federazioni e nelle sezioni. A questo paralizzante garantismo organizzativo faceva riscontro uno scarso amalgama ideologico. C'era, insomma, tanta diffidenza e c'erano tutte le premesse per un fallimento.

Per il momento, però, a prevalere era l'entusiasmo, per le speranze che l'unificazione suscitava in larghi strati della popolazione italiana e fra i socialisti, cui non sembrava vera l'inversione di rotta che li faceva uscire dall'*orgia delle scissioni*, per marciare spediti verso gli auspicati obiettivi di giustizia sociale e di libertà del socialismo.

La procedura dell'unificazione e la carta ideologica e politica furono quindi sottoposti ai comitati centrali dei due partiti: quello del PSDI l'approvò all'unanimità (14-9-1966), in quello del PSI (16-17/9/1966) si dovette registrare la critica di Lombardi ad una fusione definita "moderata", rispetto ad una fusione che avesse coinvolto tutta intera la sinistra; Lombardi e la sua corrente avrebbero però aderito al partito unificato.

A negare l'adesione al nuovo partito fu un gruppo minoritario del PSI che aveva il suo leader in **Luigi Anderlini**, e di cui facevano parte anche **Simone Gatto**, Tullia Carrettoni e Delio Bonazzi. Il gruppo, nel successivo mese di novembre, costituirà il **MSA** (Movimento dei Socialisti Autonomi).
Il movimento avrà vita breve e alcuni dei suoi esponenti diverranno membri della Sinistra Indipendente.

Il 37° congresso del PSI, che ebbe luogo a Roma dal 27 al 29 ottobre 1966, approvò all'unanimità i documenti e la riunificazione col PSDI. Anche il 15°congresso del PSDI, cui parteciparono, come stabilito, gli stessi delegati del precedente congresso, riunitosi nella sola giornata del 29, ratificò all'unanimità i documenti concordati , spianando cosi la strada alla Costituente Socialista che avrebbe avuto luogo l'indomani.

La Costituente Socialista (30-6-1966) si svolse a Roma, al Palazzo dello Sport, alla presenza dei delegati ai congressi dei due partiti (1800) che si erano riuniti il giorno precedente, in rappresentanza di circa 700.000 iscritti complessivi.

Ai lavori dell'Assemblea, svoltisi sotto la presidenza effettiva di Sandro Pertini, parteciparono anche gruppi socialisti minori come i "socialisti indipendenti", rappresentati da Aldo Garosci, i "socialisti senza tessera", rappresentati da Spartaco Vannoni e il gruppo "Libertà, socialismo e democrazia", con leader Fernando Amiconi. Aderirono, inoltre, intellettuali di grande prestigio, come Roberto Guiducci, Guido Calogero, Norberto Bobbio, Mario Soldati, Giorgio Strelher, Giorgio Bassani, Carlo Cassola, Mario Monicelli, Bruno Zevi.
Dopo l'introduzione di Pertini e le relazioni di De Martino e Tanassi, si ebbero gli interventi di molti partecipanti, che portarono la loro adesione e raccontarono le loro esperienze.
Per ultimo parlò Pietro Nenni, che vedeva così coronato il suo sogno unitario, inseguito per una vita, il quale definì il nuovo

partito come "il partito dei lavoratori e il partito della Repubblica", "il partito della pace e di ogni progresso, di ogni causa di giustizia, di ogni causa di libertà".

La Costituente, in un clima di acceso entusiasmo, approvò la nascita del nuovo partito, denominato **PSI-PSDI Unificati**, che la stampa avrebbe in seguito ribattezzato come **PSU** (Partito Socialista Unificato), aderente all'Internazionale Socialista, il cui presidente Bruno Pitterman aveva partecipato ai lavori. Il Comitato Centrale e la Direzione furono costituiti dalla somma dei due CC e delle due direzioni; presidente del partito fu acclamato **Pietro Nenni**, segretari **Francesco De Martino** e **Mario Tanassi**, vicesegretari Giacomo Brodolini e Antonio Cariglia. Alla direzione dell'*Avanti!* furono chiamati **Gaetano Arfè** (ex PSI) e **Flavio Orlandi** (ex PSDI). Capogruppo dei deputati fu eletto Ferri (ex PSI) e dei senatori Lami Starnuti (ex PSDI). Nel gennaio 1964 sarà cooptato nella Direzione Aldo Garosci, in rappresentanza dei gruppi socialisti minori.

Sembrava così chiudersi, tra sventolio di bandiere rosse e discorsi esaltanti, un ventennio di crisi del socialismo italiano, per il quale si aprivano nuove e radiose prospettive.

5- Scissione a destra

Il periodo seguente costituì una fase di riflusso e stagnazione del governo di centro-sinistra, incapace di autentiche iniziative riformatrici, come ricordava il noto *slogan* un po' sfottente *avanti adagio, quasi indietro*. Nello stesso tempo il partito unificato fu messo davanti a situazioni drammatiche della politica nazionale e mondiale, a cui il suo pluralismo ideologico non consentiva risposte univoche: la guerra del Vietnam, il movimento studentesco, il colpo di Stato dei colonnelli in Grecia, la "guerra dei sei giorni", l'uccisione di Guevara, di Martin Luther King e di Robert Kennedy.

In questo clima di effervescenza politica, interna e internazionale, che aveva visto anche una crescita organizzativa del PSIUP, molto attento agli avvenimenti internazionali, il PSI-PSDI Unificati, appesantito dalla sua diarchia a tutti i livelli e con le sue due anime avvinte dal sospetto di essere fagocitate una dall'altra elettoralmente, si avviò al giudizio degli elettori per il rinnovo del Parlamento, fissato per il 19-5-1968.

Si trattò, per il nuovo partito che tante speranze aveva suscitato, di un drastico ridimensionamento della sua area di influenza. Di fronte al 18,63% che i due partiti avevano ottenuto separatamente nel 1963, il PSU raccolse appena il 14,5%, anche se bisogna ricordare che una parte consistente dei voti del PSI era andata al PSIUP (4,5%, 23 deputati), che nel 1963 non esisteva ancora e che per il Senato si era presentato assieme al PCI. In ogni caso indietreggiava il partito che si era proposto di contestare l'egemonia nella sinistra del PCI (che invece guadagnava l'1,6% e, assieme al PSIUP, raggiungeva il 31,4%) e l'egemonia della DC (+0,8%) sul governo.

La sconfitta sui due versanti provocò uno sbandamento nel partito unificato (che però colse un successo con l'elezione, il 5-6-1968, di Pertini alla presidenza della Camera), tanto che i due co-segretari furono d'accordo per un disimpegno dal governo, anche se solo temporaneo. Si fece ricorso perciò ad un secondo "governo-ponte", un monocolore *d'attesa* DC, sempre presieduto da Leone.
E fu proprio in questo "intermezzo" che *la primavera di Praga* venne soffocata (20-8-1968) dalle truppe del Patto di Varsavia.

Questo avvenimento provocò il primo eclatante episodio di dissenso del PCI, che, a differenza di quanto accadde nel 1956 per l'Ungheria, in quest'occasione si differenziò nettamente dalla politica estera sovietica, togliendo, con ciò, argomenti alla barriera ideale che l'unificazione socialista aveva innalzato alla sua sinistra.
L'episodio della Cecoslovacchia —come quello della controrivoluzione in Cile nel settembre 1973 - aveva comunque evidenziato che la spaccatura del movimento operaio in comunismo e socialdemocrazia, entrambi dimostratisi incapaci di realizzare il socialismo, in fondo faceva comodo alla conser-

vazione e alla reazione internazionali dell'Est e dell'Ovest, le quali non potevano evidentemente tollerare esperimenti seri e concreti, come appunto quelli della Cecoslovacchia e del Cile, capaci di coniugare libertà e giustizia, per promuovere una trasformazione realmente socialista della società.

Intanto all'interno del PSI-PSDI (o PSU che dir si voglia), le carte andavano rimescolandosi alquanto, in vista del 38° congresso socialista, il 1° (ed unico) del partito unificato, convocato a Roma dal 23 al 28 ottobre 1968, con 950 delegati per circa 900 mila iscritti Per l'occasione si formò anzitutto una corrente autonomista "Mancini-Ferri-Preti", dal nome dei triumviri che la dirigevano, composta da autonomisti di destra, che non avevano digerito il "disimpegno" e da una frangia socialdemocratica, che ottenne il 35,50% al congresso; una corrente tutta socialdemocratica, detta "Rinnovamento"; capeggiata da Tanassi (17,4%); c'era poi la nuova corrente di "Riscossa Socialista", che ebbe il 32,2% dei voti congressuali, con leader De Martino; quindi il piccolo raggruppamento di "Impegno socialista" formatosi attorno all'ex ministro Giolitti (5,8%) e, infine, "Sinistra socialista", che proponeva la fine del centro-sinistra e la politica dell'alternativa di sinistra (9,4%). Unanime fu la decisione, presa per acclamazione, di ridare al partito la denominazione storica di **PSI (Sezione dell'Internazionale Socialista)**.

Il congresso, in cui prevalse, seppure di poco, l'alleanza fra le prime due delle correnti sopra elencate ("Autonomia" e "Rinnovamento"), si chiuse fra le proteste di molti delegati per un Comitato Centrale che —si disse —era stato "letto e non eletto", cioè in pratica designato dai capi corrente in separata sede.

Il 9 novembre, in sede di CC, **Pietro Nenni** fu riconfermato presidente del partito (più precisamente del Comitato Centrale), mentre nuovo segretario nazionale fu eletto **Mauro Ferri**, con vicesegretario Antonio Cariglia. Il 22-1-1969 la Direzione eleggerà vicesegretario anche Gino Bertoldi e nominerà **Gaetano Arfè** e **Franco Gerardi** condirettori dell'*Avanti!*

Nel periodo successivo, in seguito all'intesa De Martino-Tanassi, il PSI decise il rientro nel governo, la cui formazione stavolta venne affidata al dc Mariano Rumor (12-12-1968/5-8-1969). La pattuglia di ministri socialisti era così composta: De Martino (Vicepresidenza), **Lauricella** (Ricerca Scientifica), Nenni (Esteri); Preti (Bilancio), Mancini (LL.PP.), Mariotti (Trasporti), Tanassi (Industria, Commercio e Artigianato), **Lupis** (Marina Mercantile), Brodolini (Lavoro e Previdenza Sociale).

L'anno si concluse col 2° congresso (Napoli, 18/21-12-1968) del PSIUP (convocato sul tema "Unità della sinistra per una alternativa al centrosinistra e per un nuovo internazionalismo proletario"), in cui, preso atto del buon risultato conseguito alle elezioni politiche, vennero riconfermati sia la politica unitaria che il gruppo dirigente, votato all'unanimità.

Intanto nel PSI permaneva la difficoltà di conciliare linee politiche, correnti, gruppi, aspirazioni: vi si combattevano, secondo una colorita espressione, *lotte tribali*.
Si verificò anche, in sede di Comitato Centrale (14-5-1969), una scomposizione dei gruppi e furono gettate le basi per una nuova maggioranza interna: il gruppo Mancini, d'intesa col segretario della UIL Viglianesi, lasciò la corrente autonomista, si mise in proprio e si avvicinò, imitato dal gruppo Giolitti ("Impegno socialista"), a De Martino, col quale annunciò di voler costituire una nuova maggioranza, che di fatto avrebbe emarginato l'ala ex PSDI, ormai da molto tempo disabituata ad essere minoranza. Tanassi replicò che la creazione di una nuova maggioranza favorevole ad un'intesa col PCI avrebbe messo in pericolo l'unità del partito. In una successiva riunione del CC (20-5-1969), in cui la Direzione si presentò dimissionaria, vennero presentati due documenti: uno di Ferri e uno del gruppo Mancini-Viglianesi-Giolitti-De Martino, già firmato da 61 componenti del CC su 121. Ciò indusse Ferri a dare le dimissioni da segretario, per cui la gestione del partito fu affidata congiuntamente al presidente **Pietro Nenni** e ai vicesegretari **Antonio Cariglia** e **Gino Bertoldi.**

In una ulteriore e definitiva seduta del CC (4-7-1969) furono posti in votazione tre documenti: uno presentato da Nenni, tendente a salvare l'unità del partito, che si richiamava alla Carta dell'unificazione; uno a firma De Martino-Mancini-Viglianesi-Giolitti, favorevole ad un centro-sinistra autosufficiente, ma aperto ad eventuali contributi positivi che venissero da sinistra; un terzo, minoritario, presentato dalla sinistra.

Per primo venne votato il documento Nenni, che fu respinto con 52 voti a favore e 67 contrari. A quel punto la grande maggioranza degli ex socialdemocratici abbandonò l'aula assieme a Mauro Ferri, Matteo Matteotti e Pietro Longo (ex PSI), mentre veniva approvato il documento della nuova maggioranza con 59 voti a favore (di cui 7 provenienti dall'ex PSDI: Viglianesi, Benevento, Bernabei, Perulli, Brandi, Rufino, Ravenna), 16 contrari e 11 astenuti) e respinto quello della "sinistra" con solo 9 voti a favore. Prima di sciogliere la seduta Nenni dichiarò di dimettersi da presidente (per un certo periodo non sarà sostituito). Della segreteria provvisoria, a reggere il partito rimase solo il vicesegretario **Gino Bertoldi**.

I socialdemocratici, riunitisi nella sala "Capuzzi", fondarono (5-7-1969) il **PSU** (Partito Socialista Unitario) con **Mauro Ferri** segretario ed Antonio Cariglia vicesegretario. **Mario Tanassi** sarà poi eletto presidente del Consiglio Nazionale.

Al nuovo partito socialdemocratico che —almeno per il momento —non intendeva riesumare il vecchio PSDI, ma essere un partito "nuovo" - aderirono 40 membri del CC, 30 deputati e 12 senatori. La scissione era un fatto compiuto.

6 - De Martino

Le dimissioni dei ministri neo-socialdemocratici (Tanassi, Preti e Lupis) causarono quelle del governo Rumor e il varo di un monocolore (DC) presieduto dallo stesso Rumor, destinato a durare fino al marzo del 1970.
Il 6 luglio Pertini, presidente della Camera, in seguito alla scissione, si dimise dalla carica, ma le dimissioni furono respinte all'unanimità dai capigruppo.

Intanto il CC del PSI provvide (9-7-1969) a ristrutturare i suoi vertici, dopo la scissione: la rappresentanza autonomista nel suo seno, falcidiata dalla scissione, venne reintegrata per cooptazione e portata a 34 componenti; venne eletta una nuova Direzione formata da De Martino, Mancini, Bertoldi, Brodolini, Caldoro, Cattani Cavezzali, Codignola, Craxi, De Pascalis, Finocchiaro, Fortuna, Giolitti, Landolfi, Lezzi, Lombardi, Manca, Mosca, Palleschi, Pellicani, Santi, Viglianesi, Vittorelli, Zagari; essa, a sua volta, elesse segretario **Francesco De Martino** e vice Giacomo Mancini, riconfermando i due condirettori dell'*Avanti!*

Il PSI si presentò, da allora e per un certo tempo, con uno schieramento interno che comprendeva due piccole ali estreme: "autonomia socialista" (leader Pietro Nenni e Bettino Craxi) e "Sinistra socialista" (leader Riccardo Lombardi), che cercavano di condizionare un grande centro maggioritario, in cui si accalcavano De Martino, Giolitti, Bertoldi, Mancini, e che, quindi, presentava al suo interno diverse sfumature, suscettibili di suscitare nuove rivalità.

Dopo lunghe trattative si giunse, nel marzo 1970, alla formazione del 3° governo Rumor (23-3-1970/6-8-1970), questa volta quadripartito. Per il PSI vi entrarono i ministri De Martino (Vicepresidenza), Giolitti (Bilancio), **Lauricella** (LL.PP.), Viglianesi (Trasporti), Zagari (Commercio Estero), Mariotti (Sanità); per il PSU **Lupis** (Turismo e Spettacolo), Preti (Finanze) e Tanassi (Difesa).

IL 23 aprile successivo la Direzione del PSI elesse segretario, essendo De Martino entrato nel Governo, **Giacomo Mancini**, con vicesegretari Codignola (Sinistra), Craxi (Autonomia) e Mosca (Riscossa).

Il mese di maggio 1970 fu caratterizzato dall'approvazione definitiva dello Statuto dei Lavoratori, di cui Brodoloni, deceduto a 49 anni l'anno precedente, era giustamente ritenuto il padre; a giugno si svolsero le elezioni regionali e amministrative che registrarono un successo del PSI e del PSU, men-

tre in declino appariva il PSIUP; in luglio si dimise il governo Rumor, sostituito, un mese dopo, da un nuovo quadripartito, presieduto da Emilio Colombo (6-8-1970/17-2-1972). La delegazione socialista al governo non subì alcuna variazione, rispetto alla precedente, mentre quella del PSU risultò così composta: **Lupis** (Delegazione Italiana all'ONU), M. Matteotti (Turismo e Spettacolo), Preti (Finanze) e Tanassi (Difesa).
Il 25-11-1970 Nenni fu nominato senatore a vita dal presidente Saragat.

Dal 6 al 9 febbraio 1971 si svolse a Roma il 1° congresso del PSU dopo la scissione. Segretario fu riconfermato **Mauro Ferri**. Fu inoltre deciso che il partito sarebbe ritornato a chiamarsi con il nome tradizionale di PSDI.
Il 13-3-1971 presidente del CC del PSI fu eletto **Francesco De Martino**.

Il 3° congresso del PSIUP, tenuto a Bologna nel marzo 1971, dovette registrare un certo declino del partito probabilmente dovuto al fallimento dell'unificazione socialista (luglio 1969) che aveva comportato un certo spostamento a sinistra del PSI, non più condizionato dalla convivenza coi socialdemocratici, ma anche al riflusso delle lotte operaie e al ridimensionamento elettorale subito alle elezioni regionali del 1970. A nulla valsero, come vedremo, i mutamenti avvenuti al vertice nel settembre successivo, quando presidente del partito fu eletto **Tullio Vecchietti,** che lasciò la segreteria a **Dario Valori.**

Nel gennaio 1972 il governo Colombo, in seguito al ritiro del sostegno del PRI, entrò in crisi e il tentativo di un monocolore Andreotti fu bocciato dal Senato, per cui il presidente Leone decise di sciogliere le Camere ed indire nuove elezioni, che si tennero il 7 e l'8 maggio 1972.
I risultati per i partiti socialisti non furono soddisfacenti: il PSI, il cui segretario Mancini, ex ministro dei LL:PP., aveva subito, durante la campagna elettorale, anche attacchi personali, ottenne un mediocre 9,6% e 61 deputati; il PSDI, in cui si era di nuovo imposta la leadership di Saragat, dopo la fine del suo mandato presidenziale e Ferri, nel febbraio 1972, era stato sostituito con **Mario Tanassi**, arrivò al 5,1% con 29 deputati; il caso più eclatante fu quello del PSIUP che, col suo 1,94%, non riuscì a portare alla Camera nessun deputato, non avendo ottenuto il *quorum* in nessuna circoscrizione, perdendo quindi i 23 che aveva (al Senato si presentò assieme al PCI). Ciò pose ai suoi vertici il problema dell'opportunità o meno di proseguire in un'azione politica autonoma.

Il nodo venne sciolto il 13-7-1972, al 4° ed ultimo congresso del PSIUP. La maggioranza (67%), cui aderivano Tullio Vecchietti, Dario Valori, **Lucio Libertini** e **Salvatore Corallo**, decise la confluenza nel PCI; una minoranza (9%), capeggiata da Giuseppe Avolio e **Vincenzo Gatto** (vicesegretario uscente del partito), decise di rientrare nel PSI (in questa scelta era stata preceduta da Alessandro Menchinelli e Giulio Scarrone, già direttore de *La conquista*); un'altra minoranza (23,8%), con alla testa Vittorio Foa e Silvano Miniati si pronunciò per la continuità del partito e fondò il **Nuovo PSIUP**, guidato da **Vittorio Foa**, Silvano Miniati, Guido Bindi, Mario Brunetti, Aristeo Biancolini, Pino Ferraris e Daniele Protti. Al nuovo partito, con organo il quindicinale *Unità Proletaria*, aderirono i sindacalisti Elio Giovannini e Antonio Lettieri ed un solo parlamentare, il senatore Dante Rossi.

Alle elezioni aveva partecipato pure l'**MPL** (Movimento Politico dei Lavoratori), fondato poco prima dall'ex presidente delle ACLI Livio Labor (1918/1999), con l'obiettivo di raccogliere i consensi dei cattolici progressisti di sinistra: ottenne circa 120.000 voti (0,36%) e nessun seggio
Dopo le elezioni, la maggioranza dell'MPL (Livio Labor, Gennaro Acquaviva, Luciano Benadusi, Marco Biagi, Luigi Covatta) decise di confluire nel PSI, dove Labor si collocò nella corrente di Lombardi. La minoranza di sinistra, guidata da Giovanni Russo Spena, invece, organizzò un movimento denominato "Alternativa Socialista".

Nel giugno successivo alle elezioni Andreotti formò un governo centrista DC-PSDI-PLI (26-6-1972/7-7-1973) con l'appoggio esterno del PRI. Ministri socialdemocratici furono: Tanassi (Vicepresidenza e Difesa), cui subentrò, nella segreteria del PSDI, **Flavio Orlandi**, P. Romita (Ricerca Scientifica), M. Ferri (Industria, Commercio, Artigianato), M. Matteotti (Commercio con l'Estero), **Lupis** (Marina Mercantile).

Dal 9 al 12 novembre 1972 ebbe luogo a Genova il 39° congresso del PSI, in cui si confrontarono due schieramenti: da un lato c'era il cartello (58%) formato da "Riscossa" (De Martino), che aveva assorbito la corrente di Giolitti, alleato con "Autonomia" (Nenni e Craxi), disponibile a ridar vita ad un centro-sinistra riformatore; dall'altro l'alleanza (42%) delle correnti di "Presenza" (Mancini), "Unità del Partito" (Bertoldi) e "Sinistra " (Lombardi), che era per la riconferma della politica degli "equilibri più avanzati" e per l'introduzione nella politica di fattori nuovi di tensione morale e di volontà riformatrice.
Il Comitato Centrale, ora di 141 membri, risultò composto da 57 demartiniani, 26 manciniani, 19 autonomisti, 15 lombardiani, 13 bertoldiani, 7 ex PSIUP, 4 ex MPL.
La Direzione, di 34 componenti, fu formata da **Francesco De Martino** (segretario), Giovanni Mosca e Bettino Craxi (vicesegretari), Mariotti, Giolitti, i siciliani **Lauricella** e **V. Gatto**, Labriola, Coen, De Pascalis, Bartocci, Mariani, Vittorelli, Lezzi, Palleschi, Formica, Cattani, Zagari, Fortuna, Mancini, Caldoro, Di Vagno, Balzamo, Landolfi, Aniasi, Viglianesi, Bertoldi, Manca, Menchinelli, Lombardi, Codignola, Signorile, Avo-

lio, Labor. **Gaetano Arfè** e **Franco Gerardi** furono riconfermati all'*Avanti!*

Accanto alla Direzione fu creato un Ufficio di Segreteria di 7 membri: De Martino, Mosca, Craxi, Manca, Landolfi, **Lauricella**, Signorile.

Come sempre avviene quando gli organi vengono gonfiati artificialmente, forse per dare spazio ai "colonnelli" che man mano andavano emergendo e che aspiravano a diventare gruppo dirigente, accanto alla Direzione si sentì dunque il bisogno di costituire un organo più agile, l'Ufficio di Segreteria. al quale in concreto veniva data l'ultima parola. Però il potere reale all'interno del partito era ormai nelle mani delle correnti che, a tutti i livelli, designavano le altre cariche ufficiali, solo nominalmente elette. Lo dimostra il fatto che, al vertice effettivo del partito, fu posto, anche formalmente (sostanzialmente lo era già) un Ufficio Politico formato dai capicorrente: De Martino, Craxi, Mancini, Bertoldi e Lombardi. A soffrirne sarà la democrazia interna.

Nel dicembre 1972, Alternativa Socialista fondendosi col Nuovo PSIUP, diede vita al **PdUP** (Partito di Unità Proletaria), il cui nucleo principale, dopo varie vicende, entrerà nel partito della Rifondazione Comunista. Foa e Miniati nel 1979 lasceranno l'attività politica.

L'anno 1973 esordì con l'inizio delle attività delle Brigate Rosse. Da febbraio riprese il dialogo DC-PSI, per cui a giugno di dimise il governo centrista, per lasciare il posto ad un nuovo quadripartito DC-PSI-PSDI-PRI presieduto da Rumor (7-7-1973/14-3-1974). In esso il PSI fu rappresentato dai ministri Giolitti (Bilancio), **Lauricella** (LL.PP.), Corona (Ecologia), Zagari (Giustizia), Bertoldi (Lavoro); quelli socialdemocratici da **Lupis** (ONU), Tanassi (Difesa), Bucalossi (Ricerca Scientifica), Preti (Finanze), M. Matteotti (Commercio con l'Estero).

Dissidi interni ne provocarono, nel 1974, le dimissioni, seguite da una nuova edizione del ministero Rumor (5°), in cui il PSI fu rappresentato da Mancini (Mezzogiorno), Pieraccini (Ricerca Scientifica), Zagari (Giustizia), Giolitti (Bilancio), Bertoldi Lavoro), e **Lauricella** (LL.PP.) e il PSDI da Tanassi (Finanze), **Lupis** (Beni Culturali), Preti (Trasporti), M. Matteotti (Commercio con l'Estero).

Nei mesi seguenti il PSI si trovò in prima linea nella difesa della legge Fortuna (PSI)-Baslini (PLI) dal referendum del 12-13 marzo, vinto dagli antiabrogazionisti.

Mentre nel corso dell'anno le cattive notizie (colpo di Stato in Cile contro il socialista Allende), si alternavano alle buone (ripristino della democrazia in Portogallo e in Grecia), la polemica tra PSI e PSDI non conosceva soste: un ulteriore forte attacco al PSI da parte di Tanassi contribuì alla caduta del governo Rumor, cui seguirà una serie di monocolori Dc: Moro 4°, Moro 5°, Andreotti 3° e Andreotti 4°.

Il 16° congresso del PSDI si svolse a Genova dal 2 al 6 aprile 1974. Nel corso dei lavori Pierluigi Romita, Mauro Ferri e Michele Di Giesi (rappresentanti delle sinistre interne) presentarono un documento assai critico nei confronti della gestione di Tanassi e dell'indirizzo di stampo centrista che egli aveva dato al partito. La maggioranza Tanassi-Orlandi-Preti era accusata di limitarsi alla pura gestione dell'esistente, di amministrare solamente un limitato consenso elettorale valido solo per garantire la partecipazione al potere, di rifiutare ogni rapporto con il PSI; occorreva invece, secondo la minoranza, rinsaldare i legami con la socialdemocrazia europea e restituire al partito un'autonoma capacità d'iniziativa.
Segretario fu riconfermato **Flavio Orlandi**.
Le elezioni regionali, provinciali e comunali del 15-16 giugno 1975 registrarono una considerevole avanzata delle sinistre, e del PCI in particolare, e un regresso del PSDI, in cui cominciava a serpeggiare un certo malumore. Ne fu sintomo l'uscita dal partito di un gruppo di militanti della sua ala sinistra, guidati da **Paolo Pillitteri,** che costituì il **MUIS** (Movimento Unitario di Iniziativa Socialista), da non confondere con quello del 1959 promosso da Mario Zagari e Matteo Matteotti. Il 27 dello stesso mese **Mario Tanassi** sostituì Flavio Orlandi alla segreteria, mentre presidente diventò **Giuseppe Saragat**, il quale manterrà la carica fino alla morte.

Il periodo craxiano (1976-1994)

La battaglia che deve essere sostenuta non è contro la ricchezza, ma contro la povertà.
Olof Palme

1 - Il Midas

Dal 3 al 7 marzo 1976 si riunì a Roma il XL congresso del PSI, che si svolse non sulla base di mozioni contrapposte, ma su quella dell'esame e approvazione di un'unica mozione finale.
Il congresso si espresse per un'alternativa socialista, allo scopo di trasformare il sistema capitalistico, mediante un processo di transizione al socialismo, da attuarsi gradualmente e nel rispetto della democrazia e della libertà. Nel corso dei lavori Pillitteri comunicò la confluenza del MUIS nel PSI.
Essendo stata la mozione unitaria unanimemente approvata, la composizione del nuovo CC fu concordata: 59 componenti furono assegnati alla corrente De Martino (42,7%), 30 a quella di Mancini (19,8%), 23 alla sinistra lombardiana (17,8%), 10 al gruppo Bertoldi (5,7%) e 19 agli autonomisti di Nenni-Craxi (14%).Questa la composizione della Direzione: **Pietro Nenni** (presidente del CC), **Francesco De Martino** (segretario del

partito), Bettino Craxi e Gaetano Mosca (vicesegretari), Aniasi, Arfè, Avolio, Balzamo, Bartocci, Bertoldi, Caldoro, i siciliani **Capria**, **V. Gatto** e **Lauricella**, Cassola, Cicchitto, Codignola, Coen, De Michelis, Formica, Fortuna, Galli, Giolitti, Labor, Labriola, Lagorio, Landolfi, Lombardi, Manca, Mancini, Mariotti, Nesi, Querci, Signorile, Tiraboschi, Vittorelli, Zagari. Direttori dell'*Avanti!* furono riconfermati **Gaetano Arfè** e **Franco Gerardi**.

Poco dopo l'assise socialista fu il congresso del PSDI (Firenze, 11-15/3/1976) a suscitare l'interesse degli osservatori. Il segretario Tanassi già dall'apertura del congresso venne duramente contestato per i metodi di gestione del partito e per i presunti tentativi di spostare a destra l'asse della sua politica. Ma l'unico problema che veramente interessava i delegati era quello della gestione del partito. Nel clima di confusione che dominava il congresso le correnti di opposizione interna, pur divise fra loro, trovarono una convergenza su un ordine del giorno che non approvava la relazione del segretario, le cui decisioni erano ritenute prese senza la necessaria collegialità. Tanassi fu dunque costretto a lasciare la segreteria. Al suo posto fu eletto, il 26-3-1976, il personaggio più prestigioso di cui disponeva il PSDI: **Giuseppe Saragat** (già presidente ed ora anche segretario del partito), il quale rimarrà segretario del PSDI per pochi mesi, fino al 1° ottobre 1976, quando gli subentrerà **Pier Luigi Romita**.

La politica degli "equilibri più avanzati" e lo *slogan* "mai più al governo senza il PCI", che miravano a coinvolgere i comunisti nell'aria del potere e quindi a coprire a sinistra il PSI, costretto dai numeri a gravitare nell'area di governo, da sempre dominata dalla DC, trovarono un riscontro negativo nell'elettorato alle elezioni politiche del 20 e 21 giugno1976. In esse, infatti,il PSI ottenne un deludente 9,6%, mentre la DC si confermò come primo partito e il PCI si rivelò l'unico beneficiario dello spostamento di voti a sinistra, mentre il PSDI passò da 29 a 15 seggi.
Questi risultati furono letti da gran parte dei quadri socialisti come un campanello d'allarme, che sembrava annunciare un potenziale e irreversibile declino del PSI; in particolare ne furono scosse le due correnti collocate alle due estremità del partito, ma scarsamente influenti, nel recente passato, sulla sua politica: gli "autonomisti" e la "sinistra".

Ma anche nel grande centro che aveva guidato la politica del partito, area comunque caratterizzata dalla forte dialettica tra De Martino e Mancini, il fermento era alquanto elevato. Ne furono un sintomo significativo le dimissioni, all'indomani delle elezioni, del vicesegretario Gaetano Mosca.
Persino all'interno di "Riscossa", la corrente di De Martino, cominciavano a farsi sentire certe contraddizioni, quale quella tra la pratica del quadripartito e l'auspicato superamento, in prospettiva, del centro-sinistra. A tutto ciò si aggiungeva

una diffusa aspirazione ad un rinnovamento politico, gestionale ed anche generazionale.

Tutto questo ribollio venne a galla nel Comitato Centrale del luglio successivo, riunito all'*Hotel Midas* a Roma, quando *la rivolta dei quarantenni* (da altri ricordata come la *la congiura del Midas*) portò alla caduta di De Martino. Protagonisti del ricambio furono i giovani leader delle varie correnti: Bettino Craxi, che aveva ormai sostituito il vecchio Nenni alla guida degli autonomisti; Claudio Signorile, già braccio destro di Lombardi, ora leader di fatto della sinistra; Enrico Manca, a capo di un sottogruppo di demartiniani. Ad essi si aggiungeva il vecchio rivale di De Martino, Giacomo Mancini.

Dimessosi De Martino ed eletta una nuova Direzione, dopo alcune esitazioni la scelta cadde sul giovane leader della pattuglia dei fedeli autonomisti nenniani, **Bettino Craxi**, affiancato da una segreteria composta dal siciliano **Salvatore Lauricella**, da Enrico Manca (ex demartiniano), da Antonio Landolfi (manciniano) e da Claudio Signorile (lombardiano). Presidente del CC **Pietro Nenni** e direttore dell'*Avanti!* **Paolo Vittorelli**.

A favore dell'elezione di Craxi, leader di una piccola corrente, probabilmente giocò la sua apparente debolezza politica, che teoricamente lo avrebbe vincolato alle decisioni dei suoi alleati interni.

Di quanto essi si sbagliassero lo diranno i fatti futuri.

2 - Proudhon

Insediatosi al vertice del PSI, Craxi intraprese un'intensa attività volta allo svecchiamento del partito, a rinnovarne l'ideologia, cercando di motivare nuovamente i militanti, amareggiati e smarriti dopo le delusioni del recente passato, incoraggiando l'inserimento di esponenti socialisti nei vari centri del potere decisionale. È appunto di questo periodo la pubblicazione del "Progetto socialista", un documento programmatico elaborato col contributo di vari intellettuali, e l'elezione (30-9-1976) di Giorgio Benvenuto a segretario generale della UIL.

In politica interna il nuovo segretario cercò di sfruttare la *rendita di posizione* del PSI, partito ormai indispensabile per la formazione di qualunque maggioranza. Craxi continuò anche ad occuparsi di politica internazionale, in seno all'Internazionale Socialista, della quale era diventato presidente il prestigioso leader tedesco Willy Brandt, tenendo contatti in particolare con i socialisti perseguitati nei loro paesi (spagnoli, portoghesi, greci, cileni).

Nello stesso tempo egli si adoperava per consolidare il suo potere, insidiato da divergenze col gruppo di Mancini e con quello di Manca. Da qui la scelta di stringere una solida alleanza con la sinistra del partito, guidata da Claudio Signorile.

Al 41° congresso (Torino, 29 marzo-2 aprile 1978) alla mozione "Per il progetto socialista" (Craxi-Signorile) fu attribuito il 63,5% dei voti, mentre alle correnti di opposizione andò il resto, così ripartito: "Unità e autonomia per l'alternativa" (De Martino-Manca) 25,9%; "Presenza socialista" (Mancini-Balzamo) 7,1%; "Sinistra per l'alternativa" (corrente formata da elementi staccatisi dalla corrente lombardiana, con leader Michele Achilli) 3,9%.

Il congresso lanciò la *strategia dell'alternativa*, in evidente contrapposizione col *compromesso storico*, proposto dal segretario del PCI Berlinguer.

Segno esteriore del mutato clima e della forte volontà di rinnovamento fu la modifica del simbolo, che diventò un grande garofano rosso, facente parte della tradizione socialista già prima del 1917, anche in omaggio alla portoghese *rivoluzione dei garofani* del 1974, che aveva liquidato il longevo fascismo portoghese; rimanevano comunque, ai piedi del garofano, seppure rimpiccioliti, i tradizionali simboli della falce, del martello e del libro.

Il nuovo CC, dopo aver eletto per acclamazione **Pietro Nenni** alla presidenza, nominò una Direzione di 24 componenti, proporzionalmente divisi fra maggioranza (15) e minoranze (9), la quale elesse, con quindici voti a favore, **Bettino Craxi** segretario del partito e direttore politico dell'*Avanti!* e Claudio Signorile vicesegretario unico. Della Direzione facevano parte Craxi, Signorile, Formica, Achilli, Aniasi, Arfè, **Capria**, De Martino, De Michelis, Lagorio, Landolfi, **Lauricella**, Lombardi, Manca, Mancini, Martelli, Nesi, Pedrazzoli, Querci, Spano, Tempestini, Vittorelli.

In seguito Balzamo e Aniasi, già manciniani, si avvicineranno a Craxi e la corrente De Martino-Manca nel maggio 1978 si scioglierà e si avrà il graduale passaggio di Manca nell'area craxiana, mentre De Martino rimarrà all'opposizione.

Mentre si svolgeva il congresso, il Paese fu scosso per il rapimento dell'on. Aldo Moro (presidente della DC), ad opera delle Brigate Rosse. Al *fronte della fermezza*, contrario ad ogni trattativa con i rapitori, il PSI oppose *l'azione umanitaria* che non escludeva ogni trattativa *a priori*, purché non venisse violata la *legalità repubblicana* né compromessa *l'autorità dello Stato*.

Il 1978 è decisamente un anno importante per il PSI e per Craxi. Alle dimissioni del presidente Leone fanno seguito le votazioni per il nuovo Presidente della Repubblica, che vedono (7-7-1978) un socialista —**Sandro Pertini**— diventare Capo dello Stato. Sarà definito il *Presidente di tutti gli italiani* e sarà il più amato per il suo alto rigore morale e per la sua capacità di parlare alla gente.

Mentre montava la polemica tra PSI e PCI, che dopo aver operato lo *strappo* con Mosca aveva lanciato la politica del *compromesso storico*, Craxi, il 27-8-1978, pubblicò sull'*Espresso* un saggio ideologico, intitolato *Il Vangelo Socialista*, in cui, dopo aver attaccato il leninismo, prendeva le mosse da Proudhon per approdare sostanzialmente al socialismo liberale di Rosselli.

La sfida lanciata al PCI contribuì ad eliminare ogni complesso di inferiorità nei militanti socialisti, ora orgogliosi della loro storia; nello stesso tempo, però, la gestione del partito cominciò ad essere accentrata nelle mani del leader, a cui tutti i notabili ormai si richiamavano; ciò provocò quella che fu detta una *mutazione genetica* nella base del PSI e nel suo elettorato, attratto più dalle capacità leaderistiche di Craxi che dal partito, con conseguenze che saranno fatali al tempo di Tangentopoli e, stranamente, ma non troppo, porteranno, poco dopo, l'elettorato socialista o, meglio, "craxiano", imbevuto di anticomunismo ed antisinistrismo, ad abbandonare rapidamente il PSI e a riversarsi nello schieramento di destra.
Quello che era stato il *partito di Nenni* si stava trasformando nel *partito di Craxi*.

Nel frattempo anche nel PSDI, il cui asse politico, con la nuova segreteria di Romita (sponsorizzata da Saragat) si era spostato a sinistra, si verificò un cambiamento importante: il 20-10-1978 il segretario Pier Luigi Romita, messo in minoranza nel CC, lasciò la guida del partito a **Pietro Longo**, un quarantenne proveniente (con la scissione del 1969) dal PSI, dove si era formato alla scuola di Nenni. Tranne un maggiore dinamismo impresso alla gestione del partito, non ci furono, però, sostanziali differenze di linea con la gestione Romita, assieme al quale, in futuro, Longo guiderà la sinistra del partito.

I primi frutti dell'intraprendenza politica di Craxi (PSI) e di Longo (PSDI) si colsero in occasione delle elezioni politiche che si tennero il 5 e 6 giugno 1979, in seguito allo scioglimento anticipato del Parlamento effettuato da Pertini: il PSI alla Camera ebbe un leggero incremento e passò dai precedenti 57 seggi a 62 e il PSDI da 15 a 20, mentre la DC mantenne le posizioni e il PCI subì una consistente flessione.
Un ulteriore riconoscimento venne al PSI con l'incarico conferito a Craxi di formare il nuovo governo. Il tentativo non andò in porto, per l'opposizione della DC, ma comunque servì a dimostrare che la presidenza del Consiglio non era ormai riservata alla sola DC. Una svolta nella politica del PSI si intravvide anche con l'appello del CC (3-8-1979) diretto a tutte le forze democratiche per "una comune responsabilità sulla governabilità del Paese", che sembrava aprire una nuova fase

nei rapporti col PLI. Infatti il nuovo governo (DC-PSDI-PLI) presieduto da Cossiga (4-8-1979/4-4-1980) ottenne la fiducia grazie all'astensione socialista. Per il PSDI ne facevano parte i ministri Di Giesi (Ricerca Scientifica), Nicolazzi (LL.PP.), Preti (Trasporti), Ariosto (Beni Culturali).

Nel corso dello stesso 1979, però, all'interno del PSI, andava emergendo un certo malcontento in alcuni sostenitori del segretario (Signorile, Mancini, Aniasi), che ora cominciavano a temerne il decisionismo, che rischiava di straripare nell'autoritarismo.

Il 1980 si aprì con una funesta notizia per i socialisti: la morte di Pietro Nenni. Proveniente da un'umile famiglia romagnola, fu un mitico combattente per la causa del socialismo, non solo italiano (*le idee camminano con le gambe degli uomini*); fu scrittore e giornalista di alto profilo, oratore ineguagliabile, divenuto il simbolo del socialismo dal volto umano.

A sostituirlo, alla presidenza del PSI, venne chiamato dal CC, riunitosi dal 16 al 18 gennaio 1980, un altro grande esponente del gruppo dirigente socialista, **Riccardo Lombardi**. Nella stessa tornata del CC sembrò realizzarsi una nuova unità interna nel PSI, sulla base di un ordine del giorno votato quasi all'unanimità (escluso il gruppo Achilli), in cui si chiedeva la formazione di un nuovo governo di *solidarietà nazionale*, con la partecipazione delle "forze democratiche disponibili", e dunque anche del PSI.

Contemporaneamente ebbe luogo a Roma (16-20/1/1980) il 18° congresso del PSDI. Il segretario **Pietro Longo** (che sarà riconfermato, con vicesegretario Carlo Vizzini) nella sua relazione ribadì la sua ferma opposizione ad ogni apertura verso il PCI. Se si considera che il congresso della DC del mese successivo sarà vinto dalla maggioranza di destra riunita intorno al cosiddetto *preambolo*, si capisce subito che la strada verso il *pentapartito*, cioè l'alleanza DC-PSI-PSDI-PRI-PLI, era spianata.

L'idillio interno ebbe breve durata nel PSI: già il 13-3-1980 il presidente Lombardi rassegnò le dimissioni, considerandosi —visto lo spiccato *decisionismo* di Craxi - di fatto escluso da ogni potere reale nelle scelte del partito..
La strisciante divaricazione fra lo schieramento facente capo al segretario e i lombardiani, che per l'occasione ritornarono ad essere corrente autonoma con la vecchia denominazione di "Sinistra socialista", si ufficializzò nel CC del 20-21 marzo 1980, in cui fu approvato un documento che dichiarava la disponibilità del partito "ad assumere coerenti e dirette responsabilità di governo", considerata la grave situazione economica del Paese e la recrudescenza del fenomeno terroristico. Con ciò si realizzava la svolta politica verso la cosiddetta *governabilità* e, nel caso specifico, verso il "pentapartito". Il documento fu approvato con 121 voti a favore (compresi quelli determinanti del gruppo De Michelis), 80 astenuti (Lombardi-Signorile) e 7 contrari. Per l'occasione si registrò il riavvicinamento Craxi-Manca e, soprattutto, l'uscita dalla si-

nistra lombardiana del gruppo facente capo a Gianni De Michelis, che da allora si trasferì nell'area craxiana, che così appunto raggiunse il 58% del partito.

Il (presunto) "debole" leader degli "autonomisti" nenniani aveva dunque battuto De Martino con l'aiuto di Mancini, Signorile e Manca; aveva poi battuto Manca col sostegno di Signorile, a sua volta emarginato con l'aiuto di Manca e di De Michelis. I suoi ex avversari interni venivano, però, a volte, premiati con un ministero. Il suo potere nel partito si consolidava sempre più.

Il 5 aprile 1980 venne varato il secondo governo Cossiga (DC-PSI-PRI) con i seguenti ministri del PSI: Lelio Lagorio (Difesa), Vincenzo Balzamo (Ricerca scientifica), Rino Formica (Trasporti), Enrico Manca (Commercio estero), Gianni De Michelis (Partecipazioni Statali), Aldo Aniasi (Sanità), il siciliano **Nicola Capria** (Cassa per il Mezzogiorno); di "area" socialista, inoltre, erano gli indipendenti Franco Reviglio (Finanze) e Massimo Severo Giannini (Funzione pubblica). Il governo (4-4-1980/18-10-1980) ebbe però poca durata e, quando fu battuto in una votazione, a fine settembre dello stesso anno, rassegnò le dimissioni.

Per affrontare la nuova crisi si ritenne necessario un chiarimento interno nel PSI, per cui la Direzione eletta a Torino dallo schieramento del "Progetto socialista" (Craxi-Signorile) si dimise (3-10-1980), per lasciare il posto a quella espressa dalla nuova maggioranza (Craxi-Manca-De Michelis), che ebbe 24 (fra cui Acquaviva, Babbini, Cassola, Canepa, Dell'Unto, Gangi, La Ganga, Marzo, Martelli, Monesi e Tamburrano) dei 36 posti della Direzione, mentre 10 andarono alle minoranze (Lombardi, Signorile, Aniasi, Cicchitto, Covatta, Querci, Spini, Mancini, Landolfi, Achilli). **Bettino Craxi** fu riconfermato segretario.

Qualche giorno dopo (7-10-1980) ebbe luogo un significativo incontro tra una delegazione del PSI (Craxi, Martelli, Labriola, Acquaviva) ed una del PSDI (Longo, Massari, Puletti, Schietroma, Reggiani), che sembrava, sotto la direzione dei due giovani segretari, voler superare le vecchie divisioni ed avviare un nuovo avvicinamento fra i due partiti, accomunati dalla loro appartenenza all'Internazionale Socialista, dalla collaborazione in molte amministrazioni locali ed anche nell'azione sindacale. L'incontro si concluse con un accordo su un patto di consultazione, per i temi politici più importanti, fra i due partiti.

Forte anche del nuovo accordo col PSDI, il PSI entrò nel governo Forlani (18-10-1980/28-6-1981) sostenuto da DC, PSI, PSDI, PRI e dall'astensione del PLI. La delegazione socialista al governo rimase invariata, con l'esclusione dell'indipendente di "area", Giannini; per il PSDI entrarono i ministri Di Giesi (Poste), Nicolazzi (LL.PP.), e Romita (Ricerca Scientifica).

Il PCI, relegato all'opposizione, abbandonò da allora ogni ipotesi di intesa con la Dc e si votò alla politica di "alternativa democratica".

Nell'imminenza del nuovo congresso nazionale del PSI, furono predisposte quattro mozioni per ognuna delle correnti presenti nel partito: la corrente craxiana che, dopo l'inglobamento dei gruppi di Manca e De Michelis (staccatosi dalla "sinistra" lombardiana), assunse la denominazione di "riformista", rivalutando così un termine che in Italia aveva quasi sempre assunto significati negativi; la "Sinistra socialista" di Lombardi e Signorile, risorta dopo la frattura con Craxi; la "Sinistra unita per l'alternativa", dove l'aggettivo "unita" stava a significare la nuova alleanza tra De Martino, Achilli e Veltri ed infine la tradizionale "Presenza socialista" di Mancini.
Il XLII congresso del PSI (455.423 iscritti) che ebbe luogo a Palermo dal 22 al 26 aprile 1981 registrò, come era prevedibile, la vittoria dei "riformisti" (70% dei voti) e della loro linea politica della "governabilità", mentre alla sinistra lombardiana fu attribuito il 20%, alla sinistra di Achilli il 7,07% e ai manciniani ani il 2,3%.

Sul piano organizzativo assai importante fu la modifica statutaria, proposta da Martelli e votata dalla sola maggioranza, che stabiliva l'elezione diretta del segretario da parte del congresso. La modifica se, da un lato, svincolava il segretario dai condizionamenti delle correnti, dall'altro avviava il partito verso un regime di carismatica autarchia, con al centro un autocrate cui spettavano le decisioni più importanti e in periferia i vari *ras*, tenuti ad obbedienza e fedeltà verso il leader, ma liberi di scorrazzare nel loro feudo. Si stava anche, come già ricordato, profilando all'orizzonte una *mutazione genetica* del partito, divenuto meta di certa disinvolta borghesia rampante. Ben presto, al posto delle correnti di pensiero, tradizionali nel PSI, ci sarebbero state le *componenti*, facenti riferimento a questo o a quel valvassore.

Bettino Craxi venne dunque rieletto, a scrutinio segreto, direttamente dal congresso di Palermo col voto favorevole di 174 delegati (114 contrari, 5 schede bianche, 3 disperse). Fu il primo caso fra tutti i partiti italiani di sempre.

Nel nuovo Comitato Centrale entrarono 201 "riformisti", 61 appartenenti alla "sinistra socialista" di Signorile, 16 alla "sinistra per l'alternativa" di Achilli e 8 demartiniani. Successivamente il nuovo Comitato Centrale elesse una Direzione di 42 membri (28 alla maggioranza, fra cui il vicesegretario Rino Formica, e 14 alle minoranze), oltre il segretario. Il 9-9-1981, essendo Formica entrato nel governo, la Direzione nominerà due vicesegretari: Claudio Martelli e Valdo Spini. A dirigere l'*Avanti!* fu chiamato **Ugo Intini**.

3 - Il pentapartito

Il governo varato da Giovanni Spadolini (28-6-1981/23-8-1982), noto storico e segretario del PRI, costituì una duplice novità, in quanto era il primo governo della Repubblica presieduto da un laico. Questo fatto fu accolto con compiacimento dai socialisti, poiché —a loro avviso - rappresentava una concreta attuazione del principio dell'alternanza alla presidenza del Consiglio; era anche la prima edizione di un governo pentapartito organico, cioè con la partecipazione diretta dei cinque partiti che lo sostenevano in Parlamento (DC-PSI-PSDI-PRI.PLI).
I ministri del PSI erano i seguenti: Aniasi (Affari regionali), Signorile (Mezzogiorno), Formica (Finanze), Lagorio (Difesa), Balzamo (Trasporti), il siciliano **Capria** (Commercio con l'Estero), De Michelis (Partecipazioni Statali); per il PSDI furono nominati Schietroma (Funzione Pubblica), Nicolazzi (LL.PP.) e Di Giesi (Lavoro).
Il governo cadrà nell'agosto 1982 per la bocciatura della Camera di un provvedimento governativo.

Di fronte ai mutamenti emergenti nella vita interna del PSI, **Tristano Codignola**, personaggio di alto profilo morale ed intellettuale, ritenne di rivolgere, assieme ad altri esponenti del partito, un "Appello ai socialisti", fortemente critico nei confronti del gruppo dirigente. Codignola per questo fu espulso, assieme ad altri (8-10-1981), ma non demorse e si diede ad organizzare una nuova formazione politica denominata **Lega dei Socialisti**. Fu anche costituito, per dirigerla, un "Comitato provvisorio di coordinamento" così composto: Gianfranco Amendola, Renato Ballardini, Franco Bassanini, Virginio Bertini, Francesco Chioccon, Tristano Codignola, Michele Coiro, Maria Corda Costa, Enzo Enriques Agnoletti, Franco Fedeli, Gianni Ferrara, Luigi Fiasconaro, Oreste Flamini-Minuto, Guido Fubini, Tina Lagostena Bassi, Carlo Lavagna, Paolo Leon, Giunio Luzzatto, Fernando Pinto, Rocco Pompeo, Elio Veltri, Mirella Venturini, Gianfranco Viglietta, Agostino Viviani.

La Lega, tuttavia, non ebbe vita lunga, soprattutto perché il suo più impegnato esponente, il tenace Tristano Codignola, morì due mesi dopo, il 12-12-1981 e il gruppo si disperse. Vari suoi esponenti li ritroveremo più tardi fra gli indipendenti di sinistra.

Dal 24 al 30 marzo 1982 si svolse a Milano il congresso del PSDI, che si aprì con la relazione del segretario Longo, che auspicava la costituzione di un polo laico-socialista onde contrastare e superare la "centralità" della DC. Nonostante l'opposizione della sinistra interna, guidata da Pier Luigi Romita e Michele Di Giesi, la relazione fu approvata a larga maggioranza e **Pietro Longo** rieletto segretario (vicesegretario **Carlo Vizzini**).

Il secondo governo Spadolini (23-8-1982/1-12-1982) fu detto il *governo fotocopia* e da alcuni considerato una *minestra riscaldata*, avendo la medesima composizione del precedente. Esso ebbe una durata inferiore al precedente a causa dei dissensi insorti fra due ministri (*lite delle comari*).

Il nuovo governo, presieduto da Amintore Fanfani (1-12-1982/4-8-1983) fu un governo quadripartito di tipo inedito (DC-PSI-PSDI-PLI), essendone il PRI rimasto fuori. Per il PSI vi entrarono, come ministri, Fabbri (Affari regionali), Fortuna (Protezione civile), Signorile (Mezzogiorno), Forte (Finanze), Lagorio (Difesa), Casalinuovo (Trasporti), **Capria** (Commercio con l'Estero), De Michelis (Partecipazioni Statali); per il PSDI P.L. Romita (Ricerca Scientifica), Schietroma (Funzione pubblica), Nicolazzi (LL.PP.), Di Giesi (Marina mercantile).

Pochi mesi dopo, però, Craxi annunciò il ritiro del PSI dalla maggioranza, ritenendo necessario il passaggio ad una nuova fase politica. L'impossibilità di varare un nuovo esecutivo portò allo scioglimento del Parlamento e alle elezioni anticipate (26-27 giugno 1983).

I risultati, positivi per il PSI (da 62 a 73 seggi alla Camera) e disastrosi per la DC (da 262 a 225), favorirono il *nuovo corso* e resero inevitabile l'affidamento a Craxi dell'incarico (riuscito) per la formazione di un nuovo governo pentapartitico (4-8-1983/1-8-1986).

Per il PSI vi entrarono: Forte (Politiche comunitarie), Signorile (Trasporti), De Michelis (Lavoro), **Capria** (Commercio con l'Estero), Lagorio (Turismo); per il PSDI: Longo (Bilancio), Nicolazzi (Lavori pubblici), P.L. Romita (Affari regionali); quando Longo lascerà il governo (13-7-1984), sarà sostituito dal siciliano **Carlo Vizzini**, che però avrà gli "Affari regionali" al posto di Romita che andrà al "Bilancio".

Mentre il governo Craxi si muoveva con efficienza, grazie soprattutto al decisionismo del suo leader, nell'affrontare i più complessi problemi (decreto-legge sulla scala mobile, firma del nuovo Concordato, affare della loggia P2, vicenda "Sigonella"), sia il PSDI che il PSI cercarono di adeguare le loro strutture interne alla nuova realtà, caratterizzata da una sempre maggiore personalizzazione della politica (ad es. in questo periodo si vedono —cosa in passato impensabile - manifesti e volantini, anche nei partiti di sinistra, con la foto del candidato).

Il PSDI (circa 204.000 iscritti) si riunì a congresso a Roma dal 30 aprile al 2 maggio 1984. Nonostante l'appello all'unità interna lanciato da **Giuseppe Saragat**, acclamato presidente del partito, il congresso si presentava diviso in tre correnti: quella di maggioranza, facente capo al segretario Longo, alla quale aveva aderito il gruppo di Pier Luigi Romita, già oppositore della segreteria; la corrente ("Iniziativa Socialista") facente capo a Franco Nicolazzi, che aveva fatto il cammino inverso, uscendo dalla schiera dei sostenitori del segretario e diventandone oppositore e potenziale candidato alternativo; ed infine la "Sinistra Riformista" del deputato e sottosegretario alla Giustizia Graziano Ciocia, succeduto nella leadership della corrente a Michele Di Giesi, da poco deceduto a soli 56 anni (Bari, 4-9-1927/20-11-1983). Una posizione critica espresse il prestigioso leader Matteo Matteotti, che si fece portavoce del malumore che serpeggiava nella base nei confronti del gruppo dirigente, che sembrava aver abbandonato la sua antica ispirazione ideale. In particolare Matteotti prese una decisa posizione a favore dell'abolizione dell'elezione diretta del segretario, adottata dal PSDI, ad imitazione di quanto aveva deciso il PSI a Palermo, e si espresse anche contro il cumulo della carica di ministro con quella di segretario, che era appunto il caso di Longo.

I temi che stavano più a cuore ai congressisti erano sostanzialmente due: quello dello spazio che poteva occupare il PSDI nella sinistra, dal momento che il partito di Craxi era passato sullo stesso terreno, per cui ogni abbraccio con i socialisti rischiava di diventare mortale per il PSDI; l'altro riguardante gli organigrammi nel partito, destinati a riflettersi nelle istituzioni.

Alla fine il congresso votò all'unanimità un documento unitario, che si pronunciava a favore di un "raccordo più incisivo tra le forze dell'area socialista" e in cui si auspicava in particolare un "accordo organico" tra PSI e PSDI, da realizzarsi mediante intese a livello nazionale, regionale e locale tra i due partiti, al fine di costruire le premesse per l'alternativa socialista..

Fu anche raggiunto l'accordo sulla distribuzione delle cariche di partito, in base al quale fu riconosciuta alla corrente di opposizione di "Iniziativa Socialista" una forza pari al 29,3% e 59 posti su 201 nel Comitato Centrale. **Pietro Longo** fu rieletto segretario del PSDI con 501 voti su 711 delegati, pari al 71,9% (121 le schede bianche, 79 i voti dispersi).

Nella sua seduta del 4-7-1984 il CC elesse una pletorica Direzione di 51 componenti, di cui 30 della maggioranza di Longo, 15 della minoranza di Nicolazzi e 6 della corrente di Ciocia, con diversi membri di diritto, come il segretario Longo, il presidente Saragat, il segretario amministrativo Cuojati, i capigruppo parlamentari Reggiani e Schietroma, il segretario giovanile Simeoni. Nella Direzione entrarono, fra gli altri: Massari, Puletti e Vizzini (tutte e tre vicesegretari), Amadei, Belluscio, Bemporad, Ciamppaglia, Ciocia, Nicolazzi, Preti (vicepresidente del partito), Averardi, Cariglia, Cattani, Costi, Matteotti, Moroni, gli ex segretari nazionali Romita e Orlandi, Orsello.

Al XLIII congresso di Verona (11-15/5/1984) del PSI, divenuto ormai "craxiano", si approvarono modifiche statutarie che andavano tutte nella stessa direzione della personalizzazione della politica e della identificazione del partito col suo leader:

il congresso si svolse "a tesi" (non più con mozioni delle correnti) incentrate su svariati argomenti; si stabilì di sostituire il vecchio Comitato Centrale, fin ad allora eletto in proporzione alla rappresentatività delle varie posizioni interne, ma ormai diminuito d'importanza col crescere dei suoi componenti (302 nel 1982), con un' Assemblea Nazionale, pletorica numericamente (400 membri, di cui circa 100 di diritto, 200 in rappresentanza delle organizzazioni di partito e 100 col criterio della rappresentanza sociale e culturale) e quindi ininfluente nelle scelte di fondo (qualcuno dirà di questi consessi che erano pieni di *nani e ballerine*), come ininfluenti diventeranno le struture di base, cioè le sezioni e i militanti; si decise anche che i segretari di federazione e quelli regionali sarebbero stati eletti dai rispettivi congressi e non più dai rispettivi comitati provinciali e regionali; si decide altresì che il nuovo tesseramento sarebbe avvenuto "a porte aperte".

Il congresso, la cui scintillante coreografia, che sembrava ostentare la potenza del garofano, era dovuta all'architetto Filippo Panseca (inventore del garofano e scenografo del 42° congresso di Palermo e della conferenza programmatica di Rimini), approvò ogni cosa all'unanimità (con qualche mugugno della sparuta pattuglia achilliana) e quindi elesse l'elefantiaca Assemblea Nazionale.
Il congresso, che aveva fischiato il leader comunista Berlinguer suo ospite invitato, si concluse nel modo più logico, visto il suo andazzo unanimistico-imperiale: **Bettino Craxi**, il

cui potere plebiscitario si rafforzò ulteriormente, fu riconfermato segretario *per acclamazione*. Il 5 luglio successivo l'Assemblea Nazionale elesse la nuova Direzione, di cui facevano parte, fra gli altri, Lagorio (capogruppo al Senato), Vassalli (capogruppo alla Camera), Martelli (vicesegretario unico), La Ganga, Marianetti, Borgoglio. Diminuiva sempre più, intanto, la democrazia interna a tutti i livelli e, in periferia, il potere decisionale passava dagli organi di partito ai notabili —di solito parlamentari e amministratori locali —*signori delle tessere*, mentre una massa rampante di professionisti, di tecnici, di manager pubblici desiderosi di far carriera affluiva nelle manifestazioni del partito, da cui man mano si allontanavano gli antichi militanti.

La morte di Riccardo Lombardi (18-9-1984), che alle ultime politiche non era stato eletto, e quella di Jacometti (10-1-1985), che da poco aveva lasciato il partito in polemica con la segreteria, sembrarono simboleggiare la chiusura di un'epoca "eroica" del socialismo italiano, caratterizzata dalla lotta dei "pionieri" per la costruzione del partito, dalla battaglia antifascista e da quella per la repubblica e la democrazia, in difesa della classe lavoratrice.
Anche falce, martello e libro, già prima rimpiccioliti sotto il garofano, vennero poi del tutto eliminati.

Le elezioni regionali, provinciali e comunali che si tennero il 12-5-1985 furono caratterizzate da una consistente avanzata del PSI (da 86 a 94 seggi nei Consigli Regionali) e dalla flessione di DC, PCI e PSDI (quest'ultimo da 30 a 23 seggi). Conseguenza immediata fu la liquidazione, da parte del PSI, di varie giunte di sinistra (Genova, Milano, Roma, Torino, Venezia le più importanti) e la loro sostituzione con amministrazioni pentapartitiche.

Un effetto lacerante esse ebbero nei confronti del PSDI e del suo segretario Longo (risultato tra gli iscritti alla P2), la cui leadership era contestata fin dall'estate 1984; tanto che il segretario, nel mese di luglio di quell'anno, si era dimesso da ministro (nel governo, al suo posto era entrato Carlo Vizzini), rimanendo alla guida del PSDI e riuscendo poi a raggiungere un accordo con la minoranza del partito, in base al quale Nicolazzi fu eletto vicesegretario unico, senza tuttavia riuscire ad eliminare del tutto la fronda nei suoi confronti, che nel mese di dicembre del 1984 riprese a crescere.
Ma ad assestargli una assai dura spallata furono i citati deludenti risultati elettorali del 12 maggio 1985, che a taluni sembrarono un campanello d'allarme per la stessa sopravvivenza del partito, pericolosamente esposto all'assorbimento del PSI.
Il primo a trarne le conseguenze fu Nicolazzi, che il 15-5-1985 si dimise da vicesegretario, riprendendo così la sua libertà d'azione nei confronti della segreteria, mentre si verificava una fuga dal partito di esponenti periferici e centrali. Nel luglio successivo a lasciare Longo fu il suo alleato Graziano

Ciocia, leader di "Sinistra riformista" e l'on. Giusepppe Averardi, che organizzò un suo piccolo gruppo ("Autonomia Socialista"). A quel punto Longo conservava ancora la maggioranza nel CC, ma solo con uno striminzito 52%.

In vista del CC del settembre 1985 anche Romita, forte di un 15%, sembrò prendere le distanze da Longo, che finì per annunciare le sue dimissioni da segretario. Al suo posto, l'11 ottobre 1985, fu eletto dal CC, con 165 voti su 205, l'on. **Franco Nicolazzi**; egli ereditava un partito dall'identità ormai incerta, costretto ad assistere al paradosso per cui, proprio mentre l'idea socialdemocratica sembrava trionfare nella sinistra, esso veniva penalizzato dall'elettorato.
Nicolazzi, dopo aver ricordato che il pentapartito non era un obiettivo strategico, ma solo uno strumento per una politica riformista, dichiarò di ritenere fondamentale una *leale intesa* fra i due partiti socialisti.

In una successiva riunione del novembre 1985 il CC elesse una nuova Direzione meno pesante della precedente (21 membri), con tre vicesegretari: Graziano Ciocia ("Sinistra riformista"), Ferdinando Facchiano (corrente Longo) e Gianni Manzolini (corrente Romita). Della Direzione, fra gli altri, facevano parte Rolando Valiani, Antonio Cariglia, Mauro Ferri, Maurizio Pagani, Giovanni Aliberti, Ruggero Puletti, Giovanni Cuojati (segretario amministrativo) e **Matteo Matteotti**, nuovo direttore de *L'Umanità*.

Nel giugno 1986, a causa della mancata conversione di un decreto, il governo Craxi rassegnò le dimissioni, ma, dopo il fallimento dei tentativi di Fanfani e di Andreotti, il leader socialista ottenne il reincarico. Del nuovo esecutivo Craxi (1-8-1986/17-4-1987), anch'esso pentapartitico come il precedente, fecero parte per il PSI i ministri: **Capria** (Turismo), De Michelis (Lavoro), Fabbri (Politiche Comunitarie), Formica (Commercio con l'Estero), Signorile (Trasporti); per il PSDI: Nicolazzi (LL.PP.), Romita (Bilancio), **Vizzini** (Affari regionali).

Si avvicinava intanto la data di svolgimento del XXI congresso socialdemocratico, previsto per i giorni dal 9 a 14 gennaio 1987. Anche se si trattava di un congresso di particolare valenza celebrativa, cadendo nel quarantesimo anniversario della scissione di Palazzo Barberini, man mano che si faceva più vicino nel tempo, crescevano le polemiche all'interno del PSDI. Esse riguardavano le scelte politiche, sostanzialmente il rischio che il PSDI correva, di appiattirsi sul vorace PSI craxiano e di essere da esso risucchiato, se non avesse trovato soluzioni adeguate per rimediare alla carenza di identità che sembrava perseguitarlo, essendo ormai da tempo la sua immagine appannata e svilita a livello di un inutile surrogato del PSI; ma riguardavano anche fatti organizzativi interni, capaci di accendere infuocate polemiche fra i sostenitori della segreteria Nicolazzi ed i suoi oppositori, questa volta impersonati da Pier Luigi Romita, capofila della sinistra interna, e da Luigi Preti, leader dell'ala destra del partito.

Essi avevano innescato la cosiddetta *guerra delle tessere*, che sostanzialmente consisteva nel fatto che la scadenza del tesseramento, inizialmente prevista per il 31 marzo (1986), era stata unilateralmente prorogata al 10 ottobre, provocando — si diceva - una miracolosa moltiplicazione dei tesserati da 90.000 a circa 180.000, finendo così per alterare i rapporti di forza fra le varie correnti in sede congressuale. La segreteria replicava che la decisione, dovuta a motivi esclusivamente tecnici, era stata presa a larghissima maggioranza; che essa, inoltre, non aveva affatto modificato in peggio la condizione di piccola minoranza dei suoi oppositori ed anche che gli iscritti, rispetto al precedente congresso, erano diminuiti di circa 40.000.

In queste concitate giornate di accuse e controaccuse, fra cui malevoli sospetti - decisamente respinti dalle minoranze - di volontà scissionistiche, si inserì una dichiarazione di Saragat, secondo cui i motivi della divisione tra PSI e PSDI erano ormai superati.

Tale considerazione fu cortesemente respinta da Nicolazzi, alla continua ricerca di elementi di diversificazione dell'offerta politica del PSDI rispetto al pericoloso concorrente socialista, che in qualche occasione egli aveva anche cercato di scavalcare a sinistra, rilanciando la linea dell'alternativa, pur sostenendo la presidenza Craxi e tenendosi vicino al PSI; in sostanza si riteneva che un PSDI meno elettorale e meno oggetto di tentazioni clientelari avesse bisogno di uno spazio autonomo, non insidiato dal PSI, nell'ambito della sinistra.

I congressi provinciali avevano dato una larga maggioranza alla corrente Nicolazzi, tanto che le minoranze unificate nella corrente Preti-Romita ("Prospettiva Socialista"), fino all'ultimo furono indecise se partecipare o meno, ma alla fine l'accordo fu raggiunto. Il primo giorno fu quello delle celebrazioni per il quarantennale di Palazzo Barberini e fu dominato dal discorso di saluto di Craxi, tutto proteso verso l'unità socialdemocratica, definita "ineludibile" e da quello di Nicolazzi, che rispose con un caloroso sì ad una stretta alleanza politica, ma anche con prudenza alla prospettiva di fusione fra i due partiti. La relazione, come in ogni congresso, raccolse consensi (Longo, Vizzini) e rilievi (Preti, Romita).

La mozione di maggioranza fu approvata con l'85% dei voti, mentre il restante 15% andò a quella Romita-Preti; **Franco Nicolazzi** fu riconfermato segretario con 475 voti su 581 (68 le schede bianche, 31 le nulle o disperse). Il nuovo Comitato Centrale (il "parlamentino" del partito) fu formato da 141 membri, come prescriveva lo statuto, che non fu però rispettato per quanto riguardava le donne, cui attribuiva il 15% dei posti e che, invece, da 17 che erano, rimasero solo in due (Luciana Fiaccavento e Maria Teresa Moretto). Dei posti in CC 121 andarono alla maggioranza, frastagliati fra i vari sottogruppi interni: quelli di Longo, del milanese Massari, del napoletano Ciampaglia, del pugliese Ciocia, ormai confluito nella corrente Nicolazzi, quello del siciliano **Vizzini**; i 21 componenti toccati alla minoranza facevano capo a Romita, a Preti, al calabrese on. Belluscio, al milanese Rizzi. Fra i membri del CC aderenti alla maggioranza ci furono Antonello Longo (ex segretario giovanile), Reggiani (capogruppo alla Camera), l'ex ministro Schietroma, Orsello, l'ex vicesegretario Puletti, l'eurodeputato Moroni, il sottosegretario Corti, l'ex vicesegretario del PSU Cariglia, il vicesegretario Ciocia; per la minoranza, fra gli altri, vi entrarono Preti, Averardi, Cattani, Belluscio, l'ex vicesegretario Manzolini; membri di diritto, in quanto ex segretari nazionali, Longo, Romita, Ferri e M. Matteotti.

4 - Cariglia

Il governo Craxi era stato costituito sulla base di un accordo secondo il quale il successore del leader socialista alla guida del governo sarebbe stato un democristiano (*la staffetta*); il cambio però avvenne in seguito a contrasti nell'esecutivo: il 3-3-1987 il governo rassegnò le dimissioni e fu sostituito da un monocolore Fanfani, incaricato di gestire le ormai inevitabili elezioni anticipate.

Nel corso della crisi, dal 31-3-1987 al 5 aprile successivo, si svolse a Rimini il 44° congresso del PSI (circa 590.000 iscritti). La coreografia, maestosa e luccicante, ancora una volta fu affidata a Panseca. Il congresso si svolse sulla base di due documenti predisposti dalla Direzione e da essa approvati all'unanimità: col primo si proponeva l'instaurazione di una repubblica presidenziale, ritenuta più adatta ad innovare i rapporti tra il potere e i cittadini; il secondo era diviso in vari capitoli che trattavano diversi argomenti ritenuti i più attuali.

Bettino Craxi fu rieletto segretario con i voti di 1041 delegati (su 1117 votanti), equivalenti al 93,25%. Successivamente fu eletta l'Assemblea Nazionale di 450 componenti, che in seguito avrebbero a loro volta eletta la nuova Direzione. Dell'Assemblea, dai poteri ormai assai sfumati, facevano parte, tra gli altri, Vittorio Gassman, Giorgio Spini, Massimo Severo Giannini, Paolo Vittorelli, Livio Labor, Krizia, Sandra Milo, Ottavia Piccolo, Lina Wertmuller, Sergio Zavoli, Ignazio Buttitta, Nerio Nesi, Franco Reviglio, Filippo Panseca, Mario Soldati, Giorgio Saviane, Giorgio Benvenuto, Ottaviano del Turco. Mancava Gaetano Arfè, il grande storico socialista, ex direttore dell'*Avanti!*, insofferente dell'autocrazia che sembrava governare il PSI.

La Direzione, organismo ormai anch'esso pletorico, anche se ridotta a 51 componenti, venne approvata dall'Assemblea, per alzata di mano e alla quasi unanimità (1 voto contrario, quello di Mancini, e 2 astensioni). Ne facevano parte, oltre il segretario Craxi, Gennaro Acquaviva, Claudio Martelli (vicesegretario), Vincenzo Balzamo (segretario amministrativo), i siciliani **Salvo Andò**, **Nicola Capria**, **Marika Cirone Di Marco**, Luciano Benadusi, Franco Benaglia, Margherita Boniver, Felice Borgoglio, Enrico Boselli, Nino Buttitta, Alma Cappiello, Michele Cascino, Fabrizio Cicchitto, Ottaviano Colzi, Carmelo Conte, Luigi Covolo, Paris Dell'Unto, Giulio Di Donato, Pasquale Diglio, Marco Fanfani, Giorgio Ferrarini, Laura Fincato, Francesco Forte, Ugo Intini, Giuseppe La Ganga, Claudio Lenoci, Pietro Lezzi, Maria Magnani Noja, Annamaria Mammoliti, Enrico Manca, Alberto Manchinu, Agostino Marianetti, Gianstefano Milani, Giovanni Nonne, Bruno Pellegrino, Paolo Pillitteri, Sandro Principe, Giuseppe Reina, Gabriele Renzulli, Gabriele Salerno, Claudio Signorile, Gianni Statera, Laura Sturlese, Giuseppe Tamburrano, Angelo Tiraboschi, Franco Trappoli, Loris Zaffra, Siro Zanella, Saverio Zavettieri.

Direttore dell'*Avanti!* sarà nominato (7-10-1987) **Antonio Girelli**; dell'Ufficio di segreteria faranno parte Craxi (segretario), Martelli (vicesegretario), De Michelis, Fabbri, il siciliano **Capria**, Intini, Acquaviva e Signorile.

Le elezioni politiche anticipate che ebbero luogo il 14 e 15 giugno 1987 comportarono un notevole successo del PSI, passato alla Camera, da 72 seggi a 94; piuttosto male, invece, andarono le cose per l'altro partito che si richiamava al socialismo; il PSDI, infatti, passò da 23 (4,09% come voti), a 17 (2,96%) deputati.

La sconfitta elettorale ridiede fiato alle minoranza socialdemocratica di Preti e Romita, alla quale ben presto si affiancò il gruppo di Pietro Longo. Le minoranze presero a criticare la gestione del partito, ritenuta troppo personalistica, ed anche la linea dell'*alternativa riformista*. Sullo sfondo stava il vero problema, che era quello dei rapporti col PSI, che sembrava in procinto di divorare il partito di Nicolazzi.

La crisi politica si risolse con la formazione del governo pentapartito Goria (28-7-1987/13-4-1988), a cui i socialisti parteciparono con i seguenti ministri: Amato (Vicepresidenza e Tesoro), Ruberti (Ricerca scientifica), Vassalli (Giustizia), Ruggiero (Commercio con l'Estero), Tognoli (Aree urbane), Formica (Lavoro), Carraro (Turismo), Ruffolo (Ambiente); il PSDI fu rappresentato da De Rose (Lavori pubblici) e da **Vizzini** (Beni culturali), oltre il giurista, socialista indipendente, Antonio La Pergola (Politiche comunitarie), dallo stesso PSDI indicato.

Costituito il nuovo governo e passata l'estate, riprese, in casa PSDI, il braccio di ferro tra le correnti, destinate a scomporsi e ricomporsi in vario modo. Alle critiche della minoranza Longo-Preti-Romita-Orlandi ("Alleanza Socialdemocratica"), si sommarono i suggerimenti di Carlo Vizzini (ministro), Graziano Ciocia (vicesegretario) e di Filippo Caria (capogruppo alla Camera), secondo i quali bisognava affiancare al segretario un "comitato di segreteria", che i dirigenti più vicini al segretario vedevano come un tentativo dei tre di mettere Nicolazzi sotto tutela (*la congiura dei tre porcellini*). Per il momento la questione si risolse con l'allargamento dell'Ufficio politico a tre rappresentanti della minoranza (Longo, Preti e Romita), ma agli inizi di gennaio 1988 la spaccatura fra Nicolazzi ed i suoi ex amici di corrente, Vizzini, Ciocia e Caria si manifestò con tutta evidenza; anche se, a compensare la perdita degli uscenti, si intravvedeva una pattuglia di entranti (nella maggioranza nicolazziana). In effetti, in sede di Direzione, il documento politico presentato da Nicolazzi ebbe 15 voti, di cui due provenienti dalla corrente Longo, e 7 contrari (Romita, Preti e i "nuovi" oppositori Ciocia, Vizzini, Caria, Massari, Puletti). La Direzione elesse anche due vicesegretari: uno del gruppo Nicolazzi (l'on. Ferdinando Facchiano) e uno del gruppo Longo (l'eurodeputato Gianni Moroni). Tuttavia Nicolazzi, il 28-2-1988, in occasione della riunione del CC, venne nella determinazione di rassegnare le dimissioni davanti al CC del PSDI.

Delle due nuove candidature emerse, Romita per l'opposizione e Cariglia (presidente dei senatori socialdemocratici) per la maggioranza, nel CC del 9-3-1988, dopo lunghe ma infruttuose trattative, fu la seconda a prevalere. **Antonio Cariglia** venne proclamato eletto dal presidente del CC Schietroma, avendo ottenuto 88 voti (gruppi Nicolazzi e Longo), contro i

65 andati a Romita (opposizione + i gruppi di Caria, Ciocia e Vizzini) e le 3 schede bianche. Su tutta la lunga riunione era aleggiata l'ombra del garofano rampante, da tempo croce e delizia di ogni riunione del PSDI, sempre desideroso di collaborare col PSI, ma anche sempre timoroso di esserne inghiottito.

Poco tempo dopo cadde il governo Goria e l'incarico passò a Ciriaco De Mita (DC), che costituì un altro pentapartito (13-4-1988/22-7-1989).
I ministri socialisti nel governo De Mita furono: De Michelis (Vicepresidenza ed Esteri), Tognoli (Aree urbane), Ruberti (Ricerca scientifica), Vassalli (Giustizia), Amato (Tesoro), Ruggiero (Commercio con l'Estero), Formica (Lavoro), Carraro (Turismo), Ruffolo (Ambiente). Come tecnico, faceva inoltre parte del governo il giurista di area socialista Antonio La Pergola (Politiche comunitarie).
Le segnalazioni fatte da Cariglia per il PSDI, pare senza il voto della Direzione, a causa probabilmente dei tempi ristretti, portarono al governo il magistrato Enrico Ferri (Lavori Pubblici) e la sen. Vincenza Bono Parrino, presidente dei senatori socialdemocratici (Beni Culturali). La cosa suscitò scalpore nel gruppo parlamentare, nell'opposizione interna, fra gli esclusi e gli aspiranti e, soprattutto nella geografia del partito, in cui la maggioranza cessò di esserlo, poiché Longo ripassò con l'opposizione, alla cui riunione partecipò, assieme all'ormai ex ministro De Rose e al vicesegretario Moroni.

La crepa si sarebbe probabilmente allargata, se, a consigliare una tregua interna, non fossero intervenute le imminenti elezioni amministrative, fissate per il 29 e 30 maggio 1988, nelle quali il PSI passò dal 15,3% al 18,1%.

L'11 giugno 1988 si spense Giuseppe Saragat, padre fondatore della nostra socialdemocrazia. Il giorno dopo il segretario del PSDI Cariglia lo ricordò con queste parole: "La tua partenza senza ritorno lascia intatta la tua presenza forte nella storia, non solo del nostro Paese".
La storia, in effetti, sembra avergli dato ragione, almeno per quanto riguarda la sinistra italiana, che ormai, nella sua grande maggioranza, si autodefinisce socialdemocratica, anche se qualcuno obietta che la scissione di Palazzo Barberini, privando il socialismo italiano della sua unità, ne ridimensionò il ruolo a favore della DC e del PCI; ruolo che poteva essere assai più incisivo, tanto più che, nel periodo ad essa immediatamente successivo, gli autonomisti avrebbero, assai probabilmente, raggiunto la maggioranza nel partito, con tutte le conseguenze immaginabili.
In ogni caso l'interpretazione che Saragat finì col dare di Palazzo Barberini non fu condivisa da molti socialdemocratici di grande prestigio, che in tempi diversi scelsero di rientrare nel PSI, come ad esempio Faravelli, Greppi, Calamandrei, Vigorelli, Dagnino, Bonfantini, Codignola, Caleffi, Lucchi, Schiano, Vassalli, Zagari, Pellicani, Viglianesi, Vittorelli, Arfè, Aniasi, Landolfi.

5 - Scissione (dal PSDI) e confluenza (nel PSI)

Il dibattito che nei mesi successivi animò il PSDI verteva quasi sempre sui rapporti col PSI, col quale un po' tutti auspicavano un'alleanza, ma pochi la fusione; insomma chi era per l'autonomia del PSDI, fosse di maggioranza o meno —del resto i ruoli spesso si invertivano —dagli antagonisti era bollato di antisocialismo, mentre, dal fronte opposto, chi ventilava ipotesi fusioniste era considerato liquidatore del partito; sul piano interno c'era da registrare l'avvicinamento di Vizzini alla maggioranza Cariglia-Nicolazzi, che nel CC dell'ottobre 1988 raccolse 81 voti, contro i 59 dell'opposizione Romita-Longo-Ciocia.

Ai primi del mese seguente ripresero a circolare voci secondo cui una parte della minoranza, forse spaventata dalle poco rosee prospettive elettorali, si apprestava ad accasarsi all'ombra del garofano, tanto che Cariglia si affrettò a segnalare la cosa ai probiviri del partito, gesto giudicato provocatorio dai suoi oppositori.

Man mano che il tempo passava, mentre il dibattito verteva sull'opportunità di convocare la Direzione, o il Comitato Centrale, o il Congresso, da alcuni condivisa, da altri no, da altri ancora considerata prematura o pericolosa per la sopravvivenza del partito, le posizioni cominciavano a chiarirsi; si formarono, quindi, nel PSDI due contrapposti e agguerriti schieramenti: da una parte il segretario arroccato in difesa dell'autonomia del partito, contrario ad una fusione che aveva tutta l'aria di un autoscioglimento con successiva confluenza, con l'aggiunta —egli sosteneva —che essa sarebbe stata elettoralmente irrilevante, essendo i due elettorati fra di loro non sommabili; dall'altra un gruppo di leader (Romita, Preti, Longo, Ciocia, Manzolini, Massari) secondo i quali era ormai esaurita la funzione fino ad allora svolta dal PSDI ed erano maturi i tempi per una grande costituente delle forze riformiste per costruire un nuovo grande partito della sinistra italiana.

Mentre Cariglia difendeva con le unghie e coi denti ciò che era rimasto del PSDI, rinviando la problematica al prossimo congresso, Craxi, ormai diventato impaziente, gli lanciò un esplicito invito a riunificarsi, reiterando quanto aveva detto al congresso del PSI di Rimini e nell'intervento all'ultimo congresso del PSDI. La minoranza Romita-Longo si dichiarò pronta alla fusione in tempi rapidi, ma la maggioranza, al solito, disse sì ad un discorso di prospettiva, ma no a confluenze immediate, essendo contraria ad ammainare la bandiera col sole nascente, e sostenendo che, in ogni caso, la competenza a decidere in merito era solo del congresso nazionale. La rigidità del segretario socialdemocratico provocò la presa di distanza di alcuni suoi ex sostenitori (Nicolazzi e Vizzini, leader di "Iniziativa socialista"), favorevoli al rinvio del congresso, verso cui invece marciava imperterrito Cariglia, al quale, in compenso, si avvicinava l'ex oppositore Preti, presidente della commissione di garanzia congressuale, formata da tre rappresentanti della segreteria e da tre della minoranza.

Il lungo braccio di ferro tra le due minoranze (Romita-Longo e Nicolazzi-Vizzini-Orsello) che chiedevano la convocazione del CC per sfiduciare il segretario e rinviare il congresso da un lato, e, dall'altro, la segreteria, contraria a convocare organi come il CC, ritenuti ormai decaduti, essendo stato convocato il congresso nazionale, istanza sovrana del partito legittimata a decidere sulla confluenza o meno, si impantanò sulle divisioni fra le le correnti di opposizione a Cariglia; l'una (Romita), infatti, era per la fusione in tempi ravvicinati, e l'altra (Nicolazzi) contraria, tanto che a metà gennaio si avvicinerà a Cariglia, con cui raggiungerà un accordo.

Al gruppo filosocialista, fallito un tentativo di autoconvocazione del CC, non restò dunque che organizzarsi, dando vita al "Comitato nazionale per la salvaguardia del ruolo storico del PSDI e per l'unità socialista", punto di riferimento per i socialdemocratici favorevoli alla fusione.
Dalla sua parte si schierò il PSI, mentre nella redazione dell'organo socialdemocratico *L'Umanità* si verificava un altro braccio di ferro, sullo sfondo di uno sciopero dei redattori, tra il direttore uscente Orsello, facente parte degli scissioni-

sti, ben deciso a non lasciare, e quello appena nominato, l'ex ministro **Vizzini**, alleato di Nicolazzi, che alla fine prevarrà.

Nell'imminenza del XXII congresso del PSDI (Rimini, 8-12/3/1989) furono presentate due mozioni, ambedue contrarie alla fusione: quella della corrente di Cariglia, significativamente denominata "Autonomia socialdemocratica" e quella di Nicolazzi-Vizzini, la tradizionale "Iniziativa socialista". Mentre l'ex deputato calabrese Costantino Belluscio, tempo prima uscito dal PSDI, chiedeva di esservi riammesso, gli aderenti al comitato per la fusione, nonostante i tentativi di Preti per convincerli a partecipare al congresso, preparavano la scissione.
Essa avvenne formalmente il 15-2-1989, sulla base di un documento costitutivo facente
riferimento a Turati, Treves, Modigliani e Saragat, con la formazione del movimento dell' **U.D.S.** (Unità e Democrazia Socialista), avente lo scopo di operare a sostegno dell'unione di tutti i socialisti. Vi aderirono 5 deputati (Romita, Cerutti, Ciocia, Manzolini e Massari) e altre importanti personalità, come l'ex segretario del PSDI Longo e lo storico Averardi. Segretario del movimento fu designato **Pierluigi Romita**.

Il PSDI, alla vigilia del congresso aveva certamente subito, in seguito alla scissione, un'emorragia, ma ancora reggeva abbastanza bene; i 688 delegati eletti più i 600 di diritto rappresentavano un organismo politico che contava 133 mila iscritti e che aveva oltre 5000 consiglieri nei piccoli comuni, 162 nei capoluoghi, 160 sindaci, centinaia di assessori, 28 consiglieri regionali, 12 deputati, 5 senatori, 1 europarlamentare, 2 ministri e 3 sottosegretari.

I delegati stavolta non si trovarono di fronte a scelte drammatiche o difficili: erano tutti, o quasi, per la formula del pentapartito, per l'autonomia del PSDI e per la costruzione, assieme al PSI, di un'area socialista, capace di realizzare il primato delle forze riformiste in Italia.

Nella sala del congresso campeggiava una sedia rossa vuota, su cui poggiava un mazzo di rose, in ricordo di Saragat. Il CC (rappresentativo, in modo proporzionale, delle varie correnti e sottocorrenti) fu sostituito da un Consiglio Nazionale (rappresentativo delle federazioni).

Il congresso, dominato dagli interventi di Cariglia e di Vizzini, si concluse con un accordo unitario: **Antonio Cariglia** fu riconfermato segretario con 574 voti su 656 votanti (87%), **Vizzini** divenne vicesegretario unico, il Consiglio Nazionale (presidente **Luigi Preti**) fu eletto (anzi *letto*) con lista unica comprensiva di 70 posti a Cariglia e 70 a Nicolazzi, più il radicale-socialdemocratico Giovanni Negri, con l'impegno di costituire una Direzione di venti componenti (10+10) più il segretario.

Alla sua prima riunione il C.N. modificò lo Statuto, togliendo al suo presidente il voto deliberativo in Direzione, e trasformandolo quindi in un organo di scarso peso politico; decise anche di portare la Direzione a 22 componenti (11 per parte) più due donne (una per parte), oltre il segretario.

Poco più di un mese dopo (Roma, 28-30/4/1989) ebbe luogo il primo (ed unico) congresso dell'UDS di Romita, che si concluse con la stipulazione di un patto federativo col PSI, avente lo scopo di perseguire l'unità di tutti i socialisti in un solo partito. Fu anche deciso di presentare, alle imminenti elezioni europee, propri candidati all'interno delle liste del PSI.

Il congresso di quest'ultimo partito (614.815 iscritti alla fine del 1987), il XLV, si svolse a Milano dal 13 al 19 maggio 1989. Ad esso parteciparono 1158 delegati, di cui circa il 20% donne. All'atto del congresso, il PSI poteva contare su 7 ministri, 18 sottosegretari, 94 deputati, 48 senatori, 9 eurodeputati, 377 sindaci (nei comuni sopa i 5000 abitanti), 9133 consiglieri comunali, 2505 assessori, 405 consiglieri provinciali, 35 presidenti di provincia, 127 consiglieri regionali, 4 presidenti di regione.
Sullo sfondo della imponente coreografia, sempre di Panseca, la discussione congressuale, senza mai spostarsi dall'impostazione data da Craxi, si svolse sulla base di 19 tesi in precedenza predisposte, che furono approvate all'unanimità. Non mancarono neanche le punzecchiature all'azione di governo. **Bettino Craxi** fu rieletto segretario dal congresso — questa volta a scrutinio segreto — con 995 voti (92,3%) su 1077 voti validi, espressi dai 1097 votanti (20 i voti nulli, 82 i dispersi). Furono anche eletti 501 componenti (250 rappresen-

tanti di partito, 150 personalità e 100 donne), ai quali sarebbero stati aggiunti i parlamentari, gli ex segretari nazionali, i rappresentanti dei giovani, dei sindacati e delle altre organizzazioni di massa ed una rappresentanza dell'UDS al momento della confluenza.

Fra i nuovi ricordiamo: Arrigo Gattai (presidente del CONI),Tiziano Treu (economista della CISL, i ministri La Pergola e Ruberti, Pierre Carniti (ex segretario generale della CISL), Enzo Bettiza, Giuliano Ferrara (giornalisti); fra i confermati: Gassman, Lattuada, Soldati, Trussardi, Zavoli, Veronesi, Reviglio; fra le donne: Silvana Giacobini, Miriam De Cesco (giornaliste), Rita Dalla Chiesa, Ottavia Piccolo (attrice), Lina Wertmuller (regista), Dori Ghezzi (cantante).

Dopo diversi mesi, il 13 ottobre 1989, fu eletta la nuova Direzione, la quale, a sua volta elesse (9-11-1989) tre vicesegretari: Giuliano Amato, Giulio Di Donato e Carlo Tognoli. Direttore dell'*Avanti!* sarà nominato **Roberto Villetti**.

Il giudizio negativo espresso dal congresso provocò le dimissioni del governo De Mita (19-5-1989) e l'apertura di una lunga crisi, durante la quale si svolsero elezioni comunali parziali ed elezioni europee, nelle quali il PSI ottenne buoni risultati. Il PSDI, a sua volta, non se la cavò tanto male, e ciò lo spinse a riprendere il colloquio col PSI, per un rilancio dell'area riformista e per la formazione di un governo autorevole.

La crisi si concluse con la formazione del 6° governo Andreotti, pentapartito (22-7-1989/12-4-1991). Per il PSI ne facevano parte i ministri Martelli (Vicepresidenza), Conte (Aree urbane), Vassalli (Giustizia), Formica (Finanze), Carraro (Turismo), Ruffolo (Ambiente), Ruberti (Università e Ricerca Scientifica), De Michelis (Esteri) e Ruggiero (Commercio con l'Estero); per l'UDS Romita (Politiche Comunitarie); per il PSDI Facchiano (Beni Culturali) e **Vizzini** (Marina Mercantile).

L'11 ottobre 1989 l'UDS confluì ufficialmente nel PSI. Il prof. Ruggero Puletti, che da essa proveniva, fu poi nominato (14-1-1990) vicedirettore dell'*Avanti!*

6 - Verso la crisi

Nel 1990 si ebbe un rilancio dell'unità socialista, volta a superare le storiche scissioni comunista e socialdemocratica; se ne ebbe un segnale nell'intervento di Craxi nella Direzione socialista del 5 marzo, e ancor di più con la deliberazione (19-10-1990) della stessa Direzione con cui venne modificato il simbolo socialista, in cui ormai campeggiava il garofano rosso al centro di una corona circolare, con l'inserimento in alto della dicitura "Unità socialista" e in basso della sigla "PSI".

Importanti tappe di questo cammino furono la conferenza programmatica di Rimini (22-25/3/1990) e le elezioni regionali (6-7/5/1990) che registrarono una forte avanzata del PSI, ma anche una consistente flessione del PSDI e del PCI. Quest'ultimo, nel suo XX congresso (1-3/2/1991) decise la sua trasformazione in PDS (Partito Democratico della Sinistra), abbandonando così, con inaudita disinvoltura, ogni esplicito riferimento alla sua matrice socialista, di cui a Livorno, nel 1921, si era proclamato il più genuino interprete; in seguito, nelle file dell'ex PCI, di passaggio (DS:Democratici di Sinistra) in passaggio (PD: Partito Democratico) del socialismo sarà cancellato anche il ricordo, per lasciare spazio ad un generico democraticismo, da molti ritenuto "né carne, né pesce". Fece eccezione una minoranza (Cossutta, Garavini, Libertini, Bertinotti) che diede vita a Rifondazione Comunista.

Intanto la nuova crisi ministeriale, provocata dal PSI, desideroso di rinvigorire la compagine governativa ed il programma, si concluse con la formazione di un nuovo governo Andreotti (12-4-1991/29-3-1993), questa volta però quadripartito (DC,PSI,PSDI,PLI), mancando l'adesione del PRI. Ne facevano parte, come ministri, per il PSI: Martelli (Vicepresidenza, Giustizia), P.L. Romita (Politiche Comunitarie), **Capria** (Protezione civile), De Michelis (Esteri), Formica (Finanze), Tognoli (Turismo), Ruffolo (Ambiente), Conte (Aree urbane), Boniver (Immigrazione) e Ruberti (Università e Ricerca

Scientifica); per il PSDI: Facchiano (Marina mercantile) e **Vizzini** (Poste).

Da parte sua il PSDI, nel Consiglio Nazionale indetto nel marzo 1991, in vista del XXIII congresso (Rimini, 13-16/5/1991), mostrò di nutrire una notevole diffidenza nei confronti della dirigenza socialista, sospettata di voler assoggettare o incorporare i possibili interlocutori (PDS e PSDI) nella sua ricerca dell'unità socialista. Per il PSDI questa unità andava considerata non un punto di partenza, ma un obiettivo da raggiungere, dopo un periodo di intese e di atteggiamenti unitari, con pari dignità, fra le forze interessate alla alternativa *socialdemocratica*. Un altro punto di contrasto era costituito dalla avversione del PSDI per la proposta di repubblica presidenziale avanzata da Craxi.

Il congresso, il primo senza mozioni contrapposte e senza alternative ufficiali alla leadership di Cariglia, registrò il trionfo del neoministro delle Poste Vizzini, acclamato dall'assemblea dei 556 congressisti come uno dei salvatori, assieme a Cariglia, del PSDI, ormai rinvigorito ed uscito dai tempi cupi, segnati da vicende giudiziarie e da risultati elettorali traballanti. **Antonio Cariglia**, rieletto segretario nazionale con 505 voti a favore (15 schede nulle e 4 bianche), concluse il congresso - considerato non più, come il precedente, il congresso della sopravvivenza, ma quello della crescita - respingendo le proposte istituzionali di Craxi (Repubblica presidenziale e referendum propositivo) e la fusione col PSI e proponendo, invece, un patto d'azione fra i due partiti. Vicesegretari saranno poi eletti Alberto Ciampaglia e Maurizio Pagani.

Poco tempo dopo la Direzione del PSI decise di convocare un congresso straordinario (Bari, 27-30/6/1991) con gli stessi delegati del precedente e si pronunciò contro l'imminente (10-11/6/1991) referendum per l'istituzione della preferenza unica, invitando l'elettorato all'astensionismo. Gli elettori non accolsero l'invito —andò a votare il 62,5% degli aventi diritto - ed anzi si pronunciarono a larga maggioranza (95,6%) per la modifica, non tenendo conto dell'esplicito invito di Craxi agli italiani ad andare al mare. La sconfitta nel referendum, che si tradusse in una sconfitta di Craxi, provocò uno sbandamento nel PSI, conscio di essere rimasto fuori dell'ondata di cambiamento che attraversava l'Italia; cominciarono così ad affiorare le prime critiche (Signorile, Mancini) alla strategia craxiana.

Il XLVI congresso del PSI (1321 delegati) si svolse sulla base di otto tesi, che furono approvate all'unanimità, ma gli argomenti più dibattuti furono quelli dell'unità socialista e della riforma istituzionale. Questa volta la sinistra socialista volle marcare la propria differenza dalla linea del segretario e nell'insieme ci fu un certo risveglio della ormai asfittica dialettica interna, in cui trovarono spazio anche la questione morale, la montante ripulsa popolare contro l'arroganza e l'intolle-

ranza del partitismo rampante e contro il conformismo adulatorio che aveva avvolto il partito socialista, mentre in periferia scorrazzavano indisturbati i "ras" del nuovo sistema feudale che stava permeando di sé la struttura del partito.
Ma la politica del PSI per il momento restò quella del proseguimento della collaborazione con la DC, quella cioè del CAF, come fu detto l'asse politico Craxi-Andreotti-Forlani, non sapendo cogliere le istanze di rinnovamento che venivano dal popolo.

Nel periodo seguente il colloquio col PDS per l'unità a sinistra fu molto altalenante, con prevalenza di brusche frenate e di punzecchiature varie. Nel febbraio 1992 da un episodio di corruzione verificatosi a Milano prese il via l'inchiesta giudiziaria cosiddetta "Mani Pulite", poi ribattezzata dalla stampa "Tangentopoli", che finirà per mettere in crisi il PSI e molti partiti della 1a repubblica.
All'approssimarsi delle elezioni politiche del 5 e 6 aprile 1992 i vari partiti cercarono di attrezzarsi al meglio. Il PSDI mutò il suo storico simbolo sostituendo, sopra il sole nascente, la parola "socialismo" con la parola "socialdemocrazia", quasi a sottolineare la sua differenza con quella del partito di Craxi e quindi a marcare la sua autonomia, spesso insidiata dal suo parente più prossimo, il PSI, la cui campagna elettorale fu tutta incentrata sul leader. Le liste del PSDI furono fatte col concorso della "Lega nuova", una costola dissidente della "Lega lombarda".

Le elezioni politiche segnarono una sconfitta per i partiti storici come la DC, il PDS e R.C. Le perdite dei due partiti socialisti furono però contenute: il PSI raccolse il 13,62% alla Camera (92 deputati), perdendo lo 0,7% (due deputati in meno) rispetto alle politiche precedenti e oltre il 4% rispetto alle regionali del 1990, e il 13,58% al Senato (49 senatori, due in più); il PSDI, che aveva subito la scissione dell'UDS, ottenne il 2,71% alla Camera (16 deputati) e il 2,57 al Senato (3 senatori).

Intanto cresceva l'inchiesta "Mani Pulite", colpendo in diversa misura i partiti dell'arco costituzionale ed in particolare la DC e il PSI, al quale, in base al patto della *staffetta*, sarebbe dovuta toccare la guida del governo.
Il nuovo presidente della Repubblica Scalfaro chiese a Craxi, ormai personalmente poco gradito all'opinione pubblica per la sua difesa del "sistema", una terna di nomi fra i quali scegliere il nuovo Presidente del Consiglio. Fra i tre indicati (Amato, De Michelis, Martelli) l'incarico andò a Giuliano Amato, che divenne quindi il secondo capo del governo socialista (28-6-1992/28-4-1993), con un programma di risanamento della finanza pubblica. Del suo ministero, sorretto da un quadripartito (DC, PSI, PSDI, PLI) entrarono a far parte, per il PSI, i ministri Conte (Aree urbane), Martelli (Giustizia), **Andò** (Difesa), Reviglio (Bilancio), Ripa di Meana, dal 9-3-93 Spini (Ambiente) e Boniver (Turismo); per il PSDI Facchiano (Protezione Civile), e Pagani (Poste).

Quando erano già cominciate le trattative per la formazione del nuovo governo, mentre nel Paese saliva un'ondata di indignazione contro il partitismo e le sue malefatte; mentre nel PSI cominciava a scricchiolare il monolitismo di facciata e l'autocrazia regnante cercava di difendere la sua cittadella dagli attacchi esterni (inchieste, stampa, televisione) ed interni di coloro (Signorile, Mancini, Martelli) che chiedevano un cambiamento di rotta per salvare il partito dallo sfacelo, anche nel piccolo ma coriaceo PSDI si verificò una minirivoluzione.

La proposta iniziale (14-4-1992) del partito di Cariglia era stata quella di costituire una coalizione che da un lato comprendesse la DC e, dall'altro, le forze che intendessero espressamente richiamarsi alla socialdemocrazia, in attesa della formazione di una sinistra socialdemocratizzata e alternativa.
Tuttavia, mentre era impegnato nel vorticoso giro di consultazioni, a Cariglia giunse notizia che i vertici del partito intendevano, senza ulteriori lungaggini, far rispettare gli accordi presi fra i maggiorenti al congresso di Rimini. Pare che allora fosse stato convenuto che dopo le elezioni ci sarebbe stato un cambio di ruoli fra Cariglia e Vizzini, in base al quale il primo sarebbe andato al governo e al secondo sarebbe toccata la segreteria del partito. In base a ciò e per favorire un

ampio dibattito sui risultati elettorali, i due vicesegretari rassegnarono le dimissioni dalla carica.

A Cariglia, a suo tempo considerato l'ultima possibilità di tenere testa al disegno annessionistico di Craxi, si imputavano i cattivi rapporti col PSI e il fallimentare matrimonio con i leghisti dissidenti, oltre la batosta elettorale del PSDI nel Nord Italia, in buona parte ricompensata dalla ottima affermazione di Vizzini in Sicilia. Occorre ricordare, però, che dei 17 deputati eletti nelle precedenti elezioni, nel PSDI erano rimasti solo in 11 dopo la scissione dell'UDS; dunque, da questo punto di vista, i 16 seggi del 1992 potevano essere considerati una vittoria.

Nella riunione della Direzione del 29-4-1992 si convenne che il passaggio di consegne sarebbe avvenuto —come prevedeva lo Statuto —nell'imminente riunione del Consiglio Nazionale. Il 7-5-1992, infatti, il quarantaquattrenne palermitano **Carlo Vizzini** diventò il nuovo segretario del PSDI, mentre **Antonio Cariglia** fu eletto presidente del partito al posto di **Luigi Preti**, divenuto presidente onorario.

L'avvicendamento fu deciso dal CN a larghissima maggioranza, con 128 voti a favore, 2 contro e 3 astenuti. Sembrava iniziare per il partito che era stato di Saragat, un'era nuova, con il PSDI, partito di galantuomini, al servizio del Paese.

L'intesa Cariglia-Vizzini però non durò a lungo: già nel luglio successivo, Cariglia, non entrato nel governo Amato, lamentò di essere tenuto ai margini, mentre il partito, con la nuova segreteria, gli appariva subalterno al PSI e alla DC. L'accusa fu respinta da Vizzini, che il 29-7-1992 ottenne l'approvazione della Direzione al suo operato, mentre ribadiva il suo convinto impegno per il rinnovamento del PSDI e per la costruzione di una grande forza della sinistra, con PSI e PDS, per dar vita ad uno schieramento progressista da contrapporre a quello conservatore.

I buoni propositi del segretario erano però destinati ad infrangersi sulla dura realtà di un deficit finanziario interno destinato a dilatarsi.

6 - Il crollo

Nel corso del 1992 si deteriorò sempre più l'immagine dell'indebitato PSI, per il coinvolgimento di vari suoi esponenti in indagini giudiziarie. Inoltre cominciò a prendere corpo, all'interno del partito, un'opposizione che invocava un cambio di leadership, mentre il segretario socialista rilevava l'esistenza di un presunto *gioco al massacro*, volto ad abbattere il sistema politico in atto, e cercava di serrare le file con la nomina a vicesegretario (oltre a quello già in carica, Di Donato) di Gianni De Michelis, e l'inserimento in segreteria di Formica, Intini, Babbini e **Capria** (6-8-1992) .

In questo quadro deteriorato, particolarmente importante fu la presa di posizione (12-9-1992) con cui il ministro della Giustizia Martelli si differenziò da Craxi, auspicando la costituzione di una coalizione progressista - il che presupponeva un accordo anche col PDS - la sola, a suo avviso, in grado di prefigurare una possibile alternativa, nonché un sistema elettorale maggioritario uninominale (laddove Craxi rimaneva per la proporzionale con sbarramento); tutto ciò avrebbe anche comportato un rinnovamento della vita interna del PSI. Nasceva così, attorno a Martelli, una nuova componente all'interno del PSI.

La riunione della Direzione del 30-10-1992 dovette registrare la frantumazione del monolitismo socialista, da un quindicennio poggiato sulla figura del leader, di cui Martelli, sostenuto da 20 componenti su 73, chiese le dimissioni.

Craxi però non ci stava, per cui rinviò la prova di forza all'Assemblea Nazionale del 26-11-1992 (la prima, dopo il congresso di Bari!), dove prevalse con 309 voti (63%); alla corrente, da poco costituita, di "Rinnovamento Socialista" (martelliani + sinistra), guidata da Martelli, andarono 160 voti 32,5%): essa chiedeva la convocazione del congresso, le dimissioni di tutta la dirigenza e l'azzeramento del tesseramento; un terzo gruppo, con leader Valdo Spini, Enzo Mattina e Gino Giugni, ottenne solo 20 voti (4%).

Craxi dunque decise di rimanere alla guida del PSI fino al congresso straordinario da tenersi nella primavera 1993 ed indicò come suo successore Giuliano Amato, che però si dichiarò indisponibile; nel novembre 1992 sostituì, nella Direzione dell'*Avanti!*, il dimissionario Villetti con **Francesco Gozzano**.

Ma il 15-12-1992 il segretario fu raggiunto da un avviso di garanzia; altri ne sarebbero seguiti.

Le dimissioni di Craxi, ormai non più rinviabili, furono presentate alla riunione dell'Assemblea Nazionale del partito, presieduta da Paolo Vittorelli, convocata per l' 11-2-1993 all'hotel *Ergife* di Roma; aveva influito a determinare questa decisione, oltre la cosiddetta "questione morale", derivante dal coinvolgimento di molti esponenti socialisti in inchieste giudiziarie che appannavano l'immagine del partito che era stato di Pertini e di Nenni, anche il fallimento di una politica , spesso basata sull'indispensabilità del PSI per garantire la governabilità a tutti i livelli; ciò era stato possibile, per la regola non scritta, ma rigidamente applicata, che escludeva il PCI e il MSI dall'area di governo. La caduta del muro di Berlino, cioè del sistema comunista dell'Europa orientale, avrebbe fatalmente eliminato ogni preclusione per il PDS, ormai membro dell'Internazionale Socialista e, fra qualche anno, i mutamenti a destra (ripudio del fascismo) l'avrebbero rimosso anche per AN. Non averlo capito fu un errore fatale per il PSI, ormai identificato dall'opinione pubblica con il "vecchio" che voleva prolungare un sistema di potere ruspante ed arrogante, che non voleva rassegnarsi a lasciare il passo al nuovo che avanzava. Il PSI in sostanza, per gran parte dell'opinione pubblica, si era trovato dalla parte della conservazione, anziché da quella dell'innovazione, come sarebbe stato legittimo aspettarsi dalla funzione storica per cui era sorto.

Craxi, nei lunghi anni della sua segreteria, aveva rinvigorito l'immagine del PSI e ridato orgoglio ai suoi militanti, aveva portato un socialista alla Presidenza della Repubblica, aveva mantenuto a lungo la Presidenza del Consiglio, ottenendo buoni risultati, aveva assicurato concreti appoggi ai socialisti perseguitati di Spagna, Portogallo, Grecia e Cile.
Non aveva però affrontato con energia la questione morale all'interno del partito, non aveva contrastato i cosiddetti "congressi a tavolino", divenuti in poco tempo prassi diffusa, come il tesseramento clientelare e i "ras" di provincia, che liberamente scorrazzavano nel partito e nelle istituzioni, anche azzannandosi fra loro, ma sempre riconoscendosi nell'unico Capo.
La base del partito —lo abbiamo già ricordato - aveva subito una "mutazione genetica": i vecchi militanti di antica fede se ne erano andati, come Jacometti e Codignola, mentre nelle sue file erano affluiti, attratti anche dall'imperante anticomunismo, i famelici figli di una borghesia rampante e senza ideali, se non quello di gestire il potere, conquistando il partito-cerniera che godeva della *rendita di posizione* garantendosi così quote consistenti di potere. Avvenne come in economia, quando la moneta cattiva scaccia dal mercato quella buona...

E quando la costruzione cominciò a traballare, il PSI non ebbe più il sostegno della vecchia base, perduta lungo il cammino, né di quella nuova, fuggita di corsa sotto le insegne che istintivamente sentiva come sue, quelle del centro-destra.

Craxi si era attivato per trovare un candidato alla sua successione; questi fu individuato in
Giorgio Benvenuto, ex segretario generale della UIL, sostenuto anche da Signorile, che, spaccando la sua corrente, abbandonava così la sua precedente intesa con Martelli; il quale, un giorno prima della riunione, fu raggiunto a sua volta da un avviso di garanzia e si dimise dal PSI e da ministro. Come avviene nelle compagini costruite attorno ad una persona più che ad un progetto, dopo poco tempo, ritiratosi Martelli, anche la sua corrente si dissolse.
Il 12 febbraio 1993 l'Assemblea fu chiamata a scegliere fra Giorgio Benvenuto, sostenuto dalla corrente craxiana per intero, da Amato, da Signorile e dalla UIL, e Valdo Spini, appoggiato dalla corrente martelliana (rimasta senza Martelli), da Michele Achilli, da Giorgio Ruffolo e Roberto Villetti della minoranza della "sinistra", da Gino Giugni, da molti sindacalisti della CGIL (Del Turco) e della CISL (Carniti). Fu eletto **Giorgio Benvenuto** con 306 voti (58%) a fronte dei 223 andati a Valdo Spini.

Non appena eletto, Giorgio Benvenuto tenne il suo primo discorso da segretario, e non da fedele esecutore di una linea e di uno stile da altri tracciati, dimostrando in quale grosso equivoco era incorsa la maggioranza che lo aveva eletto, e di cui egli non condivideva praticamente nulla. Ma nell'arco di 100 giorni tutto sarà chiarito.

Benvenuto dimostrò di avere idee chiare, autonomia di giudizio ed intendimenti sinceramente rinnovatori: dichiarò di volere affrontare i gravi problemi derivanti dagli squilibri sociali, dalle sacche di povertà e di emarginazione; ripudiò la teoria secondo cui certa magistratura si proponeva si scardinare il sistema politico, ritenendo egli di primaria importanza il rispetto del principio della divisione dei poteri; si pronunciò per una riforma elettorale di tipo maggioritario; si schierò contro la piaga della corruzione, dell'opportunismo e del clientelismo nella politica; si dichiarò per un partito non gestito da gruppi ristretti di dirigenti, ma aperto al dibattito democratico e per uno spostamento a sinistra del quadro politico.
C'erano, in quel discorso, tutte quante le premesse per rompere con la maggioranza che lo aveva eletto. Benvenuto si trovò ben presto alle prese con una scottante realtà che vedeva inchieste, in varie parti d'Italia, coinvolgenti buona parte del vecchio gruppo dirigente, ed una situazione finanziaria del partito catastrofica, come ebbe ad evidenziare un'indagine sui debiti, dallo stesso Benvenuto affidata ad una società di certificazione (celebre la battuta di Formica: "Il convento è povero, ma i frati sono ricchi").

Il segretario ebbe come più stretto collaboratore, nominato (4-3-1993) "capo della segreteria politica", e quindi numero due del partito, Enzo Mattina, europarlamentare, ex segretario dei metalmeccanici UIL.

Il 15-3-1993 tornò a riunirsi l'Assemblea Nazionale del PSI, durante la quale **Gino Giugni**, figura di grande prestigio politico ed intellettuale, su proposta del segretario, fu eletto presidente del partito, non senza qualche mugugno. Benvenuto si pronunciò per un sistema bipolare (non bipartitico), in cui si potesse verificare l'alternanza fra progressisti e conservatori, con elezioni a doppio turno, collocando il PSI nella sua area naturale, quella progressista; si pronunciò anche per un rinnovamento della vita organizzativa del PSI (statuto, tesseramento, ecc.).
L'Assemblea approvò la linea esposta da Benvenuto, approvò anche un ordine del giorno che escludeva dagli organismi i dirigenti rinviati a giudizio ed elesse una nuova Direzione.

La nuova Direzione, dilatata al massimo, l'ultima della secolare storia del PSI, era composta di ben 110 membri, compresi tutti i 54 uscenti, praticamente l'intero gruppo dirigente! L'Esecutivo (ben 37 componenti!), l'organo più influente, delegato a prendere le decisioni più importanti, fu eletto dalla Direzione il 18-3-1993; esso comprendeva tutti i pezzi grossi del garofano: oltre i membri di diritto e la delegazione al Governo, ne facevano parte Achilli, Babbini, Borgoglio, Boselli (futuro segretario del SI e presidente dello SDI), Breda, **Capria**, Carniti, Covatta, Cicchitto, Ciocia, **Cirone Di Marco**, Chiappini, De Michelis, Del Bue, Dell'Unto, Del Basso, De Caro, Dimitry, Di Donato, Fincaro, Formica, Intini, Mattina, Manca, Marzo, Nonne, Nencini (futuro segretario del PS/PSI), Prest, Raffaelli, Rotiroti, Ruffolo, Salerno, Sanguineti, Signorile, Sollazzo, Sturlese, Tempestini, Zavettieri.

La Segreteria, avente il compito di attuare le scelte politiche dell'esecutivo, fu nominata da Benvenuto il 19-3-1993; essa era così composta, oltre Benvenuto e Mattina: Intini (politica estera), Marzo (organizzazione), Babbini (enti locali), Del Bue (ambiente), Raffaelli (riforme), Borgoglio (associazionismo), Caldoro (politiche regionali), **Cirone Di Marco** (diritti dei cittadini), Cazzola (politiche sociali e del lavoro), Sanguineti (case), Nencini (cultura).

Nuovo amministratore divenne Maria Magnani Noja. L'8 aprile successivo **Giorgio Benvenuto** assumerà la direzione dell'*Avanti!*, con Beppe Garesio condirettore.

Mentre il Parlamento approvava la legge che istituiva l'elezione diretta dei sindaci e dei presidenti di provincia, Benvenuto schierò il PSI nel fronte del "SI" nel referendum del 18-4-1993, teso ad introdurre il sistema maggioritario nelle elezioni politiche.

Il referendum, l'eventuale nuovo governo dopo le dimissioni di Amato, le amministrative e le riforme saranno il banco di prova della segreteria Benvenuto.

8 - Dimissioni

Il 29 marzo 1993 a dimettersi fu il segretario del PSDI Carlo Vizzini, che aveva coraggiosamente tentato un rinnovamento del partito. A fargli assumere la sua irrevocabile decisione, attuata mediante una lettera aperta ai socialdemocratici d'Italia, fu la montagna di debiti —pare circa 20 miliardi di lire —che incombeva sul partito, per non parlare dell'affitto della sede, delle bollette del telefono, dello stipendio dei funzionari centrali. A nulla erano valsi i contributi suppletivi dei parlamentari socialdemocratici, né il finanziamento pubblico previsto per legge, rapidamente inghiottiti dalla voragine debitoria. Unica consolazione: il partito non era in calo nei sondaggi.
Vista la determinazione di Vizzini nel mantenere le dimissioni, al presidente del partito Cariglia, affinché non si desse l'impressione che il partito stesse smobilitando, non restò che convocare il Consiglio Nazionale per l'elezione del successore In effetti, il 30 aprile 1993 il "parlamentino" del PSDI elesse, per acclamazione, segretario l'ex ministro dei LL.PP. **Enrico Ferri,** in atto capogruppo alla Camera e portavoce dei socialdemocratici, il quale dichiarò che la sua azione politica avrebbe puntato principalmente su tre temi: politica sociale, riforma elettorale e revisione dell'immunità parlamentare.

Per la drammatica situazione debitoria del partito ritenne di rivolgersi alla base, lanciando una grande sottoscrizione e appellandosi all'unità di tutti i socialdemocratici.
Vizzini invece, si ritirerà dalla politica attiva, per ricomparire nel 1998, come aderente a Forza Italia!

L'8 aprile 1993 **Giorgio Benvenuto** assunse la direzione politica dell'*Avanti!* (condirettore **Beppe Garesio**) ed iniziò la campagna referendaria schierandosi decisamente per il "SI' al sistema maggioritario, in cui avrebbero potuto fronteggiarsi democraticamente conservatori e progressisti, fra i quali egli collocava decisamente il PSI. La vittoria del "SI'" (82%), che esprimeva una forte volontà di cambiamento politico ed istituzionale, aprì le porte alla formazione di un nuovo governo, capace di dare un segno di discontinuità rispetto alla precedente stagione politica ora al tramonto, anche se i meriti dell'esecutivo presieduto dal socialista Amato erano innegabili, specialmente in campo economico.
Per quanto riguardava l'organizzazione del PSI, era stato annullato il precedente tesseramento, messo da tempo in atto dai *baroni delle tessere*, ed erano state fissate norme rigide per quello relativo al 1993, aperto dal 25 aprile al 29 settembre di quell'anno, onde evitare il ripetersi di fenomeni deteriori nella vita interna del partito. Inutile dire che questo tesseramento non verrà mai realizzato, a causa di una serie di vicende che colpiranno al cuore il più vecchio partito italiano.

Un primo segno del nuovo fu l'incarico di formare il nuovo governo ad una figura istituzionale, qual'era Carlo Azeglio Ciampi, governatore generale della Banca d'Italia.

Il governo Ciampi (28-4-1993/10-5-1994) comprendeva esponenti della DC, del PDS, del PSI, del PSDI, del PLI, dei Verdi e alcuni indipendenti di grande prestigio, assicurandosi così una larga ed inedita maggioranza parlamentare, soprattutto per la presenza di ministri vicini al PDS.

I ministri socialisti erano: Conti (Affari Sociali), Fabbri (Difesa), Giugni (Lavoro) e Spini (Politiche Comunitarie, ma dal 4-5-1993 passò all'Ambiente); per il PSDI entrava nel governo Pagani (Poste).

Benvenuto, che aveva iniziato con successo l'opera di rinnovamento del partito, collocandolo a pieno titolo nell'area progressista anche nelle amministrazioni locali che si andavano formando, doveva però paradossalmente scontrarsi con la maggioranza che lo aveva eletto, di cui facevano parte vari personaggi di formazione e di orientamento ben diverso dal suo.

Il più duro colpo alla sua politica fu dato dal voto con cui la maggioranza dei deputati respinse (29-4-1993) la domanda dei giudici di Milano di autorizzazione a procedere nei confronti di Craxi, suscitando nell'opinione pubblica reazioni alquanto negative.

Non mancarono gli effetti politici causati da tale voto della Camera, come le dimissioni dei tre ministri di area PDS e di quello dei Verdi o l'annuncio di alcuni esponenti socialisti (Ruffolo, Cassola) di voler lasciare il PSI. La rete politica che Benvenuto aveva tessuto venne lacerata. La tensione nel PSI. tra chi voleva un concreto rinnovamento e chi si aggrappava al vecchio potere, in questo periodo raggiunse il massimo. La redazione dell'*Avanti!*, oberato dai debiti, entrò in stato di agitazione; nel maggio 1993 chiuse la rivista teorica del PSI *MondOperaio*.

Il 4 maggio, in un clima assai teso, si riunì l'esecutivo del PSI, dove le posizioni e le differenze emersero con nettezza. È la rottura di Benvenuto col vecchio gruppo dirigente: il segretario, dopo aver ricordato come il voto del 29 aprile alla Camera avesse profondamente scosso l'opinione pubblica, chiese la sospensione dagli organismi dirigenti di partito e dagli incarichi istituzionali degli inquisiti (non più dunque dei soli rinviati a giudizio), l'impegno dei parlamentari socialisti a concedere l'autorizzazione a procedere per tutti i membri inquisiti (tranne che per i reati di opinione) e a formulare una proposta per l'abolizione dell'immunità parlamentare; chiese anche i pieni poteri per commissariare le federazioni, ove necessario e accennò al cambiamento del simbolo, avvertendo che da un diniego dell'esecutivo alla sue proposte egli avrebbe tratto le sue conclusioni.

L'esecutivo finì con l'approvare la relazione di Benvenuto, con la variante che gli inquisiti, con atto volontario, si sarebbero autosospesi dagli incarichi, ma rimase la forte contraddizione della rottura tra le posizioni di Benvenuto e quelle della maggioranza che lo aveva eletto, che la sua politica, di fatto, tendeva ad escludere dalla guida del partito. Fu una vittoria, quella di Benvenuto, senz'altro effimera, poiché riguardava un partito in totale crisi, con circa 200 miliardi di debiti, con molte federazioni liquefatte e altre commissariate, con funzionari da mesi non pagati, con gruppi parlamentari di matrice craxiana, insofferenti delle posizioni politiche dirette all'inserimento del PSI in un polo progressista, portate avanti da Benvenuto, mentre essi avrebbero preferito scelte di tipo centrista.

Per la nuova legge elettorale, mentre Benvenuto e Giugni lavoravano per il doppio turno alla francese, la maggioranza del gruppo della Camera - la stessa che si era battuta, contro Martelli, per il mantenimento della proporzionale - si schierò per il turno unico. Una posizione analoga assunse il gruppo del Senato, che optò anch'esso per il turno unico, ma con forte correzione proporzionale e manifestò la sua vocazione per il centro-sinistra tradizionale, in opposizione all'ipotesi di un sistema di alternanza fra conservatori e progressisti auspicata da Benvenuto. Ne bastava ed avanzava per delegittimare la segreteria socialista.

Nel frattempo anche la situazione finanziaria si era fatta grave: Benvenuto, in una riunione informale tenuta in un albergo romano, ne informò i maggiorenti del partito, ma non ottenne che critiche. Il 20 maggio 1993 egli riunì la segreteria e le comunicò le proprie dimissioni da segretario, seguito da Giugni, Mattina, Raffaelli, Del Bue, Sanguineti, Cazzola e Manca.

Il sogno di rinnovamento dell'ex segretario della UIL si infranse contro la realtà di un partito i cui massimi esponenti si erano formati, nel corso degli ultimi sedici anni, nel segno di un'altra mentalità. Il rinnovamento sarebbe dovuto passare anzitutto per la rimozione di questo vecchio gruppo dirigente, il quale, per l'innato istinto dell'uomo alla sopravvivenza, non aveva nessuna propensione per il suicidio politico ed anzi stava aggrappato con tutte le sue forze all'effimero potere che gli era rimasto, forse in attesa di tempi migliori.

Le dimissioni del velleitario Benvenuto lasciarono il campo alle rilassate schiere craxiane, i cui capigruppo La Ganga (Camera), Acquaviva (Senato), Lagorio (Parlamento europeo), che avevano fatto la fronda a Benvenuto, si riunirono l'indomani 21 maggio e riuscirono a trovare in Ottaviano Del Turco, ex segretario aggiunto della CGIL, una personalità disponibile a succedere a Benvenuto e a convincere a non insistere nelle dimissioni il presidente Giugni, il quale convocò la Direzione per il 25 maggio successivo.

Lo stesso 21 maggio i dimissionari, capeggiati da Benvenuto, si incontrarono per annunciare la formazione di un "Comitato di Iniziativa per la Rinascita Socialista", che incassò il sostegno di importanti sindacalisti socialisti come Pietro Larizza (segretario della UIL) e Guglielmo Epifani (segretario aggiunto della CGIL).

Il 25 la Direzione del PSI ufficializzò la candidatura di Del Turco e convocò l'Assemblea Nazionale per il 28 successivo. Il parlamentino socialista, dopo aver ascoltato la dura relazione del segretario uscente, elesse nuovo segretario, con 292 voti a favore (per lo più craxiani e la parte della sinistra che seguiva Signorile) e 28 schede bianche, **Ottaviano Del Turco**, il quale rifuggì da posizioni di scontro, ma non prese posizione né sulle alleanze, né sulla riforma elettorale.

L'indomani, 29-5-1993, **Giorgio Benvenuto**, con l'appoggio di Manca, Raffaelli, Achilli, Sollazzo, Vigevani ed Enzo Mattina, fondò, in un'affollatissima assemblea di quadri socialisti, **R.S.** (Rinascita Socialista), un movimento politico per ora interno al PSI e poi via via sempre più autonomo (arriverà a presentarsi alle elezioni con un proprio simbolo, un gabbiano), i cui cavalli di battaglia saranno la questione morale, la riforma elettorale a doppio turno, il proposito di partecipare a pieno titolo, secondo la più genuina tradizione socialista, alla creazione di un'area progressista. Il raggruppamento ebbe l'autorevole appoggio di Francesco De Martino.

Le amministrative del 6 giugno certificarono il tracollo non solo organizzativo, ma anche elettorale, del PSI: a Milano

(2,2%) e a Torino (col PSDI 1,8%), culla del socialismo italiano, il PSI non conquistò alcun seggio.

I mesi successivi furono caratterizzati da vari sommovimenti nel PSI e dall'agitazione delle sue riemerse componenti.
Giugni decise di mantenere la presidenza, Capria fu eletto capogruppo alla Camera al posto di La Ganga, Garesio si dimise dalla direzione dell'*Avanti!*, e Del Turco formò, in sostituzione della segreteria, un "Comitato di Direzione" composto da Enrico Boselli (vicesegretario), Fabrizio Cicchitto, Daniele Fichera, Giuseppe Tamburrano, Roberto Villetti, Franco Babbini, **Marika Cirone Di Marco**, Mario Del Bue (di Rinascita Socialista, ma per autonoma decisione), Rosario Olivo (area Spini) e dai presidenti dei gruppi parlamentari **Nicola Capria** e Gennaro Acquaviva.

Ruffolo e Cazzola aderirono ad AD (Alleanza Democratica), cui del resto guardava con attenzione anche il PSI di Del Turco, il sindacalista Fausto Vigevani lasciò il PSI e fondò "Labour", un'associazione di sindacalisti socialisti.

Rinascita Socialista, in un seminario del 25-6-1993, si diede una struttura organizzativa territoriale analoga a quella di un partito e costituì una propria Direzione (Benvenuto, Mattina, Manca, Del Bue, Raffaelli). Al suo interno cominciarono, però, ad emergere differenziazioni fra chi (Manca, Del Bue) era disposto a colloquiare con la segreteria di Del Turco e chi invece pensava (Benvenuto) che c'era più niente da fare per rinnovare e salvare il PSI

L'Internazionale Socialista intanto comunicò che avrebbe negato il simbolo del PSE ai socialisti italiani, se nelle elezioni precedenti le europee essi avessero presentato candidati inquisiti.

La convenzione nazionale del PSI del 20-7-1993 costituì comunque un piccolo successo per Del Turco, che riuscì a far riemergere l'orgoglio socialista, almeno nel migliaio di quadri intermedi che vi intervennero; ma sul piano delle scelte politiche le divisioni rimasero evidenti: Del Turco guardava ad Alleanza Democratica, il cui leader Mario Segni egli indicava come primo ministro preferito. Quest'ultimo, però, lascerà AD (29-9-1993) per formare con il PPI di Martinazzoli uno schieramento centrista ("Patto per l'Italia"), al quale aderivano anche una pattuglia socialista facente riferimento ad Amato ed un gruppo di socialdemocratici al seguito di Schietroma; i nostalgici del craxismo prediligevano un rapporto organico con la DC e non volevano assolutamente sentir parlar di PDS, alla alleanza organica col quale puntavano invece quelli di Rinascita Socialista. Si organizzava intanto l'area di Spini.

Se la segreteria di Benvenuto era crollata —motivi politici a parte —sotto il peso dei circa 200 miliardi di debiti ereditati, nel PSDI, coi suoi 24 miliardi di passivo, non si stava affatto meglio: debiti coi tipografi, orientati perfino a rivalersi sugli ultimi segretari; i 34 dipendenti, senza stipendio da giugno, destinati —grazie a pensionamenti e cassa integrazione —a restare in due o tre. Il segretario Ferri si appellava alla base, ai quadri dirigenti, sperava nel finanziamento pubblico (se non pignorato) e nei prestiti bancari. Venne abbandonata la dispendiosa sede del partito e, in attesa di trovare in affitto un appartamento più piccolo, si decise di utilizzare i locali del gruppo parlamentare. Proseguiva dunque lo sgretolamento organizzativo del partito, che intanto doveva affrontare vari appuntamenti elettorali.

Le amministrative di novembre furono un disastro come quelle di giugno, sia per il PSDI, praticamente cancellato dalla scena politica, sia per il PSI, regolatosi caso per caso in fatto di alleanze, che non raggiunse quasi mai il 4% richiesto dalla nuova legge per la quota proporzionale, regola che sarebbe scattata a partire dalle future elezioni politiche. Qualche successo locale riportò Rinascita Socialista (due eletti a Napoli).

Nel PSI si verificò l'ultima offensiva di Craxi e dei suoi, che avevano il loro punto di forza nei gruppi parlamentari. Gli attacchi furono indirizzati contro il governo (a partecipazione socialista!) e contro la segreteria Del Turco, specialmente quando il segretario decise di appoggiare i candidati progressisti ai ballottaggi per l'elezione dei sindaci. Intanto chiuse, oberato dai debiti, il glorioso quotidiano *Avanti!* L'accusa di svendere il partito al PDS Craxi la formalizzò in una riunione del gruppo parlamentare, dove era largamente in maggioranza.

Ma fu soprattutto nell'Assemblea Nazionale del 16-12-1993, che si consumò la rottura definitiva fra i sostenitori di Del Turco, da cui si distaccò Signorile, e i craxiani. Del Turco optò decisamente per una collocazione a sinistra del PSI, collocazione politica naturale del partito, ricordando che non era mai esistito al mondo un partito socialista schierato col centro-destra. Chiese, inoltre, poteri straordinari, nella fase di transizione per la costruzione di un nuovo PSI. Questa impostazione fu decisamente rigettata da Craxi, che non riuscì a proporre una valida alternativa politica (una federazione di centro o l'isolamento), ma che anzi, per la prima volta, venne fischiato quando si dichiarò contro i pieni poteri a Del Turco. Da quest'ultimo, ma anche dai craxiani, si differenziò il gruppo sorto intorno a Giuliano Amato, orientato, come sopra accennato, ad aderire al "Patto per l'Italia" (Patto Segni + PPI).

Venne alla fine approvata la mozione di Del Turco, anche col sostegno del gruppo di Rinascita rimasto nel partito e di quello di Spini, con 156 voti, mentre la mozione craxiana di

Piro ne raccoglie 116 e Signorile 6. L'equivoca maggioranza che aveva eletto Del Turco, la stessa che aveva eletto Benvenuto, si era dunque dissolta. La scelta, seppure tardiva (posteriore all'insuccesso alle amministrative) era fatta: il PSI rimaneva un partito di sinistra, la sconfitta di Craxi era definitiva.

Alla fine del mese Benvenuto lasciò Rinascita Socialista, per poi aderire ad Alleanza Democratica e la guida del movimento passò a **Enzo Mattina** (con lui Nerio Nesi e Gaetano Arfè); lasciò pure Pierre Carniti per fondare, assieme a Ermanno Gorrieri e Pietro Scoppola, i "Cristiano-sociali". I due movimenti saranno tra i promotori del cartello dei "Progressisti" alle politiche.
Intanto il garofano di Craxi aveva lasciato il posto alla rosa di Del Turco (15-1-1994).

9 - Scioglimento

L'inizio del 1994 è tutto un ribollire del mondo politico, in vista delle elezioni politiche fissate per il 27 marzo, convocate dopo le dimissioni del governo Ciampi.
In campo socialista ci sono "i socialisti della rosa", rimasti nel PSI di Del Turco, " i socialisti del garofano", allergici allo spettro progressista, che fondano una "Federazione dei Socialisti" e si accampano alle porte di Forza Italia, ci sono "i sociali-

sti del quadrifoglio", come Ruffolo e Benvenuto, che hanno aderito ad Alleanza Democratica e ci sono "i socialisti del gabbiano", ciò che rimane di "Rinascita Socialista", praticamente ex lombardiani ed ex sindacalisti, i quali, riunitisi a Roma il 27-1-1994, si orientano per una autonoma verifica elettorale nell'ambito dello schieramento di sinistra.

Il PSI il 15-1-1994 presenta il nuovo simbolo della rosa rossa, che rompe anche visivamente col la politica craxiana e il 29 successivo riesce a realizzare un grande raduno di oltre ottomila socialisti, orgogliosi della tradizione di Turati, di Nenni e di Pertini, che si stringono attorno a Del Turco, Giugni e Spini. Il PSI, che si propone di bilanciare, all'interno della coalizione, il peso di Rifondazione Comunista, si presenta in tutte le circoscrizioni per la quota proporzionale, ma ottiene poco nelle candidature uninominali. A sostegno delle sue liste viene lanciato un appello da diverse personalità, fra cui spiccano i nomi di Giuliana Nenni e di Carla Voltolina Pertini. Il garofano craxiano lascia il posto alla rosa di Del Turco.

Dopo il fallito tentativo di riprendere il controllo del partito nell'Assemblea Nazionale, un gruppetto di fedelissimi craxiani, guidati da **Ugo Intini,** da Margherita Boniver e da Franco Piro, ormai a disagio nel PSI di Del Turco, dà vita, il 28-1-1994 alla **Federazione dei Socialisti**, che il 18-12-1994 diventerà **Movimento Liberal Socialista,** con organo, dal 16-6-1994, *Non mollare.*

Il 1° febbraio 1994 nasce la coalizione dei "Progressisti", che ha il suo perno nel PDS di Occhetto e che dovrò fronteggiare la coalizione centrista di Segni-Martinazzoli e quelle di centro-destra di Berlusconi.

Il PSI aderisce dunque ai "Progressisti", ma il gruppo craxiano lotta strenuamente per la sua sopravvivenza. Alla Camera sostituisce come capogruppo Capria, leale con Del Turco, col fedele craxiano Franco Piro e al Senato Acquaviva (area Amato) col neocraxiano Cicchitto.

Acquaviva e Covatta costituiscono il "Patto dei Riformisti" che confluisce nel "Patto per l'Italia", Nerio Nesi ed alcuni ex lombardiani si avvicinano a Rifondazione Comunista, mentre in periferia gruppi craxiani, organizzati nella "Federazione dei Socialisti" di Intini, preparano candidati e liste autonome.

Il sodalizio più importante fra craxiani e socialdemocratici è quello denominato "Socialdemocrazia per le Libertà", realizzato in pochi collegi con il PSDI di Enrico Ferri, che nel collegio di Carrara raccoglie il 23,74%, ma non viene eletto. Altri esponenti socialdemocratici (Gian Franco Schietroma) si presentano, facendo riferimento all'area riformista di Giuliano Amato col "Patto per l'Italia"; altri ancora con i "progressisti" (Anna Cornacchione Milella, eletta in Basilicata).

La vittoria, com'è noto, arriderà allo schieramento berlusconiano, mentre, nella parte proporzionale della Camera, i socialisti del PSI precipitano al 2,19% e quelli del PSDI allo 0,4%, non conquistando alcun seggio. Grazie agli eletti nei collegi uninominali, però, il PSI ottiene 14 seggi alla Camera (fra gli eletti Giugni, Del Turco, Spini, Boselli, oltre Enzo Mattina di RS) e 12 al Senato, compreso Barra di RS. Cancellati tutti gli altri, presentatisi con AD, con il PSDI, col Patto centrista, con le liste fai-da-te, perfino col partito di Berlusconi "Forza Italia".

Non si era ancora finito di esaminare i risultati delle politiche, che già incombevano le europee, (queste col proporzionale), fissate per il 12-6-1994.
Il socialismo italiano sembrò allora veramente arrivato al suo epilogo: il PSI si presentò assieme ad Alleanza Democratica, che alle politiche aveva ottenuto l'1,18%, e raggiunse appena l'1,82%, con due eletti (i socialisti Elena Marinucci e Riccardo Nencini); un po' meglio andarono le cose per il PSDI (0,73%), che aveva ripreso la sua autonomia, almeno secondo il segretario Ferri, unico eletto. Giorgio Ruffolo e Pierre Carniti furono eletti nelle liste del PDS.
I risultati causarono un piccolo terremoto nel PSI, il cui cui segretario Del Turco, pur rimanendo in carica, si tirò da parte (si dimise il coordinatore di AD, Willer Bordon).

Il Comitato Direttivo del PSI, il 16 giugno, prese atto delle anomale dimissioni di Del Turco e il 21 successivo elesse —coi soli voti contrari di Manca e di Cicchitto —coordinatore politico nazionale del partito **Valdo Spini** (vicesegretario rimase

Enrico Boselli), col mandato di preparare una "costituente laburista", per la fondazione di un nuovo partito socialista, con l'intenzione di creare, accanto al PDS, una seconda gamba riformista dello schieramento progressista, come precisato dal Comitato Direttivo nella sua successiva riunione del 22-7-1994, a grande maggioranza (contrari Manca, Cicchitto, Babbini e Del Bue).

Il 26 luglio successivo, a Roma, un apposito convegno organizzativo —presenti i maggiorenti del PSI —varò il "Comitato promotore della Costituente laburista", presieduto dallo stesso Spini, del quale facevano parte lo storico Gaetano Arfè, i sociologi Guido Martinotti e Luciano Cavalli, l'urbanista Umberto De Martino, la dott.ssa Anna Maria Petrioli, l'economista Alessandro Roncaglia, il giornalista Vittorio Emiliani.
In seguito la Costituente per la fondazione della Federazione Laburista venne fissata per i giorni dal 4 al 6 novembre 1994. Boselli obiettò che bisognava prima svolgere il congresso di scioglimento del PSI e che dunque la Costituente andava rinviata, ed anche Giugni e Del Turco (che aveva conservato la rappresentanza legale e statutaria del PSI) si schierarono su queste posizioni. **Valdo Spini,** convinto dell'ipotesi opposta (prima la costituente e poi il congresso di scioglimento) reagì dimettendosi, il 20-9-1994, da coordinatore del PSI e proseguì nella sua impostazione. Il 6 novembre, appena una settimana prima del congresso del PSI, a Firenze, infatti, portò a compimento il processo di formazione della **Federazione Laburista**

(18.000 iscritti), di cui divenne il presidente e nella quale, nel gennaio 1995, confluì Rinascita Socialista di Enzo Mattina..Vi aderì anche una ventina di parlamentari socialisti, fra cui i deputati Emiliani, Gatto, Pericu e la socialdemocratica Magda Cornacchioni e i senatori Michele Sellitti, Orietta Baldelli e Maria Antonietta Modolo.

All'indomani delle dimissioni di Spini, Del Turco si dichiarò disponibile a guidare il partito fino al congresso di scioglimento da cui doveva sorgere una nuova forza liberal-socialista.
L'ultimo congresso del PSI (596 delegati per 42.387 iscritti), il 47° della sua secolare storia, si svolse a Roma l'11 e il 12 novembre 1994, al palazzo dei congressi dell'Eur, in una sala su cui campeggiava una grande fotografia in bianco e nero di Nenni e Pertini assieme.
In esso si fronteggiarono principalmente due mozioni: una, firmata da Del Turco, Giugni, Boselli ed altri, che si pronunciava per la formazione di un nuovo soggetto politico, che continuasse la tradizione del socialismo italiano e negasse ogni forma di confluenza nel PDS; essa proponeva anche il superamento del polo progressista, per costruirne uno laico-socialista che tentasse di recuperare parte dei consensi spostatisi verso FI, e propendeva per un'alleanza coi cattolici democratici; l'altra, presentata da Manca, Cicchitto, Babbini e Tempestini, giudicava subalterna al PDS non solo la posizione di Spini, ma anche quella della segreteria uscente e propo-

neva il distacco del PSI dai "Progressisti" e l'assunzione di una posizione equidistante dai poli.

Il congresso, con le solite contestazioni sul numero degli iscritti e sulla regolarità dei congressi locali, alla fine deliberò lo scioglimento del PSI e assegnò la vittoria alla prima mozione che ottenne il 63,26%, mentre la pattuglia craxiana raggiunse appena l'11,9%; i voti residui furono ripartiti fra varie mozioni locali.

Dalle ceneri di ciò che era rimasto del PSI sorsero subito dopo due formazioni, una dalla sua ala sinistra ed una da quella destra.

Veniva liquidata così, mestamente e fra mille meschinità, una gloriosa formazione politica, a cui merito storico si può ascrivere - e non è poco - il riscatto della classe lavoratrice italiana.

Il periodo della diaspora (1994-2010)

Che magnifica cosa sarebbe il socialismo senza i socialisti!
Filippo Turati

1 - L'ala sinistra

Il 13 novembre 1994, qualche ora dopo lo scioglimento del PSI, la maggioranza che aveva vinto il 47° congresso, l'ultimo del PSI, diede vita ad un nuovo raggruppamento che intendeva rompere con quello che di negativo il vecchio partito aveva finito per rappresentare.
Il primo, fra i convenuti, a prendere la parola fu il giovane emiliano **Enrico Boselli**, che fu eletto, per acclamazione, segretario del nuovo partito, che assunse la denominazione di **SI** (Socialisti Italiani), volendo forse sottolineare di essere fatto di persone in carne ed ossa e non di inavvicinabili stelle di una nomenclatura onnipotente. Per Boselli (affiancato fino al 1998 dal vicesegretario RobertoVilletti) il SI doveva proporsi di unire in una federazione i gruppi dell'area socialista, del mondo cattolico liberale, dei settori liberaldemocratici, degli ambientalisti riformisti. Riserve furono espresse circa il rapporto col PDS e le sue tentazioni annessionistiche.

Seguirono gli interventi augurali dei rappresentanti di altri partiti e movimenti, fra cui particolare rilievo ebbe quello di D'Alema, applauditissimo, in rappresentanza del PDS, partito "fratello"e aperto ad un franco dialogo con il SI., quale membro dell'Internazionale Socialista, nella quale il SI sarà ammesso nel dicembre successivo.

I lavori furono chiusi da **Gino Giugni**, eletto presidente del partito.

Il simbolo, naturalmente, era del tutto nuovo: un cerchio con la base verde e lo sfondo bianco, con dentro la scritta "SI", in nero, ma col puntino rosso; a lato, in rosso, la scritta "Socialisti Italiani".

L'esordio dei Laburisti in una prova elettorale avvenne nelle elezioni comunali e provinciali di Massa, nel novembre del 1994. Vi si fronteggiavano uno schieramento di centro-sinistra ed uno di centro-destra; il fatto curioso era che in quest'ultimo figurava, piuttosto stranamente, anche il PSDI, che addirittura schierava come candidato a presidente della Provincia, il segretario nazionale Enrico Ferri (sindaco di Pontremoli e deputato europeo).

La cosa ebbe importanti conseguenze: provocò, fra le esigue schiere socialdemocratiche, una nuova frattura interna, con ulteriore fuoriuscita di gruppi di iscritti verso i partiti affini del centro-sinistra, area naturale della socialdemocrazia; si ebbe un richiamo ufficiale dell'Internazionale Socialista e del Partito Socialista Europeo, a cui il PSDI e il suo segretario aderivano. Il presidente del partito Cariglia, ex partigiano, il 15-11-1994 convocò (illegittimamente secondo Ferri) il Consiglio Nazionale del partito. Il 18 il Coordinatore Nazionale on. Carlo Flamment riunì a Roma la corrente di "Sinistra Riformista", in preparazione del Consiglio Nazionale che si sarebbe svolto l'indomani.

Il CN approvò il documento presentato dalla "sinistra" che ancorava, coerentemente con la sua storia, il PSDI alla coalizione progressista e all'Internazionale Socialista. Chiese anche le dimissioni di Ferri e l'azzeramento della Direzione e della segreteria e venne convocato il congresso nazionale che si sarebbe svolto a Bologna il 28 e 29 gennaio 1995. Ferri fu quindi costretto a lasciare la segreteria del partito, che venne gestito, fino al congresso, da una Commissione di Reggenza, con Coordinatore Nazionale Gian Franco Schietroma.

Per difendersi dagli attacchi interni, Ferri costituì (10-12-1994), assieme a Luigi Preti, una propria corrente denominata **SOLE** (Socialdemocrazia Liberale Europea).

Il XXIV congresso (straordinario) del PSDI si tenne a Bologna il 28 e 29 gennaio 1995, con la partecipazione di Pierre Mauroy, presidente dell'Internazionale Socialista, in cui il PSDI fu prontamente riaccolto. Alla tribuna si alternarono i principali esponenti della socialdemocrazia italiana, fra cui Alberto Bemporad (ex sottosegretario), Flavio Orlandi (ex segretario nazionale), Antonio Cariglia (presidente del partito), Stefano Giacometti (Coordinatore Nazionale dei Giovani Socialdemocratici), Magda Cornacchione Milella (deputato), Carlo Flamment (consigliere comunale di Roma e componente della Commissione di Reggenza nazionale).

I lavori furono conclusi da Anselmo Martoni (segretario della Federazione di Bologna) che lesse il documento politico conclusivo, approvato dal congresso, che mise definitivamente in minoranza la corrente Ferri-Preti. Segretario fu eletto, per acclamazione, **Gian Franco Schietroma,** con vicesegretario Giorgio Carta. Coordinatore della segreteria politica sarà nominato Carlo Flamment.

A questo punto la corrente SOLE uscì dal PSDI e si costituì in partito autonomo, che andò a collocarsi nel centro-destra, non mancando di avanzare ricorsi sul legittimo possesso del simbolo del sole nascente socialdemocratico. Il Tribunale di Roma, però, il 23-3-1995, diede ragione a Schietroma, a cui ne riconobbe la titolarità.

La collaborazione privilegiata di Ferri col CCD non fu però condivisa da Luigi Preti, il quale, assieme alla sua corrente "Rinascita Socialdemocratica", si distaccò dal SOLE (che di fatto nel 1996 si scioglierà nel CCD) e fondò (17-2-1996) il **Movimento per la Rinascita Socialdemocratica** (poi "Partito Socialdemocratico", dal 2005 tornato alla denominazione iniziale, dal 2007 "Partito dei Socialdemocratici, dal 2009 "Rinascita Socialdemocratica"), federato con FI. Dopo la morte di Luigi Preti, il movimento, ormai di dimensioni locali, sarà guidato da Vittorino Navarra, già coordinatore nazionale ed ex consigliere comunale (1970-1991) di Poggio Renatico (Ferrara).

La prima prova importante che l'ala sinistra del movimento socialista italiano dovette affrontare furono, però, le elezioni regionali del 23-4-1995, le prime col nuovo sistema elettorale maggioritario.

La Federazione Laburista si presentò all'interno del centro-sinistra, appoggiandone i candidati alla presidenza e presentando liste insieme ad altri partiti minori; elesse un consigliere in Toscana ed uno in Puglia.

Il SI, invece, fece liste comuni con Alleanza Democratica e col Patto Segni ("Patto dei Democratici"), raggiungendo un buon 4,2% (33 consiglieri, di cui 22 socialisti).

Le elezioni politiche del 1996, vinte dal centro-sinistra guidato da Romano Prodi, videro i due raggruppamenti alleati nello stesso schieramento: i Laburisti, per la quota proporzionale, presentarono candidati all'interno delle liste del PDS (Spini fu rieletto) ed elessero complessivamente 6 deputati e 3 senatori, mentre il SI presentò propri candidati nelle liste di "Rinnovamento Italiano", partito di centro con leader Lamberto Dini, ed elesse in tutto 8 deputati (Giuseppe Alberini, Enrico Boselli, Aldo Brancati, Vincenzo Ceremigna, Giovanni Crema, Sergio Fumagalli, Paolo Manca e il vicesegretario Roberto Villetti) e 5 senatori (Livio Besso Corsero, **Ottaviano Del Turco**, nuovo presidente del partito, Giovanni Iuliano, Maria Rosaria Manieri e Cesare Marini).

I laburisti, il 15-7-1997, assieme ad altri piccoli raggruppamenti socialisti, daranno vita al **MDSL** (Movimento dei Democratici, dei Socialisti e dei Laburisti), che parteciperà alla fondazione dei DS (Democratici di Sinistra).

2 - L'ala destra

Col congresso di scioglimento del PSI, le due ali che vi si erano fronteggiate si divisero. L'ala destra, quella neocraxiana, guidata da Manca e Cicchitto, si era pronunciata contro lo scioglimento; ma, considerati i risultati del congresso, che aveva anche respinto la loro proposta di mantenere il partito autonomo da ogni schieramento, vista dai rivali come una specie di regalo da fare al centro-destra, decise anch'essa di fondare, lo stesso giorno 13-11-1994, una propria formazione politica battezzata **PSR** (Partito Socialista Riformista).

Il PSR elesse **Enrico Manca** presidente, **Fabrizio Cicchitto** segretario nazionale e Vladimiro Poggi coordinatore nazionale dell'organizzazione giovanile. Il Direttivo fu composto dai coordinatori regionali.

Il PSR operò, su posizioni filo-centriste, fino alla fine del 1995; poi, il 24-2-1996, si unificò coi gruppi residui del "Movimento Liberal Socialista" guidati da Intini, per costituire il **PS** (Partito Socialista), in cui confluirono tutti i vecchi e nuovi craxiani (Boniver, Cicchitto, Intini, Manca) contrari al centro-sinistra.

Segretario nazionale fu eletto **Ugo Intini.** Forse per sottolineare le sue ascendenze politiche, il nuovo partito scelse come simbolo il garofano. Ma —fatto assai curioso —sarà lo stesso Craxi, in prossimità delle elezioni politiche del 1996, da Hammamet, località tunisina in cui si era stabilito, con un suo comunicato, a sconfessare il progetto. In effetti, il PS raccolse nel proporzionale appena lo 0,4% e non ottenne nessun seggio.
Meglio andarono le cose nelle elezioni regionali siciliane dello stesso anno, in cui il PS conquistò 3 seggi su 90.

Alla vigilia del I congresso nazionale (30 nov./1 dic. 1996) nel PS (26.000 iscritti) si confrontarono due posizioni, anche se non frontalmente: una (Intini) che cercava di affrancarsi dall'ombra di Craxi, l'altra più legata all'ex segretario socialista. Segretario venne riconfermato **Ugo Intini**, coordinatore fu nominato Fabrizio Cicchitto.
Il segretario Intini, la cui vocazione unitaria era assai radicata, agli inizi del 1997 prese contatti col segretario del SI Boselli per avviare un processo di unificazione socialista, a partire

dalle imminenti elezioni amministrative dell'aprile 1997. Venne deciso di presentare, nelle diverse città, una lista unica , con un unico candidato sindaco, costituendo un cartello elettorale denominato "Socialisti Italiani Uniti". A Milano, dove capilista saranno proprio i due segretari, però il risultato sarà piuttosto deludente (1,3%). Si decise, tuttavia, di proseguire nell'intesa, ma un'aspra nota da Hammamet la stroncò, suscitando all'interno del PS una divaricazione fra coloro che si sentivano vicini al segretario, condividendone il progetto di fusione e quelli, capeggiati dall'ex vicesegretario di Craxi, Gianni De Michelis, che invece accettavano in pieno le posizioni di Craxi e puntavano ad un PS ancorato al Polo di Berlusconi.

Intini avrebbe voluto delegare la scelta ad un congresso da tenesi entro l'anno, ma i craxiani, ormai allergici a qualunque cosa odorasse di sinistra, forzarono i tempi e in un riunione della Direzione del 13-9-1997, defenestrarono Intini e lo sostituirono con **Gianni De Michelis**.

Dopo le solite contestazioni sulla legittimità della riunione della Direzione che lo aveva sconfessato (37 voti su 38), Intini, che aveva capito che "loro vogliono andarsene con la destra", il 26-9-1997 riunì i suoi sodali e separò il suo percorso politico da quello della corrente di De Michelis.

Nel 1998, ad iniziativa dell'ex ministro socialista **Salvo Andò**, che ne venne eletto presidente, fu costituito in Sicilia il movimento dei **Liberalsocialisti**, che riuscirà a cogliere qualche successo nelle votazioni locali, fra cui l'elezione, nel 2001, di un deputato all'Assemblea Regionale Siciliana.

3 - Lo SDI e il Nuovo PSI

Il 1998 fu un anno piuttosto intenso per i vari raggruppamenti che sostenevano di richiamarsi al socialismo.
La vicenda del SI (circa 40.000 iscritti) si conclude l'8 febbraio 1998, quando, assieme ad altre organizzazioni affini, partecipò alla costituzione, a Roma, dello **SDI** (Socialisti Democratici Italiani).
Si trattava della confluenza di quattro raggruppamenti di origine socialista: il SI di **Enrico Boselli**, il cui partito era stato il promotore dell'iniziativa, e che fu eletto anche presidente dello SDI; il PSDI di Gian Franco Schietroma, che aveva ancorato il partito a sinistra e che sarà coordinatore nazionale (dal 5-7-2001 vicepresidente) dello SDI; l'ala sinistra del PS (la cui sigla da allora rimase interamente a De Michelis), guidata da Ugo Intini ed Enrico Manca; alcuni gruppi di Laburisti, definitisi "Laburisti Autonomisti", contrari a confluire nel costituendo partito dei DS.

Il nuovo partito si rifaceva ai principi di libertà, di giustizia e di pace che erano state del Partito dei Lavoratori Italiani fondato a Genova nel 1892 e alla tradizione socialista riformista. Fra i valori di riferimento erano considerati essenziali il sistema democratico, il laicismo, i diritti umani, civili e sociali, l'europeismo, il federalismo, le autonomie locali, la difesa dell'ambiente. Lo SDI aderiva a pieno titolo all'Internazionale Socialista.

Il I congresso (costitutivo) del nuovo partito si tenne a Fiuggi dall'8 al 10 maggio 1998 e confermò **Enrico Boselli** alla sua guida. Il congresso, mentre rigettava, come operazione di puro assorbimento dei socialisti, la formazione dei DS che di lì a poco si sarebbe costituita, si schierò decisamente per l'adesione all'Ulivo (il cartello del centro-sinistra), dichiarando superate posizioni dietrologiche o di risentimento e volendo, invece, dare il suo contributo alla risoluzione dei problemi attuali.

Agli "Stati Generali" di Firenze del 13-2-1998 venne fondato il partito dei DS (Democratici di Sinistra), aderente all'Internazionale Socialista. Vi parteciparono i Laburisti e i gruppi aggregati nel MDSL, il PDS (il partito post-comunista guidato da Massimo D'Alema, che ne era di gran lunga il contraente maggiore); la Sinistra Repubblicana di Giorgio Bogi e Giuseppe Ayala, uscita dal PRI nel 1994; i Cristiano Sociali di Pierre Carniti, ex segretario della CISL; il Movimento dei Comunisti Unitari, con leader Famiano Crucianelli, raggruppamento uscito da Rifondazione Comunista nel 1995; l'associazione "Riformatori per l'Europa", fondata nel 1998 dal suo leader Giorgio Benvenuto, alla quale aderivano molti sindacalisti della UIL e della CGIL, questi ultimi guidati da Guglielmo Epifani, vicesegretario del più grande sindacato e leader della corrente socialista.

La presenza, fra i fondatori, di raggruppamenti di origine non socialista e, più ancora, la propensione degli ex comunisti ad eludere (chissà perché) ogni riferimento esplicito al socialismo, impedirono forse l'inserimento del termine "socialista" nella intestazione. I partecipanti socialisti ebbero però l'orgoglio di poter dire che alla base della riconfermata quercia del PDS, non c'era più il simbolo, sia pure rimpicciolito, del vecchio PCI, ma la rosa del socialismo europeo.

I laburisti divennero, da allora, una corrente del nuovo partito, nelle cui vicende si confonderà la loro storia, fino alla confluenza dei DS nel PD (Partito Democratico).

Segretario dei DS fu riconfermato l'ex segretario del PDS, Massimo D'Alema. Della Direzione eletta, di 18 componenti, solo due erano socialisti: Giorgio Benvenuto e Valdo Spini.

Il 20-6-1998 Gianni De Michelis, segretario del PS, ormai depurato, dopo il distacco di Intini, di ogni sia pur timida tentazione di centro-sinistra, annunciò che la tessera N°1 del partito sarebbe stata inviata a Craxi, presumibilmente placato dallo spostamento decisamente a destra che il PS aveva operato a partire dal II congresso (Roma, 4-5 luglio 1998).

Dalla sponda opposta dello schieramento neosocialista, invece, essendo subentrato al I governo Prodi (che lo SDI aveva appoggiato dall'esterno) il I governo D'Alema (21-10-1998/22-12-1999), il partito di Boselli vi entrò con un ministro (Angelo Piazza, alla Funzione Pubblica) e un sottosegretario (Gian Franco Schietroma, alle Finanze). Farà parte del governo (dal 13-5-1999, in sostituzione di Ciampi, diventato Presidente della Repubblica), come socialista indipendente, anche Giuliano Amato (Tesoro).

Il 31 10-1998, all'approssimarsi delle europee dell'anno successivo, Intini propose una lista unica SDI-PS, ma De Michelis fu lesto a rifiutare; preferiva invece allearsi con le destre, AN compresa, come in effetti avvenne alle elezioni amministrative, tanto da provocare l'uscita dal partito (9-1-1999) di un gruppo capitanato da Paris Dell'Unto. Il III congresso del PS (Roma, 10 e 11 aprile 1999), però, approvò la linea di **Gianni De Michelis** e lo riconfermò alla segreteria.
Nelle elezioni europee del 13-6-1999 lo SDI raccolse il 2,1% ed elesse 2 deputati:Enrico Boselli e Claudio Martelli, il quale ultimo, però, dopo la morte di Craxi (19-1-2000) lasciò lo SDI e la direzione di *Mondoperaio* e si trasferì nel PS, e per questo fu escluso dal PSE che, ovviamente, non considera socialista chi si alla con la destra. IL PS ottenne lo 0,4% e nessun seggio. Forse perché delusi dai risultati, oppure perché avevano capito che l'erede più accreditato del craxismo, come sembravano dimostrare i flussi elettorali, era il partito di Berlusconi, il 22-

6-1999 Fabrizio Cicchitto e Margherita Boniver lasciarono il PS e aderirono a Forza Italia, trovandovi la loro vera e accogliente casa.

Quando D'Alema costituì il suo II governo, lo SDI non vi partecipò e gli concesse appena l'astensione. I suoi rapporti con i DS e con la maggioranza migliorarono, invece, quando fu costituito l'ultimo governo della legislatura, il governo Amato (25-4-2000/11-6-2001), a cui lo SDI partecipò con un ministro (Del Turco, alle Finanze) e due sottosegretari (Intini agli Esteri e Schietroma agli Interni).

Poco tempo dopo la formazione del governo Amato, nell'agitato mondo del post-socialismo spuntò (10-5-2000), trasformandosi, da componente interna del SDI, in movimento autonomo, una nuova formazione: la **Lega Socialista**, fondata da **Bobo Craxi**, che ne divenne anche il presidente, affiancato da un Comitato di Coordinamento. Nella vita della Lega sono da menzionare due avvenimenti: un'Assemblea Nazionale (26-5-2000) con finalità organizzative e di lancio del movimento; una seconda Assemblea (20-6-2000) su un impegnativo tema: "I socialisti verso la costituzione del nuovo PSI con riformisti, laici, liberali e libertari per costruire la Sinistra delle libertà". Ad essa aderì, il 7-7-2000, il deputato europeo uscito dallo SDI, Claudio Martelli, con un gruppo di "autonomisti ex SDI".

La Lega Socialista adottò, come simbolo- per marcare la differenza con la rosa dello SDI - un garofano rosso all'interno

di un cerchio bianco, inserito in una corona circolare rossa, contenente, nella parte alta, la scritta "Lega Socialista".
La Lega Socialista si adoperò per una nuova costituente che avviasse un processo di costruzione di una nuova casa socialista; su questo terreno si incontrò con le posizioni da tempo assunte dal PS e dal suo segretario **Gianni De Michelis**, confermato anche al IV congresso del suo Partito (Roma, 19-20/11/1999).

Dalla fusione della Lega Socialista e del PS, il 19-1-2001 nacque il **Nuovo PSI** (Nuovo Partito Socialista Italiano), con segretario **Gianni De Michelis** e presidente **Bobo Craxi**, dal 2002 vicesegretario. Il nuovo partito, nonostante l'esplicito richiamo alla tradizione socialista, poco tempo dopo decise di prendere parte alla fondazione della "Casa delle Libertà" (centro-destra).
Fu quest'ultima a vincere le elezioni politiche del 13-5-2001. Il Nuovo PSI, che ne faceva parte, nella quota proporzionale ottenne lo 0,95% dei voti e nessun seggio, ma nel maggioritario riuscì a fare eleggere tre deputati (Bobo Craxi, Vincenzo Milioto e Chiara Moroni) e un senatore (Francesco Crinò). Il Nuovo PSI fu rappresentato nel nuovo governo Berlusconi (11-6-2001/23-4-2005) dal sottosegretario Stefano Caldoro.

Lo SDI partecipò, invece, alla coalizione dell'Ulivo, guidato da Francesco Rutelli. Al proporzionale si alleò con i Verdi (lista "Il Girasole"), nella speranza di arrivare al 4% per accedere alla ripartizione dei seggi: ma la lista non non ottenne che il 2,17%. Nel maggioritario, però elesse 9 deputati. Al Senato gli eletti furono 6.

Il 14-3-2003 fu fondata l' associazione **Socialismo è Libertà** per iniziativa di Rino Formica, Claudio Signorile, Pietro Larizza, Enrico Manca, Claudio Martelli, Luigi Angeletti ed altri.
L'assemblea costitutiva, alla quale parteciparono più di 500 socialisti si svolse a Roma sotto la presidenza di Silvano Veronese e potè registrare anche le importanti adesioni di Aldo Aniasi, ex comandante partigiano ed ex sindaco di Milano e di Guido De Martino, figlio del famoso leader socialista Francesco.
L'associazione si proponeva il rinnovamento della cultura politica e del progetto riformatore del movimento socialista, per definire un programma finalizzato alla crescita dei livelli di libertà dell'individuo, di giustizia, di equità nella distribuzione della ricchezza, di solidarietà sociale. Si proponeva, inoltre di "lavorare per una società che riesca a dare a ciascun individuo la massima possibilità di decidere la propria esistenza e di costruire la propria vita".
Il Comitato di Coordinamento risultò composto, oltre che da **Rino Formica,** acclamato presidente, da Abruzzese, Angeletti, Artali, Barra, Benaglia, Biscardini, Borgoglio, Carannante, Campagnano, Del Bene, Delfino, Foccillo, Larizza, Manca, Martelli, Signorile, Spano, Vercesi, Veronese.

Nel corso del III congresso (Roma, 11-13/4/2003) del Nuovo PSI, che riconfermò **Gianni De Michelis** alla segreteria, si verificò una scissione della componente sorta attorno a Claudio Nicolini, organizzatasi come "Sinistra Liberal Socialista", la quale il 4-2-2006 aderirà allo SDI, ottenendo di essere rappresentata da 14 membri nel Consiglio Nazionale, 2 nella Direzione Nazionale e 1 nell'Esecutivo Nazionale.

Un altro piccolo successo per lo SDI fu la confluenza nel suo ambito decisa dai Liberalsocialisti di Salvo Andò nel congresso di Enna del novembre 2003.

4 - Il nuovo PSDI

Quando, nel febbraio 1998, si decise di dar vita allo SDI, con la partecipazione del SI, dei Laburisti Autonomisti, della minoranza del PS, guidata da Intini, e del PSDI, l'adesione di quest'ultimo partito fu portata dal segretario Schietroma, il quale però, forse fidando nella scelta di centro-sinistra da anni alla base della politica del partito, pare non avesse un mandato esplicito del Consiglio Nazionale.

Su questa "lacuna" faranno leva, verso la fine del 2003, alcuni gruppi socialdemocratici, sia interni che esterni allo SDI, propensi ad una nuova autonomia organizzativa del partito, i quali decisero di riprendersi nome e simbolo del vecchio

PSDI e, dopo avere effettuato un tesseramento, celebrarono, l'11-1-2004 a Roma, il XXV congresso del ricostituito partito, che si pose così in diretta continuità storica col partito fondato da Saragat.

Al congresso, che si schierò compatto per una linea politica riformista conforme alla tradizione socialdemocratica e dunque favorevole alla coalizione di centro-sinistra, parteciparono 200 delegati, in rappresentanza dei 3500 iscritti.

Alla fine fu eletto un Consiglio Nazionale e una Direzione di 21 componenti, fra cui Emmanuele Emanuele e Nicolò Amato. Segretario nazionale fu eletto l'on. **Giorgio Carta,** con presidente onorario Antonio Cariglia.

In seguito, in prossimità delle elezioni europee, una sentenza della Corte di Cassazione sancì la continuità storico-giuridica e la titolarità del simbolo al PSDI guidato da **Giorgio Carta**, che nel periodo successivo riorganizzò il partito nel territorio e fu riconfermato dal XXVI congresso (Roma, 9/11-12-2005).

Poco tempo dopo la ricostituzione del PSDI, sorse, il 21-2-2004, per iniziativa dell'ex vicesegretario del PSI, **Claudio Signorile**, che ne divenne presidente, un nuovo soggetto politico, il movimento di **Unità Socialista**. Esso era formato da molti esponenti dell'ex sinistra lombardiana del PSI, alcuni dei quali provenivano dall'associazione "Socialismo è Libertà" di Rino Formica.

Tra i fondatori c'erano Michele Achilli (ex leader della "Sinistra per l'Alternativa" del PSI), Beppe Attene, l'ex segretario della FGSI Felice Borgoglio, Alessio Campione, Paola Caporossi, Gianfranco Carbone, Giorgio Cardetti, il siciliano di Pachino ed ex senatore **Pietro Ferrara**, Pino Iacino, Enzo Leone, l'ex leader della sinistra socialista siciliana on.**Turi Lombardo**, Antonella Marsala, Antonio Matasso, Vittorio Mazzoni, Ennio Pascarella, Armando Riviera, Andrea Saba, Angelo Sollazzo, Angelo Tiraboschi.

Il movimento aveva per scopo "la riunificazione dei socialisti e dei laici in un soggetto politico che abbia autonoma rappresentanza nella società e nelle istituzioni ed aderisca alla Internazionale Socialista".

Il suo simbolo, di forma circolare, era costituito da "un sole nascente circondato da una corona circolare di colore rosso contenente la scritta "UNITA' SOCIALISTA", nel quale è inserito un cerchio contenente un garofano, con la corolla rossa ed il gambo verde, su fondo bianco".

Dal 2 al 4 aprile 2004 si svolse a Fiuggi il III congresso dello SDI, che riconfermò alla sua guida **Enrico Boselli** e aderì all'appello di Prodi rivolto ai partiti del centro-sinistra di presentarsi sotto un unico simbolo, quello dell'Ulivo appunto, alle nuove elezioni europee, fissate per il 13-6-2004.

Lo stesso 2-4-2004 si svolse la 1° Assemblea Nazionale del movimento di "Unità Socialista" sul tema *I socialisti con i socialisti: un programma europeo*.
L'appello, lanciato in prossimità delle elezioni europee (13-6-2004) e nella prospettiva di una ricomposizione delle sparse forze socialiste, fu raccolto dal Nuovo PSI di De Michelis e si concretizzò con la presentazione di un'unica lista socialista US-NPSI. Lo SDI, per i motivi di cui sopra, rifiutò.

L'alleanza elettorale NPSI-US presentò dunque una lista denominata "Socialisti Uniti per l'Europa", che ottenne il 2% dei voti ed elesse due eurodeputati, ambedue del NPSI: il segretario Gianni De Michelis e il giovane Alessandro Battilocchio, i quali, ovviamente, non vennero accettati dal Partito Socialista Europeo, per i legami del loro partito col centro-destra italiano.
Anche lo SDI riuscì ad eleggere due deputati: Pia Locatelli ed Ottaviano Del Turco.

Alle elezioni regionali che si svolsero fra il 3 e il 18 aprile 2005 lo SDI si presentò sotto il simbolo dell'Ulivo, vincitore della tornata elettorale, in 9 regioni e autonomamente nelle altre 5, nelle quali, col sostegno di "Unità Socialista", si attestò attorno al 4,5%.
Il Nuovo PSI, invece, si presentò, quasi ovunque, con la Casa delle Libertà. Dopo il cattivo esito delle regionali, Berlusconi si dimise e formò un nuovo governo (23-4-2005/17-5-2006)

nel quale il Nuovo PSI fu rappresentato dal ministro Stefano Caldoro (Attuazione del Programma), dal viceministro Giovanni Ricevuto (P.I.) e dal sottosegretario Mauro Del Bue (Infrastrutture e Trasporti).

Dopo le elezioni regionali nuovi sommovimenti scossero il già agitato mondo socialista.
Lo Sdi, soprattutto per dissapori insorti con la "Margherita" di Rutelli, abbandonò la Federazione ulivista, che doveva poi evolversi verso un partito unico (PD), pur rimanendo nella coalizione di centro-sinistra ("L'Unione"); si pose quindi altri obiettivi, avviando un percorso comune con i radicali di Marco Pannella, che entrarono così nel centro-sinistra, con l'intento di creare, come stabilito da un convegno tenuto a Fiuggi il 23 settembre 2005, una nuova forza, la **RnP** (Rosa nel Pugno) di "laici socialisti libertari radicali", che partendo come cartello elettorale, avrebbe potuto portare a un solo partito, ispirato all'opera di Fortuna, Blair e Zapatero e fortemente impegnato sul tema dei diritti civili e della laicità dello Stato.
In esso si ebbe anche la convergenza di "Unità Socialista" e Signorile entrò nella Direzione della RnP. Come simbolo fu adottata appunto la "rosa nel pugno" del socialismo europeo, che fu ufficialmente presentata al IV congresso dello SDI, tenuto a Fiuggi nel novembre 2005.

Al convegno del settembre 2005 avevano partecipato rappresentanti del Nuovo PSI e c'era stato anche un simbolico abbraccio tra Boselli e De Michelis, ma la strada verso l'unità socialista veniva considerata tuttavia lunga e faticosa.

Quando si arrivò al V congresso (Roma, 21-23 ottobre 2005) del Nuovo PSI, all'interno del partito erano emerse, e si erano poi concretizzate in mozioni congressuali, due posizioni nette e contrastanti: la prima del segretario De Michelis, che si potrebbe definire di "centro", favorevole all'unità socialista, ma assai restia a lasciare la "Casa delle Libertà". A sostegno di questa tesi si schierò anche la "destra" di Stefano Caldoro e di Chiara Moroni; la seconda, del vicesegretario Bobo Craxi (figlio di Bettino) e di Zavettieri, schierata a "sinistra", che proponeva l'immediata uscita dal governo di centro-destra e si dichiarava pronta a perseguire l'unità socialista nel centro-sinistra.

Probabilmente per l'inconciliabilità delle due proposte e forse anche per le posizioni di potere in ballo, il congresso si svolse in maniera assai turbolenta, tanto che a un certo punto la maggior parte dei delegati favorevoli a De Michelis abbandonò i lavori, mentre la parte restante acclamava Bobo Craxi nuovo segretario, non riconosciuto però dal centro-destra del partito. Un altro gruppo abbandonò il NPSI per costituire "Rifondazione Socialista" (presidente Salvatore Placenti, segretario Giuseppe Graziani), in seguito (21-2-2008) denominata "Partito del Socialismo Umanitario".

Per un certo periodo si ebbe uno sdoppiamento del Nuovo PSI, uno diretto da Craxi e l'altro da De Michelis, che ambedue si dichiaravano segretari. Poco tempo dopo, però, la Commissione di Garanzia del partito dichiarò nullo il congresso perché non c'era stato l'accreditamento dei delegati, e confermò alla guida del partito **Gianni De Michelis**, che il 29 ottobre ottenne la fiducia del Consiglio Nazionale, anche con l'appoggio della destra interna di Caldoro e Moroni; Craxi si rivolse al giudice, che accolse il ricorso e lo proclamò segretario del partito, assegnandogli la titolarità legale del nome e del simbolo; De Michelis presentò appello, che venne definitivamente accolto il 25-1-2006, dichiarando nullo il congresso e ripristinando la situazione preesistente ad esso. Coordinatore nazionale fu nominato l'ex ministro Stefano Caldoro. Alla vicesegretaria Craxi fu sostituito da Chiara Moroni.

A questo punto la scissione era un fatto compiuto. Già il 7 gennaio **Bobo Craxi** aveva infatti annunciato di lasciare la Casa delle Libertà e di togliere, come deputato, l'appoggio al governo, pur senza aderire alla Rosa nel pugno, cosa diversa - a suo avviso - dall'unità socialista, per la quale invece il suo gruppo si sentiva impegnato. Si diede quindi vita alla nuova formazione de **I Socialisti**, i quali decisero di presentare, alle ormai prossime elezioni politiche, liste autonome, nell'ambito del centro-sinistra.

Con notevole tempismo il 12 seguente De Michelis annunciò la sua adesione al centro-destra e l'intenzione di costruire, in vista delle imminenti elezioni politiche, un accordo elettorale con la DCA (Democrazia Cristiana delle Autonomie), sempre nell'ambito della Casa delle Libertà. Un piccolo effetto lo ottenne quasi subito: il distacco di Donato Robilotta e del suo gruppo dei "Socialisti Riformisti", che per le politiche 2006 fece un accordo con la "Rosa nel pugno" e nel dicembre 2007 invertì la rotta ed aderì al PDL di Berlusconi!

È proprio in questo turbolento periodo che il movimento di Unità Socialista, constatata l'impossibilità di sganciare il Nuovo PSI dal centro-destra, dapprima promosse —come già ricordato - liste comuni con lo SDI alle regionali e poi, sul finire del 2005, partecipò alla costituzione della "Rosa nel pugno", nella cui Direzione entrò Claudio Signorile, e successivamente decise (2006) la sua confluenza nel partito di Boselli, creando la componente UIAS (Unità, Identità ed Autonomia Socialista), diretta in seguito da Angelo Sollazzo, cioè da quando Signorile decise di aderire al Partito Democratico. Scriverà in un suo comunicato dell'aprile 2006 un suo autorevole componente (Turi Lombardo): <<Un socialista degno di questo nome può stare male a sinistra; non è più un socialista se sta, più o meno bene, a destra>>.

Il 9 e 10 aprile 2006 si svolsero le elezioni politiche che furono vinte (per poco) da "L'unione" di centro-sinistra.
Per quanto riguarda le presenza socialista in Parlamento "La Rosa nel pugno" alla Camera (2,59%) ottenne 18 seggi (fra cui il lader dello SDI Boselli e il vicesegretario Roberto Villetti) e

al Senato (2,49%) nessuno, con uno strascico di contestazioni sulla interpretazione della legge.

"I Socialisti" ebbero lo 0,30% alla Camera e lo 0,37% al Senato, senza seggi, ma furono determinanti per la vittoria, tanto che nel II governo Prodi (17-5-2006/7-5-2008) furono rappresentati da un sottosegretario (Bobo Craxi, agli Esteri)..

Nel governo la "Rosa nel pugno" ottenne un ministro, la radicale Bonino. Per i socialisti dello SDI vi entrarono il viceministro Ugo Intini (Esteri) e i sottosegretari Emidio Casula (Difesa), Tommaso Casillo (Infrastrutture) e il siciliano **Raffaele Gentile** (Trasporti). Sul finire del 2006, non essendo il progetto della "Rosa nel pugno" riuscito a trasformarsi da cartello elettorale a vero e proprio nuovo partito politico, lo SDI cominciò a porsi come nuovo obiettivo la ricomposizione della diaspora socialista.

Nell'ambito del centro-destra il Nuovo PSI si era presentato assieme alla DCA e, con lo 0,74% elesse quattro deputati, mentre al Senato (0,55%) non ebbe alcun eletto.

I quattro deputati erano stati eletti due nelle liste Nuovo PSI-DCA (Lucio Barani e Mauro Del Bue) e due nelle liste di Forza Italia (Chiara Moroni e Giovanni Ricevuto), i quali ultimi, in dissenso con la linea di De Michelis, che, subito dopo si dichiarò indipendente dai Poli, si iscrissero direttamente al gruppo di FI. La vicesegretaria del NPSI Chiara Moroni fu sostituita da Alessandro Battilocchio e Francesco Pizzo. Portavoce Mauro Del Bue.

Il PSDI, presente autonomamente solo al Senato, ebbe lo 0,16% e nessun seggio, mentre alla Camera, dove aveva presentato propri candidati nelle liste dell'Ulivo, ottenne il "diritto di tribuna", con l'elezione a deputato del segretario nazionale Giorgio Carta.

Il 25-11-2006 Carta si dimise e la Direzione Nazionale del successivo 14 dicembre elesse segretario Renato D'Andria; la decisione venne però contestata dal gruppo vicino a Carta che si proclamava maggioritario, per cui D'andria si fece confermare segretario da un congresso (Fiuggi, 26/28-1-2007). La cosa finì davanti ai giudici, che il 17-4-2007 sospesero la delibera della Direzione che aveva eletto D'Andria e tutti i provvedimenti successivi, compreso il congresso del gennaio e i provvedimenti disciplinari adottati. Di conseguenza, permanendo le dimissioni di Carta, la gestione del PSDI rimase affidata ai vicesegretari Mimmo Magistro (vicario) e Giovanni Grillo, unitamente alla vecchia Direzione, fino al successivo congresso.

Il 19 maggio la Direzione respinse le dimissioni di Carta, il quale rimase alla guida del partito fino al congresso. Il 15 giugno D'Andria fondò il "Partito dei Riformatori Democratici" e il 19 luglio perse un altro ricorso sulla gestione del PSDI.

Il quale, nel suo XXVII congresso di Bellaria (RN) del 5/7-10-2007 all'unanimità proclamò segretario **Mimmo Magistro,** presidente **Alberto Tomassini** e presidente onorario Giorgio Carta; vicesegretari Serafino Conforti, Roberto Fornili e Antonello Longo; responsabile nazionale della Gioventù Socialdemocratica rimase Lucia Refolo. A favore di questa soluzione votarono sia la mozione maggioritaria (82%) di Carta, Tomasini e Cioce, che quella minoritaria, rappresentata da Gaspare Conforti e da un gruppo di delegati calabresi e campani.

Dopo la caduta del governo Prodi la socialdemocrazia si orienterà per la partecipazione alle sole elezioni amministrative locali, dando indicazione ai suoi iscritti, per quelle politiche, di votare scheda bianca o annullare la scheda scrivendovi "Saragat".

5 - La Costituente Socialista

La mozione approvata al congresso socialdemocratico di Bellaria, fra l'altro, recitava: "Il PSDI segue con la massima attenzione il processo di semplificazione del sistema politico cui oggi vogliono rispondere la nascita del Partito Democratico, elemento di forte novità nel panorama politico e la via intrapresa dalla Costituente Socialista".

Il PSDI non aderirà, com'era ovvio per un partito che tanto aveva lottato per la sua autonomia, a nessuna delle due iniziative in campo, che tuttavia già dalla fine del 2006 monopolizzavano il dibattito praticamente in tutte le forze del centro-sinistra.

L'idea della costituzione del PD (Partito Democratico) era nata dalla volontà dei DS e della Margherita di impegnarsi per l'unificazione del centro-sinistra italiano.

Al processo costituente aderirono altre piccole formazioni, ma la risposta della diaspora socialista fu, in grandissima maggioranza, negativa.

Il 10 e 11 marzo 2007 ebbe luogo il 1° congresso de "I Socialisti", che per l'occasione mutarono la loro denominazione, divenendo **I Socialisti Italiani** ed elessero segretario nazionale **Saverio Zavettieri**. Il partito si pose come priorità l'unità socialista, individuando come interlocutore privilegiato lo SDI, mentre fu respinta la proposta di entrare nel costituendo PD.

Il V congresso (straordinario) dello SDI si svolse a Fiuggi dal 13 al 15 aprile 2007. Esso si pronunciò negativamente sul progetto già avviato per la formazione del PD e mantenne l'obiettivo di costruire una forza autenticamente socialista, collocata nel PSE e nell'Internazionale Socialista. Alla conclusione del congresso, **Enrico Boselli**, riconfermato alla guida del partito, dichiarò aperta la "Costituente Socialista", con l'obiettivo di concluderla entro l'autunno.

Il progetto di Boselli e dello SDI non era stato condiviso da Ottaviano Del Turco, allora Presidente della Regione Abruzzo, favorevole ad entrare nel PD, il quale, a partire dal 14-5-2007, organizzò la sua componente nel movimento di "Alleanza Riformista", orientata a portare la cultura socialista nel costituendo PD, e il 23 successivo abbandonò formalmente il partito, per aderire al Comitato promotore del nascente PD.

Ad "Alleanza Riformista" aderirono, fra gli altri, Salvò Andò (ex presidente dei Liberalsocialisti) e Claudio Signorile (ex presidente del Movimento di Unità Socialista), ma i loro movimenti di provenienza rimasero nello SDI.

Lasciò lo SDI, per aderire al PD, anche la componente di Claudio Nicolini, organizzatasi in movimento dei "Socialisti Liberal per il Partito Democratico".

Dopo l'ultimo congresso dei DS dell'aprile 2007, in cui fu delibrata a maggioranza la confluenza, assieme alla "Margherita" nel PD, l'ala sinistra diessina, facente capo a Fabio Mussi e a Cesare Salvi, contrari alla fusione, attuò una scissione e costituì (5-5-2007), con l'adesione dei gruppi socialisti facenti capo a Gavino Angius e a Valdo Spini, una nuova formazione politica.

Essa venne denominata "Sinistra Democratica per il Socialismo Europeo", al cui interno si aprì ben presto un dibattito tra chi già si orientava per un'alleanza, magari da poter fare evolvere in unificazione, con i due partiti comunisti (RC e PdCI) e coi Verdi (la "Cosa Rossa") e chi invece spingeva per la partecipazione alla Costituente Socialista. A prevalere, fin dal 31-5-2007, fu la prima ipotesi, anche se Angius e Spini continuarono ad adoperarsi per la seconda.

Si pronunciò a favore della proposta di unificazione socialista nel centro-sinistra anche il segretario del NPSI De Michelis, ma Stefano Caldoro si dichiarò contrario alla Costituente, affermando che il partito doveva confermare la scelta di campo del centro-destra.

La dialettica interna finì con l'assumere toni burrascosi e si andò allo scontro fra le due inconciliabili posizioni, con le solite contestazioni, e si arrivò ad una nuova spaccatura verticale del partito.

Un congresso del NPSI, tenuto a Roma il 23 e il 24 giugno 2007, elesse segretario **Stefano Caldoro**, con cui si schierò uno dei due deputati, Lucio Barani, e ribadì la collocazione del partito nel centro-destra. Il Comitato di Segreteria risultò così composto: **Stefano Caldoro** (segretario), Lucio Barani (tesoriere), **Raffaele Scheda** (Presidente Consiglio Nazionale), Adolfo Collice, Umberto Caruso, Franco Spedale (vicesegretari) e Antonino Di Trapani (coordinatore della segreteria).

Un altro congresso, "rivale" del precedente, pure del NPSI, tenuto anch'esso a Roma, ma il 7 e l'8 luglio successivi, approvò la mozione di De Michelis di adesione alla "Costituente Liberal Socialista", assieme ai socialisti di Boselli e Craxi, ed elesse segretario nazionale del NPSI l'altro deputato **Mauro Del Bue** e presidente **Gianni De Michelis**, con l'adesione dell'europarlamentare Alessandro Battilocchio.

L'anomalo sdoppiamento si concluderà qualche tempo dopo, con l'adesione dei due gruppi agli schieramenti verso i quali propendevano.

Il 15-9-2007 il Comitato Promotore della "Sinistra Democratica" rigettò la proposta Spini-Angius, assestando così un duro colpo al progetto di costruzione di un partito unitario del socialismo italiano, che veniva privato, con quella decisione, di una possibile e consistente ala sinistra, il cui apporto sarebbe stato decisivo per il superamento di tutte le scissioni e per l'avvenire del socialismo in Italia. In ogni caso la scelta per la "Cosa Rossa" era in evidente contraddizione con i motivi che avevano prima caratterizzato la battaglia congressuale e poi determinato la scissione dai DS, e cioè la ferma (ma non tanto, visti gli sviluppi successivi!) volontà di rimanere ancorati al socialismo europeo e all'Internazionale.
In conseguenza di tale decisione Angius, Spini e pochi altri nello stesso settembre 2007 lasciarono la "Sinistra Democratica" di Mussi e costituirono un raggruppamento denominato "Democrazia e Socialismo", con l'intento di partecipare alla Costituente Socialista.

Il 14-7-2007, anniversario della fondazione della II Internazionale, ebbe luogo la manifestazione di apertura della Costituente Socialista, che si concluse con una "dichiarazione di intenti firmata da tutti i partiti partecipanti. Ad essa aderirono tutti i gruppi che si richiamavano al PSE: lo SDI di Enrico

Boselli e Ugo Intini, il Nuovo PSI di De Michelis e Del Bue, I Socialisti di Bobo Craxi e Saverio Zavettieri, Socialismo è Libertà di Rino Formica, Democrazia e Socialismo di Gavino Angius e Valdo Spini, l'Associazione per la Rosa nel Pugno di Lanfranco Turci, Roberto Barbieri (ex DS), Cinzia Dato (ex DL).

Il 25 successivo si insediò il comitato promotore per la fondazione del PS, composto da Gavino Angius, Enrico Boselli, Roberto Barbieri, Bobo Craxi, Cinzia Dato, Mauro Del Bue, Gianni De Michelis, Rino Formica, Franco Grillini, Ugo Intini, Pia Locatelli, Albero Nigra, Gian Franco Schietroma, Valdo Spini, Lanfranco Turci, Roberto Villetti, Saverio Zavettieri.

Il 5 e 6 ottobre 2007 si svolse a Roma la conferenza programmatica del PS, a cui era presente il presidente del PSE Paul Rasmussen e delegazioni della SPD (Germania) e del PSOE (Spagna).

Il 14 ottobre successivo giunse a conclusione il processo di unificazione tra DS e Margherita, che diede vita al PD (Partito Democratico) con segretario Walter Veltroni.
Il processo costituente socialista dovette effettuare una pausa forzata, a causa delle elezioni politiche anticipate seguite alla caduta del governo Prodi e fissate per il 13 e 14 aprile 2008. Ad esse il PS partecipò da solo e al di fuori di ogni coali-

zione, con candidato presidente Enrico Boselli. Il meccanismo della nuova legge elettorale detta *porcellum* impedì al PS (0,97% alla Camera e 0,87% al Senato), ma anche a molte altre formazioni (fra cui la "Cosa Rossa", che dall'oggi al domani si ritrovò senza rappresentanza parlamentare) di essere presente nel Parlamento italiano, in cui, per la prima volta nella storia della Repubblica, non sedeva nessun deputato socialista o comunista.

Il deludente risultato nelle elezioni politiche (vinte dal centro-destra, che aveva ottenuto la maggioranza relativa dei voti col 47,31% e quella assoluta dei seggi), spinse Boselli a rassegnare le dimissioni (14-4-2008); venne altresì annunciato il congresso di fondazione del **PS** (Partito Socialista) per i giorni 4/6 luglio 2008 a Montecatini.
Già prima delle elezioni si era dissociato dal PS —ritenuto troppo appiattito a sinistra - Saverio Zavettieri, che volle mantenere l'autonomia del suo gruppo de " I Socialisti Italiani".
Nel congresso di fondazione e di unificazione del luglio 2008 si confrontarono tre mozioni:
Progetto e ricambio di Angelo Sollazzo e Nerio Nesi, *Prima la politica* di Mauro Del Bue e Lanfranco Turci, *Un nuovo inizio per il partito socialista* di Riccardo Nencini.

Il congresso, all'unanimità, elesse (5-7-2008) segretario del PS **Riccardo Nencini**. La presidenza del partito andò (25-7-

2008) a **Pia Locatelli**; Coordinatore nazionale della segreteria fu eletto Marco Di Lello (ex segretario nazionale dei giovani dei SI, dal 1994 al 1998). La segreteria risultò composta da Giuseppe Alberini, Roberto Biscardini, Luca Cefisi, Giovanni Crema, Mauro Del Bue, Lello Di Gioia, Luigi Incarnato, Gerardo Labellarte e Angelo Sollazzo; tesoriere Oreste Pastorelli, segretario della FGS Luigi Iorio.

La bandiera del neo costituito Partito Socialista è, ovviamente, rossa. Il simbolo, di forma rettangolare, consiste in una rosa circondata di stelle, sovrastata dalla scritta "Partito Socialista", e avente alla base la sigla PSE (nell'aprile 2011 sarà aggiunto il tricolore italiano). Le figure di riferimento del nuovo partito sono: Filippo Turati, Giacomo Matteotti, Carlo Rosselli, Sandro Pertini, Bruno Buozzi, Giuseppe Saragat, Salvatore Carnevale, Pietro Nenni, Riccardo Lombardi, Giacomo Brodolini, Bettino Craxi, Marco Biagi.

A ulteriore dimostrazione della perenne irrequietezza del mondo socialista italiano, il 29-9-2008 Gavino Angius, dopo la rottura coi DS perché contrario al PD, dopo quella con la Sinistra Democratica perché contrario alla "Cosa Rossa", annunciò la rottura col PS, perché riteneva quello dell'unità socialista "un progetto fallito", e il suo passaggio al PD, a cui non aveva inizialmente aderito. Lo seguì il gruppo di "Democrazia e Socialismo" (Franco Grillini, Accursio Montalbano, Alberto Nigra), con la significativa eccezione di Valdo Spini.

6 - Attualità

Dopo la caduta del governo Prodi e in prossimità delle elezioni politiche l'on. Silvio Berlusconi, leader di FI, aveva annunciato (*discorso del predellino*, 18-11-2007) la prossima formazione di un nuovo soggetto politico unitario del centrodestra, a cui Stefano Caldoro e la sua componente del Nuovo PSI si erano affrettati ad aderire.
Caldoro alle politiche del 13-14/4/2008, si presentò quindi nella lista unitaria del costituendo partito, formato essenzialmente da FI e AN, e fu eletto deputato.
Sicché quando la nuova formazione (PDL) nacque ufficialmente (29-3-2009) il Nuovo PSI vi entrò e Caldoro entrò nella Direzione Nazionale, anche se il suo movimento conservò una certa autonomia sul piano locale.

Nei mesi seguenti venne approvata, per le europee del 6-7/6/2009 una nuova legge elettorale, che mentre confermava la proporzionale e il voto di preferenza, introduceva, per l'attribuzione dei seggi, il tetto minimo del 4%, col fine, evidente e immotivato, di eliminare la rappresentanza dei piccoli partiti. In queste condizioni, Nencini si vide costretto ad inserirsi in un'alleanza in grado di superare il nuovo ostacolo, a cui neanche il PD si era opposto.
La stessa esigenza era sentita da altri soggetti politici della sinistra con cui il PS finì per stringere un accordo per dar vita ad una cartello elettorale, per costituire una lista comune, lai-

ca e di sinistra, in grado di superare lo sbarramento del 4%. Al cartello elettorale, denominato SL ("Sinistra e Libertà"), aderirono, oltre il PS, il "Movimento per la Sinistra", nato da una scissione di Rifondazione Comunista e capeggiato da Nichi Vendola; la "Sinistra Democratica", nata da una scissione dei DS, con segretario (dopo Mussi) Claudio Fava; "Unire la Sinistra", sorto da una scissione del PcdI e diretto da Umberto Guidoni; la Federazione dei Verdi, con leader Grazia Francescato. I cinque rappresentanti (per il PS, Di Lello, essendo Nencini impossibilitato a causa di un incidente stradale) il 16-3-2009 presentarono dunque la lista, in cui il PS ebbe 15 candidati, e simbolo un cerchio metà rosso e metà bianco, con i simboli delle tre componenti presenti al Parlamento europeo (PSE, Verdi, Sinistra Unitaria).

La lista, a cui avevano aderito anche molti indipendenti, raccolse solo il 3,2% e non ebbe quindi nessun eletto, il che lasciò uno strascico di malcontento. In particolare Bobo Craxi si pronunciò contro ogni forma di confluenza in SL. Ed infatti, poco dopo la deliberazione della Direzione socialista (7-10-2009) con cui il PS riprendeva lo storico nome di **PSI** (Partito Socialista Italiano) ebbe luogo (10-10-2009) un congresso nazionale in cui i "socialisti autonomisti" seguaci di Craxi si fusero con "I Socialisti Italiani" di Zavettieri, dando vita ad un ennesimo raggruppamento, quello dei **Socialisti Uniti** con segretario **Saverio Zavettieri** e presidente **Bobo Craxi**.

Anche le elezioni comunali, tenutesi in concomitanza con le europee apportarono qualche novità per quanto riguarda il movimento socialista. Valdo Spini formò una sua lista autonoma ("Spini per Firenze") e presentò la sua candidatura a sindaco di Firenze, di cui fu eletto consigliere comunale e presidente dell'omonimo gruppo consiliare.

A Bari la candidatura a sindaco del segretario nazionale del PSDI, prima annunciata e poi ritirata a favore del candidato del PDL sembra aver spostato a destra, dopo tanti anni, l'asse politico del partito, che l'11-9-2009 rese noto l'organigramma approvato dalla Direzione del partito: **Alberto Tomassini** presidente del Consiglio Nazionale, **Mimmo Magistro**, segretario politico nazionale, Antonello Longo e Vito Robles vicesegretari, Lucia Riefolo responsabile dei giovani socialdemocratici..

Nel mese seguente insorsero, nell'ambito della coalizione di SL, tali e tanti dissensi ed incomprensioni che, il 14-11-2009, Nencini annunciò che la coalizione con SL era definitivamente conclusa, per cui, già a febbraio 2010, la divisione con la componente craxiana appariva superata, tanto che Bobo Craxi rinnovò la tessera del PSI.

Intanto nel 2009 Gianni De Michelis era diventato consulente del ministro Brunetta (PDL).

Che sia vero che l'operazione che riesce meglio ai socialisti "non è la somma, ma la divisione"? (Messina, *La Repubblica*, 16-4-2007).

In occasione delle elezioni regionali del 28-29 marzo 2010 il PSI, che ha eletto in tutto 14 consiglieri regionali, ha ovunque appoggiato i candidati alla presidenza del centro-sinistra, presentandosi in alcune regioni con proprie liste, in altre assieme a "Sinistra Ecologia Libertà" o con movimenti minori o inserendo propri candidati nelle liste del PD, in Piemonte insieme con i "Socialisti Uniti". I quali, però, in Calabria hanno appoggiato il candidato del centro-destra.

Il 9-11/7/2010 ha avuto luogo a Perugia il II congresso del PSI, al quale hanno partecipato 621 delegati in rappresentanza di 26123 iscritti, più 16 delegati nominati dalla commissione congressuale per rappresentare i socialisti residenti all'estero.
Il congresso ha rieletto alla segreteria, a larghissima maggioranza (12 voti contrari e 4 astenuti), **Riccardo Nencini** ed eletto il Consiglio Nazionale, composto di 330 membri, oltre il segretario.
Il C.N. poi, in data 18-9-2010, ha eletto (con 7 voti contrari e 7 astenuti) i 50 componenti di sua spettanza della nuova Direzione. Di essa fanno inoltre parte il segretario del partito (Nencini), la presidente del C.N. (Locatelli), il tesoriere (Oreste Pastorelli), il presidente della Commissione Nazionale di

Garanzia (probiviri), il segretario giovanile, i segretari regionali ed altri (Luigi Covatta, Gennaro Acquaviva).

Successivamente la C.N.G. ha eletto suo presidente Giovanni Crema, con vicepresidente Franz Caruso e segretario Federico Novelli.

Lo stesso giorno (20-10-2010) la Direzione ha eletto all'unanimità (1 solo astenuto) la nuova Segreteria, che comprende, oltre il segretario Nencini, Marco Di Lello, Franco Bartolomei, Roberto Biscardini, Luca Cefisi, Rita Cinti Luciani, Bobo Craxi, Mauro Del Bue, Lello Di Gioia, Luigi Incarnato, Gerardo Labellarte, Patrizia Marchetti, Gennaro Mucciolo, Nino Oddo, Donato Pellegrino, Silvano Rometti, Gianfranco Schietroma, Angelo Sollazzo. Membri di diritto Giovanni Crema (presidente CNG), Oreste Pastorelli (tesoriere), Luigi Iorio (segretario FGS) e Rocco Vita (presidente della "Consulta nazionale degli amministratori").

La Segreteria nazionale, il 4-11-2010, ha confermato coordinatore Marco Di Lello ed ha nominato i responsabili dei vari dipartimenti, fra cui Angelo Sollazzo (organizzazione), Andrea Nesi (media), Gerardo Labellarte (autonomie locali), Bobo Craxi (politiche internazionali), Enzo Ceremigna (rapporti sindacali).

Intanto, dal 22 al 24 ottobre 2010, si era tenuto a Barletta il XXVIII congresso del PSDI (138 delegati), nel corso del quale erano state apportate modifiche allo Statuto, che ora disegna un PSDI federale, e da cui è derivato il seguente organigramma: Presidente Nazionale **Alberto Tomassini**; Segretario Politico Nazionale (riconfermato all'unanimità per il triennio 2010-2013) **Mimmo Magistro**; Segreteria Nazionale, oltre i due precedenti, Serafini Conforti, Antonello Longo, Antonio Coppi, Carmelo Bonarrigo, Vito Robles; vicesegretari Mario Calì (vicario) e Vito Robles; Tesoriere Paolo Del Prete; Responsabile della GSDI ancora Lucia Riefolo. Sono stati inoltre eletti 121 componenti del Consiglio Nazionale (presidente Angelo Scalone) e 24 della nuova Direzione Nazionale.

Dopo circa un biennio di silenzio, Enrico Boselli, ex vicesegretario del vecchio PSI ed ex leader del SI, dello SDI e del PS, il 9-12-2010 ha annunciato la sua adesione all'API ("Alleanza per l'Italia") un movimento centrista fondato da Francesco Rutelli.

Riflessioni

> *Ho creduto nel socialismo che per me ha significato giustizia, libertà, dignità umana.*
> Alberto Jacometti

Quando, nel 1892, nacque il primo partito della classe lavoratrice italiana, le sue scelte organizzative previdero organi di direzione collegiali e con poteri scarsi rispetto al prestigio del gruppo parlamentare e di quelli consiliari nelle realtà locali; inoltre un ruolo di notevole peso fu per molto tempo quello del direttore del giornale, unico veicolo unificante capace di orientare gli organismi territoriali.

Fu solo nel 1912, con Costantino Lazzari, che la figura del segretario cominciò a crescere in autorevolezza, in quanto la sinistra "intransigente rivoluzionaria" (da allora maggioritaria) aveva bisogno di riequilibrare il peso dei riformisti, preponderanti, oltre che nel Gruppo Parlamentare, nei sindacati e nelle cooperative. Nell'immediato primo dopoguerra, tuttavia, grazie al carisma e alla forte personalità di Serrati, è il direttore dell'*Avanti!* a dettare la linea del PSI.

In seguito crescerà e si affermerà il ruolo del segretario del partito, raggiungendo la massima espansione nel periodo craxiano (1976-1992). Lo testimonia anche il fatto che il segretario, prima eletto dalla Direzione, a sua volta eletta dal Comitato Centrale, verrà poi eletto dal Comitato Centrale (organo rappresentativo degli orientamenti degli iscritti) o dal Consiglio Nazionale (rappresentativo delle realtà territoriali del partito, come i comitati regionali o le federazioni provinciali, ed eventualmente anche di organizzazioni fiancheggiatrici). Si arriverà, infine, al punto che il segretario sarà eletto direttamente dall'assemblea congressuale, a volte addirittura "per acclamazione", emancipandolo così del tutto dagli altri organismi di partito, che non a caso diventeranno pletorici, proprio perché meno autorevoli. Questa impostazione, comune a quasi tutti i partiti, come ad esempio il PSDI, diventerà assai diffusa in tempi più recenti, coi partiti personalistici o leaderistici, in cui, perciò, il segretario conta se è anche il leader voluto e votato dall'elettorato; altrimenti non è, né più né meno, che un disbrigofaccende.

Che cosa ci ha lasciato il movimento socialista italiano, dopo aver permeato di sé tutto il XX secolo? A parte le facili strumentalizzazioni riguardo all'ultimo periodo della sua esistenza organizzata, il dato storicamente più rilevante —sia detto senza retorica - è l'aver fatto di plebi sfruttate e incolte, facili prede di ogni tipo di avventurismo politico, lavoratori dalla schiena dritta, coscienti dei loro diritti e della loro funzione nella società, sulla quale è fondata la stessa Repubblica Italiana, organizzati in forti sindacati, tutelati da un imponente sistema previdenziale e da importanti leggi, come lo

Statuto dei lavoratori. Non è vero, come si diceva una volta, che "munnu a statu, e munnu è", perché il mondo è cambiato, e di questo cambiamento protagonista è stato il movimento socialista.

Proprio per questo risalta l'anomalia di un'Italia in cui manca, a differenza del resto del mondo, la presenza di un forte partito socialista. Non hanno saputo costruirlo né i socialisti delle varie scuole, affatto disposti ad un'autentica autocritica sul craxismo, che salvando la parte positiva del patrimonio politico prodotto in quel periodo, butti alle ortiche personaggi e comportamenti che nulla hanno a che vedere con i modelli di pensiero e di azione che uomini come Turati, Lazzari, Matteotti, Pertini, Nenni, Saragat, Lombardi e tanti altri hanno lasciato, spesso rischiando i loro beni e le loro persone; non hanno ritenuto di dar vita ad un nuovo partito socialista —come hanno fatto in genere i loro sodali dell'Europa orientale dopo il fallimento storico del comunismo - gli eredi del PCI, i quali, ammainata con stupefacente disinvoltura la bandiera rossa, si sono rifugiati in un generico democraticismo senz'anima; né ha potuto farlo il PSDI, anche nel momento in cui sembrava prevalere sul piano ideologico, forse perché trattavasi, come scrisse Enzo Biagi, di "una nobile intuizione confortata dalla storia, umiliata dalla cronaca".

Un'altra anomalia, anch'essa tutta italiana, è data dal fatto che personaggi, provenienti da una tradizione socialista, ma ormai schierati con la destra o nella destra, continuino a proclamarsi - di tanto in tanto, in verità —ancora socialisti. Quello che stupisce non è il diritto di saltare il fosso e andarsi a sedere con il Centro, o addirittura con la Destra, il che, comunque, suscita qualche legittimo stupore —per non dire altro — specie quando si tratta di personaggi di un certo "rango" politico; quella che risulta veramente inspiegabile è la cocciutaggine con cui alcuni di questi si incaponiscono a dichiararsi socialisti, quando è notorio che i socialisti di tutte le correnti, in nessuna parte del mondo, né nel presente, né nel passato, si sono mai sognati di allearsi, o addirittura di passare, con la destra, dichiarandosi ancora socialisti. Forse ciò che spinge alcuni a questa incredibile finzione è una specie di inconscia voglia di coerenza, che, però, nessuno, compresi loro, può in realtà accreditargli.

Il termine "riformista" appare oggi logorato dall'uso e dall'abuso. Tutti si dicono riformisti. Forse perché vogliono le riforme? Come se riformare fosse un fatto di per sé positivo, dimenticando che ci possono essere riforme peggiorative rispetto ad una data situazione e riforme impopolari rispetto alle aspettative della gente. Il Riformismo aveva un senso quando esso, all'interno del movimento socialista, si adoperava per l'elevazione dei lavoratori, marciando verso la società socialista. Riformisti erano sindacalisti come Buozzi, politici come Matteotti, amministratori come Zanardi, che con la loro azione quotidiana seppero incidere sulla realtà del loro tempo, senza perdere di vista la meta finale.

Un elemento di confusione è dato oggi dall'accostamento assai frequente tra socialismo e liberalismo, dottrine sociali ed economiche assai diverse tra loro. Aspetto assai importante del liberalismo è il liberismo in economia, i cui eccessi hanno infastidito anche i politici liberali, che oramai preferiscono chiamarsi *liberaldemocratici,* mentre molti socialisti si fanno chiamare *liberalsocialisti*. È tale la confusione nel linguaggio che oggi è divenuta impresa assai difficile spaccare il capello della differenza tra "liberalsocialismo" e "liberaldemocrazia".
Il socialismo non ha bisogno di aggettivi, perché contiene in sé l'essenza della libertà e della democrazia, senza le quali non può esistere. Ricordiamo il mite riformista Prampolini, che nell'aula parlamentare, con imprevedibile determinazione, rovescia le urne per impedire l'approvazione di leggi liberticide!

Scorrendo le biografie di coloro che, nell'arco di un secolo, si trovarono al vertice delle varie articolazioni del movimento socialista italiano, ci accorgiamo che il lungo elenco contiene di tutto: pionieri, apostoli dell'ideale, oscuri burocrati e grandi dirigenti, uomini colti e uomini rozzi, rivoluzionari parolai e strateghi del parlamentarismo, opportunisti, rinnegati e traditori. Ma anche oratori brillanti e studiosi di grande valore, martiri ed eroi , pronti a pagare o che pagarono per le loro idee. Uomini, insomma.

Partiti e leader del socialismo italiano

Partiti e movimenti

I vari raggruppamenti del socialismo italiano sono qui elencati in ordine cronologico, secondo la data della loro costituzione: da quelli precedenti il 1892 e poi confluiti nel PSI, al filone iniziale e unitario costituito appunto dal PSI, ai partiti e movimenti che man mano sono sorti, staccandosi dal ceppo originario o da un suo ramo successivo. Di essi sono stati indicati i vertici politici e, quando possibile, anche i loro giornali, con eventualmente i loro direttori, la cui influenza a volte è stata preminente, nel determinare gli orientamenti e le scelte dei diversi movimenti socialisti.

Partito Socialista Rivoluzionario di Romagna, poi (20-7-1884) **Italiano (PSRR/PSRI) (agosto1881/agosto1893)** (confluisce nel PSI)

*Leader Andrea Costa

<u>Partito Operaio Italiano</u> (POI), (1882-1892) (la maggioranza confluisce nel PSI)

* Leader Giuseppe Croce —Costantino Lazzari

<u>Lega dei Socialisti di Milano</u> (1889-1892) (confluisce nel PSI)

* Leader Filippo Turati —Anna Kuliscioff

<u>Partito Socialista Italiano</u> (15-8-1892/13-11-1994)
Varie denominazioni: **PLI, PSLI, PSI, PSI/IOS, PSI, PSIUP, PSI, PSU, PSI-IS, PSI**

* **Comitato Centrale Provvisorio** nominato dal Congresso Operaio Italiano (Milano, 2 e 3 agosto 1891): Enrico Bertini, Silvio Cattaneo, Carlo Cremonesi, Giuseppe Croce, Costantino Lazzari, Antonio Maffi, Anna Maria Mozzoni.
Organo del partito: *Lotta di classe* con direttore **Camillo Prampolini**.

* **Comitato Centrale** eletto al congresso costitutivo del Partito dei Lavoratori Italiani (Genova, 14 e 15 agosto 1892): Enrico Bertini, Giuseppe Croce, Carlo Dell'Avalle, Annetta Ferla, Giuseppe Fossati, Costantino Lazzari, Antonio Maffi.

Organo del partito: *Lotta di classe* con direttore **Camillo Prampolini**

* **Commissione Esecutiva** del Comitato Centrale eletta al congresso (Reggio Emilia, 1893) del Partito Socialista dei Lavoratori Italiani (nuova denominazione assunta dal PLI): Enrico Bertini, Carlo Dell'Avalle, Giuseppe Croce, Costantino Lazzari, Leopardi.
Organo del partito: *Lotta di classe* con direttore **Camillo Prampolini**.

* **Ufficio Esecutivo Centrale** eletto al congresso clandestino di Parma (13-1-1895) del Partito Socialista Italiano (nuova denominazione assunta dal PSLI): Carlo Dell'Avalle (segretario), Enrico Bertini (cassiere), Costantino Lazzari, Dino Rondani.
Organo del partito: *Lotta di classe* con direttore **Camillo Prampolini**.

* **Comitato Esecutivo Centrale** eletto al IV congresso del PSI (Firenze, luglio 1896): Carlo Dell'Avalle (segretario), Enrico Bertini, Garzia Cassola, Costantino Lazzari, Dino Rondani.
Organo del partito: *Lotta di classe*, con direttore **Camillo Prampolini**.
Dal 25-12-1896 nuovo organo ufficiale del PSI è l'*Avanti!*, con direttore **Leonida Bissolati**

* **Ufficio Esecutivo Centrale** eletto al congresso di Bologna (settembre 1897): Enrico Bertini, Carlo Dell'Avalle, Dino Rondani.
Direttore dell'*Avanti!* **Leonida Bissolati**.

* **Direzione** del PSI eletta al congresso di Roma (settembre 1900): Cesare Alessandrini, Nicola Barbato, Giovanni Lerda, Arnaldo Lucci, Romeo Soldi, Alfredo Bertesi, Andrea Costa, Enrico Ferri, Rinaldo Rigola, Filippo Turati, **Leonida Bissolati**, direttore dell'*Avanti!*.

* **Direzione** del PSI eletta al congresso di Imola (1902): Alfredo Bertesi, Alessandro Bocconi, Pietro Chiesa, Andrea Costa, Enrico Ferri, Ernesto Cesare Longobardi, Romeo Soldi, Filippo Turati, Giuseppe Parpagnoli, Pozzani, **Leonida Bissolati**, direttore dell'*Avanti!* , fino al 1° aprile 1903.

* **Direzione** eletta al congresso di Bologna (aprile 1904): Giuseppe Croce, Paride Fabi, Eugenio Guarino, Giovanni Lerda, Ernesto Cesare Longobardi, Romeo Soldi, più **Enrico Ferri** (nuovo direttore dell'*Avanti!*, dall'11-5-1903)) e Oddino Morgari, in rappresentanza del Gruppo Parlamentare.

* **Comitato Esecutivo della Direzione**, composto dai membri della Direzione residenti a Roma, eletto dal congresso del 1906: Adolfo Zerbini, Camillo Camerini, Luigi Colli, Alberto Paglierini, Billinovich, Francesco Paolini, Luigi Salvatori.

Direttore dell'*Avanti!* **Enrico Ferri**, poi sostituito (dal 22-2-1908 al 30-9-1908) da **Oddino Morgari**.

Il X congresso del PSI (Firenze, 1908) istituì la figura del segretario politico, eletto dalla Direzione, dirigente e rappresentante del partito.

* **Segretario** politico:**Pompeo Ciotti** (13-2-1909/luglio1912)
Direttore dell'*Avanti!* **Leonida Bissolati** (1908-1910), succeduto a Morgari; poi **Claudio Treves** (1910-1912).

* **Segretario** politico **Costantino Lazzari** (luglio1912/1919), che nel 1918, negli ultimi mesi della sua detenzione venne sostituito, dal 24-1-1918 al 16-6-1918 da **Oddino Morgari** (che era anche segretario del Gruppo Parlamentare) e poi da **Egidio Gennari**.
Direttore dell'*Avanti!* **Giovanni Bacci**; da dicembre 1912 al 20 ottobre1914 **Benito Mussolini**; dal 21-10-1914 il triumvirato **Bacci-Lazzari-Serrati**; dal 1° dicembre 1914 il solo **Giacinto Menotti Serrati**.

* **Segretario** politico **Nicola Bombacci** (11-10-1919/25-2-1920): dimessosi perché eletto deputato.
Direttore dell'*Avanti!* **Giacinto Menotti Serrati**.

* **Segretario** politico **Egidio Gennari** (febbraio1920-gennaio1921): passa al PCdI.

Direttore dell'*Avanti!* **Giacinto Menotti Serrati.**

* **Segretario** politico **Giovanni Bacci** (gennaio 1921-ottobre 1921).

Direttore dell'*Avanti!* **Giacinto Menotti Serrati.**

* **Segretario** politico **Domenico Fioritto** (ottobre 1921- aprile 1923)

Direttore dell'*Avanti!* **Giacinto Menotti Serrati.**

* **Segretario** politico **Tito Oro Nobili** (aprile 1923 —aprile 1925) L'Avanti! è diretto dall'aprile 1923 al dicembre 1925 da un Comitato composto da **Pietro Nenni, Riccardo Momigliano** ed **Olindo Vernocchi.**

* **Segretario** politico **Olindo Vernocchi** (25 aprile1925/5 novembre 1926, data dello scioglimento di tutti i partiti)
Direttore dell'*Avanti!* **Riccardo Momigliano** (dal dicembre 1925 al 5-11-1926, data della soppressione dei giornali antifascisti).

* **Segretario** politico e redattore-capo dell'*Avanti!* **Ugo Coccia** (dal dicembre 1926 al 15 gennaio 1928)

* **Segretaria** politica **Angelica Balabanoff** (del PSI dal 15-1-1928 al 6-3-1930; del PSI massimalista dal 17- 3 - 1930)

Direttore dell'*Avanti!* di Parigi **Ugo Coccia** dal 10-12-1926 all'11-8-1928; **Angelica Balabanoff** dal 12-8-1928

* **Segretario** politico del PSI fusionista **Pietro Nenni** (17-3-1930/20-7-1930)
Direttore dell'*Avanti!* di Zurigo e del *Nuovo Avanti!* di Parigi **Pietro Nenni**

* **Segretario** politico del PSI-IOS **Ugo Coccia** (1930/1931)
Direttori dell' *Avanti* di Zurigo **Pallante Rugginenti e Pietro Nenni**

* **Segretario** politico del PSI-IOS (1931/28-8-1939) **Pietro Nenni**
Direttore dell'*Avanti!* di Zurigo (*Nuovo Avanti!* a Parigi, dal gennaio 1934) **Pietro Nenni**

* **Comitato di segreteria** (2-9-1939/1941- occupazione della Francia) composto da **Oddino Morgari**, **Giuseppe Saragat**, **Angelo Tasca**
Lo stesso Comitato di segreteria dirige pure *Il Nuovo Avanti* (28-8-1939/8-10-1940)

* **Federazione del Sud-Ovest** con segretario **Giovanni Faraboli, rappresentante** del PSI dal giugno 1940 al 23-12-1941

* **Centro Estero del PSI-IOS** con segretario **Ignazio Silone**, **rappresentante** del PSI dal 23-12-1941 al 16-4-1944
Organo: *L'Avvenire del Lavoratore*, diretto da **Ignazio Silone**

* **Segretario** politico del PSI **Giuseppe Romita** (20-9-1942/22-8-1943)
Organo: *Avanti!*

* **Segretario** politico del PSIUP (PSI+MUP + UPI) **Pietro Nenni** (22-8-1943/1-8-1945)
Organo: *Avanti!* con direttore **Pietro Nenni**

* (**Segretario** politico del Partito Socialista dell'Italia liberata) **Lelio Porzio** (ottobre1943/16-4-1944)

* (**Segretario** politico del Partito Socialista dell'Italia liberata) **Oreste Lizzadri** (16-4-1944/2-6-1944)
Organo: *Avanti!* con direttore **Nino Gaeta**

*(**Segretario** del PSIUP nell'Italia occupata) **Sandro Pertini** (dalla primavera 1944)
Organo: *Avanti!* con direttori **Guido Mazzali** e **Renato Carli-Ballola**

* (**Segretario generale** del PSIUP **Pietro Nenni** (1-8.-1945/16-4-1946)

con **segretario** del partito **Sandro Pertini** (1-8-1945/22-12-1945)

poi sostituito da **Rodolfo Morandi** (22-12-1945/16-4-1946)

* Organo: *Avanti!* con direttori **Guido Mazzali** (Milano) e **Ignazio Silone** (Roma)

* **Presidente** del PSIUP **Pietro Nenni** (16-4-1946/14-1-1947)
Segretario del partito **Ivan Matteo Lombardo** (16-4-1946/14-1-1947)
Organi: *Avanti!* con direttori **Guido Mazzali** (Milano) e **Ignazio Silone** (Roma, fino al 14-7-46)
Socialismo (rivista) con direttore **Rodolfo Morandi**

* **Segretario** del PSI **Lelio Basso** (14-1-1947/5-7-1948)
Organo *Avanti!* con direttore **Pietro Nenni** (14-1-1947/1-7-1948)

* **Segretario** del PSI **Alberto Jacometti** (5-7-1948/18-5-1949)
Organo: Avanti! con direttore **Riccardo Lombardi** (5-7-1948/18-5-1949)

* **Segretario** del PSI **Pietro Nenni** (18-5-1949/10-12-1963)
Organo: *Avanti!* con direttori **Sandro Pertini** (ed. di Roma) e **Guido Mazzali** (ed. di Milano)
(dal 18-5-1949 al 5-8-1951)
Tullio Vecchietti (direttore unico) dal 5-8-1951 al 13-2-1957

Carlo Bonetti (Roma) e **Carlo Colombo** (Milano) direttori dell'*Avanti!* (13-2-1957/18-1-1959)
Carlo Bonetti direttore unico (18-1-1959/23-6-1960)
Giovanni Pieraccini (24-6-1960/4-2-1964)

* **Segretario** del PSI **Francesco De Martino** (10-12-1963/30-10-1966)
Presidente del PSI **Pietro Nenni** (14-11-1965/30-10-1966)
Direttore dell'*Avanti!* **Riccardo Lombardi** (4-2-1964/19-7-1964)
Direttore dell'*Avanti!* **Francesco De Martino** (21-7-1964/13-11-1965)
Direttore dell'*Avanti!* **Franco Gerardi** (14-11-1965/18-11-1966)

* **Presidente** del PSI-PSDI Unificati, poi PSI **Pietro Nenni** (30-10-1966/4-7-1969)
Segretari del PSI-PSDI U. **Francesco De Martino** e **Mario Tanassi** (30-10-66/9-11-68)
Condirettori dell'*Avanti!* **Gaetano Arfè** e **Flavio Orlandi** (19-11-1966/21-1-1969)

***Segretario** del PSI **Mauro Ferri** (9-11-1968/20-5-1969)
Condirettori dell'*Avanti!* **Gaetano Arfè** e **Franco Gerardi** (22-1-1969/aprile 1978)

* **Segreteria provvisoria** del PSI: **Pietro Nenni** (presidente CC), **Antonio Cariglia** e **Gino Bertoldi** (vicesegretari): (20-5-1968/4-7-1969)

* **Vicesegretario reggente** del PSI **Gino Bertoldi** (5-7-1969/9-7-1969)

* **Segretario** del PSI **Francesco De Martino** (9-7-1969/23-4-1970)

* **Segretario** del PSI **Giacomo Mancini** (23-4-1970/13-3-1971)

* **Presidente** del PSI **Francesco De Martino** (13-3-1971/12-11-1972)

* **Segretario** del PSI **Francesco De Martino** (12-11-1972/15-7-1976)

***Presidente** del PSI **Pietro Nenni** (10-10-1973/31-12-1979)

* **Segretario** del PSI **Bettino Craxi** (15-7-1976/12-2-1993)
* **Presidente** del PSI **Riccardo Lombardi** (16-1-1980/13-3-1980)
Direttore dell'*Avanti!* **Paolo Vittorelli** (15-7-1976/aprile 1981)
Direttore politico dell'*Avanti!* **Bettino Craxi** (aprile 1978/aprile 1981)
Direttore dell'*Avanti!* **Ugo Intini** (aprile 1981/ottobre 1987)
Direttore dell'*Avanti!* **Antonio Ghirelli** (ottobre 1987/9-11-1989)

Direttore dell'*Avanti!* **Roberto Villetti** (9-11.1989/novembre1992)

Direttore dell'*Avanti!* **Francesco Gozzano** (1992/1993)

* **Segretario** del PSI **Giorgio Benvenuto** (13-2-1993/20-5-1993)
Presidente del PSI Gino Giugni (15-3-1993/13-11-1994)
Direttore dell'*Avanti!* **Giorgio Benvenuto** (8-4-1993/20-5-1993)
Condirettore dell'*Avanti!* (con Benvenuto) **Beppe Garesio** (8-4-1993/1993)

* **Segretario** del PSI **Ottaviano Del Turco** (28-5-1993/16-6-1994)

* **Coordinatore** del PSI **Valdo Spini** (21-6-1994/20-9-1994)

* **Segretario** del PSI **Ottaviano Del Turco** (21-9-1994/12-11-1994)

Il 47° congresso decise lo scioglimento del partito il 13-11-1994

*

<u>Partito Socialista Riformista Italiano</u> **(PSRI) (10-07-1912/1926)** (riformisti di destra usciti dal PSI dopo il congresso di Reggio Emilia del 1912): si dissolve nei primi anni '20, specie dopo la morte di Bissolati, a favore di gruppi democratico-sociali

* **Segretario** politico **Pompeo Ciotti**
Leader **Leonida Bissolati**
Organo di stampa, a partire dal 3-12-1912, *Azione Socialista*

*

Partito Socialista Unitario/ Partito Socialista dei Lavoratori Italiani/Partito Socialista Unitario dei Lavoratori Italiani (PSU/PSLI/PSULI) (4-10-1922-19-7-1930): riformisti e centristi usciti dal PSI al congresso di Roma dell'ottobre 1922; nel 1930 si riunificheranno con l'ala fusionista (massimalisti di destra o nenniani) del PSI, dando vita al PSI/IOS.

* **Segretario** politico **Giacomo Matteotti** (1922-1924)
Leader **Filippo Turati** (1922-1930)
Organo del partito *La Giustizia* (1922-11 novembre 1925), con direttore **Claudio Treves**.

* **Reggente** della segreteria politica del PSU **Luigi Bassi** (18-6-1924/6-11-1925)

* **Segretario** politico del PSLI **Emilio Zannerini** (29-11-1925/1926)

Organo del PSLI *Italia socialista* (marzo-novembre 1926)

Organo del PSULI (nuova denominazione del PSLI assunta nel congresso tenuto a Parigi il 18 e 19 dicembre 1927) dal 1928 è il quindicinale *Rinascita Socialista* con direttore **G.E. Modigliani**

*

Movimento di Unità Proletaria per la repubblica socialista (MUP) (10.1-1943/22-8-1943) (si fonderà col PSI e con l' UP, dando vita al PSIUP)

* **Leader Lelio Basso**

*

Unione Proletaria (UP) (autunno1942/22-8-1943) (si fonderà col PSI e col MUP, dando vita al PSIUP)

* **Leader Giuliano Vassalli**

*

Partito Socialista Democratico Italiano varie denominazioni: **PSLI** (Partito Socialista dei Lavoratori Italiani) / **PS-SIIS** (Partito Socialista- Sezione Italiana dell'Internazionale Socialista) / **PSDI** (Partito Socialista Democratico Italiano), **PSU** (Partito Socialista Unitario) (11-1-1947/30-10-1966).
Si fonderà col PSI, dando vita al **PSI-PSDI Unificati**

* **Segreteria** collegiale: **Giuseppe Faravelli, Alberto Simonini, Giuliano Vassalli**
  (15-1-1947/13-9-1947)
Organo *L'Umanità* (inizio pubblicazioni: 18-1-1947) diretto da **Matteo Matteotti, Giuseppe Saragat** e **Paolo Treves**

* **Segretario** del PSLI **Giuseppe Saragat** (13-9-1947/5-2-1948)
Organo: *L'Umanità* con direttore **Umberto Colosso** (fino al 5-2-1948)

* **Segretario** del PSLI **Alberto Simonini** (5-2-1948/7-3-1949)
Organo: *L'Umanità* con direttori **Giuliano Vassalli** (Roma) e **Giuseppe Faravelli** (Milano)

* **Segretario** del PSLI **Ugo Guido Mondolfo** (7-3-1949/10-6-1949)

* **Esecutivo** (per il funzionamento della segreteria) del PSLI: **Carlo Andreoni, Pietro Battara, Edgardo Lami-Starnuti** (10-6-1949/19-6-1949)

***Segretario** del PSLI **Ludovico D'Aragona** (19-6-1949/8-1-1950)
Organo: *L'Umanità* Con un Comitato provvisorio di Direzione: **Carlo Andreoni, Paolo Treves, Antonio Valeri**

* **Segretario** del PSLI **Giuseppe Saragat** (8-1-1950/1-5-1951)
Organi: *Giustizia Sociale* e *La voce socialista* settimanali

In data 1-5-1951 fu realizzata la fusione fra il PSLI (segretario Saragat) e il PSU (segretario Romita) che diede vita al PS-SIIS (Partito Socialista-Sezione Italiana dell'Internazionale Socialista), che dal 6-1-1952 assunse la denominazione definitiva di PSDI

* **CoSegretari** del PS-SIIS **Giuseppe Romita** e **Giuseppe Saragat** (1-5-1951/6-1-1952)

* **Comitato di segreteria** del PSDI: **Tristano Codignola, D'Ippolito, Edgardo Lami-Starnuti, Matteo Matteotti, Russo** (6-1-1952/22-2-1952)

* **Segretario** del PSDI **Giuseppe Romita** (22-2-1952/7-10-1952)
Dal 22-2-1952 *La Voce socialista* è diretta da **Mario Zagari**

* **Segretario** del PSDI **Giuseppe Saragat** (7-10-1952/febbraio 1954)

* **Segretario** del PSDI **Matteo Matteotti** (febbraio 1954/17-4-1957)

* **Segretario** del PSDI **Mario Tanassi** (17-4-1957/20-10-1957)

* **Segretario** del PSDI **Giuseppe Saragat** (20-10-1957/4-12-1963)
Organo: *La Giustizia* con direttori
Flavio Orlandi, Michele Pellicani, Tomaso Smith (nov. 1959/25-11-1962)
Flavio Orlandi e **Michele Pellicani** (25-11-1962/)

* **Segretario** del PSDI **Mario Tanassi** (gennaio 1964/30-10-1966)
Nel 1964 cessa le pubblicazioni l'organo del PSDI *La Giustizia*

*

Il 30-10-1966 la Costituente Socialista proclama la formazione del PSI-PSDI Unificati, detto anche PSU (Partito Socialista Unificato) con **segretari Francesco De Martino** e **Mario Tanassi**:

Il 5-7-1968 la maggioranza degli ex PSDI e alcuni ex PSI, messa in atto una nuova scissione, ricostituiscono il partito socialdemocratico con denominazione **PSU** (Partito Socialista Unitario) (3° con questa denominazione), che il 10-2-1971 ridiventa **PSDI**.

*

* **Segretario** del PSU/PSDI **Mauro Ferri** (5-7-1969/febbraio 1972)

* **Presidente** del PSU/PSDI **Mario Tanassi** (luglio 1969/febbraio 1972)

* **Segretario** del PSDI **Mario Tanassi** (febbr. 1972/giugno 1972)

* **Segretario** del PSDI **Flavio Orlandi** (giugno 1972/27-6-1975)

***Segretario** del PSDI **Mario Tanassi** (27-6-1975/marzo 1976)

* **Presidente** del PSDI **Giuseppe Saragat** (27-6-1975/11-6-1988)

* **Segretario** del PSDI **Giuseppe Saragat** (26-3-1976/1-10-1976)

* **Segretario** del PSDI **Pier Luigi Romita** (1-10-1976/20-10-1978)

* **Segretario** del PSDI **Pietro Longo** (20-10-1978/11-10-1985)
  Direttore de *L'Umanità* **Ruggero Puletti**

* **Segretario** del PSDI **Franco Nicolazzi** (11-10-1985/9-3-1988)
  Direttore de *L'Umanità* **Matteo Matteotti** (11-10-1985/)

* **Segretario** del PSDI **Antonio Cariglia** (9-3-1988/7-5-1992)
  Direttore de *L'Umanità* **Giampiero Orsello**
  Direttore de *L'Umanità* **Carlo Vizzini** (1989/1993)

* **Presidente** del PSDI **Luigi Preti** (12-3-1989/7-5-1992)

* **Segretario** del PSDI **Carlo Vizzini** (7-5-1992/30-4-1993)

* **Presidente** del PSDI **Antonio Cariglia** (7-5-1992/10-5-1998)
* **Presidente onorario** del PSDI **Luigi Preti** (7-5-1992/1994)

* **Segretario** del PSDI **Enrico Ferri** (30-4-1993/1994)
  Direttore de *L'Umanità* **Ugo Gaudenzi** (1993/94)

* **Commissione di Reggenza** del PSDI con Coordinatore Nazionale **Gian Franco Schietroma** (dic.1994/29-1-1995)

* **Segretario** del PSDI **Gian Franco Schietroma** (29-1-1995/8-2-1998): confluisce nello SDI

*

Il PSDI, che aveva costituito, l'8-2-1998, assieme ad altri, il nuovo soggetto politico dello SDI, l'11-1-2004 viene ricostituito.

* **Segretario** del PSDI **Giorgio Carta** (11-1-2004/7-10-2007)

* **Segretario** del PSDI **Mimmo Magistro** (7-10-2007/ad oggi)

* **Presidente** del PSDI **Alberto Tomassini** (7-10-2007 ad oggi)

*

Movimento d'Azione Socialista Giustizia e Libertà (novembre 1947/8-2-1948): confluisce in "Unione dei Socialisti"

***Leader** del movimento **Tristano Codignola**

*

Unione dei Socialisti **(UdS)** (8-2-1948/4-12-1949): cofondatrice del PSU, in cui confluisce

* **Segretario** dell'Unione dei Socialisti **Ivan Matteo Lombardo** (8-2-1948/31-1-1949)
Organo: *L'Italia Socialista*

* **Segretario** dell'Unione dei Socialisti **Ignazio Silone** (febbraio 1949/4-12-1949)

*

Partito Socialista Sardo D'Azione **(PSSd'Az.)** (1948/20-11-1949): confluisce nel PSI

* **Leader** del PSSd'Az. **Emilio Lussu**

*

Movimento Socialista Autonomo **(MSA)** (22-5-1949/4-12-1949): confluisce nel PSU

* **Leader** del MSA **Giuseppe Romita**

*

Partito Socialista Unitario (**PSU**) (2°) (4-12-1949/1-5-1951): si fonde col PSLI dando vita al PS-SIIS, poi PSDI

* **Segretario** del PSU **Ugo Guido Mondolfo** (8-12-1949/20-9-1950)

* **Segretario** del PSU **Ignazio Silone** (20-9-1950/14-2-1951)

* **Segretario** del PSU **Giuseppe Romita** (14-2-1951/1-5-1951)

*

Movimento Lavoratori Italiani/Unione Socialista Indipendente (**MLI/USI**) (maggio 1951/24-3-1957): confluisce nel PSI

* **Leader** del MLI e dell'USI **Valdo Magnani** (maggio 1951/24-3-1957)
***Segretario** dell'USI **Carlo Andreoni**
Settimanale d'area *Risorgimento socialista* (16-6-1951/29-3-1957) con direttore
Lucio Libertini

*

Movimento di Autonomia Socialista/Unità Popolare (**UP**) (1-2-1953/ottobre 1957). Confluisce nel PSI

* **Segretario** del MAS e **leader** di UP **Tristano Codignola**
Organo: *Nuova Repubblica* (5-1-1953/27-10-1957) con direttore **Tristano Codignola**

*

<u>Alleanza Socialista</u> : (novembre1958/novembre1959): confluisce nel PSDI

* **Leader** di Alleanza Socialista **Eugenio Reale**
Organo: *Corrispondenza Socialista* con direttore **Giorgio Verdecchi**

*

<u>Movimento Unitario di Iniziativa Socialista</u> **(MUIS)** (8-2-1959/18-6-1959) confluisce nel PSI

* **Leader** del MUIS **Mario Zagari**

*

<u>Partito Socialista Italiano di Unità Proletaria</u> **(PSIUP)** (confluisce nel PCI)

* **Presidente** del PSIUP **Lelio Basso** (1965/1968)

* **Segretario** del PSIUP **Tullio Vecchietti** (12-1-1964/sett. 1971)

* **Presidente** del PSIUP **Tullio Vecchietti** (sett. 1971/13-7-1972)

* **Segretario** del PSIUP **Dario Valori** (sett. 1971/13-7-1972)

Organo: settimanale *Mondo Nuovo*, nato come organo della sinistra del PSI e , dal gennaio 1964, del PSIUP (13-9-1959/luglio 1972), con vari direttori:
Piero Ardenti, Giuseppe Avolio, Umberto Colosso, Franco Galasso, Lucio Libertini,
Andrea Margheri, Tullio Vecchietti

*

Movimento dei Socialisti Autonomi (1966): si dissolve dopo poco tempo

***Leader** del Movimento dei Socialisti Autonomi **Luigi Anderlini**

*

Nuovo PSIUP (luglio 1972/dicembre 1972) (si fonde con Alternativa Socialista nel PdUP)

* **Leader** del Nuovo PSIUP **Vittorio Foa**
Organo: quindicinale *Unità Proletaria* con direttore **Daniele Protti**

*

Movimento Unitario di Iniziativa Socialista (2°) (luglio 1975/6-3-1976):
confluisce nel PSI

* **Leader** del MUIS **Paolo Pillitteri**

*

Lega dei Socialisti (1981) (si dissolve in seguito alla morte di Codignola, avvenuta lo stesso anno)

* **Leader** della Lega dei Socialisti **Tristano Codignola** (15-10-1981/12-12-1981)

*

Unità e Democrazia Socialista (15-2-1989/11-10-1989): confluisce nel PSI

* **Segretario** di Unità e Democrazia Socialista **Pierluigi Romita**

*

Rinascita Socialista (29-5-1993/gennaio1995): confluisce nella Federazione Laburista

* **Leader** di Rinascita Socialista **Giorgio Benvenuto** (29-5-1993/dic.1993)

* **Leader** di Rinascita Socialista **Enzo Mattina** (dic.1993/genn.1995)

*

Federazione dei Socialisti/Movimento Liberal Socialista (28-1-1994/24-2-1996): costituisce, fondendosi con il PSR, il PS con segretario Intini

* **Coordinatore** della Federazione dei Socialisti/Movimento Liberal Socialista **Ugo Intini**, con organo, dal 16-6-1994, *Non mollare*, diretto da **Antonio Ghirelli**

*

Federazione Laburista/MDSL (Movimento dei Democratici, dei socialisti e dei Laburisti)
(6-11-1994/13-2-1998): diede vita, assieme ad altri soggetti politici, ai DS (Democratici di Sinistra)

* **Presidente** della Federazione Laburista, poi MDSL, **Valdo Spini** (6-11-1994/13-2-1998)

*

Socialisti Italiani (13-11-1994/8-2-1998): diede vita, assieme al altri soggetti politici, allo SDI

* **Segretario** del SI **Enrico Boselli** (13-11-1994/8-2-1998)

* **Presidente** del SI **Gino Giugni** (13-11-1994/8-2-1998)

*

Partito Socialista Riformista (13-11-1994/24-2-1996): confluisce nel Partito Socialista (segretario Intini)

* **Segretario** del PSR **Fabrizio Cicchitto**

* **Presidente** del PSR **Enrico Manca**

*

SOLE (Socialdemocrazia Liberale Europea) (10-12-1994/1996): di fatto si scioglie nel CCD

* **Leader** del SOLE **Enrico Ferri**

*

*Movimento per la Rinascita Socialdemocratica/Partito Socialdemocratico/Movimento per la Rinascita Socialdemocratica/Partito dei Socialdemocratici/Rinascita Socialdemocratica
(17-2-1996/...)

* **Leader** del movimento **Luigi Preti** (17-2-1996/19-1-2009)

* **Leader** del movimento **Vittorino Navarra** (19-1-2009/...)

*

Partito Socialista/Partito Socialista-Socialdemocrazia (24-2-1996/19-1-2001): confluisce nel Nuovo PSI

* **Segreterio** del PS **Ugo Intini** (24-2-1996/13-9-1997)

* **Segretario** del PS **Gianni De Michelis** (13-9-1997/19-1-2001)

*

Socialisti Democratici Italiani (8-2-1998/4-7-2008): confluisce nel PS

* **Presidente** dello SDI **Enrico Boselli** (8-2-1998/4-7-2008)
Organo. *L'Avanti! della domenica* (settimanale)
Organo: *MondOperaio* (bimestrale)

*

Liberalsocialisti (1998/nov.2003): confluisce nello SDI

* **Presidente** dei Liberalsocialisti **Salvo Andò**

*

Lega Socialista (10-10-2000/19-1-2001): cofondatrice del Nuovo PSI

* **Presidente** della Lega Socialista **Bobo Craxi**

*

Nuovo PSI (19-1-2001/23-2-2009): confluisce parte nel PS e parte nel PDL

* **Segretario** del Nuovo PSI **Gianni De Michelis** (19-1-2001/2007)

* **Presidente** del Nuovo PSI **Bobo Craxi** (19-1-2001/2002)

Nel 2007 si svolgono due distinti congressi delle due contrapposte componenti di Stefano Caldoro e di Gianni De Michelis, che danno vita a due distinti ma omonimi partiti, con due distinti segretari:
Componente Caldoro (congresso 23-24/6/2007): confluisce nel PDL
* **Segretario** del NPSI **Stefano Caldoro** (24-6-2007/29-3-2009)
* **Presidente** del Consiglio Nazionale del Nuovo PSI **Roberto Scheda** (2007/2009)
Organo del NPSI *Socialista Lab.* con direttore **Stefano Caldoro**

Componente De Michelis (congresso 7-8/7/2007): confluisce nel PS (Costituente Socialista)
* **Segretario** del NPSI **Mauro Del Bue** (8-7-2007/6-7-2008)

* **Presidente** del NPSI **Gianni De Michelis** (8-7-2007/6-7-2008)

*

Socialismo è Libertà (14-3-2003/6-7-2008): confluisce nella Costituente Socialista (PS)

* **Presidente** di Socialismo è Libertà **Rino Formica**

*

Unità Socialista (21-2-2004/23-9-2005): confluisce nello SDI e nella RnP

* **Presidente** del movimento di "Unità Socialista" **Claudio Signorile**

*

I Socialisti/I Socialisti Italiani/Socialisti Uniti-PSI

* **Leader** de I Socialisti **Bobo Craxi** (7-2-2006/11-3-2007)

* **Segretario** de I Socialisti Italiani **Saverio Zavettieri** (11-3-2007/10-10-2009)

* **Segretario** dei Socialisti Uniti-PSI **Saverio Zavettieri** (10-10-2009/2010)

* **Presidente** dei Socialisti Uniti-PSI **Bobo Craxi** (10-10-2009/febbr.2010)

*

Partito Socialista/Partito Socialista Italiano (4-7-2008/ad oggi)

Partito nato dalla confluenza di quasi tutta la diaspora socialista originata dallo scioglimento del vecchio PSI del 1994.

Segretario del PS **Riccardo Nencini** (6-7-2008/ad oggi)

Presidente del PS **Pia Locatelli** (25-7-2008/ad oggi)
Organi del PS/PSI: il mensile *MondOperaio* e il settimanale *Avanti! Della domenica*

Segretari e leader

Sono qui elencate, in ordine alfabetico, le persone che hanno avuto, singolarmente o come componenti di un organo collegiale, la rappresentanza dei vari raggruppamenti (partiti o movimenti) del socialismo italiano organizzato, esclusi, ovviamente, quelli di ristretto ambito locale o di effimera durata.
Ad ogni nominativo segue un piccola biografia, non certamente esaustiva dell'attività del personaggio esaminato, ma contenente quasi tutto quanto è reperibile dalle fonti attualmente disponibili.

Cesare Alessandri

Ex tipografo di Pistoia, sposato con l'avvocato Gina Giannini. È uno dei cinque membri della Direzione eletti dal congresso a Roma (1900) del PSI, ed è relatore al successivo congresso di Imola (1902).
Nel 1904 è direttore di *Azione socialista*, organo settimanale della sezione socialista di Brindisi.
Partecipa al congresso di Firenze (1908), dove è firmatario dell'ordine del giorno rivoluzionario (minoritario) e a quello di Milano (1910). Partecipa pure al congresso di Livorno (1921), dove è uno dei firmatari della vincente mozione mas-

simalista ("comunista unitaria"); al successivo congresso di Milano presenta la mozione centrista di "Azione unitaria" (minoritaria) tendente a mediare tra i massimalisri di Serrati e i riformisti di Turati.

Nel 1921 è eletto deputato nella circoscrizione di Venezia, nel 1922 aderisce al PSU di Turati.

Finirà per assumere posizioni filo-fasciste.

Luigi Anderlini
Leader del Movimento dei Socialisti Autonomi (1966)

Luigi Anderlini nacque a Posta (Rieti) il 22-9-1921. Insegnante. Fu deputato del PSI dal 1° luglio 1963 al 17 novembre 1966. Non avendo voluto aderire al PSI-PSDI Unificati, nel novembre 1966 lasciò il gruppo socialista e si iscrisse al gruppo misto. Nello stesso tempo costituì, assieme a Simone Gatto, Tullia Carrettoni Romagnoli e Delio Bonazzi, il Movimento dei Socialisti Autonomi, che però non ebbe vita lunga. Successivamente fu eletto senatore nella lista del PSIUP. Fu un esponente stimato della Sinistra Indipendente ed uno dei fondatori della rivista *Astrolabio*.

Morì a Roma il 26-3-2001

Salvo Andò
Presidente dei Liberalsocialisti (1998/nov. 2003)

Salvo Andò, figlio del deputato socialista Biagio, è nato a Giarre (CT) il 13-02-1945.

Laureato in Giurisprudenza si è dedicato all'insegnamento universitario nel campo del Diritto Pubblico e nel 2004 è diventato rettore dell'università *Kore* di Enna.

Iscrittosi molto giovane al PSI, arrivò ai vertici del partito in epoca craxiana, diventando uno dei collaboratori più accreditati del segretario. Al 44° congresso di Rimini del marzo-aprile 1987 entrò nella Direzione Nazionale e nel giugno dello stesso anno fu eletto deputato, mantenendo la carica per quattro legislature (VIII/XI), fino all'aprile 1994. Fu anche ministro della Difesa nel I governo Amato.

Dopo lo scioglimento del PSI, lasciò l'attività politica per ricomparire nel 1998 come fondatore del movimento dei Liberalsocialisti, che nel 2003 confluì nello SDI, della cui commissione per il programma Andò divenne presidente, entrando in seguito anche nella Direzione della "Rosa nel Pugno".

Quando, nell'aprile 2007, lo SDI si pronunciò contro la confluenza nel costituendo Partito Democratico e optò per la Costituente Socialista, Andò si aggregò al gruppo, organizzato da Ottaviano Del Turco, di "Alleanza Riformista", poi entrato nel PD (14-10-2007); tuttavia i membri del suo ex movimento rimasero quasi tutti nello SDI e quindi nel PS.

Molti gli scritti di Andò; a parte quelli riguardanti il suo campo professionale, ricordiamo *La resa della Repubblica* (2006).

Carlo Andreoni
Componente del Comitato Esecutivo provvisorio del PSLI (10-6-1949/19-6-1949)
Segretario dell'USI

Ex comunista, è tra i fondatori (10-1-1943) del MUP, diretto da Basso. Partecipa quindi al convegno di fusione del movimento con il PSI e con l'UPI, da cui nasce il PSIUP, diventandone (assieme a Pertini), il vicesegretario (segretario Nenni). Nell'ottobre successivo elabora un documento, attorno a cui si costituisce un "Comitato politico", formato soprattutto da ex aderenti all'UPI, che propone di sostituire ai CLN un "blocco repubblicano" spostato a sinistra ma fortemente antitetico al PCI. Il "Comitato politico" viene liquidato da Nenni come comitato di frazione, in contrasto con la linea del partito. Nel novembre 1943 Andreoni si dimette dalla sua carica. Partecipa alla Resistenza romana alla testa del gruppo comunista dissidente "Bandiera rossa".
Dopo la scissione di Palazzo Barberini aderisce al PSLI, nella cui Direzione viene eletto nel convegno nazionale del 13-9-1947. Al congresso d Napoli del PSLI (1-5/2/1948) diventa vicesegretario politico del partito con segretario Simonini. Da allora in poi si colloca nell'area di centro-destra o di destra del partito.
Il congresso di Genova (23-26/1/1949) lo riconferma nella Direzione (con segretario Simonini, poi Mondolfo). Dopo le di-

missioni di Mondolfo (11-6-1949) è chiamato a far parte (con Pietro Battara ed Edgardo Lami-Starnuti) di un Esecutivo provvisorio per assicurare le funzioni della segreteria.

Al congresso di Roma 16-19/6/1949) è riconfermato in Direzione (segretario D'Aragona) ed è anche nominato (assieme a Paolo Treves e ad Antonio Valeri) nel Comitato di Direzione provvisoria de *L'Umanità*. È ancora chiamato nella Direzione nel congresso del gennaio 1950 e in quello dell'aprile 1951 (segretario Saragat).

Nel congresso del PS-SIIS (nato dalla fusione tra PSU e PSLI) del gennaio 1952, in cui il partito assume il nome PSDI, entra ancora nella Direzione ed anche nell'Esecutivo.

Nel giugno successivo è espulso dal PSDI.

Nel marzo 1953, al congresso del MLI di Cucchi e Magnani, che fondendosi con altri raggruppamenti vicini, si trasformerà in USI, Andreoni entra nel nuovo partito e viene eletto nella Direzione, diventando in seguito anche segretario del movimento.

Giovanni Bacci

Segretario PSI (genn. 1921/ott. 1921)

Sindacalista marchigiano. Fu segretario della Camera del Lavoro di Ravenna. Partecipò a numerosi congressi del PSI: Roma 1906 (fu eletto nella Direzione), Firenze 1908 (fu uno dei relatori), Milano 1910 (uno dei relatori), Reggio Emilia, luglio 1912 (fece parte della presidenza del congresso e fu nominato direttore dell'*Avanti!*, carica che lasciò il 30-11-1912 per i suoi impegni politici e sindacali; gli successe Mussolini), Ancona, 1914 (fu eletto nella Direzione; dopo l'allontanamento di Mussolini, fu nominato condirettore dell'*Avanti!*, assieme a Lazzari e a Serrati ,nel periodo 21-10-1914/30-11-1914, dopo di che la direzione del quotidiano socialista rimase al solo Serrati), Roma 1918 (svolse la relazione al posto del segretario Lazzari e fu rieletto nella Direzione), Bologna 1919 (rieletto nella Direzione che lasciò dopo pochi mesi perché eletto deputato), Livorno gennaio 1921 (fu uno dei presentatori della mozione massimalista dei "comunisti unitari" e fu riconfermato nella Direzione; successivamente venne eletto Segretario del partito e stipulò, a nome del PSI il "Patto di pacificazione" coi fascisti del 3-8-1921), Milano ottobre 1921 (fu relatore a nome della Direzione e chiese di non essere riconfermato).

Nel 1923 fece parte del "Comitato di Difesa Socialista" di Vella e Nenni.

Durante il fascismo emigrò in Francia e partecipò ai congressi dell'esilio.

Angelica Balabanoff

Segretaria PSI dal 15-1-1928 al 16-3-1928

Segretaria del PSI massimalista dal 16-3-1928 al 1940

Nacque a Cernicav presso Kiev (Ucraina), da un'agiata famiglia (il padre era un alto funzionario delle ferrovie) il 7 mag-

gio 1870. Insofferente della rigida educazione che le si voleva impartire e desiderosa di proseguire gli studi, appena diciannovenne si trasferì a Bruxelles, dove si laureò, col massimo dei voti, in Lettere e Filosofia. Nella stessa città prese a frequentare gli ambienti socialisti e successivamente conobbe esponenti di primo piano del socialismo europeo, quali Augusto Bebel, Clara Zetkin, Rosa Luxemburg, Jean Jaurés e, in Italia, nel 1900, il filosofo marxista Antonio Labriola, di cui divenne allieva prediletta. Trasferitasi prima a Lipsia e poi a Berlino, passò infine in Italia e, nel 1904, aderì al PSI. Si spostò quindi, per un certo periodo, in Svizzera (1905), dove conobbe Lenin e Mussolini e, in una con l'esule socialista italiana Maria Giudice, fondò (1906) il giornale *Su compagne*, in prima linea nella lotta per l'emancipazione femminile. Nel 1906 la troviamo al congresso di Roma del PSI, al quale portò il saluto dei socialisti marxisti russi; nei congressi successivi (Milano, 1910; Reggio Emilia, 1912; Ancona, 1914) si schierò con l'ala sinistra del partito, rappresentata dalla corrente "intransigente rivoluzionaria", maggioritaria dal 1912.

Dal 1912 al 1917 fece parte della Direzione Nazionale del PSI. Nel 1914, dopo il passaggio di Mussolini dalle iniziali posizioni neutraliste a quelle interventiste, si schierò per la sua rimozione da direttore dell'*Avanti!* e poi per la sua espulsione dal partito.

Nel 1914 fu a fianco di Oddino Morgari, come rappresentante del PSI, nel tentativo di riorganizzare l'Internazionale Socialista; partecipò quindi in Svizzera alla Conferenza Internazionale delle Donne Socialiste, dove conosce la Krupskaja, moglie di Lenin, e alla Conferenza Internazionale Socialista dei Paesi Neutralisti, di cui assunse la segreteria

Scoppiata la guerra fece parte della delegazione ai convegni degli internazionalisti tenuti a Zimmerwald (1915) e a Kienthal (1916), in cui svolse anche funzioni di interprete, essendo poliglotta., ed a cui parteciparono anche Lenin e Trotskij, e si schierò con l'ala sinistra dei due convegni.

Scoppiata la rivoluzione bolscevica, nell'autunno 1918 si recò a Mosca, dove lavorò presso il Commissariato della Giustizia. Nel 1919 partecipò al congresso di fondazione della III Internazionale, di cui divenne segretaria sotto la presidenza di Zinoviev. Nel 1921, delusa dalla piega burocratica presa dalla Rivoluzione e dal trattamento riservato dai comunisti russi ai socialisti italiani, decise di abbandonare la Russia. Si recò quindi in Svezia e poi a Vienna (1925), stabilendosi, infine, dal 1926, in Francia, dove entrò nella Direzione del PSI ricostituitasi a Parigi, con la segreteria di Ugo Coccia.

Dal convegno di Marsiglia del 1928, come leader della maggioranza massimalista della Direzione, fu chiamata alla segreteria del PSI e, dal 12 agosto dello stesso anno, divenne anche direttrice dell'*Avanti!*. A partire dal congresso di Grenoble

(1930) , dopo la scissione degli unificazionisti di Nenni, rimase segretaria del solo PSI massimalista, contrario alla fusione col PSULI voluta da Nenni e a quella col PCdI, auspicata dai residui gruppi terzinternazionalisti. Il PSI da lei diretto, contrario alle due internazionali (IOS e IC), aderiva al *Boureau* dei partiti socialisti rivoluzionari, di cui la stessa Balabanoff era segretaria; esso durò fino alla fine della guerra di Spagna, quando Angelica si rifugiò negli USA, dove collaborò col socialista americano Norman Thomas e svolse propaganda antifascista.

Alla fine della guerra ritornò in Italia, dove si stabilì definitivamente nel 1947, e aderì al PSIUP. Ormai fortemente ostile al comunismo, partecipò alla scissione di Palazzo Barberini aderendo al partito di Saragat (PSLI, poi PSDI).

Morì a Roma il 25 novembre 1965, lasciando come suo erede il PSDI, alla cui vita aveva preso parte attiva, come testimonia, ad esempio, il suo intervento al XIII congresso (1962), in cui manifestò il suo favore alla possibile unificazione delle forze socialiste italiane.

Ai suoi funerali, che partirono dalla Federazione provinciale del PSDI, erano presenti, fra gli altri: Sandro Pertini, Ivan Matteo Lombardo, Mario Tanassi, Pietro Nenni, Luigi Preti, Ignazio Silone, Giuseppe Faravelli.

Questo uno dei suoi ultimi pensieri: *Rimane [...] la incommensurabile gioia di aver potuto rimanere fedele al socialismo, fedele a me stessa. Una fortuna più grande di questa non me la sarei potuta sognare.*

Principali scritti (a parte i numerosissimi articoli e saggi) di Angelica Balabanoff:
Il traditore Mussolini. Piccole curiosità non del tutto inutili a sapersi
Ricordi di una socialista
Lenin visto da vicino
La mia vita di rivoluzionaria

Nicola Barbato

Medico, studioso di psichiatria, medico condotto di Piana degli Albanesi. Fu uno dei massimi dirigenti dei Fasci dei Lavoratori (1892-1894), del cui comitato centrale fece parte, in rappresentanza della provincia di Palermo (assieme a Bernardino Verro). Arrestato, assieme ad altri dirigenti, con l'accusa di "cospirazione contro i poteri dello Stato e di eccitamento alla guerra civile" fu condannato a dodici anni di carcere e due di di sorveglianza speciale, ma uscì per amnistia nel 1896. Celebre la sua autodifesa. Venne più volte candidato dal PSI ed eletto deputato di Cesena nel 1895. Al congresso di Roma del settembre 1900 fu eletto componente della Direzione Nazionale del PSI. Partecipò anche al successivo congresso di Imola del 1903. Nel 1904 emigrò negli Stati Uniti, dove entrò in contatto con i socialisti americani. Tornato in Italia partecipò al congresso di Reggio Emilia in cui furono espulsi i riformisti di destra e fu eletto presidente del congresso e a quello di Ancona del 1914. Nel 1913 fu candidato dal PSI nel collegio di Catania in contrapposizione al socialriformista De

Felice Giuffrida, ma non fu eletto. Ritornò alla Camera con le elezioni del 1919, essendo stato eletto nel collegio di Bari. Non partecipò al congresso di Livorno, da cui scaturì la scissione del PCdI, ma esplicitamente si schierò con la corrente intransigente rivoluzionaria di Costantino Lazzari.
Morì a Milano il 23 maggio 1923. Delle sue opere ricordiamo *Scritti* (Sciascia ed. Roma, 1996) e *Il socialismo possibile* (ed. La Zisa, Palermo, 2000).

Luigi Bassi
Reggente della segreteria del PSU 1924-1925

Avvocato di Feltre (BL), in cui gli è intitolata una via. Deputato del Collegio di Belluno, eletto nel 1919. L'anziano parlamentare assunse la guida del PSU dopo l'assassinio di Giacomo Matteotti. Fu confinato a Lipari.

Lelio Basso
leader del MUP dal 10-1-1943 al 22-8-1943
segretario del PSI dal 14-1-1947 al 5-7-1948
presidente del (secondo) PSIUP (1965/1968)

Lelio Basso nacque a Varazze (Savona) il 25-12-1903, in una famiglia di idee liberali; fu il padre Ugo, insegnante, infatti, a trasmettergli la passione per la politica. Nel 1916 la famiglia Basso si trasferì a Milano, dove Lelio frequentò il ginnasio-liceo "Giovanni Berchet", in cui ebbe per compagni, fra gli al-

tri, Antonello Gerbi, nipote di Claudio Treves, e Luigi Gedda, futuro dirigente cattolico. Ma fu soprattutto il suo insegnante di storia, Ugo Guido Mondofo, stretto collaboratore di Turati, ad introdurlo al marxismo e a farlo avvicinare al socialismo.

Sul finire del 1921, iscrittosi alla facoltà di legge di Pavia, aderì al gruppo studentesco socialista, prendendo quindi la tessera del PSI. Il periodo seguente, fino alle leggi eccezionali, lo vide parimenti impegnato negli studi e nell'attività politica, specialmente con articoli su vari giornali socialisti come *Critica Sociale*, *l'Avanti!* e *il Quarto Stato* di Carlo Rosselli e Pietro Nenni e sul giornale di Piero Godetti *La rivoluzione liberale*.

Nel 1925 conseguì la laurea in legge con una tesi su *La concezione della libertà in Marx*, subendo, subito dopo gli esami, un'aggressione fascista. Nello stesso anno superò gli esami di procuratore ed iniziò la professione forense.

Successivamente si impegnò nella lotta antifascista, anche dirigendo la rivista *Pietre*. Il 13 aprile 1926 venne arrestato con tutta la redazione e condannato a tre anni di confino, scontati a Ponza, durante i quali studiò per ottenere una seconda laurea in filosofia (conseguita nel 1931 con una tesi sul teologo Rudolf Otto) e lesse circa duemila volumi di varia cultura.

Tornato a Milano (1931) riprese l'attività forense e clandestinamente quella politica, cercando di ricostruire le file socialiste. Nel 1932 sposò l'avv. Lisli Carini, da cui ebbe tre figli.

Nel 1934 fu tra i fondatori, assieme a Morandi ed altri, del Centro Interno Socialista, l'organizzazione clandestina del PSI/IOS, di cui divenne l'esponente principale, assieme a Colorni, dopo l'arresto di Morandi (1937). Nel 1940 fu arrestato due volte ed infine rinchiuso nel campo di concentramento di Colfiorito (Perugia) e poi confinato a Piobbico, nelle Marche.

Nel 1941 Basso riprese i collegamenti con vari gruppi socialisti clandestini, nel tentativo di costituire un partito socialista autonomo e unitario, rivoluzionario e intransigente.

Il 10-1-1943 fondò, assieme a Lucio Luzzatto, Roberto Veratti, Umberto Recalcati ed altri, il MUP, il quale, il 22 agosto 1943, si fuse col PSI e l'UPI, dando vita al PSIUP, nella cui Direzione Basso venne eletto. Nella primavera 1944 entrò nell'Esecutivo socialista dell'Italia occupata, dando un importante contributo alla Resistenza contro il nazifascismo.

Il Consiglio Nazionale del PSIUP del luglio 1945 lo elesse, assieme a Luigi Cacciatore, vicesegretario del partito, con segretario generale Pietro Nenni e segretario Sandro Pertini.

Si dimise nel dicembre 1945 per contrasti politici, in quanto la sua azione mirava —a differenza della maggioranza del partito - alla creazione di un partito unico dei lavoratori.

Nel 1946 fondò la rivista *Quarto Stato* e, in aprile, fu eletto nella Direzione del partito e a giugno alla Costituente, dove fece parte della "Commissione dei 75", dando un contributo fondamentale alla formulazione degli articoli 3 e 49 della Costituzione.

Nel congresso di Roma (1947), nel quale avvenne la scissione di Palazzo Barberini che diede vita al PSLI, Basso (detto *il piccolo Lenin*) fu eletto segretario del PSI. Nel 1948 aderì con molte riserve alla lista unica del Fronte Popolare, poi sconfitto alle elezioni del 18 aprile. Dal congresso di Genova del PSI, che registrò la vittoria dei centristi di Jacometti e Lombardi, la sinistra, di cui Basso era uno dei principali esponenti, fu messa in minoranza. Essa comunque ritornò alla guida del partito nel 1949, ma Basso fu messo da parte per le sue idee contrarie al filocomunismo e al filostalinismo a cui allora si ispirava l'organizzazione del partito.
Nel 1948 era stato eletto deputato e poi riconfermato per altre quattro legislature, dopo di che sarà eletto senatore. Tuttavia nel 1951 sarà escluso dalla Direzione e nel 1953 dal Comitato Centrale, in cui rientrerà solo nel 1955, mentre nella Direzione rientrerà nel 1957, in occasione del congresso di Venezia. Nel 1958 fondò la rivista *Problemi del Socialismo*.
Alla fine del 1963, in occasione della costituzione del primo governo di centro-sinistra a partecipazione socialista, a nome di altri 24 deputati socialisti, dichiarò di non votare la fiducia al Governo e pertanto venne sospeso. Nel gennaio 1964 partecipò alla costituzione del

nuovo partito di sinistra PSIUP, di cui fu presidente dal 1965 al 1968. Staccatosi dal PSIUP nel 1972 fu eletto senatore come indipendente nelle liste PCI-PSIUP e nel 1976 fu riconfermato come indipendente nelle liste del PCI.

Nella sua lunga militanza politica Basso si è mosso su una linea, di profonda coerenza, che non fosse di rottura, ma neanche di subordinazione verso il PCI; cioè per un partito socialista con una sua ideologia, con una sua visione democratica, con una sua strategia, che fosse alla guida della classe lavoratrice.

Negli ultimi anni intensa è l'attività di Basso sia nel campo culturale (studi su Rosa Luxemburg e fondazione dell'istituto di studi storici ISSOCO) che internazionale (ad es. partecipazione al Tribunale Russel).

Morì a Roma il 16-12-1978.

Numerosi i suoi scritti politici, fra cui vogliamo ricordare:

Il Partito socialista italiano
Il principe senza scettro
Socialismo e rivoluzione.

Pietro Battara
Componente del Comitato Esecutivo provvisorio del PSLI (10-6-1949/19-6-1949)

Socialista romano. Nel Consiglio Nazionale del PSIUP del settembre 1945 accennò alla possibilità di un patto di unità d'azione, oltre a quello già esistente col PCI, con la DC.

Nel 1947 aderì alla scissione di Palazzo Barberini e, nel primo congresso del PSLI (Napoli, febbraio 1948), fu eletto nella Direzione del partito. Fu riconfermato, per la mozione di centro-destra Saragat-D'Aragona nel congresso di Milano del gennaio 1949 (segretario Simonini, poi Mondolfo). Dopo le dimissioni di Mondolfo, fu eletto, assieme a Carlo Anfreoni e a Edgardo Lami-Starnuti, nell'Esecutivo che ebbe il compito di assicurare il funzionamento della Segreteria, in attesa del nuovo congresso (Roma, giugno 1949), che riconfermò Battara nella Direzione. Al congresso di Napoli del gennaio 1950, fu uno dei firmatari della mozione vincitrice di centro-destra ed entrò di nuovo nella Direzione del PSLI., mentre in quello successivo del 1951 entrò anche nell'esecutivo. Tornò in Direzione ancora nell'ottobre 1952.

Dal 1954 al 1965 fece parte del solo Comitato centrale (il "parlamentino" che eleggeva la Direzione) del partito. Rientrò ancora in Direzione nel congresso di Napoli del gennaio 1966 e fece parte, per il PSDI, del Comitato Paritetico che preparò i documenti per l'unificazione PSI-PSDI, avvenuta lo stesso anno.

Giorgio Benvenuto

Segretario del PSI (12-2-1993/20-5-1993)
Leader di Rinascita Socialista (29-5-1993/dic.1993)

È nato a Gaeta l'8-12-1937. Giornalista, sindacalista e politico, è laureato in giurisprudenza. Inizialmente aderì al PSDI e alla Uil, sulla scia di Viglianesi. Partecipò quindi alla nascita del PSI-PSDI unificati, ma quando si verificò la scissione del 1969, come molti ex socialdemocratici, specie sindacalisti, scelse di rimanere nel PSI, della cui (nuova) maggioranza faceva parte il gruppo Viglianesi.

Divenuto segretario della UILM, fu tra i fondatori, assieme a Trentin (CGIL) e Carniti (CISL) della unitaria Federazione Lavoratori Metalmeccanici.

Sempre schierato, nel PSI, su posizioni autonomiste, nel 1976, poco dopo l'avvento di Craxi alla segreteria del PSI, fu eletto segretario generale della UIL, organizzazione da lui rilanciata. Mantenne la carica fino al 1992, quando fu nominato Segretario Generale del Ministero delle Finanze. Alla guida della UIL gli successe il socialista Pietro Larizza.

Il 12-2-1993 fu eletto segretario del PSI al posto del dimissionario Craxi, da una maggioranza che a quest'ultimo faceva riferimento. La sua segreteria fu caratterizzata soprattutto dal contrasto tra i suoi intenti rinnovatori e l'ostilità della vecchia dirigenza, che controllava i gruppi parlamentari, oltre che dalla disastrosa situazione finanziaria del PSI che aveva ereditato.

Benvenuto si dimise il 20-5-1993 e il 28 successivo svolse una durissima relazione all'Assemblea Nazionale del PSI, che al suo posto elesse segretario un altro ex sindacalista, Del Turco della CGIL.

L'indomani 29 maggio 1993 Benvenuto promosse, assieme al altri, il movimento di "Rinascita Socialista", avente lo stesso progetto di rinnovamento del socialismo italiano che egli non aveva potuto realizzare nel PSI. Tuttavia, alla fine del 1993 egli lasciò RS (di cui divenne leader Enzo Mattina, pure lui ex UIL) ed aderì ad Alleanza Democratica, che nel 1996, in prossimità delle elezioni politiche, aderì al progetto dell'Unione Democratica (laici+PPI) di Antonio Maccanico. Con questo raggruppamento fu eletto alla Camera ed entrò nel gruppo "Popolari e Democratici-L'Ulivo". All'inizio del 1998 costituì l'associazione-movimento "Riformatori per l'Europa", che raggruppava buona parte dei socialisti entrati in AD e poi in UD. Tale raggruppamento fu una delle componenti fondatrici (3-2-1998), assieme al PDS e ad altri, dei DS, della cui Direzione Benvenuto entrò a far parte. Fu quindi rieletto deputato nel 2001 e senatore nel 2006-2008.

Benvenuto è fondatore e presidente della fondazione "Bruno Buozzi", ente di ricerca di studi politici e sociali.

La sua opera più nota, scritta con Antonella Fantò, in cui racconta la sua breve, ma intensa esperienza di segretario del PSI, è *Via del Corso*, pubblicata da Sperling & Kupfer nel 1993.

Alfredo Bertesi

Alfredo Bertesi (Carpi, 1851-1923) proveniva da una famiglia contadina. In gioventù fece il fornaio. Fu organizzatore di cooperative di produzione e di consumo. Nel 1889 fondò l'*Associazione dei lavoratori di Carpi*, di cui successivamente divenne presidente.. Nel 1891 fu eletto consigliere comunale e provinciale e nel 1893 fondò a Carpi il primo circolo socialista. Nel 1899 fu eletto per la prima volta deputato e poi riconfermato nel 1897, nel 1900, nel 1904 e nel 1910. Partecipò ai congressi nazionali del 1900 (fu uno dei relatori e fu eletto nella Direzione), del 1902 (riconfermato nella Direzione), del 1904 e del 1908. Nel 1906 fu uno dei fondatori della Camera del Lavoro di Carpi. Nello schieramento interno socialista militò fra i riformisti di destra e nel 1912 aderì alla scissione dei bissolatiani che diedero vita al PSRI. Si schierò quindi, nel 1915, fra gli interventisti e nel 1920 fu nominato senatore.

Enrico Bertini

Tipografo. Componente della Commissione per il programma, poi divenuta Comitato Centrale Provvisorio, nel cui ambito esercitò le funzioni di cassiere e della cui attività relazionò al Congresso di Genova del 1892. Fu rieletto nel Comitato Centrale nei congressi di Genova e di Reggio Emilia. Successivamente fece parte, fino al 1900, dell'*Ufficio Esecutivo Centrale*

Gino Bertoldi

Componente della Segreteria provvisoria (assieme a Pietro Nenni e Antonio Cariglia) del PSI (20-5-1969/4-7-1967)
Vicesegretario reggente del PSI (5-7-1969/9-7-1969)

Nacque a San Candido (Bolzano) il 31-1-1920. Laureatosi in Filosofia, divenne funzionario di partito. Militò nella sinistra guidata da Vecchietti, ma quando essa uscì dal partito per costituire il PSIUP, Bertoldi rimase nel PSI, collocandosi in un'area intermedia tra De Martino e la nuova "sinistra" lombardiana. Dopo il congresso del partito unificato PSI-PSDI del 1968, fu eletto (22-1-1969) vicesegretario, assieme ad Antonio Cariglia (segretario Mauro Ferri).
Dimessosi Ferri da segretario (20-5-1969), la gestione del partito fu affidata ad un triumvirato composto dai due vicesegretari Bertoldi e Cariglia e dal presidente Nenni.
Il 4-7-1969, in seguito alla scissione dei socialdemocratici, Cariglia lasciò il PSI per aderirvi, mentre Nenni si dimise da presidente: pertanto da quel momento e fino all'elezione del nuovo segretario (De Martino, 9-7-1969), alla guida del PSI rimase il solo Bertoldi.
Dopo di allora fece sempre parte della Direzione.
Bertoldi fu deputato del PSI dalla terza alla settima legislatura, ricoprendo la carica di capogruppo dal 25-5-1972 al 7-7-1973. Fu anche ministro del Lavoro (7-7-1973/23-11-1974) nel 4° e 5° governo Rumor.
Morì il 17-12-2001.

Billanovich

Componente del Comitato esecutivo del PSI eletto nel congresso di Roma del 1906.

Leonida Bissolati

Nacque a Cremona il 20-2-1857 e si laureò in legge a Bologna, esercitando poi la professione di avvocato. Giovanissimo aderì al movimento socialista. Nel 1880 fu eletto consigliere comunale di Cremona, carica ricoperta per 18 anni. Nel 1882 fu anche assessore all'Istruzione. Nel 1889 fondò *L'eco del popolo*, poi divenuto l'organo locale del partito socialista. Nel 1892 partecipò a Genova al congresso di fondazione del Partito dei Lavoratori Italiani, e poi a tutti i congressi socialisti successivi, fino a quello di Reggio Emilia del 1912. Nel 1896 divenne il primo direttore dell'*Avanti!*, carica ricoperta dal 25-12-1896 all'aprile 1906 e poi dal 22-9-1908 al 25-10-1910. Nel 1897 venne eletto deputato del collegio di Cremona, successivamente più volte riconfermato e nel 1898, in seguito ai "fatti del '98", subì due mesi di arresto. Fu uno dei principali leader riformisti, i quali al congresso di Modena, a proposito della guerra di Libia, si divisero in riformisti di sinistra (Turati), contrari alla guerra coloniale, e riformisti di destra (Bissolati), propensi ad una politica di collaborazione

con i governi liberali ed ormai scivolati su posizioni di generico democraticismo. Un episodio che fece scalpore fu la sua visita al Re (assieme a Bonomi e Cabrini) per congratularsi col sovrano, sfuggito ad un attentato. Al congresso di Reggio Emilia, il 7-7-1912, venne quindi espulso dal PSI, ma non si ritirò dalla scena politica; anzi fu il principale promotore di una scissione dell'ala destra del PSI che diede vita al PSRI, che però avrà una vita effimera. Alla vigilia della prima guerra mondiale fu uno dei maggiori leader dell'interventismo democratico; scoppiata la guerra si arruolò volontario. Nel 1916 entrò, come ministro dell'Assistenza, nel governo Boselli e in quello Orlando, da cui si dimise il 27-12-1918, per avere il Governo accettato la rinuncia a Fiume e Zara.
Morì a Roma il 6-3-1920

Alessandro Bocconi
Membro della Direzione eletta al congresso di Imola del 1902

Leader socialista marchigiano (Ancona 9-11-1873/23-8-1960), laureato in giurisprudenza e in scienze agrarie, di professione avvocato. In seguito ai fatti del 1898 fu condannato a tre mesi di reclusione e tre anni di domicilio coatto, ma riparò a Zurigo. Nel primo '900 diresse il giornale socialista *Il cigno*. Partecipò, come esponente della corrente riformista, ai congressi di Roma del 1900, di Imola del 1902 (eletto nella Direzione Nazionale), di Bologna del 1904 e di Ancona del 1914. Fu eletto deputato alle elezioni del 1904, del 1909 e del 1913. Aderì alla scissione del PSU e, dopo l'assassinio di Matteotti, fu deputato aventiniano. Fece parte, in rappresentanza del PSIUP del CLN di Ancona (1943), della Consulta Nazionale (1945-46) e dell'Assemblea Costituente. Nel 1947 fu tra i fondatori del PSLI.

Nicola Bombacci
Segretario PSI (11-10-1920/25-2-1920)

Nicola Bombacci nacque da una cattolicissima famiglia (il padre era un ex militare dello Stato Pontificio) di Civitella di Romagna il 24-10-1879 (era quindi di quattro anni più anziano del suo conterraneo Benito Mussolini). A 16 anni entrò nel seminario di Forlì, dove studiò per cinque anni. Lasciato il seminario, terminò gli studi di maestro nel collegio "Giosuè Carducci" di Forlimpopoli e cominciò ad insegnare in provincia di Piacenza. Nel 1903 si iscrisse al PSI e fu poi chiamato a dirigere la Camera del Lavoro di Cesena e il settimanale *Il Cuneo*. Nel 1911 venne eletto membro del Consiglio Nazionale della CGdL. Fin dagli esordi si schierò con l'ala rivoluzionaria del PSI, risultata maggioritaria dal congresso di Reggio Emilia del 1912 in poi. Durante la prima guerra mondiale divenne segretario della CdL di Modena, segretario della federazione provinciale socialista e direttore del periodico *Il Domani*.
Nel luglio 1917 entrò nella Direzione Nazionale del PSI, divenendo stretto collaboratore del segretario del partito Lazzari e del direttore dell'*Avanti!* Serrati. Quando questi ultimi, nel

corso del 1918, furono arrestati per la loro opposizione alla guerra, si trovò praticamente solo alla testa del partito. Al XV congresso (Roma, settembre 1918) venne rieletto nella Direzione e divenne vicesegretario (con Lazzari rieletto segretario, seppure ancora in stato di detenzione, fino al 20-11-1918). Al XVI congresso (Bologna, ottobre 1919) , schieratosi con la corrente massimalista elezionista di Serrati, venne eletto segretario del partito, carica successivamente lasciata (25-2-1920) perché eletto deputato (Collegio di Bologna, 16 novembre 1919). Gli subentrò Egidio Gennari. Nel 1920 fece parte (assieme a Serrati, D'Aragona, Graziadei e al siciliano Vacirca) della prima delegazione socialista italiana recatasi in URSS, dove partecipò al II congresso dell'Internazionale Comunista. Fu quindi fra i fondatori della frazione comunista e direttore del periodico *Il Comunista*. Nel gennaio 1921, al congresso di Livorno, alla testa dei massimalisti di sinistra e assieme ai comunisti astensionisti di Bordiga e agli ordinovisti di Gramsci, fu tra i fondatori del partito comunista (PCdI), nel cui Comitato Centrale venne eletto. Nel 1921venne rieletto deputato, nella circoscrizione di Trieste, questa volta per il PCdI, nella cui ala destra, favorevole ad un riavvicinamento ai massimalisti del PSI, si collocò, opponendosi alla piega settaria allora presa dal PCdI. Fu quindi estromesso dal Comitato Centrale e dalle funzioni di segretario del gruppo parlamentare e nel novembre 1923, addirittura espulso dal partito, con l'accusa di aver fatto riferimento, in un suo intervento alla Camera, ad una possibile unione delle due rivoluzioni, quella bolscevica e quella fascista. Nel 1924, però, si recò ancora in URSS per partecipare ai funerali di Lenin e l'Internazionale lo reintegrò nel partito. Ritornato in Italia, iniziò a lavorare all'ambasciata russa a Roma e alla rivista *L'Italo-Russa*, allontanandosi sempre più dal partito, la cui dirigenza in esilio nel 1927 lo espulse definitivamente..

La collaborazione con l'ambasciata russa cessò intorno al 1930 e Bombacci, in difficoltà economiche, chiese aiuto ad alcuni gerarchi del regime e allo stesso Mussolini, che aveva conosciuto prima della guerra, e che gli trovò un impiego. A partire dal 1933 Bombacci gradualmente cominciò ad avvicinarsi al regime, che gli consentì anche di fondare una rivista mensile *La Verità* (1936-1943), allineata al regime. Dopo la caduta del fascismo e la successiva fondazione della Repubblica Sociale Italiana, Bombacci, volontariamente, si recò a Salò, dove si avvicinò a Mussolini, diventandone una specie di consigliere. Partecipò quindi al congresso fascista repubblicano di Verona, mettendo anche la sua notevole capacità oratoria al servizio del fascismo e del suo nuovo progetto di socializzazione. Rimase fino alla fine accanto a Mussolini, in fuga per la Svizzera. Catturato assieme al Duce venne fucilato il 28-4-1945 e l'indomani il suo cadavere, assieme a quello di alcuni gerarchi fascisti, fu appeso a Piazzale Loreto, sotto la scritta "Supertraditore".

Enrico Boselli
Segretario del SI (13-11-1994/8-2-1998)
Presidente dello SDI (8-2-1998/6-7-2008)

Enrico Boselli, diplomato, di professione dirigente d'azienda, è nato a Bologna il 7-1-1957. Iscrittosi giovanissimo al PSI, nel 1979 diventò segretario nazionale della Federazione Giovanile Socialista e vicepresidente della YUSI, l'Internazionale dei giovani socialisti.
Nel 1980 fu eletto consigliere comunale di Bologna, riconfermato anche nel 1985, ed eletto vicesindaco della città nel 1987. Successivamente fu eletto presidente della Regione Emilia-Romagna (6-5-1990/5-7-1993).
Il 15 marzo 1993 Boselli entrò nella nuova Direzione del PSI, voluta dal successore di Craxi al vertice del partito, Giorgio Benvenuto, e successivamente, come vicesegretario del partito, fece parte del Comitato di Direzione voluto dal nuovo segretario Del Turco. Tale carica fu mantenuta fino allo scioglimento del PSI (12-11-1994).
Alle politiche del 27-3-1994 fu eletto per la prima volta deputato, nella quota maggioritaria.
Scioltosi il PSI, Boselli fu uno dei principali promotori, assieme a Giugni, Del Turco e Villetti, della costituzione del SI (Socialisti Italiani), di cui venne eletto segretario, con vicesegretario Roberto Villetti e presidente del partito Gino Giugni.

Il SI esordì nelle elezioni regionali del 1995 presentandosi nel "Patto dei Democratici", formato con Alleanza Democratica e col Patto Segni

Alle elezioni politiche il SI entrò nella coalizione dell'Ulivo e, nella parte proporzionale, presentò propri candidati nelle liste di "Rinnovamento Italiano" (Dini). Boselli fu rieletto alla Camera.

Successivamente Boselli si fece promotore di un'iniziativa che riunisse la diaspora socialista, riuscendovi in parte.

Infatti, l'8-2-1998 nacque, dalla fusione del SI col PSDI, con l'ala del PS facente capo ad Intini e con i "Laburisti autonomisti", un nuovo partito, lo SDI, di cui Boselli fu eletto presidente.

La nuova formazione, collocatasi nel centro-sinistra, debuttò alle elezioni europee del 13-6-1999, in cui ottenne due deputati: Boselli, appunto, e Claudio Martelli, che però nel 2000 lascerà il partito.

Alle elezioni politiche del 2001 lo SDI nella quota proporzionale si presentò assieme ai Verdi (lista "Il Girasole"), ma non riuscì (2,2%) a superare lo sbarramento del 4% per partecipare alla ripartizione dei seggi. Ottenne, tuttavia, 6 senatori e 9 deputati, fra cui lo stesso Boselli.

In seguito, pur rimanendo collegato al centro-sinistra, lo SDI elaborò, assieme al Partito Radicale, un nuovo progetto, detto della "Rosa nel Pugno", che esordì affrontando le politiche del 9-10 aprile 2006, vinte per poco dal centro-sinistra: la RnP ottenne 18 deputati, fra cui Boselli e Villetti, ma nessun senatore, sicché il progetto pian piano si esaurirà.

Il V congresso (straordinario) dello SDI (13-15 aprile 2007), archiviato il progetto della RnP e respinto l'invito ad aderire al costituendo Partito Democratico, si pronunciò per una Costituente Socialista che potesse superare la diaspora e rilanciare il socialismo in Italia.

Persa l'ala Del Turco che decise di navigare verso il PD, altre formazioni aderirono alla Costituente, ma il lavoro di ricucitura subì una battuta d'arresto, in quanto la caduta del governo Prodi provocò lo scioglimento anticipato delle Camere.

Le elezioni politiche del 13-14/4/2008 colsero dunque impreparato il costituendo Partito Socialista, costretto, a causa del rifiuto del PD, ad affrontarle senza apparentamenti e con un proprio candidato alla presidenza del Consiglio, Enrico Boselli.

I deludenti risultati (0,97% alla Camera e 0,87% al Senato) furono traumatiche per il nuovo Partito Socialista.

Il 14-4-2008 Boselli si dimise dalla guida del PS.

Il 9-12-2010 ha annuncia la sua adesione all'API di Rutelli, di cui è diventato vicepresidente.

Stefano Caldoro
Segretario NPSI (24-6-2007/29-3-2009)

Stefano Caldoro, nato a Campobasso il 3-12-1960, laureato in Scienze Politiche, è giornalista e consulente d'azienda.

Il suo esordio in politica avviene con l'elezione, per il PSI, a consigliere regionale della Campania (1985).

Nel 1992 viene eletto deputato nazionale. Nel 1994, dopo lo scioglimento del PSI (12—11-1994) si schiera con i gruppi ex socialisti favorevoli al "Polo delle Libertà" (centro-destra), che nel 1999 lo candida (senza successo) alla presidenza della Provincia di Napoli.

L'11-1-2001 Caldoro è tra i fondatori del NPSI, nato dalla fusione della Lega Socialista di Bobo Craxi e del PS di Gianni De Michelis, leader ambedue destinati a lasciare il partito.

Il nuovo partito aderisce alla coalizione di centro-destra ("Casa delle Libertà"), che lo stesso anno vince le elezioni politiche. Caldoro entra nel II governo Berlusconi (11-6-2001/3-4-2005), dapprima come sottosegretario e, dal 30-12-2005, come viceministro alla P.I.

Nel III governo Berlusconi, immediatamente successivo al precedente, Caldoro diventa ministro per l'Attuazione del Programma di Governo, carica mantenuta fino alla fine della legislatura.

Nell'ottobre 2005, al V congresso nazionale del NPSI, il partito si divide fra la "sinistra" di Bobo Craxi favorevole a passare col centro-sinistra e a realizzare in esso l'unità socialista e il "centro" di De Michelis, tendente a rimanere nella CdL. La "destra" di Caldoro e Moroni decide tatticamente di dar forza allo schieramento pro De Michelis (che finirà col prevalere), ma nello stesso tempo di differenziarsi, per cui all'elezione che riconferma segretario De Michelis si astiene. Nel gennaio 2006 Caldoro è nominato Coordinatore nazionale del NPSI.

Dopo le elezioni politiche del 9-10 aprile 2006, Chiara Moroni, eletta nelle liste di FI, decide di aderirvi, per cui Caldoro rimane l'unico leader della "destra" del NPSI.

Nella primavera 2007 De Michelis si orienta ad accogliere l'invito di Boselli, presidente dello SDI, per una Costituente Socialista, che ponga fine alla diaspora e rilanci un nuovo Partito Socialista, collocato nel centro-sinistra, ma Caldoro non è d'accordo. La conflittualità fra le due componenti del NPSI finisce per dar vita a due distinti congressi e a due distinti NPSI:

quello dell'ala destra del Partito si riunisce all'Hotel Midas il 23 e 24 giugno 2007 ed elegge segretario Stefano Caldoro; quello dell'area De Michelis accoglie la proposta di Boselli ed elegge (7-8/7/2007) segretario il deputato Mauro Del Bue. Esso parteciperà alla Costituente Socialista ed alla fondazione del PS, poi (7-10-2009) PSI, sciogliendosi quindi nella nuova formazione.

Il NPSI di Caldoro rimane così unico titolare della sigla fino a quando il suo leader, poi divenuto anche direttore dell'organo del partito *Socialista Lab.*, decide l'ingresso, accanto a FI, AN, DCA, ecc. nella nuova formazione di centro destra voluta da Berlusconi, il "Popolo delle Libertà" (29-3-2009), della cui Direzione Nazionale egli entra a far parte.

Alle elezioni regionali del 28-29/3/2010 Caldoro è candidato, con successo (54,2%), dal PdL, alla presidenza della Regione Campania.

Camillo Camerini
Avvocato. Come rappresentante della corrente integralista, partecipò al congresso di Roma del 1906 (fu eletto nel Comitato Esecutivo) e a quello di Firenze del 1908 (fu uno dei relatori).
Il 28-10-1906 fu tra i promotori della costituzione di una società cooperativa di costruzione, produzione e consumo, intitolata *Casa dei socialisti*, con lo scopo di costruire un edificio in cui dovevano essere allocate la Direzione Nazionale del PSI e la sezione di Roma, e avente anche locali per conferenze ed altre attività.

Antonio Cariglia
Vicesegretario componente della Segreteria provvisoria (assieme a Pietro Nenni e Gino Bertoldi) del PSI (20-5-1969/4-7-1969)
Segretario del PSDI (9-3-1988/7-5-1992)
Presidente del PSDI (7-5-1992/8-2-1998)

Antonio Cariglia nacque a Vieste (FG) il 28-3-1924, ma dal 1935 si trasferì, assieme alla famiglia, a Pistoia, poiché il padre, già comandante della tenenza di P.S. di Verona , aveva vinto il concorso per comandante dei vigili urbani della città, dove il giovane Antonio svolse suoi studi, fino a quando, per prudenza, lasciò il liceo classico di Pistoia, dove aveva costituito un piccolo gruppo antifascista, per trasferirsi al liceo scientifico di Montecatini, dove ottenne la maturità.. Conseguirà poi, dopo la guerra e la Resistenza, la laurea in Scienze Politiche e Sociali all'università di Firenze.

Già tenente dell'aviazione dal 1943 al 1945, durante la Resistenza comandò formazioni partigiane nel triangolo Avezzano-Flamignano-L'Aquila.

Iscrittosi (1946) quindi all'organizzazione giovanile del PSIUP, aderì alla scissione socialdemocratica del 1947; a soli 25 anni divenne segretario della Camera Sindacale della FIL, il sindacato fondato dai sindacalisti del PSLI e del PRI, e, a soli 27 anni, entrò nella segreteria nazionale della UIL, per la cui lista nel 1954 fu eletto nella Direzione del PSDI. Venne riconfermato, per la lista di centro Saragat-Tanassi, nel 1956, nel 1957, nel 1959 e nel 1962, anno in cui divenne responsabile dell'Ufficio Internazionale del PSDI.

Nel 1963 entrò alla Camera dei deputati e nel 1964 fu eletto vicesegretario del partito (segretario Tanassi), carica da egli tenuta fino al momento dell'unificazione socialista, quando divenne vicesegretario, assieme a Giacomo Brodolini, del PSI-PSDI Unificati (cosegretari De Martino e Tanassi). Rimase vicesegretario, assieme a Gino Bertoldi, con la segreteria di Mauro Ferri. Quando quest'ultimo si dimise, dal 20-5-1969 al 4-7-1969 fece parte della segreteria provvisoria del partito unificato (ridivenuto PSI), assieme al presidente Nenni e all'altro vicesegretario Bertoldi. Al momento della nuova scissione socialdemocratica, che diede vita ad un nuovo PSU (poi ridivenuto PSDI), vi aderì e ne fu eletto vicesegretario (segretario Ferri).

Nel periodo successivo rimase membro autorevole della Direzione nazionale.

Il 9-3-1988 fu eletto dal Comitato Centrale segretario del PSDI, venendo riconfermato dai due congressi di Rimini del marzo 1989 e del maggio 1991. Nel maggio 1992 promosse la sostituzione della scritta "socialismo" che sovrastava il simbolo del sole nascente del PSDI con l'altra, ritenuta più aderente alla collocazione del partito di "socialdemocrazia". La sua segreteria si caratterizzò, fra l'altro, per la strenua difesa dell'autonomia del partito, di fronte al temuto assorbimento nel PSI craxiano.

Il 7-5-1992 il Consiglio Nazionale lo sostituì, alla segreteria nazionale, con Carlo Vizzini e lo elesse presidente del partito. La sua carriera parlamentare era iniziata con l'elezione a deputato il 28-4.1963, riconfermato nelle elezioni del 1968 e in quelle del 1972. Fu anche deputato europeo, eletto nel 1979, nel 1984 e nel 1989, senatore dal 1987 al 1992 (capogruppo nel 1987-88) e di nuovo deputato dal 1992 al 1994.

Cariglia è stato anche membro permanente del *Boureau* dell'Internazionale Socialista, consigliere della Corte dei Conti, consigliere comunale di Pistoia e di Firenze, fondatore (1965) e presidente della fondazione "Filippo Turati".

Coinvolto in inchieste giudiziarie fu completamente assolto.

Negli ultimi tempi (2004) si era un po' riaccostato alla politica con la ricostituzione del nuovo PSDI, di cui era stato nominato presidente onorario.

Cariglia è morto a Pistoia il 20-2-2010.

Giorgio Carta
Segretario del PSDI (11-1-2004/7-10-2007)

Giorgio Carta è nato a Jerzu, in Sardegna, il 16-1-1938. Nel 1964 si è laureato in medicina, conseguendo poi varie specializzazioni.

Esponente di spicco della socialdemocrazia sarda è stato consigliere comunale di Cagliari dal 1970 al 1979, oltreché assessore e vicesindaco del capoluogo sardo; per 13 anni, a partire dal 1979, è stato, inoltre, consigliere regionale, nonché varie volte assessore regionale.

Componente della Direzione Nazionale del PSDI, è stato anche deputato nazionale (eletto nel 1992) ed ha fatto parte, come sottosegretario alle Finanze del I governo Amato e, come sottosegretario alla Marina Mercantile, del governo Ciampi.

Dal 1995, in seguito alla fusione del PSDI con il SI di Boselli, con l'ala PS di Intini e con i Laburisti Autonomisti che diede vita allo SDI (8-2-1998), fu esponente di rilievo del partito.

Quando, per iniziativa di alcuni gruppi socialdemocratici, il PSDI si ricostituì in partito autonomo, Carta, al congresso di Roma del 9/11-11-2004, venne eletto segretario nazionale, dimostrandosi sostenitore dell'alleanza del PSDI con l'Unione di Prodi e con i DS.

Nel 2006 fu eletto per la seconda volta deputato nella lista dell'Ulivo, che così garantì al suo partito il "diritto di tribuna".

Le sue improvvise dimissini da segretario del 25-11-2006 aprirono all'interno del PSDI un contenzioso fra i seguaci di Renato D'Andria e quelli a lui vicini, guidati dal vicesegretario Mimmo Magistro, che si concluse definitivamente con l'elezione di quest'ultimo a segretario nel congresso di Bellaria nell'ottobre 2007, in cui Giorgio Carta fu eletto presidente onorario del PSDI.

Garzia Cassola

Giornalista. Di origini lombarde, visse a lungo in Toscana, a Volterra. Partecipò, nel luglio 1896, al congresso del PSI di Firenze, dove venne eletto nell'Esecutivo Centrale. Partecipò pure al congresso di Roma del 1900. Fu redattore dell'*Avanti!*, durante la direzione di Bissolati, suo cognato, e tradusse in italiano *Studi socialisti* di Jean Jaurès e *La radice del male* di Leone Tolstoj, libri di cui scrisse anche la prefazione.

Esponente della corrente riformista venne espulso dalla sezione di Roma, a maggioranza rivoluzionaria, ma la Direzione del partito lo riammise alla vigilia del congresso di Roma del 1904.

In seguito scivolò su posizioni nazionaliste e divenne fervente ammiratore di Mussolini.

Silvio Cattaneo

Componente della Commissione per il programma e lo statuto, poi Comitato Centrale Provvisorio (1891)n vista della fondazione del Partito dei Lavoratori Italiani (poi PSI).

Pietro Chiesa

Operaio verniciatore. Nacque a Casale Monferrato (AL) nel 1858, in una famiglia molto povera; ancora giovanissimo si trasferì a Sampierdarena (GE), dove sarà uno dei fondatori della Camera del Lavoro. Partecipò alla parte iniziale del congresso di fondazione del Partito dei Lavoratori Italiani (poi PSI), in cui seguì la posizione di Andrea Costa, e per intero al II congresso di Reggio Emilia del 1893 e a quello di Firenze del 1896. Denunciato per "attività sediziosa ed eccitamento all'odio di classe", venne in seguito condannato a tre mesi di carcere e licenziato dal lavoro, per cui nel 1898 fuggì in Francia, dove si occupò come facchino e poi come verniciatore. Tornò in Italia nel 1900, contribuì alla ricostruzione della Camera del Lavoro di Genova e fu eletto deputato: primo deputato operaio (assieme a Rinaldo Rigola) e primo socialista deputato ligure. Poco dopo fu alla testa dello sciopero generale di Genova , primo in Italia. Nel 1902, al congresso di Imola, in cui era stato uno dei relatori, venne eletto nella Direzione del Partito Nel 1903 fu tra i fondatori del quotidiano *Il Lavoro*. Fu rieletto deputato nel 1904, nel 1909 e nel 1913. Nel 1914 fu neutralista, in linea con la posizione del PSI.

Appartenne sempre coerentemente alla corrente riformista e fu molto vicino a Turati e a Rigola.
Morì a Genova il 14 dicembre 1915.

Fabrizio Cicchitto
Segretario del PSR (13-11-1994/24-2-1996)

Fabrizio Cicchitto è nato a Roma il 26-10-1940 e nel 1962 si è laureato in Giurisprudenza, specializzandosi in seguito in economia ed esercitando la professione di dirigente d'azienda..
Iscrittosi giovanissimo al PSI, partecipò, nel 1962, al congresso costitutivo della Federazione Giovanile Socialista Italiana, di cui negli anni '70 divenne segretario. Durante gli anni della sua militanza socialista è stato esponente di spicco della corrente di sinistra guidata da Riccardo Lombardi.
Fu eletto deputato, per il PSI nella VII e VIII legislatura (luglio 1976/luglio 1983).
Essendo risultato il suo nome compreso nell'elenco della Loggia P2, per un certo periodo si ritirò dall'attività politica, fino a quando, nel 1987, venne richiamato da Craxi, nella cui area politica via via si spostò.
Eletto nella Direzione del PSI in occasione del 44° congresso di Rimini, fu senatore nel periodo 1992/94 e rimase un dirigente di primo piano fino allo scioglimento, nel 1994, del PSI, a cui, assieme alla minoranza craxiana, si dichiarò contrario.

Subito dopo lo scioglimento, il 13-11-1994, ormai alla guida dell'ala destra craxiana, fondò, assieme ad Enrico Manca (presidente), il PSR (Partito Socialista Riformista), di cui divenne segretario nazionale.

Il 24-2-1996, il PSR, fondendosi con gruppi residui della Federazione dei Socialisti di Ugo Intini, partecipò alla costituzione del PS (Partito Socialista), che ormai raggruppava quasi tutti i craxiani. In occasione del I congresso del PS del novembre 1996, lo stesso Intini fu eletto segretario, mentre Cicchitto fu nominato coordinatore nazionale.

Quando, nel settembre 1997, l'ala fedele a Intini, propenso a un'alleanza col SI di Boselli si scisse, Cicchitto rimase con la maggioranza, facente capo al nuovo segretario Gianni De Michelis (come lui proveniente dalla sinistra lombardiana), ancorata a posizioni più rigidamente craxiane e ostile ad ogni contatto con gruppi del centro-sinistra.

Dopo l'insuccesso del PS di De Michelis alle elezioni europee del 13-6-1999, Fabrizio Cicchitto e Margherita Boniver lasciarono il PS ed aderirono (22-6-1999) a Forza Italia.

Il mese dopo divenne membro del Comitato di Presidenza di FI e, in seguito vicepresidente del gruppo parlamentare alla Camera di FI e vice coordinatore del partito. Dopo l'adesione a FI è stato tre volte deputato, dal maggio 2001 ad oggi.

Dal 2008 è presidente del gruppo parlamentare della Camera del PDL (Popolo della Libertà), il partito di centro-destra nato dalla fusione tra FI ed AN.

Numerose le opere di Cicchetto, di cui ricordiamo:

Rodolfo Morandi, il partito e la democrazia industriale
Il governo Craxi
Storia del centro-sinistra
Come tradire l'Idea socialista per quattro denari
Il PSI e la lotta politica in Italia dal 1976 al 1994
Il paradosso socialista: da Turati a Craxi a Berlusconi
L'uso politico della giustizia

Pompeo Ciotti
segretario PSI (1909-1912), poi segretario PSRI

Avvocato di Prato, della cui Camera del Lavoro fu segretario e in cui gli è dedicata una via.
Partecipò, su posizioni integraliste, ai congressi di Firenze (1896), di Bologna (1897) e di Roma (1900); successivamente (congresso di Roma del 1906) si aggregò all'ala destra dei riformisti. Il congresso di Firenze, vinto dai riformisti, stabilì, per la prima volta, che il segretario del partito sarebbe stato eletto dalla Direzione, di cui avrebbe fatto parte con voto deliberativo. All'inizio del 1909 Ciotti fu eletto Segretario politico, carica in cui venne riconfermato dai congressi di Milano (1910) e di Modena (1911).
Il XIII congresso del PSI (Reggio Emilia, 1912) deliberò l'espulsione di Bissolati e di altri riformisti di destra, i quali misero in atto una scissione, dando vita al PSRI, di cui fu eletto

Segretario politico appunto Pompeo Ciotti. Di Ciotti rimangono vari scritti, fra cui:

"*Agguati della Consorteria, maggio 1898. Cinque anni dopo*"
"*Maggio sanguinoso. Bozzetti di Firenze*"
"*Sindacalismo italico. Dalle origini all'insurrezione.*"

Ugo Coccia
Segretario politico PSI (dic.1926/genn.1928) e redattore-capo dell'*Avanti!*

Avvocato. Nacque a Roccantica (Rieti) l'11 agosto 1895 e giovanissimo aderì al PSI, militando sempre nella sua ala sinistra. Fu eletto consigliere provinciale di Poggio Mirteto (Perugia); dopo aver lavorato nell'Unione Socialista Romana, nel primo dopoguerra divenne segretario della federazione laziale. Nel 1925 ricoprì la carica di vicesegretario nazionale. Agli inizi del 1926 fu costretto a riparare in Francia dove, nel successivo dicembre, divenne segretario del PSI in esilio e redattore-capo (di fatto direttore) dell'*Avanti!*.
Quando, al convegno di Marsiglia del 15-1-1928, alla segreteria fu chiamata Angelica Balabanoff, Coccia conservò la direzione del giornale fino all'agosto 1928, quando la lasciò in polemica con la linea, ritenuta troppo rigida, della maggioranza massimalista della Direzione. Si avvicinò poi alle posizioni di Nenni, favorevole all'unificazione socialista col PSULI, fino

ad aderire all'ala fusionista del PSI nel congresso di Grenoble del 1930, nella cui Direzione venne eletto.

Al congresso di unificazione di Parigi del luglio 1930 fu relatore sul tema *Il Partito Socialista e la Concentrazione Antifascista*.

Nello stesso congresso fu eletto Segretario politico del partito unificato, il PSI-IOS.

Morì a Hyères nel 1932, a causa di una cardiopatia contratta combattendo in trincea durante la prima guerra mondiale.

Tristano Codignola

Leader del Movimento d'Azione Socialista Giustizia e Libertà (novembre 1947/8-2-1948)

Componente del Comitato di segreteria del PSDI (6-1-1952/22-2-1952)

Segretario del Movimento di Autonomia Socialista (1-2-1953/aprile 1953)

Leader di Unità Popolare (aprile 1953/ottobre 1957)

Leader della Lega dei socialisti (15-10-181/12-12-1981)

Tristano Codignola nacque ad Assisi il 23-10-1913 da Ernesto, famoso pedagogista e da Maria Melli. Successivamente la famiglia si trasferì a Pisa e poi a Firenze, nel cui Magistero Ernesto insegnava. Lo stesso Ernesto, dopo aver collaborato con Gentile alla riforma della scuola, se ne staccò dopo il Concordato del 1929 e fondò la rivista *Civiltà Moderna* e la casa editrice *La Nuova Italia*, di cui in seguito divenne direttore il figlio Tristano.

Tristano, laureatosi in giurisprudenza (1935), aderì senza riserve, operando una scelta che era etica e politica nello stesso tempo, agli ideali del liberalsocialismo che aveva appreso da Guido Calogero e Aldo Capitini. Suoi maestri saranno anche Salvemini e Rosselli. Costituì (1936-37), assieme ad Agnoletti, Leporini ed altri, il nucleo liberalsocialista di Firenze e per questo il 27-1-1942 fu arrestato e condannato al confino. Fu, inoltre tra i primi aderenti al Partito d'Azione (di cui divenne vicesegretario) e fra i fondatori (agosto 1943) del Movimento Federalista Italiano.

Dopo aver partecipato attivamente alla Resistenza, il 1-6-1946 fu eletto alla Costituente per il Pd'Az.. Quando il suo partito, che già nel 1946 aveva subito la scissione dell'ala repubblicana guidata da Ugo La Malfa, decise (ottobre 1947) di confluire nel PSI, Codignola non seguì la maggioranza, ma scelse di costituire un nuovo raggruppamento, di cui egli sarà il leader, e cioè il Movimento d'Azione Socialista Giustizia e Libertà.

Il 7 e 8 febbraio 1948 il suo movimento si fuse con quello degli autonomisti usciti dal PSI, guidati da I.M. Lombardo dando vita all'UdS, che alle prime elezioni politiche del 18-4-1948 si alleò col PSLI nelle liste di "Unità Socialista".

A sua volta l'UdS, nel congresso di unificazione del 4/8 dicembre 1949 si fuse con l'MSA di Romita e con la sinistra socialdemocratica uscita dal PSLI e guidata da U.G. Mondolfo, per costituire il PSU (l'unico partito riconosciuto dal Comisco quale rappresentante del socialismo italiano), con segretario Silone, validamente collaborato da Codignola.

Il 1° maggio 1951 il PSU (segretario Romita) e il PSLI (segretario Saragat) si fusero, dando vita al PS-SIIS, divenuto poi PSDI (congresso di Bologna del gennaio 1952), nella cui ala sinistra Codignola si collocò. Quando il PSDI, al congresso di Genova, capovolgendo le precedenti posizioni a favore della proporzionale e della lista autonoma (non collegata con la DC e i suoi alleati), decise di appoggiare la legge elettorale maggioritaria (detta "legge-truffa"), Codignola si oppose energicamente e per questo fu espulso dal PSDI. Di conseguenza, in un convegno tenuto a Vicenza il 1° febbraio 1953 fondò il Movimento di Autonomia Socialista, sostenuto dal quindicinale *Nuova Repubblica* da lui stesso diretto e, dopo alcuni mesi, si unì ad un raggruppamento della ex sinistra repubblicana guidato da Parri, dando vita ad Unità Popolare che, alle politiche del 1953, pur non avendo conseguito nessun seggio, con i suoi 171.000 voti, fu determinante nell'impedire che la legge maggioritaria producesse i suoi effetti.

Nel 1956 la svolta autonomista del PSI a seguito del XX congresso del PCUS e dei fatti di Polonia e d'Ungheria, indussero UP (tranne Parri e altri a lui vicini) a confluire (ottobre 1957) nel PSI, nel cui CC Codignola venne cooptato.

Nel 1958 e nel 1963 Codignola, cui fu affidata la politica scolastica del PSI, fu eletto deputato e, nel 1968, senatore. Nel 1970-72 fu (assieme a Giovanni Mosca e Bettino Craxi) vicesegretario del partito (segretario Giacomo Mancini).

Gli anni del centro-sinistra furono caratterizzati, fra l'altro, dall'istituzione della scuola media unica e della scuola materna statale, riforme per le quali l'apporto di Codignola fu fondamentale.

Nel 1981 lanciò, assieme ad altri, un "Appello ai socialisti", in cui criticava la gestione del partito da parte del gruppo dirigente craxiano e per questo venne espulso dal PSI, e con lui Enzo Enriquez Agnoletti, Antonio Greppi, Franco Bassanini. Deciso a non mollare nella sua battaglia politica promosse allora (15 ottobre 1981) la costituzione della "Lega dei Socialisti", che ebbe vita effimera, in quanto qualche mese dopo Codignola morì (12-12-1981).

Politico, giornalista ed editore, Tristano Codignola può considerarsi la coscienza critica del socialismo italiano, un combattente del socialismo che, con alta tensione morale, non rinunciò mai alla lotta per realizzare gli ideali in cui credeva ed ai quali rimase sempre fedele.

Luigi Colli

(1838-1915). Nacque il 2-8-1938 a Poggio Rusco (Mantova), dove fece il calzolaio. Si arruolò come garibaldino nel 1859, nel 1860 e nel 1866 e fu ferito in combattimento. Studiò da autodidatta con grande profitto, fino a diventare scrittore e giornalista. Fondò e diresse *Fratellanza operaia* e il settimanale *L'affarista alla berlina* (1880-1882). Trasferitosi a Roma venne eletto presidente degli edili della Camera del Lavoro. Entrato nel PSI, al congresso di Roma del 1906 venne eletto nel Comitato Esecutivo.

Andrea Costa
Leader del Partito Socialista Rivoluzionario

(Imola 30-11-1851/19-1-1910). Laureato in Lettere presso l'Università di Bologna, dove conobbe Giovanni Pascoli. Aderì giovanissimo alla Federazione Italiana della Prima Internazionale, di orientamento anarchico, influenzata cioè dalla propaganda di Bakunin, e partecipò, nel 1874 e nel 1877, a due tentativi insurrezionali. Dopo aver fondato e diretto il *Fascio operaio* e il *Martello* ed essere stato arrestato per i fatti di Bologna (1874), nel 1878 si rifugiò in Svizzera, quindi in Francia, da cui venne espulso (1879) e di nuovo in Svizzera, dove conobbe la rivoluzionaria russa Anna Kuliscioff, cui si legò sentimentalmente e che gli darà una figlia, Andreina. Dopo un periodo di riflessione sul fallimento dello spontaneismo anarchico, sul giornale socialista *La plebe* del 3 agosto 1879 pubblicò una lettera intitolata *Ai miei amici di Romagna*, con la quale sostanzialmente, pur non rinnegando il suo passato, abbandonò l'ideologia anarchica per aderire al socialismo.

Nel 1880 fondò la *Rivista internazionale del socialismo*, nel 1881 il settimanale *Avanti!* e, nello stesso anno il *Partito Socialista Ri-*

voluzionario di Romagna (poi *Italiano*, ma sempre di dimensioni regionali), alleato del *Partito Operaio Italiano* di Croce e Lazzari e della *Lega socialista* di Turati.

Nel 1882 fu il primo socialista ad entrare in Parlamento, dove rimase fino alla morte, tranne nel periodo 1893-1895, diventando in seguito (1909-1910) anche vicepresidente della Camera. Nel corso della sua attività parlamentare si batté contro la politica coloniale (*né un uomo né un soldo*) e contro ogni autoritarismo e repressione.

Nel 1883 costituì, assieme al repubblicano Giovanni Bovio e al radicale Felice Cavallotti, il *Fascio della Democrazia*, alleanza dei partiti dell'Estrema. Nel 1889 fu condannato per i disordini scoppiati durante una manifestazione in memoria di Guglielmo Oberdan e nel 1890 per aver partecipato a delle agitazioni di edili.

Nel 1893 fu eletto sindaco di Imola; nel settembre dello stesso anno il suo partito confluì nel *Partito dei Lavoratori Italiani* costituito l'anno precedente a Genova.

Il 5-5-1909 fu eletto —primo fra i socialisti —vicepresidente della Camera.

Bettino Craxi
Segretario del PSI (15-7-1976/12-2-1993)

Primo di tre figli, Benedetto Craxi nacque a Milano il 24-2-1934 dall'avv. Vittorio, divenuto nel 1945 viceprefetto di Milano e poi prefetto di Como, e da Maria Ferrari. Dopo aver stu-

diato nei collegi religiosi di Milano e di Como, frequentò il liceo classico "Carducci" di Milano e a 17 anni si iscrisse al PSI. Dopo aver conseguito il diploma di maturità, si iscrisse in Giurisprudenza a Milano e poi in Scienze politiche ad Urbino, dedicandosi all'organizzazione degli universitari socialisti e diventando anche vicepresidente dell'UNURI, il parlamentino degli universitari italiani. Entrò anche nel comitato provinciale del PSI. La sua sempre più intensa attività politica lo porterà ad interrompere gli studi universitari.

Dopo i fatti di Polonia e di Ungheria si schierò, con Nenni, su posizioni autonomistiche e nel 1957 (congresso di Venezia) entrò nel Comitato Centrale del partito. Nel 1956 fu eletto consigliere comunale di S.Angelo Lodigiano, paese di origine della madre, e nel 1960 di Milano, di cui diverrà anche assessore; fu riconfermato nel 1964

Diventato (1963) segretario della federazione di Milano del PSI e, dopo l'unificazione, anche del PSU (assieme a Renzo Peruzzotti), nel 1965 entrò nella Direzione Nazionale. Con le elezioni politiche del 1968 fu eletto deputato, mantenendo la carica fino al 1994.

Dopo la nuova scissione socialdemocratica del 1969, Craxi divenne (assieme a Codignola e Mosca), uno dei tre vicesegretari che affiancavano il nuovo segretario del PSI Giacomo Mancini.

Nel 1972, divenuto segretario De Martino, Craxi, ormai leader della piccola corrente autonomista, fu eletto (assieme a Giovanni Mosca) ancora vicesegretario, conservando la carica fino al 1976. Dopo i deludenti risultati delle elezioni di quell'anno, nella famosa riunione del *Midas* del luglio, De Martino dovette lasciare la segreteria del partito, a cui fu eletto Craxi, grazie alla convergenza sul suo nome dei manciniani, della sinistra di Lombardi e Signorile e degli ex demartiniani di Manca, oltre che della componente autonomista da lui guidata.

Nella sua nuova veste, Craxi si adoperò per ridare orgoglio ai militanti socialisti e per rinvigorire il partito.

Dopo la rottura con Manca, Craxi si alleò con Signorile e, dopo il congresso di Torino del 1978 che adottò la strategia dell'alternativa, Craxi venne rieletto (63%) segretario, con Signorile unico vice. In questo periodo successo principale della sua segreteria fu l'elezione di Sandro Pertini alla Presidenza della Repubblica.

Nell'agosto 1978 pubblicò sul settimanale *L'Espresso* l'articolo *Il Vangelo Socialista*, con cui prese le distanze da Marx, da Lenin, dal comunismo e dai vecchi simboli. A breve, infatti, la falce e il martello con libro e sole nascente, rimpiccioliti, furono collocati in fondo al simbolo, sovrastati dal grande garofano rosso del socialismo craxiano.

Nel giugno 1979, dopo il piccolo successo alle politiche, Craxi fu eletto al Parlamento europeo (vi sarà riconfermato nel 1984 e nel 1989).

Col 42° congresso di Palermo, svoltosi nel 1981 Craxi consolidò il suo potere interno, facendosi eleggere, dopo una modifica statutaria, direttamente dai delegati. Suoi vicesegretari saranno Martelli e Spini.

Il successo alle politiche del 1983 gli spianò la strada per il governo, che nell'agosto dello stesso anno riuscì a costituire, col sostegno del "pentapartito" (DC, PSI, PSDI, PRI, PLI), ottenendo buoni risultati sia nella politica interna (lotta all'inflazione), sia in quella estera (caso Sigonella).

Nel maggio 1984 il congresso di Verona lo rielesse, per la quarta volta, segretario del partito, la cui base si era, però, andata modificando socialmente e culturalmente. Finita la legislatura, Craxi tornò al partito (1987), che sempre più si identificava col suo segretario, mentre la dialettica interna si faceva sempre più asfittica. Il 45° congresso (Milano, maggio 1989) lo rielesse segretario col 92,3%.

Il congresso straordinario di Bari del giugno 1991 fu l'ultimo del suo predominio ed anche quello da cui ebbe inizio il suo declino. L'invito agli elettori a disertare il voto nel referendum che si proponeva l'introduzione della preferenza unica finì per collocarlo nel fronte conservatore, tanto che ben presto divenne il simbolo del "vecchio", cioè di chi voleva mantenere il sistema partitocratico, di cui invece l'elettorato era stanco.

Successivamente il "vento di Tangentopoli" investì buona parte del gruppo dirigente socialista e lo stesso Craxi, che il 12-2-1993 fu costretto a dimettersi.

I rapporti col nuovo segretario Giorgio Benvenuto, che pure era stato eletto dalla maggioranza craxiana, non furono facili; come non lo furono col successivo, Del Turco, più o meno per gli stessi intenti di rinnovamento, che necessariamente dovevano passare per l'accantonamento della vecchia classe dirigente.

Il 29-4-1993 la Camera respinse la richiesta dell'autorizzazione a procedere nei suoi confronti, avanzata dalla procura di Milano e nel pomeriggio di quel giorno Craxi fu oggetto di insulti e lancio di monetine.

Lo scontro finale nel partito ebbe luogo il 16-12-1993 nella riunione dell'Assemblea Nazionale, dove si delineò con nettezza la materia del contendere fra i craxiani e gli altri. Non si trattava solo della questione degli inquisiti, che la segreteria voleva fuori delle cariche di partito, ma anche della strategia generale che il PSI doveva seguire: per Del Turco occorreva costruire un'area laico-socialista che si collocasse all'interno della coalizione progressista, essendo naturale la presenza a sinistra del PSI; per Craxi, invece, non c'era nessuna possibilità di accordo col PDS. Il voto finale sancì la definitiva sconfitta di Craxi., il quale nel maggio 1994 si trasferì ad Hammamet, in Tunisia, da dove continuò la sua battaglia, sia per la sua difesa personale, sia nella polemica politica. Una parte del suo tempo la dedicava anche alla pittura e agli amati studi garibaldini.

In seguito a gravi motivi di salute, il 19-1-2000 morì ad Hammamet, nel cui piccolo cimitero cristiano è sepolto.

Per alcuni era un latitante, per altri un esule.

Sulla sua tomba volle la scritta "La mia libertà equivale alla mia vita".

Fra i suoi numerosi scritti ricordiamo:

Pace nel Mediterraneo Marsilio, 2006

Passione garibaldina Marsilio, 2007

Discorsi parlamentari Laterza, 2007

Bobo Craxi
Presidente della Lega Socialista (10-10-2000/19-1-2001)
Presidente Nuovo PSI (19-1-2001/2002)
Leader de "I Socialisti" (7-2-2006/11-3-2007)
Presidente de "I Socialisti Italiani" (11-3-2007/2008)
Presidente dei "Socialisti Uniti" (10-10-2009/2010)

Vittorio Michele Craxi, figlio dell'ex segretario del PSI Bettino, è nato il 6-8-1964 a Milano, dove ha conseguito la maturità classica.

Durante la segreteria del padre, Bobo Craxi è stato consigliere comunale e segretario cittadino del PSI milanese.

Dopo lo scioglimento del partito aderì allo SDI, all'interno del quale, non condividendone la collocazione politica, dopo la morte del padre, che non si era mai alleato con la destra, costituì la "Lega Socialista" di diverso orientamento, la cui denominazione richiamava quella gloriosa della Lega di Turati, morto in esilio durante il fascismo.

Il 10-5-2000 la Lega socialista divenne organismo politico autonomo, con Bobo Craxi presidente. Il nuovo raggruppamento, cui nel frattempo aveva aderito Claudio Martelli e i suoi "autonomisti ex SDI", si accordò col PS di De Michelis per costituire —com'era prevedibile - un nuovo partito orientato verso un'alleanza con lo schieramento di centro-destra capeggiato da Berlusconi.

IL 19-1-2001 ebbe luogo la fusione fra la "Lega Socialista" e il PS, da cui sorse il Nuovo PSI, con Bobo Craxi presidente, dal 2002 vicesegretario (segretario De Michelis), che aderì alla Casa delle Libertà ed entrò nei governi di centro-destra. Alle elezioni politiche del 2001 Bobo Craxi fu eletto deputato nella coalizione capeggiata da Berlusconi.

In occasione del congresso del NPSI del 21-23/10/2005 si verificò però un forte dissenso fra l'area facente capo al segretario De Michelis e quella capeggiata da Bobo Craxi e Saverio Zavettieri, orientata quest'ultima a rompere l'alleanza col centro-destra e a perseguire l'unità socialista nel centro-sinistra. Il congresso si svolse in maniera alquanto agitata e si concluse con la scissione della corrente Craxi del 7-2-2006, da cui nacque il nuovo partito denominato "I Socialisti", con leader Bobo Craxi.

In vista delle elezioni politiche, "I Socialisti" aderirono alla coalizione di centro-sinistra de "L'Unione", presentando liste autonome che ottennero risultati deludenti sia alla Camera (0,3%) che al Senato (0,4%), ma che risultarono determinanti per la vittoria della coalizione capeggiata da Romano Prodi, per cui Bobo Craxi fu nominato sottosegretario agli Esteri nel II governo Prodi.

Al primo congresso del movimento del 10-11 marzo 2007 il partito di Bobo Craxi mutò denominazione, divenendo "I Socialisti Italiani", e segretario venne eletto, per acclamazione, Saverio Zavettieri, mentre Craxi ne diventò presidente.

"I Socialisti Italiani" aderirono quindi alla Costituente Socialista proposta da Boselli (SDI), ma dopo il cattivo risultato dei socialisti (1%) alle politiche del 2008, Zavettieri decise di dissociarsi dal PS riunificato di Boselli e di mantenere autonomo il movimento de "I Socialisti Italiani", mentre Craxi rimase con la Costituente, anche se per poco. Infatti, non condividendo la politica del nuovo segretario Nencini di adesione, in occasione delle europee 2009, al cartello elettorale di "Sinistra e Libertà", Craxi il 16-7-2009 se ne distaccò, dimettendosi dalla segreteria del partito, e il 10 ottobre il gruppo autonomista che faceva a lui riferimento lasciò il PS e si riunificò col partito di Zavettieri, che per l'occasione diventò "Socialisti Uniti-PSI", con segretario Zavettieri e presidente appunto Bobo Craxi.

Nel febbraio 2010 si è ricomposto il dissenso fra Craxi (che ha rinnovato la tessera del PSI) e Nencini, avendo questi dichiarato concluso il rapporto con "Sinistra e Libertà".

Carlo Cremonesi

Esponente del P.O.I. Nel Congresso Operaio del 1891 fu eletto componente della Commissione per il programma, poi divenuta Comitato Centrale Provvisorio. Partecipò al congresso di fondazione del Partito dei Lavoratori Italiani (1892).

Giuseppe Croce
Leader P.O.I.

Guantaio, segretario della Camera del Lavoro di Milano. Fu uno dei principali leader del P.O.I., favorevole alla costituzione del Partito dei Lavoratori Italiani. Fu eletto, nel Congresso Operaio del 1891, rappresentante italiano, assieme a Turati, al Congresso Internazionale Operaio di Bruxelles (16-23/08/1891); fu eletto anche membro della commissione per il programma e lo statuto, poi divenuta Comitato Centrale Provvisorio, di cui fu designato segretario.
In questa veste toccò a lui aprire lo storico Congresso di Genova. Nel successivo congresso di Reggio Emilia (1893) fu eletto alla presidenza e confermato nell'organo direttivo del partito. Vi sollevò anche l'opportunità di fissare uno stipendio per il segretario del Comitato Centrale, in quanto tale ufficio difficilmente poteva essere esercitato da un lavoratore impegnato col suo mestiere.

Ludovico D'Aragona
segretario PSLI (19-6-1949/8-1-1950)

Ludovico D'Aragona nacque a Cernusco sul Naviglio (MI) il 23-5-1876. Nel 1892 si iscrisse al partito socialista. Durante la repressione crispina, subì varie condanne e fu poi costretto all'esilio in Francia (1895) e in Svizzera (1896). Divenuto (1896) funzionario sindacale presso l'organizzazione dei metallurgici, fu poi eletto segretario amministrativo della CdL di Milano e quindi segretario delle Camere del Lavoro di Brescia, Pavia e Genova-Sampierdarena.

Nel 1900 fu eletto consigliere comunale di Milano, poi riconfermato nel 1904, nel 1924-25 e, infine dal 1945 al 1951 e, successivamente, consigliere provinciale fino al 1956. Dal 1909 al 1918 ebbe l'incarico di ispettore generale della CGdL.

A proposito della prima guerra mondiale fu allineato con la posizione ufficiale del PSI nel sostenere la neutralità assoluta dell'Italia. Alla fine della guerra fu eletto, succedendo a Rigola, segretario generale della CGdL (1918-1925).

Nel 1919 e nel 1921 fu eletto deputato nazionale per il PSI. Nel 1922 aderì alla scissione riformista che diede vita al PSU di Matteotti e Turati.

Durante il fascismo rimase in disparte, senza intrattenere rapporti organici con la CGdL emigrata di Bruno Buozzi, né con gruppi socialisti in Italia.

Caduto il fascismo aderì al PSIUP, per il quale venne eletto all'Assemblea Costituente.

Nel 1947 aderì alla scissione di Saragat e al nuovo PSLI, della cui Direzione fece parte, a partire dal 13-9-1947. Anzi, nel Congresso del 16-19 giugno 1949 fu anche eletto segretario generale per un breve periodo (19-6-1949/8-1-1950), come esponente del centro-destra del partito.

Nel 1948 divenne senatore di diritto per il gruppo di Unità Socialista (cartello PSLI-UdS).

D'Aragona fu tre volte ministro: la prima volta (13-7-1946/28-1-1947) per il PSIUP, come ministro del Lavoro e della Previdenza Sociale, la seconda (15-12-1947/23-5-1948) per il PSLI, come titolare del ministero delle Poste e Comunicazioni e la terza (27-1-1950/5-4-1951), ancora per il PSLI, come ministro dei Trasporti, sempre con De Gasperi come Presidente del Consiglio..

D'Aragona fu anche componente di vari e importanti consigli d'amministrazione (INPS, INAIL, ecc.) e pubblicista (diresse, assieme ad altri condirettori, *Il lavoro socialista*, *Battaglie sindacali* e *Democrazia socialista*).

Morì a Roma il 17-6-1961

Mauro Del Bue
Segretario del NPSI (8-7-2007/6-7-2008)

Mauro Del Bue è nato a Reggio Emilia il 23-4-1951 ed ha studiato al liceo musicale "Achille Peri" e al liceo classico "Ludovico Ariosto" della sua città. Nel 1971 si iscrisse alla Federazione Giovanile Socialista reggiana, di cui nel 1973 divenne segretario, collocandosi nella corrente autonomista. Divenuto funzionario di partito e giornalista pubblicista, nel 1975 fu eletto consigliere comunale di Reggio, poi riconfermato nel 1980, nel 1985 e nel 1990. Al congresso di Roma del marzo 1976 fu eletto membro supplente del CC e nel 1977 divenne segretario provinciale del PSI reggiano, carica mantenuta fino al 1987. Nel 1978, al congresso socialista di Torino fu eletto membro effettivo del CC per la corrente autonomista. Intanto si era laureato in Lettere e Filosofia col massimo dei voti con una tesi sul PSI reggiano.

Nel giugno 1987 fu eletto deputato (riconfermato nel 1992) e, nel dicembre 1989, nella Direzione nazionale del PSI. Nel 1993 fece parte della segreteria del PSI (segretario Giorgio Benvenuto), aderendo per un certo periodo a "Rinascita socialista", e poi (1994) del Comitato di Direzione del PSI, voluto dal nuovo segretario Del Turco.

Dopo lo scioglimento del PSI Del Bue si dedica alla sua attività di giornalista e di scrittore. Nel 1998, a Fiuggi partecipa ala fondazione dello SDI, nella cui Direzione entra nel 2000; l'anno dopo, però, aderisce al NPSI, nella cui segreteria (segretario De Michelis) è chiamato nel 2002, divenendo anche vicesegretario nel 2003.

Nell'aprile 2005 entra nel III governo Berlusconi come sottosegretario alle Infrastrutture e, quando nel congresso di Roma del 21-23 ottobre 2005 si crea una forte divaricazione tra la corrente di Bobo Craxi, fautore dell'unità socialista nel centro-sinistra e quella di De Michelis assai restia ad abbandonare l'alleanza di centro-destra, è con quest'ultima che si schiera Del Bue.

Alle elezioni politiche del 2006 Mauro Del Bue è uno dei due deputati, eletti nella lista NPSI-DCA (l'altro è Barani) che rimangono col NPSI. Intanto la situazione interna al partito è in evoluzione, in quanto De Michelis è propenso ad accettare la proposta di Boselli (SDI) di una Costituente Socialista, nell'ambito naturale del centro-sinistra, per ricomporre la diaspora socialista, mentre la destra interna di Caldoro preferisce l'alleanza col polo berlusconiano.

Il dissenso arriva al culmine nel giugno-luglio del 2007, fino al punto che vengono indetti due contrastanti congressi del NPSI; in quello dei seguaci di De Michelis (7-8/7/2007), viene eletto segretario Mauro Del Bue, che il 25 successivo entra nel Comitato promotore per la fondazione del PS. Realizzatasi l'unificazione Del Bue entra nella segreteria del PS, poi (7-10-2009) PSI.

Da luglio 2009 Del Bue è assessore allo Sport del Comune di Reggio Emilia (centro-sinistra).

Fra i suoi numerosi scritti citiamo:

Storia reggiana, *L'apostolo e il ferroviere*, *Alberto Simonini*, *Dal frontismo al riformismo*.

Carlo Dell'Avalle

Tipografo. Fu il primo a proporre, al Congresso Operaio di Milano, il 3-8-1891, la creazione di un "Partito Operaio Socialista", denominazione poi mutata dall'assemblea in quella di "Partito dei Lavoratori Italiani". Componente del Comitato Centrale eletto a Genova e riconfermato a Reggio Emilia l'anno dopo, dove sostenne l'utilità dell'azione parlamentare.

Nel congresso di Bologna (1897) fu eletto componente della *Commissione Esecutiva Centrale*, assieme a Enrico Bertani e Dino Rondani.

Ottaviano Del Turco
Segretario del PSI (28-5-1993/16-6-1994)
Segretario del PSI (21-9-1994/12-11-1994)
Presidente del SI (1996/1998)
Leader di Alleanza Riformista (14-5-2007/14-10-2007)

Ottaviano Del Turco (ultimo di otto figli) è nato a Collelongo (L'Aquila) il 7-11-1944.
Conseguita la licenza media emigrò a Roma, dove, dopo aver lavorato in un'autoscuola e in un negozio di tessuti, entrò all'INCA, patronato legato alla CGIL, nella quale Del Turco farà una brillante carriera sindacale, fino ad arrivare alla carica di segretario generale aggiunto della confederazione e leader della corrente sindacale socialista, durante la segreteria di Luciano Lama (1970-1986). Nel frattempo il Nostro sviluppava la sua passione per la pittura e partecipava in qualche modo alla vita del PSI, a cui si dedicherà completamente, dopo aver lasciato il sindacato (1992), quando cioè il partito, investito dal vento di Tangentopoli, vivrà un periodo di crisi.
Dopo le dimissioni dalla segreteria di Craxi e poi anche del suo successore Benvenuto, Ottaviano Del Turco fu chiamato dall'Assemblea Nazionale del 23-5-1993 alla suprema carica del partito.

Inizialmente non prese posizioni nette in merito al problema delle alleanze, ma dopo il tracollo elettorale del partito alle amministrative del 6-6-1993 e dopo aver sostituito la vecchia segreteria con un Comitato di Direzione, con Boselli vicesegretario, si schierò per la collocazione a sinistra del PSI, per cui dovette fronteggiare l'opposizione dei craxiani.

Lo scontro decisivo avvenne nell'Assemblea Nazionale del 16-12-1993, durante la quale si verificò la spaccatura definitiva tra l'ala craxiana, che ebbe 116 voti e quella prevalente di Del Turco, che ne raccolse 156.

Il 15 gennaio 1994 Del Turco volle dare un ulteriore segnale di rinnovamento nella vita politica del PSI cambiando il simbolo del partito, passando cioè dal garofano craxiano alla rosa del socialismo europeo.

Alle elezioni politiche (27-3-1994) il PSI, sostanzialmente abbandonato dalla sua ala destra Intini, Boniver, ecc.) e da quella sinistra (Spini, Benvenuto) precipitò al 2,19/%, non ottenendo alcun seggio nella quota proporzionale (Del Turco, Giugni e Boselli furono eletti nel maggioritario).

Lo scarso risultato delle politiche fu ulteriormente ridimensionato alle successive europee
(12-6-1994), in cui il PSI si era presentato assieme ad Alleanza Democratica (1,87%).

Da quesi risultati scaturì la decisione di Del Turco di farsi da parte (16-6-1994), per cui fu sostituito, al vertice del partito, da un coordinatore (Valdo Spini), fino a quando i dissensi con quest'ultimo circa la confluenza del PSI in una Federazione Laburista, non indussero Del Turco a riprendere la guida del partito (21-9-1994), tenuta fino al congresso di Roma dell'11-12/11/1994), che deliberò lo scioglimento del PSI.

Il 13-11-1994 al partito fondato da Turati, Lazzari, Prampolini, Kuliscioff subentrò il più modesto SI con segretario Boselli, al quale Del Turco aderì.

Alle politiche del 1996 il SI si presentò nell'ambito della coalizione dell'Ulivo nella parte maggioritaria e con propri candidati nella lista di "Rinnovamento Italiano" (Dini) per quella proporzionale. Del Turco fu eletto senatore nel collegio di Grosseto.

Durante il II governo Amato (2000) ricoprì l'incarico di ministro delle Finanze.

Alle elezioni europee del 2004 lo SDI (nato dalla fusione del SI con il PSDI ed altri raggruppamenti socialisti), a cui Del Turco aveva aderito, si presentò nella lista "Uniti nell'Ulivo" ed ottenne 2 seggi, di cui uno andò a Del Turco, che si iscrisse al gruppo del PSE.

Alle elezioni regionali del 3 e 4 aprile 2005 Ottaviano del Turco, candidato dalla coalizione dell'Unione, guidata da Prodi, venne eletto presidente della Regione Abruzzo (58,1%) e lasciò il Parlamento europeo.

Nel periodo successivo si fanno strada due processi fondativi. Quello che va verso il Partito Democratico, che vuole essere la casa di tutti i riformisti, e la Costituente Socialista, lanciata dallo SDI, che mira all'unità socialista. Del Turco si schiera per la prima ipotesi e costituisce il movimento di "Alleanza Riformista", il quale, di fronte alla decisione del partito di proseguire nella sua ipotesi di autonoma unità socialista, lascia lo SDI e confluisce nel PD, diventando uno dei 45 componenti del "Comitato Nazionale per il Partito Democratico".

Il 17-7-2008, coinvolto in un'inchiesta giudiziaria, Del Turco si è dimesso da presidente della Regione Abruzzo e si è autosospeso da membro della Direzione Nazionale del PD.

Francesco De Martino

Segretario PSI (10-12-1963/30-10-1966))
Segretario, assieme a Mario Tanassi, del PSI-PSDI Unificati (30-10-1966/9-11-1968)
Segretario del PSI (9-7-1969/23-4-1970)
Presidente PSI (13-3-1971/12-11-1972)
Segretario del PSI (12-11-1972/15-7-1976)

Francesco De Martino nacque il 31-5-1907 a Napoli, dove si laureò in giurisprudenza. Dopo aver frequentato, come praticante, lo studio di Enrico De Nicola, decise di dedicarsi agli studi storici. Ottenuta la libera docenza in Diritto Romano, vinse il relativo concorso ed iniziò la sua attività di docente all'università di Messina.

Nel 1943 si iscrisse al Partito d'Azione schierandosi con la corrente di sinistra, ossia con l'ala socialista e nel 1944 entrò nell'esecutivo nazionale del partito.

Nell'ottobre 1947, De Martino aderì, assieme alla sua corrente, al PSI, collocandosi con la sinistra di Basso.

Il 18 aprile 1948 De Martino venne eletto deputato (sarà riconfermato fino al 1983) e nel 1949, a seguito della vittoria congressuale della sinistra socialista, entrò nella Direzione (segretario Pietro Nenni). Dal congresso di Venezia (1957) in poi, diventato uno dei principali leader autonomisti, divenne anche vicesegretario del PSI, fino al dicembre 1963, quando sostituì alla segreteria Nenni, che era entrato nel primo governo di centro-sinistra. Nella nuova funzione di segretario dovette subito affrontare la scissione del PSIUP (gennaio 1964), contrario all'ingresso nel governo. Da allora comunque ebbe inizio la marcia verso l'unificazione socialista col PSDI, realizzata il 30-10-1966. Da quel momento De Martino diventò, assieme a Mario Tanassi, co-segretario del PSI-PSDI Unificati. Tale carica venne mantenuta fino al congresso del partito del 1968, a cui De Martino partecipò come leader della nuova corrente di "Riscossa Socialista"; il congresso fu vinto dalla corrente Mancini-Ferri-Preti, alleata con quella di Tanassi, per cui la segreteria passò a Mauro Ferri.

Ma tale maggioranza non resse, e ciò provocò la nuova scissione dei socialdemocratici, che costituirono il PSU (poi PSDI); De Martino, il 9-7-1969, venne rieletto segretario del PSI, rimanendovi fino al 23-4-1970, cioè fino a quando entrò, diventandone vicepresidente, nel governo Rumor e poi nel governo Colombo; alla segreteria fu sostituito da Giacomo Mancini. Dal 13-3-1971 al 12-11-1972 fu anche presidente del partito, in sostituzione di Nenni che si era dimesso dalla carica in occasione della scissione socialdemocratica del 1969.

Al 39° congresso del PSI (1972), vinto in alleanza con la residua corrente autonomista di Nenni, De Martino ridivenne (12-11-1972) segretario nazionale.

Negli anni successivi propose la politica detta degli "equilibri più avanzati", che mirava a coinvolgere tutta la sinistra nella guida del Paese, ma alle elezioni politiche del 20-6-1976 il PSI ottenne un risultato deludente (9,6%); ciò provocò consistenti rivolgimenti nella maggioranza che sosteneva De Martino, il quale nel Comitato Centrale riunitosi al *Midas Hotel* il 13-7-1976, rassegnò le dimissioni; i "quarantenni" elessero, in sua sostituzione, Bettino Craxi, dando con ciò inizio al cosiddetto "nuovo corso" socialista.

De Martino, inizialmente collocatosi nella minoranza interna, e poi dedicatosi maggiormente ai suoi studi, nel 1983 fu eletto senatore come candidato unico della sinistra nel suo collegio, ma nel 1987, non potendosi ripetere la stessa formula unitaria, rinunciò alla candidatura..

Il 1° giugno 1992 fu nominato senatore a vita. Dopo le inchieste di "Mani pulite" e lo scioglimento del PSI, l'attività di De Martino si concentrò in una seria riflessione sul passato e sulle prospettive della politica in Italia e sulle strategie per poter realizzare un'effettiva unità della sinistra.

Morì a Napoli il 18-11-2002.

Delle sue opere vogliamo ricordare:

Storia della costituzione romana
La storia economica di Roma antica
Un'epoca del socialismo
Una teoria per il socialismo

Gianni De Michelis

Segretario PS (13-9-1997/19-1-2001)
Segretario Nuovo PSI (19-1-2001/8-7-2007)
Presidente Nuovo PSI (8-7-2007/6-7-2008)

De Michelis è nato a Venezia il 26-11-1940. Iscrittosi al PSI intorno al 1960, ha iniziato la sua attività politica nel movimento universitario di sinistra, divenendo presidente dell'UGI (Unione Goliardica Italiana) negli anni 1962-64. Nel 1964 fu eletto consigliere comunale di Venezia e nel 1969 assessore all'Urbanistica.

Nel PSI militò inizialmente nella sinistra lombardiana; fu deputato al Parlamento dal 1976 al 1994. Nel marzo 1976 al congresso di Roma (40°) del PSI fu eletto nella Direzione nazionale e nello stesso anno ebbe parte attiva nell'elezione di Craxi alla segreteria al posto di De Martino. Riconfermato, sempre per la sinistra lombardiana, nella Direzione al successivo congresso di Torino del 1978, De Michelis ebbe un ruolo determinante nella riunione del Comitato Centrale del 20-21/3/1980, in cui avvenne la rottura della maggioranza Craxi-Signorile, in seguito alla svolta voluta da Craxi a favore della politica della "governabilità" e quindi del pentapartito.

Craxi evitò di essere messo in minoranza grazie alla convergenza sulle sue posizioni, oltre che della sua corrente autonomista, degli ex demartiniani guidati da Manca e di un gruppo, nell'occasione staccatosi dalla sinistra, capeggiato appunto da De Michelis, che da allora costituirono la nuova corrente "riformista" craxiana, maggioritaria per molti anni.

De Michelis, già laureato in Chimica industriale e divenuto professore associato di Chimica presso l'università di Venezia (1980-1999), nello stesso 1980 entrò, come ministro delle Partecipazioni Statali nel II governo Cossiga; fu riconfermato anche nel governo Forlani e nel I e II governo Spadolini. Dal 1983 al 1987 fu ministro del Lavoro nel I e II governo Craxi. Nel 1987-88 fu capogruppo del PSI alla Camera. Ritornò quindi al governo come Vicepresidente del Consiglio e ministro degli Esteri nel I governo De Mita (1988-89) e come ministro degli Esteri nel VI governo Andreotti (1989-91).

Intanto, nel corso degli anni '80, era emersa la sua passione per il ballo, per le discoteche e per la pallacanestro (dal 1984 al 1992 è stato Presidente della *Lega Società di Pallacanestro*).

Dopo le inchieste di "Mani Pulite" e lo scioglimento del PSI, De Michelis si è riaffacciato alla politica nelle file del PS, nato dalla fusione (24-2-1996) tra il PSR di Manca e Cicchitto e il Movimento Liberal Socialista di Intini. Quando il segretario del PS Ugo Intini si orientò per la fusione col SI di Boselli ed altri gruppi socialisti, la Direzione del PS, favorevole, invece, ad una collaborazione col polo berlusconiano, lo sostituì (13-9-1997) con De Michelis.

Dopo un periodo di scarsa visibilità, il PS di De Michelis si fuse (19-1-2001) con la "Lega Socialista" di Bobo Craxi, dando vita al Nuovo PSI, di cui lo steso De Michelis venne eletto segretario.

In occasione delle elezioni europee del 13-6-2004 il NPSI, alleatosi per l'occasione col Movimento di Unità Socialista di Signorile, presentò una lista denominata "Socialisti Uniti per l'Europa", che elesse due deputati (di cui uno De Michelis), non accolti dal Partito Socialista Europeo, per i loro legami con il centro-destra italiano.

Proprio questi legami dettero origine, al 5° congresso del NPSI (Roma, 21-23/10/2005) ad una frattura interna tra l'ala De Michelis, restia a lasciare l'alleanza con il polo belusconiano e la corrente di Bobo Craxi fautore del perseguimento dell'unità socialista nell'ambito naturale del centro-sinistra. La lunga vertenza insorta si concluse il 25-1-2006 con la scissione dell'ala Craxi e la riconferma di De Michelis alla segreteria.

Alle elezioni politiche del 2006 il NPSI si alleò con la DCA di Rotondi, nell'ambito del centro-destra, e De Michelis fu eletto al Parlamento nazionale; rinunciò però alla carica, preferendo rimanere parlamentare europeo.

All'indomani delle elezioni il NPSI scelse la linea dell'autonomia dai poli, nonostante il dissenso dell'ala destra di Caldoro e, quando Boselli, nell'aprile 2007, lanciò l'idea della Costituente Socialista, De Michelis si espresse in favore della proposta volta a realizzare l'unità dei socialisti nel centro-sinistra. Ciò comportò una nuova spaccatura nel suo partito, con la destra di Caldoro, contraria alla Costituente e favorevole alla scelta di campo a favore della Casa delle Libertà.

Il contrasto finì per provocare lo svolgimento di due congressi antagonisti del NPSI: quello della destra elesse Caldoro segretario e successivamente aderì al Partito delle Libertà di Berlusconi; quello di De Michelis elesse segretario il deputato nazionale Mauro Del Bue ed aderì alla Costituente Socialista, che diede vita al Partito Socialista, dal 7-10-2009 divenuto PSI.

Proprio nel 2009 De Michelis è però diventato consulente del ministro Brunetta (PDL).

Fra le opere di De Michelis ricordiamo:

Dove andiamo a ballare questa sera? Guida a 250 discoteche italiane Mondatori, 1988

Dialogo a Nordest. Sul futuro dell'Italia tra Europa e Mediterraneo Marsilio, 2010

Eriberto D'Ippolito
Componente del Comitato di segreteria del PSDI (6-1-1952/22-2-1952

Avvocato. Nel secondo dopoguerra (1944-45) fu responsabile della "Stampa e Propaganda" della federazione napoletana del PSIUP.

Fece parte della Direzione del PSLI eletta dal congresso del giugno 1949, con segretario D'Aragona. Al successivo congresso fu uno dei firmatari della mozione di centro-destra "Saragat-Simonini" e venne rieletto nella Direzione, con segretario Saragat. Al congresso di Roma dell'aprile 1951, cioè quello in cui si costituì il PS-SIIS, si schierò con la mozione della minoranza di destra Simonini-I.M.Lombardo, per la quale fu eletto nella Direzione (la maggioranza andò alla mozione di centro di Saragat.

Il congresso di Bologna (gennaio 1952), nel quale il PS-SIIS (PSU+PSLI) diventò PSDI, registrò la presenza di cinque mozioni, che non riuscirono a raggiungere un accordo per l'elezione del segretario del partito; pertanto fu deciso di affidare le funzioni di segreteria ad un Esecutivo composto di un rappresentante per ogni corrente, di cui D'Ippolito (assieme a Lami-Starnuti, Russo, Matteotti e Codignola) fu chiamato a far parte per la destra interna, fin quando (22-2-1952) non fu eletto il nuovo segretario unico (Romita). Al successivo congresso D'Ippolito fu eletto, sempre per la destra di Simonini, ancora nella Direzione, diventando anche (assieme a Russo e Tanassi) vicesegretario del partito.

Paride Fabi

Dirigente dell' *Associazione Nazionale Medici Condotti*, di cui fu segretario e redattore del *Bollettino*, aderente alla *Confederazione degli impiegati*, alleata della CGL. Fu eletto nella Direzione Nazionale del PSI dal congresso di Bologna del 1904.

Giovanni Faraboli

rappresentante PSI/IOS dal giugno 1940 al 23-12-1941, in quanto segretario della Federazione del Sud-Ovest (Francia)

Nato a San Secondo parmense il 23 marzo 1876 è noto soprattutto come cooperatore e sindacalista socialista dell'ala riformista del PSI, a cui si iscrisse nel 1902.
Nel 1909 è tra i promotori della Camera del Lavoro provinciale di Parma, collegata alla CGL; nel 1914 viene eletto consigliere comunale del comune di Roccabianca, centro della sua attività politica e sindacale. Alla vigilia della prima guerra mondiale si schiera decisamente su posizioni neutraliste.
Nel 1918 entra a far parte del Consiglio d'amministrazione della *Federazione nazionale delle cooperative agricole*, la cui rete, costruita in anni di paziente lavoro, sarà ben presto attaccata e distrutta dallo squadrismo fascista. Nel 1922 Faraboli è costretto a trasferirsi a Milano, dove prosegue la sua attività, sia come dirigente del PSU, a cui aveva aderito dopo la scissione riformista, sia come funzionario della *Lega delle Cooperative*. Dopo lo scioglimento del PSU, ripara in Francia, a Tolosa, dove continua la sua attività di sindacalista e di cooperatore e collabora alla pagina italiana del quotidiano tolosano *La France du Sud-Ouest*.
Dopo l'unificazione socialista del 1930, diviene segretario politico della Federazione del Sud-Ovest, continua a svolgere un'intensa attività antifascista e partecipa a tutti i congressi

dell'esilio, battendosi inoltre contro la guerra con l'Etiopia e a favore della Spagna repubblicana.

Con l'occupazione nazista della Francia, la costituzione della Repubblica di Vichy e la disgregazione della Direzione del PSI, la rappresentanza del partito fu trasferita (giugno 1940) alla Federazione del Sud-Ovest, di cui Faraboli era segretario. Con l'occupazione nazista del territorio di Vichy, la rappresentanza del partito socialista venne poi trasferita, nel dicembre 1941, al *Centro Estero* (Svizzera), diretto da Ignazio Silone. Faraboli sarà poi rinchiuso, per dieci giorni, nel campo di internamento del Fernet, con l'accusa di aver diffuso un foglio antifascista dal titolo *La Parola degli Italiani*. Prese quindi a collaborare attivamente con la Resistenza. Dopo la guerra fu insignito dell'onorificenza "Stella degli italiani benemeriti all'estero".

Nel dopoguerra aderì alla scissione del saragattiano PSLI.
Morì a Parma il 4 febbraio 1953.

Giuseppe Faravelli

componente della segreteria collegiale del PSLI (15-1-1947/13-9-1947)

Giuseppe Faravelli nacque a Bron (PV) il 19-5-1896. Fece i primi studi a Milano, Voghera e Pavia, dove si iscrisse alla facoltà di Lettere, passando successivamente a quella di Giurisprudenza e conseguendo la relativa laurea.

Fece parte dei gruppi studenteschi socialisti e successivamente divenne segretario della Camera del Lavoro di Pavia e poi segretario di quella federazione provinciale socialista, nonché direttore del giornale socialista *La Plebe* e consigliere comunale di Bron.

Nel 1922 aderì al PSU di Matteotti e Turati, nato dalla scissione riformista. Si trasferì poi a Milano, essendo divenuto impiegato di quel comune. Come tale, dopo le leggi eccezionali, si adoperò a favore degli antifascisti, partecipando all'attività politica clandestina. Si impegnò molto per favorire un accordo, raggiunto il 31-7-1931, fra il PSI/IOS (unificatosi a Parigi) e "Giustizia e Libertà".

Costretto a rifugiarsi all'estero (nome di battaglia *Joseph*), si trasferì a Lugano, dove cominciò ad operare per favorire i rapporti fra il Centro Interno Socialista operante in Italia, alla cui organizzazione diede un notevole apporto, e la Direzione. Andò poi a Parigi, dove entrò a far parte del gruppo dirigente del PSI/IOS.

Nel 1939, dopo la firma del patto germano-sovietico e le dimissioni di Nenni da segretario del PSI/IOS, Faravelli fu cooptato nella Direzione e si schierò decisamente per la denuncia del Patto d'unità d'azione col PCI.

Confinato in una località dei Pirenei, continuò l'attività di riorganizzazione del partito in Francia, ma venne arrestato (28-6-1942) dalla polizia del governo collaborazionista di Vichy e consegnato alla polizia fascista. Tradotto in Italia fu deferito al Tribunale Speciale —che per quattro volte non l'aveva potuto processare perché latitante —da cui fu condannato a trent'anni di carcere. Evase dal reclusorio di Castelfranco Emilia, grazie ad un provvidenziale bombardamento aereo.

Ripreso il suo posto nel partito, entrò a far parte della Direzione del PSIUP eletta dal Consiglio Nazionale del 29-7/1°-8-1945.

Nel gennaio 1947 aderì alla scissione di Palazzo Barberini, da cui sorse il PSLI, della cui Segreteria collegiale venne eletto componente, assieme a Simonini e Vassalli.

Dal congresso del PSLI del febbraio 1948 e dal successivo fu eletto, in rappresentanza della minoranza di sinistra, membro della Direzione nazionale. Il 5-11-1949 partecipò, assieme alla sua corrente, alla fondazione del PSU, della cui Direzione fece pure parte. Partecipò anche alla fusione del PSU col PSLI, da cui sorse il PS-SIIS, poi PSDI, sempre facendo parte della Direzione.

Nel 1959, fallita l'unificazione socialista, aderì alla scissione della sinistra socialdemocratica che diede vita al MUIS, che il 19-6-1959 confluì nel PSI, in cui Faravelli rimase fino alla morte. Fu senatore, in sostituzione del sen. Edgardo Savio (deceduto) nel 1962-63.

Fu direttore de *L'Umanità*, poi di *Lotta socialista*, nonchè condirettore di *Critica Sociale*. Nel dopoguerra aveva pubblicato *Cenni sul marxismo in Italia*.

Morì a Milano il 16-6-1974.

Annetta Ferla

Fece parte del Comitato Centrale eletto a Genova (1892) in rappresentanza dell'associazione femminile "Figlie del lavoro".

Enrico Ferri

Nacque a San Benedetto Po (Mantova) il 25 febbraio 1856. Si diplomò al liceo classico "Virgilio" di Mantova, dove fu alunno di Roberto Ardigò. Si laureò in giurisprudenza a Bologna nel 1877 con una tesi su *La teorica dell'imputabilità e la negazione del libero arbitrio*. Di formazione positivista, oratore e tribuno, dopo essere stato allievo di Cesare Lombroso, divenne professore universitario di Diritto Penale e avvocato penalista ed acquistò molta notorietà difendendo accusati di reati politici. Nel 1886 fu eletto deputato per il partito radicale, ma nel 1893, al congresso di Reggio Emilia, aderì al partito socialista (di cui fu eletto deputato fino al 1909), collocandosi tra i promotori della corrente "intransigente".
Nel congresso di Roma del 1900 entrò nella Direzione Nazionale, e vi fu riconfermato anche in quello di Imola del 1902. Nel 1904, a Bologna, la corrente intermedia di Ferri (sostenuta anche dai sindacalisti rivoluzionari) vinse il congresso e Ferri divenne direttore dell'*Avanti!*; in tale veste entrò anche nella Direzione. Nel 1906 (Roma) si avvicinò ai riformisti; il congresso fu vinto dagli "integralisti" di Oddino Morgari, ma Ferri venne riconfermato alla direzione del giornale socialista. Da questa carica si dimise nel febbraio 1908 (venne sosti-

tuito da Morgarì), dovendosi recare nell'America meridionale per un ciclo di conferenze. Al ritorno in Italia le sue posizioni politiche erano piuttosto mutate. Il 12 febbraio 1912 fu l'unico deputato del Gruppo socialista a votare a favore del decreto di annessione della Libia al Regno d'Italia e quindi, dimessosi da deputato, uscì dal PSI.

Schieratosi coi neutralisti durante la prima guerra mondiale si riaccostò al PSI e nel 1921 fu eletto ancora una volta deputato. Nel 1922 aderì al PSU, ma successivamente si avvicinò al regime fascista, al punto che il 2 marzo 1929 venne nominato senatore. Di questa ultima svolta rimangono i seguenti scritti:

Mussolini uomo di Stato, Edizioni Paladino, 1927

Il fascismo in Italia e l'opera di Benito Mussolini, Edizioni Paladino, 1929

Morì a Roma il 12 aprile 1929.

Enrico Ferri (junior-magistrato)
Segretario PSDI (30-4-1993/dicembre 1994)
Leader SOLE (10-12-1994/1996)

Enrico Ferri è nato a La Spezia il 17-2-1942. Nel 1966 si è laureato in Giurisprudenza presso l'università di Firenze e nel 1970 è diventato magistrato. È stato componente del CSM (13-12-1976/8-6-1981) e dirigente dell'ANM

Nel 1988/89 (segretario Antonio Cariglia), per la delegazione del PSDI, ricoprì la carica di ministro dei LL.PP. nel governo De Mita. Il suo più noto provvedimento fu il limite di velocità dei 110 km/h in autostrada, da cui gli derivò il soprannome di "Ministro dei 110 all'ora".

Nel 1989 fu eletto al Parlamento europeo, nel 1990 consigliere regionale della Lombardia, nel 1992 deputato nazionale e quindi capogruppo.

Il 30-4-1994, succedendo al dimissionario Carlo Vizzini, fu eletto segretario nazionale del PSDI, ereditando una situazione politica, organizzativa e finanziaria assai pesante. Di conseguenza nelle elezioni politiche del 1994 potè presentare il partito in pochi collegi uninominali, alleandosi con gruppi sbandati di socialisti autonomisti craxiani, sotto il simbolo "Socialdemocrazia per le Libertà", senza conseguire nessun eletto. Alle successive europee dello stesso anno, si presentò col tradizionale simbolo del sole nascente, che ottenne lo 0.7%, sufficiente, grazie al sistema proporzionale vigente per quel tipo di elezione, ad eleggere un parlamentare, che fu lo stesso Ferri.

Nel 1990 era stato eletto sindaco di Pontremoli, carica in cui venne riconfermato nel 1995 col sostegno del centro-destra. Alla fine del 1994, a Massa, sostenne il candidato sindaco del centro-destra, candidandosi lui stesso alla presidenza della provincia, con lo stesso schieramento. La collocazione, innaturale per la socialdemocrazia, accanto alla destra e ad AN suscitò scalpore, causando perfino la sconfessione dell'Internazionale Socialista e del PSE, cui il PSDI come partito e Ferri come deputato europeo appartenevano. Dimessosi da segretario, il 10-12-1994, assieme a Luigi Preti, fondò la corrente SOLE (Socialdemocrazia Liberale Europea), che però venne sconfitta nel congresso nazionale di Bologna del 28 e 29 gennaio 1995, che elesse segretario Gian Franco Schietrona. Subito dopo la corrente SOLE divenne un partito autonomo e si avvicinò esplicitamente al centro-destra, con una collaborazione più stretta col CCD (Centro Cristiano Democratico) di Casini e Mastella (in cui nel 1996 di fatto finirà per sciogliersi). Questa scelta non ebbe il consenso di Preti che, distaccatosi da Ferri, si avvicinò a Forza Italia.

Nel 1996 Ferri si candidò nelle liste del "Biancofiore" (CCD+CDU), ma non fu eletto. Aderì comunque al CCD, di cui nel 1997-98 divenne vicepresidente, ma nel 1998 partecipò alla scissione di Mastella che aveva costituito l'UDR (Unione Democratica per la Repubblica), rimanendovi tuttavia assai poco.

Nel 1999 si avvicinò a F.I. e riprese i rapporti con Preti, che l'aveva preceduto nella nuova collocazione. In quello stesso anno si candidò, nella lista di F.I. al parlamento europeo e fu eletto per la terza volta..

Nello stesso anno fu rieletto, per la terza volta, sindaco di Pontremoli.

Nel 2001 si candidò anche alle politiche, col sostegno della Casa delle Libertà (centro-destra), ma non fu eletto. Non fu rieletto neppure alle europee del 2004, alle quali si era candidato con Forza Italia. Dal 2004 al 2006 è stato vicesindaco di Pontremoli.

Nel 2006, in occasione delle elezioni politiche, si è candidato nella lista dell'UDEUR di Mastella, facente parte della coalizione di centro-sinistra, ma non è stato eletto.

Mauro Ferri
Segretario del PSI (9-11-1968/20-5-1969)
Segretario del PSU (5-7-1969/febbraio 1972)

Mauro Ferri è nato a Roma il 15-3-1920. Dopo essersi laureato in giurisprudenza (1942), nel settembre 1943 aderì all'antifascismo, diventando anche membro del CLN clandestino e subendo un arresto nel gennaio 1944, per propaganda antifascista. Nel maggio 1945 aderì al PSIUP.

Dopo la Liberazione divenne sindaco (1945) di Castel San Niccolò, paese di origine del padre, mentre nei primi anni'50 fu eletto consigliere comunale e provinciale di Arezzo, città in cui si era stabilito dal 1950.

Nel periodo iniziale della sua militanza socialista aderì alla corrente di sinistra, diventando, a più riprese, segretario provinciale del PSI e poi (1949) anche membro del Comitato Centrale.

Nel 1953 fu eletto deputato per il PSI, carica a cui sarà riconfermato nel 1958 e nel 1963.

Con l'ingresso del PSI al governo diventò presidente del gruppo parlamentare, schierandosi decisamente per l'unificazione con il PSDI. Nel 1965 fu eletto nella Direzione, mantenendo la presidenza del gruppo anche nel PSI-PSDI Unificati.

Nel 1968, rieletto deputato per il partito unificato, nel congresso dello stesso anno ne diventò segretario. Quando, nel 1969, l'ala socialdemocratica del partito attuò una nuova scissione a destra, costituendo il PSU (più tardi nuovamente PSDI), l'avv. Ferri vi aderì e fu eletto segretario del nuovo partito, mantenendo la carica fino al febbraio 1972. Nel maggio successivo venne rieletto deputato per la quinta volta, e poco dopo entrò nel secondo governo Andreotti (1972/73), come ministro dell'Industria. Lasciato il governo si dedicò ai rapporti internazionali del partito e quindi anche con l'Internazionale Socialista. Nel 1979 venne eletto al Parlamento europeo. Nel 1986 fu eletto dal Parlamento italiano membro del CSM e l'anno dopo venne nominato dal presidente Cossiga giudice della Corte Costituzionale, di cui poi divenne presidente (23-10-1995/3-11-1996).

L'università di Siena gli ha conferito la laurea *honoris causa* in Scienze Politiche e i comuni di Castel San Niccolò ed Arezzo la cittadinanza onoraria.

Domenico Fioritto
Segretario PSI ottobre1921-aprile 1923

Fioritto nacque a San Nicandro Garganico (FG) il 3 agosto 1872 da famiglia benestante.

Completò gli studi classici a Foggia e si laureò in giurisprudenza a Napoli. Colpito dalle terribili condizioni dei braccianti pugliesi, nel 1894 aderì al PSI. Tre anni dopo partì volontario per la Grecia, per combattere a favore di quella nazione contro la dominazione turca.

Rientrato in Italia, svolse un'intensa attività di propagandista ed organizzatore, costituendo anche la Federazione socialista e quella del movimento contadino di Foggia.

Partecipò, sempre aderendo alla corrente rivoluzionaria, ai congressi del PSI di Bologna del 1904, di Firenze del 1906, di Reggio Emilia del 1912, in cui venne eletto nella Direzione, al congresso di Basilea dell'Internazionale Socialista dello stesso anno, di Livorno del gennaio 1921 (venne eletto nella Direzione, con segretario Bacci), di Milano dell'ottobre 1921, in cui fu riconfermato nella Direzione ed eletto Segretario del partito, carica che mantenne fino all'aprile del 1923, quando la cedette a Tito Oro Nobili, esponente del Comitato di Difesa Socialista.

Successivamente, a poco a poco, si estraniò dalla vita politica, senza mai cedere al fascismo, alla cui caduta riprese il suo posto nel partito, riorganizzandolo nella provincia di Foggia. Partecipò, per conto del PSI, al congresso di Bari del 1944 del CLN. Fu poi presidente della provincia di Bari e deputato all'Assemblea Costituente.

Morì a San Nicandro Gargano il 25 luglio 1952:

Vittorio Foa
Leader del Nuovo PSIUP (sett.1972/dic.1972)

Vittorio Foa nacque a Torino il 18-9-1910. Nel 1933, poco dopo aver conseguito la laurea in giurisprudenza, aderì a "Giustizia e Libertà", il movimento di Carlo Rosselli. Il 15-5-1935 venne arrestato, su segnalazione dell'OVRA, e deferito al Tribunale Speciale, che lo condannò a 15 anni di carcere per attività antifascista. Uscì dopo la caduta del fascismo, nell'agosto 1943 ed aderì al Partito d'Azione, della cui segreteria fece parte, assieme ad Ugo La Malfa, Emilio Lussu ed altri. Prese quindi parte alla Resistenza come componente del CLN.
Nel 1946 fu eletto all'Assemblea Costituente per il PdA, nella cui ala sinistra militava. Scioltosi il PdA, Foa, con la corrente socialista maggioritaria (De Martino, Lombardi) aderì al PSI, di cui fu deputato dal 1953 al 1964. Nella successiva legislatura 1964-68 fu deputato del PSIUP.
Nel 1948 entrò nella CGIL, della cui segreteria nazionale fece parte.
Nel 1964 aderì al PSIUP, il partito formato dalla sinistra socialista, contraria al centro-sinistra.
Quando il PSIUP, a seguito dei negativi risultati elettorali del 1972, decise di sciogliersi, la maggioranza di Vecchietti e Valori confluì nel PCI, mentre una minoranza di "destra" (V.-Gatto, Avolio) rientrò nel PSI: fu allora che Foa si mise alla testa, assieme a Miniati, Giovannini, Lettieri ed altri, di coloro

che si erano pronunciati per la continuità del partito, i quali, nel luglio 1972, costituirono il Nuovo PSIUP.

Nel dicembre 1972 il Nuovo PSIUP si fuse con "Alternativa Socialista" (ex ala sinistra del MPL, confluito, nella sua maggioranza, nel PSI) di Giovanni Russo Spena, dando vita al PdUP (Partito di Unità Proletaria). Quest'ultimo, nel luglio 1974, fondendosi col gruppo de "Il Manifesto", diventò "PdUP per il Comunismo", nel quale Foa si collocò nella minoranza di sinistra.

Nel 1976 per il cartello elettorale di "Democrazia Proletaria", di cui il PdUP per il Com.. faceva parte, Foa fu eletto deputato a Torino e a Napoli, ma rinunciò a favore di Silverio Corvisieri (Avanguardia Operaia) e di Mimmo Pinto (Lotta Continua).

Nel 1977 la corrente ex PSIUP lasciò il "PdUP per il com." per aderire a Democrazia Proletaria trasformatasi in partito e nel 1980 Foa si ritirò dalla politica attiva. Nel 1987, però, fu eletto senatore, come indipendente, nella lista del PC, di cui sostenne la trasformazione in PDS.

Nel 1992 abbandonò per sempre la politica attiva.

Morì a Formia il 20-10-2008.

Rino Formica
Presidente di Socialismo è Libertà (14-3-2003/6-7-2008)

Salvatore (Rino) Formica è nato a Bari il 1°-3-1927. È laureato in Scienze economiche e commerciali. Schierato con la corrente autonomista nenniana, fu uno dei più stretti collaboratori di Craxi.

Al congresso di Genova del novembre 1972 entrò nella Direzione nazionale del partito (segretario De Martino) e vi venne riconfermato in quello di Roma del marzo 1976 (segretario De Martino, poi Craxi) e in quello di Torino del 1978. Dopo il congresso di Palermo (aprile 1981) fu eletto vicesegretario del PSI. In seguito rimase sempre nel gruppo dirigente fino allo scioglimento del partito. Nel 1992 entrò nuovamente, assieme a De Michelis, Babbini, Intini e Capria nella segreteria del partito (segretario Craxi). Dopo le dimissioni di Craxi sostenne, per la successione, prima Martelli e poi Benvenuto, che fu eletto.

È stato deputato dal 1979 al 1994 e più volte ministro: dei Trasporti nel II governo Cossiga (1980) e nel governo Forlani (1980-81), delle Finanze nel I e nel II governo Spadolini (1981-82), del Commercio con l'Estero nel II governo Craxi, del Lavoro nel I governo De Mita, ancora delle Finanze nel VI e nel VII governo Andreotti (1989-91).

Dopo lo scioglimento del PSI rimase lontano dalla diaspora socialista. Investito dal vento di Tangentopoli, ne uscì, dopo 17 anni!, con un'assoluzione con formula piena.

È riapparso alla ribalta della politica con la fondazione (14-3-2003) dell'Associazione "Socialismo è Libertà", di cui venne eletto per acclamazione presidente. In questa veste ha fatto parte del Comitato promotore per la fondazione del Partito

Socialista, poi ufficializzata al congresso di Montecatini del 4-6/7/2008.

Giuseppe Fossati
Meccanico. Componente del Comitato Centrale del *Partito dei Lavoratori Italiani* eletto a Genova nel 1982.

Egidio Gennari
Segretario PSI (febbr. 1920/genn. 1921)

Egidio Gennari nacque ad Albano Laziale il 20 —04 —1876. Ancor giovane aderì al PSI, partecipando a diversi congressi nazionali, sempre su posizioni di sinistra: a quello di Roma del settembre 1918 (XV), in cui fu eletto nella Direzione Nazionale (durante il breve periodo di detenzione del vicesegretario Bombacci, sostituì il segretario Lazzari, anch'egli detenuto, come Bombacci, per le sue attività pacifiste); a quello di Bologna dell'ottobre 1919, in cui fu relatore per la mozione "massimalista elezionista" e venne riconfermato nella Direzione, assumendo poi (25 -2 —1920) la carica di Segretario politico del PSI, in sostituzione del nuovo segretario Bombacci, dimessosi perché eletto deputato; al congresso di Livorno (XVII) del 1921, aderì, col gruppo dei massimalisti di sinistra, degli astensionisti bordighiani e degli ordinovisti gramsciani al PCdI.

A Trieste, nel 1922, fu chiamato a dirigere *Il Lavoratore*. Dal 1927 al 1928 rappresentò ufficialmente il PCdI presso il Comintern.

Morì a Gorkij (URSS) il 12- 4 -1942.

Gino Giugni
Presidente del PSI (15-3-1993/12-11-1994)
Presidente del SI (13-11-1994/1996)

Gino Giugni nacque a Genova il 1° agosto 1927. Aderì giovanissimo (nel 1945) al PSI.

Dopo essersi laureato in giurisprudenza e specializzato negli USA, intraprese la carriera universitaria, conseguendo altissimi riconoscimenti professionali specialmente nel campo del Diritto dei Lavoro, mentre continuava con coerenza la sua militanza politica.

Ne è dimostrazione soprattutto lo "Statuto dei Lavoratori", di cui egli è considerato il "padre", essendo stato a capo della autorevole commissione istituita all'uopo dal ministro socialista del Lavoro Giacomo Brodoloni nel 1969.

Il 3 maggio 1983 venne "gambizzato" da una terrorista. Lo stesso anno fu eletto senatore nelle liste del PSI e presidente della Commissione Lavoro del Senato. Le stesse cariche gli vennero confermate nel 1987.

Il 15-3-1993 fu eletto presidente del PSI (segretario Benvenuto) e mantenne la carica fino allo scioglimento del partito (12-11-1994). Nello stesso periodo, dopo essere stato eletto deputato alle elezioni politiche del 27-3-1994, fu ministro del Lavoro (28-4-1993/10-5-1994) nel governo Ciampi.

Il 13 novembre 1994 si costituì il SI (Socialisti Italiani, con segretario Boselli) e Giugni divenne presidente anche della nuova formazione (1994-1996).

Successivamente si allontanò dalla politica, dedicandosi all'insegnamento. Nel 2005 si iscrisse allo SDI, ma nel 2007 aderì al Partito Democratico.

Giugni, "quel socialista per bene che le riforme le faceva davvero" (Roberto Mania, *La Repubblica*, 5-10-2009), è morto a Roma il 4-10-2009.

Della sua vasta produzione ricordiamo:

Lo Statuto dei lavoratori. Commentario Giuffrè, 1979
Socialismo: l'eredita difficile Il Mulino, 1996
Le memorie di un riformista Il Mulino, 2007

Eugenio Guarino
Giornalista. Diresse a Napoli il "Segretariato del popolo per la difesa dei diritti di cittadini". Fu consigliere comunale di Napoli. Partecipò, come esponente della sinistra integralista, ai congressi di Bologna del 1904 (fu eletto nella Direzione Nazionale), di Roma del 1906 e di Firenze del 1908. Giornalista dell'*Avanti!* fu inviato speciale in Libia (1911-12), da cui venne rimpatriato. Nel 1918 fu redattore-capo dell'*Avanti!* e sostituto di Serrati, nel periodo della detenzione.

Anna Kuliscioff

Leader della *Lega Socialista* di Milano

Anja Rosenstein nata a Simferopol, in Crimea, il 9 gennaio 1855 da una famiglia benestante, decise, appena sedicenne, di trasferirsi in Svizzera, a Zurigo, per seguire gli studi di filosofia. Richiamata in patria dallo zar, preoccupato per il "contagio" politico a cui erano esposti i giovani russi, si unì a un gruppo di seguaci dell'anarchico Bakunin nel predicare nei villaggi le idee di libertà e giustizia e per spingere la popolazione alla ribellione. Per evitare il carcere riparò in Svizzera, dove assunse il nome di Anna Kuliscioff, per sfuggire alla polizia politica zarista. Fu allora che conobbe Andrea Costa, con cui si trasferì in Francia, da dove i due vennero espulsi nel 1878. Iniziò allora, per i due, costretti a sfuggire a varie persecuzioni, un periodo di continui spostamenti tra l'Italia e la Svizzera, fino a quando la Kuliscioff, nel 1881, si separò da Costa, a cui aveva dato una figlia, Andreina, e ritornò in Svizzera, a studiare medicina, per poi laurearsi a Napoli, dove incontrò Filippo Turati, cui si legherà sentimentalmente e politicamente per tutta la vita..

Nel 1888 si specializzò, a Torino e a Padova , in ginecologia, scoprendo l'origine batterica delle febbri puerperali, scoperta che avrebbe salvato moltissime donne dalla morte dopo il parto, e guadagnandosi per la sua attività professionale a Milano, dove si era defnitivamente trasferita, l'appellativo di *dottora dei poveri*

Nel frattempo aveva abbandonato le idee anarchiche (ma non lo spirito libertario) ed aveva aderito al socialismo marxista nella sua versione riformista. Nel 1889 fondò, assieme a Turati, la *Lega Socialista* e nel 1891 ospitò nel suo salotto la redazione di *Critica Sociale*. Nel 1898 fu arrestata, in occasione dei moti del pane a Milano, e condannata a due anni di reclusione, ma venne scarcerata dopo qualche mese, per indulto.

Negli anni successivi l'azione della Kuliscioff si infittì sia sul piano teorico che nell'azione concreta, specialmente per la tutela del lavoro femminile e per la dignità della donna, la quale —sosteneva— potrà emanciparsi col lavoro, fonte di indipendenza economica e quindi di parità di diritti. In questo quadro un ruolo importante ha la rivista da lei diretta dal 1911 *La difesa delle lavoratrici*, su cui scrivono le più famose donne socialiste dell'epoca, da Angelica Balabanoff ad Argentina Altobelli a Maria Giudice.

Fu tra i primi a percepire la portata della violenza fascista, che si accanirà perfino sul suo corteo funebre, nelle strade di Milano, il 29 dicembre 1925, quando alcuni fascisti si scaglieranno contro la carrozza, strappando drappi, bandiere e corone.

La Kuliscioff, benché di origini russe, si può considerare come uno dei cervelli più lucidi del socialismo italiano.

Ugo Intini

Coordinatore della Federazione dei Socialisti (28-1-1994/24-2-1996)

Segretario del Partito Socialista (24-2-1996/13-9-1997)

Ugo Intini è nato a Milano il 30-6-1941 ed è laureato in giurisprudenza. Iscritto all'albo dei giornalisti, è stato direttore de *Il Lavoro* di Genova e dell'*Avanti!*:

Nel PSI è stato vicinissimo a Craxi, come membro della segreteria, portavoce del suo governo e rappresentante del PSI nell'Internazionale Socialista. È stato deputato del PSI dal 1983 al 1994

Non fu mai minimamente sfiorato dall'inchiesta "Mani Pulite", ma rimase fedele fino all'ultimo al craxismo, tanto che, dopo la definitiva sconfitta di Bettino Craxi all'interno del PSI, decise di abbandonare il partito del garofano, divenuto partito dela rosa, per fondare, assieme a Margherita Boniver e a Franco Piro, la "Federazione dei Socialisti", che alle politiche del 1994 si alleò con il PSDI nelle lista "Socialdemocrazia per le libertà", senza tuttavia ottenere risultati utili.

Dopo le elezioni, il 18-12-1994, la "Federazione dei Socialisti", sempre con coordinatore Intini, si trasformò in "Movimento Liberal Socialista", che il 24-2-1996, fondendosi col PSR di Cicchitto e Manca diede vita al Partito Socialista, di cui Intini fu segretario fino al 13-11-1997, quando la Direzione del partito lo sostituì con De Michelis, propenso ad un PS ancorato al polo berlusconiano.

Intini, invece, era fautore della fusione proposta da Boselli per tentare una ricomposizione della diaspora socialista. Di conseguenza, l'8-2-1998, l'ala del PS guidata da Intini, fondendosi col SI di Boselli, col PSDI di Schietroma e con i Laburisti Autonomisti, costituì lo SDI (Socialisti Democratici Italiani), di cui divenne uno dei principali dirigenti.

Il nuovo partito, collocato in maniera inequivoca a sinistra, partecipa alle varie coalizioni di centro-sinistra e Intini, eletto deputato nel 2001, entra, come sottosegretario agli Esteri, nel II governo Amato e, come viceministro degli Esteri, nel II governo Prodi.

Nel 2005 ha fatto parte della "Rosa nel Pugno" come membro della segreteria nazionale di tale federazione.

Nel 2008 ha partecipato alla Costituente Socialista ed ha aderito al PS, poi divenuto (7-10-2009) PSI. Delle opere scritte da Ugo Intini ricordiamo:

Le due radici
La Politica Globale
La privatizzazione della politica
Un bambino e la storia

Alberto Jacometti
Segretario del PSI (5-7-1948/18-5-1949)

Alberto Jacometti nacque a San Pietro Mosezzo (NO) il 10-3-1902, da una famiglia di affittuari di una tenuta detta "La Grampa", in cui trascorse la sua infanzia, a contatto col mondo contadino da cui trasse i primi stimoli ad interessarsi dei problemi sociali.

Fu comunque la lettura delle opere di Tolstoj ad orientarlo verso il socialismo: nel 1921 iniziò a collaborare con il settimanale socialista novarese *Il lavoratore*, nel 1922 fondò la rivista *Vita Nova* e, scopertasi una vena letteraria, nel 1923 pubblicò il suo primo romanzo *Fango nel sole*. Intanto, dopo aver studiato al Politecnico di Torino, seguendo la volontà del padre, si laureò in Agraria (1924) alla Scuola Superiore di Agricoltura di Milano. Nel 1924, poco prima dell'assassinio di Matteotti, si iscrisse al PSU. Rientrato a Novara dopo il servizio militare prestato a Bologna, fu oggetto di aggressioni da parte degli squadristi. Dopo la pubblicazione di un foglio antifascista clandestino, intitolato *Basta!*, fu indotto a lasciare l'Italia, recandosi a Barcellona, poi a Parigi, quindi a Bruxelles. Dopo un fugace ritorno in Italia, per assistere il padre morente, si stabilì a Parigi, dove lavorò come correttore di bozze, insegnante, viaggiatore di commercio, capo giardiniere e impiegato di banca.

Nel 1929 venne espulso dalla Francia e si recò a Bruxelles, dove lavorò come chimico, divenne segretario della Federazione belga del partito socialista e pubblicò (1932) il saggio *Problemi della rivoluzione italiana*. Dopo un viaggio in Spagna, in cui si era recato in missione per conto del PSI/IOS durante la guerra civile, alla quale partecipò nelle file repubblicane, ritornò nel Belgio, invaso dai tedeschi nel maggio 1940. Passato in Francia, il 24-11-1940 venne arrestato dalla Gestapo e consegnato all'Italia fascista, che lo confinò (1941) a Ventotene, dove conobbe Umberto Terracini (PCdI). Liberato, assieme a Pertini, dopo la caduta del fascismo (25-7-1943) si recò a Novara, dove partecipò attivamente alla Resistenza, nelle file delle "Brigate Matteotti", col nome di battaglia di "Andrea" e rappresentò il PSIUP nel CLN provinciale.

Dopo la Liberazione fu eletto (29-7-1945), per la prima volta, dal Consiglio Nazionale del PSIUP, nella Direzione del Partito (segretario Nenni) e vi venne riconfermato dal congresso di Firenze del 1946 (segretario Ivan Matteo Lombardo). Eletto all'Assemblea Costituente, nell'ottobre 1946 fu uno dei firmatari, assieme a Nenni, Saragat e Pertini, del terzo Patto di un'unità d'azione col PCI. Nel 1947 si schierò contro la scissione saragattiana e venne rieletto nella Direzione del partito (segretario Basso) ridivenuto PSI. Fu riconfermato ancora una volta nel gennaio 1948 (segretario Basso).

Nell'aprile 1948, con la sconfitta elettorale del Fronte popolare, Jacometti non fu rieletto in Parlamento e nel congresso di Genova del giugno successivo si presentò alla testa, assieme a Riccardo Lombardi, di una corrente centrista ("Riscossa Socialista"), che conseguì la maggioranza relativa. Jacometti fu eletto segretario del PSI, con vice Giancarlo Matteotti, e riuscì a riordinare le file dei socialisti, sbandati dopo la sconfitta del Fronte e del PSI in particolare. Nel maggio 1949 la "sinistra" riprese la guida del partito e successivamente assorbì la corrente centrista. Jacometti, relegato ad una dimensione provinciale, nel 1950 divenne segretario della federazione socialista di Novara e consigliere comunale della stessa città. Nel 1953 fu eletto deputato e riconfermato nelle due legislature successive.

Nel 1957 ebbe un ruolo di primo piano nella fondazione dell'ARCI (Associazione Ricreativa Culturale Italiana), di cui fu il primo presidente. Nel 1963 fu presidente del Collegio dei ProbiViri del PSI e nel 1976 dell'ANPI (Associazione Nazionale Partigiani Italiani).

Dopo il 1976 Jacometti, fedele alla sua formazione marxista, si schierò contro la segreteria Craxi, che aveva riesumato Proudhon. Nel luglio 1984, anche in seguito alla riforma statutaria che inseriva nella Direzione del PSI, come membri di diritto, gli ex segretari, lasciò il PSI, inviando al segretario una lettera di dimissioni, in cui fra l'altro scriveva:

"Caro Craxi, cosa pensi di un compagno tesserato da sessant'anni, percosso, esiliato, arrestato dai nazifascisti, assegnato per cinque anni al confino di Ventotene, partigiano, presidente e fondatore dell'Arci, decorato dai comuni di Roma, Firenze, Torino e Novara, membro della Costituente, deputato, segretario del partito, collaboratore dell'*Avanti!*, unico non compreso nella nuova direzione quale ex segretario? Cosa ne pensi? ".

Jacometti è stato anche scrittore non banale. Delle sue opere, oltre quelle già citate, ricordiamo: *Ventotene* (1946), *Quando la storia macina* (1952), *Mia madre* (1960).

Alberto Jacometti morì a Novara il 10-1-1985. Ai suoi funerali erano *assenti* i massimi esponenti del PSI. Gli resero l'ultimo omaggio i suoi amici e i vecchi partigiani.

Edgardo Lami-Starnuti
Componente del Comitato Esecutivo provvisorio del PSLI (10-6-1949/19-6-1949)
Componente del Comitato di Segreteria del PSDI (6-1-1952/22-2-1952)

Avvocato. Nato a Pontedera il 3-3-1887. Sindaco socialista di Carrara, dopo l'avvento del fascismo fu costretto a rifugiarsi in Svizzera, da cui rientrò nel 1945.
Nel 1946 partecipò al congresso di Firenze del PSIUP e fu poi poi eletto all'Assemblea Costituente.
Nel gennaio 1947 fu uno dei quarantasette parlamentari che aderirono alla scissione di Palazzo Barberini. Al II congresso del PSLI del gennaio 1949 entrò nella Direzione del partito in sostituzione di Paolo Treves (deputato), per la mozione di centro-destra "Saragat-D'Aragona" (con Simonini segretario, poi sostituito da Mondolfo).
Dopo le dimissioni di Mondolfo (11-6-1949) entrò (assieme a Carlo Andreoni e a Pietro Battara) in un Comitato Esecutivo

provvisorio con compiti di segreteria, che operò fino al congresso iniziato il 16-6-1949; dal congresso venne eletto nella Direzione del PSLI ed anche nell'Esecutivo del partito. Fu riconfermato nella Direzione dal congresso del gennaio 1950, sempre sulle posizioni politiche di centro-destra, capitanate da Saragat.

Dopo il congresso di costituzione del PS-SIIS (nato dalla fusione tra PSLI e PSU) dell'aprile 1951 ricoprì, assieme a Villani, la carica di vicesegretario del partito.

Dal congresso del gennaio 1952, in cui il PS-SIIS diventò PSDI, Lami-Starnuti fu eletto componente di un Comitato avente funzioni, collegialmente esercitate, esecutive e di segreteria, e che sarà poi sostituito dal segretario unico Romita.

Lami-Starnuti entrò ancora ancora nella Direzione nell'ottobre 1952, nel giugno 1954 e nel febbraio 1956; successivamente fece parte del solo Comitato Centrale.

Già presidente dell'azienda elettrica e consigliere provinciale di Milano, Lami-Starnuti fu senatore nella III (1958-63) e IV legislatura (1963-1968) fino alla sua morte avvenuta il 4-5-1968.

Egli ricoprì incarichi governativi nel ministero Fanfani, come ministro delle Partecipazioni Statali (1-7-1958/15-2-1959) e nel II governo Moro come ministro dell'Industria e Commercio (5-3-1965/23-2-1966).

Costantino Lazzari
Leader P.O.I.
Segretario PSI (1912/1919)

Nacque il 1° gennaio 1857 a Cremona, dove frequentò le scuole tecniche. Trasferitosi a Milano iniziò la lettura di pubblicazioni socialiste e conseguì il diploma di maestro e la patente di segretario comunale. Apprese anche il francese ed iniziò lo studio dell'inglese e del tedesco. Si iscrisse poi al Circolo operaio milanese, dove conobbe G. Croce e maturò le sue convinzioni, schierandosi apertamente per il socialismo, da lui definito come "quell'insieme di rapporti sociali che possono assicurare al genere umano uno stato di giustizia e di uguaglianza fra tutti i suoi membri". Aderì quindi alla corrente operaistica, che propugnava la lotta economica mediante l'organizzazione autonoma dei lavoratori, per giungere, infine, al socialismo. Fu tra i fondatori del periodico *Il Fascio operaio* (1883-1890).
Nel 1885 fu tra i fondatori del Partito Operaio Italiano, del cui Comitato Centrale fu eletto componente e per il quale propugnò la partecipazione alla vita pubblica. In rappresentanza del partito partecipò ad un congresso mondiale a Londra, dove conobbe Federico Engels. Si avvicinò quindi al gruppo milanese di Turati, assieme al quale costituì la *Lega socialista Milanese*, di ispirazione marxista. Nel 1889 sposò la socialista

Giuseppina Manzoli, da cui non ebbe figli. Successivamente adottò una bambina, Caterina Devoti, divenuta orfana in seguito al terremoto di Messina. Prese parte al Congresso Operaio del 1891 ed entrò nel Comitato Centrale Provvisorio del Partito dei Lavoratori Italiani, poi PSI. Da allora partecipò a quasi tutti i congressi del partito socialista, ricoprendo ruoli di primo piano, come uno dei principali leader della corrente intransigente rivoluzionaria, fino all'avvento del fascismo. Fu arrestato più volte per motivi politici, ad esempio nel 1894 per la solidarietà espressa al movimento dei Fasci siciliani, nel 1898 per "i fatti di Milano", nel 1918 per "propaganda disfattista" contro la guerra, ecc. Si impegnò sempre al massimo come propagandista delle idee socialiste, girando tutta l'Italia, tenendo conferenze, comizi, scrivendo sulla stampa di partito (fondò il giornale *La Soffita*, organo della frazione intransigente), scrivendo opuscoli, ecc. Dopo la sconfitta dei riformisti al congresso di Reggio Emilia (1912) fu eletto segretario del partito, carica che tenne fino al 1919. Nel 1914, dopo l'espulsione di Mussolini, fu chiamato alla direzione dell'Avanti!, assieme a Bacci e a Serrati.

Durante la prima guerra mondiale coniò la formula del *né aderire, né sabotare* che riassumeva la posizione pacifista e neutralista assunta dal partito e ne assicurava l'unità. Partecipò ai convegni dei socialisti internazionalisti tenuti in Svizzera, a Zimmerwald e a Kienthal. Nel 1919 fu eletto deputato e riconfermato nel 1921 e nel 1924. Al congresso di Bologna si espresse per la rivoluzione, da perseguire con la sola arma dell'intransigenza, escludendo la violenza premeditata e programmata; sulla sua mozione confluirono anche i voti dei riformisti. Al congresso di Livorno fece confluire i voti della sua corrente sulla mozione massimalista di Serrati, rivoluzionaria, ma contraria all'espulsione dei riformisti, pretesa dalla III Internazionale.

Dopo i colloqui avuti con Lenin si convinse della necessità di quell'espulsione, ma non della fusione col PCdI. Aderì quindi alla frazione terzinternazionalista, ma quando questa, nel 1924, sconfitta nel congresso del 1923 dal "Comitato di Difesa Socialista" di Vella e Nenni, decise di confluire nel PCdI, Lazzari rimase nel PSI, anche se in posizione di minoranza. Ancora nel 1926 faceva parte della Direzione dell'Unione Socialista romana; in quell'anno subì un'aggressione fascista a Montecitorio. Nel 1927 fu arrestato un'ultima volta per tentato espatrio clandestino e rilasciato dopo alcune settimane di carcere. Morì a Roma il 29 dicembre 1927, in condizioni di assoluta povertà.
Dei numerosi opuscoli da lui scritti ricordiamo: *Che cos'è il socialismo* (1896), *La necessità della politica socialista in Italia* (1902), *I principi e i metodi del Partito Socialista Italiano* (1911), *I proletari socialisti nella politica parlamentare* (1922), *Come Giacomo Matteotti venne al socialismo* (1925), *Il mio ultimo colloquio con Nicola Lenin* (1925).

Leonardi

Operaio. Componente del Comitato Centrale del *Partito Socialista dei Lavoratori Italiani* eletto dal congresso di Reggio Emilia del 1893.

Giovanni Lerda

Giovanni Lerda (1853-1926) nel 1893 da Torino si trasferì a Genova, dove era comproprietario della "Libreria Moderna". Dal 1900 al 1906 fece parte della Direzione Nazionale del PSI, come componente della corrente "integralista" e stretto collaboratore di Enrico Ferri, della cui rivista *Il Socialismo* fu redattore capo. Ebbe relazioni con ambienti del socialismo estero e fu uno dei relatori al congresso di Imola del 1902. Dal congresso di Roma del 1906 in poi si schierò, diventandone uno dei principali esponenti, con la corrente "intransigente rivoluzionaria", perché contrario ad ogni collaborazione con i partiti borghesi. Nel 1910 fece parte dell'ufficio di presidenza del congresso di Milano, in cui emersero le prime avvisaglie contro la presenza della massoneria, di cui Lerda faceva parte, nel PSI. A Reggio Emilia, poi, nel 1912, la massoneria fu considerata esplicitamente incompatibile con il PSI, e Lerda, seduta stante, presentò le dimissioni dal partito (che però la presidenza considerò come non presentate) e che successivamente vennero ritirate. Ma quando, nel successivo congresso di Ancona (1914) fu ribadita l'assoluta incompatibilità fra PSI e massoneria, Lerda lasciò il partito, pur continuando a dichiararsi socialista.

Ma nel 1917 fece parte di una delegazione italiana (assieme agli ex socialisti Arturo Labriola, Orazio Raimondo e Innocenzo Cappa) recatasi nella Russia di Kerenskji per propagandare la continuazione della guerra, in pieno contrasto con la linea pacifista del partito socialista.

Oreste Lizzadri
segretario del Partito Socialista dell'Italia liberata (15-4-1944/2-6-1944)

Oreste Lizzadri nacque a Gragnano (NA) il 17-5-1896. A causa della prematura morte del padre, un ferroviere socialista, dovette abbandonare gli studi e andare a lavorare in un pastificio, diventando ben presto attivista sindacale e aderendo al PSI nel 1913. Nel 1912 era diventato, appena ventenne, segretario della Camera del Lavoro di Castellammare, che aveva partecipato a fondare. Chiamato alle armi (in marina) durante la prima guerra mondiale, ottenne una decorazione al valor militare.

Alle elezioni del 1919 fu un fervente sostenitore della candidatura di Bruno Buozzi (PSI), segretario della FIOM. Al congresso di Livorno (1921), non aderì alla scissione comunista guidata dal suo amico Bordiga, pur collocandosi con la sinistra del partito.

Trasferitosi a Roma per lavorare in una banca, preferì lasciare il lavoro per non prestare il giuramento di fedeltà al fascismo, che nel frattempo aveva conquistato il potere. Per vivere si dedicò ad un'attività vinicola, per la quale girava l'Italia, approfittando di questa circostanza per tenere i contatti con altri socialisti.

Durante la guerra un gruppo ristretto di ex esponenti del PSI, ne decise la ricostituzione (20-9-1942) e Lizzadri fu uno dei cinque componenti dell'esecutivo, con la carica di vicesegretario (segretario Giuseppe Romita).

Grazie all'opera di ricucitura di Romita e Lizzadri, in casa di quest'ultimo, a Roma, il 22 e 23 agosto 1943 ebbe luogo un convegno socialista che si concluse con la fusione del PSI col MUP e con l'UPI, che diede vita al PSIUP, con segretario Nenni. Lizzadri entrò nella Direzione.

Dopo l'armistizio e l'occupazione di Roma da parte dei tedeschi, che costrinse di nuovo il partito socialista alla clandestinità, venne costituito un esecutivo segreto composto da Nenni, Vassalli e Lizzadri. Quest'ultimo fu poi nominato rappresentante socialista nella Giunta Militare Centrale del CVL (Corpo Volontari della Libertà)L, cioè la Resistenza armata.

Nel 1944 Lizzadri, delegato a rappresentare il partito nel Congresso di Bari del CLN, dopo un avventuroso viaggio, passò le linee col nome di Longobardi. Venne quindi eletto (15-4-1944) segretario dal Consiglio Nazionale del Partito Socialista dell'Italia liberata.

Tornato a Roma riprese a lavorare accanto ai principali leader del partito (Nenni, Saragat, Pertini, Mondolfo, Faravelli. Basso, Morandi, ecc.).

Nel corso del 1944, tra i principali esponenti sindacali, dopo una serie di incontri, ai quali Lizzadri partecipava attivamente, si giunse alla stipula del "Patto di Roma" con cui sorse il sindacato unitario e indipendente, la CGIL, di cui Lizzadri fu nominato segretario generale, assieme a Giuseppe Di Vittorio (PCI) e ad Achille Grandi (DC).

Nel 1946 Lizzadri, eletto alla Costituente, lasciò l'attività sindacale. Fu quindi rieletto deputato per varie legislature, fino al 1968, quando decise di non ripresentarsi. Nel 1952, dopo le scissioni di CISL e UIL, era ritornato al sindacato, dove rimase fino al 1957, facendo parte anche della Direzione del PSI fino al 1959. La sua formazione fortemente unitaria aveva spinto Lizzadri a lottare contro le varie scissioni politiche e sindacali e a prendere sempre posizione per una politica di collaborazione col PCI; sicché, quando il PSI, avendo ormai aderito alla politica e ai governi di centro-sinistra, decise la sua fusione col PSDI, Lizzadri se ne allontanò per passare al nuovo PSIUP di Vecchietti e Valori. Rientrerà nel PSI dopo la nuova scissione coi socialdemocratici (1969), alla fine del 1971, rimanendovi fino alla morte.

Lizzadri è stato anche autore di opere storiche pregevoli, fra cui *Quel dannato marzo del 1943* (Ed. *Avanti!*, 1962), *Il Regno di Badoglio* (Ed. *Avanti!*, 1963), *Il socialismo italiano dal frontismo al centro sinistra* (Lerici Editore, 1969), *La Boje!* (ed. La Pietra, 1974).

Alcune vie sono a lui intitolate in varie città d'Italia, come Parma e Siena.

Morì a Roma il 30-7-1976.

Pia Locatelli
Presidente del PS/PSI (25-7-2008/...)

Pia Elda Locatelli è nata a Villa d'Almè (Bergamo) il 13-8-1949. È laureata in Lingue e Letterature straniere e in Economia e Commercio presso l'università di Bergamo. È stata insegnante di lingue fino al 1982, anno in cui si è inserita nella conduzione dell'azienda tessile di famiglia. Dopo aver aderito al PSI è stata per 15 anni, a partire dal 1980, consigliere comunale e capogruppo del PSI al comune di Bergamo.
Dopo lo scioglimento del PSI aderì allo SDI, della cui Direzione ha fatto parte; dal 2003 è diventata, dopo esserne stata eletta vicepresidente nel 1992, nel 1996 e nel 1999, presidente dell'Internazionale Socialista Donne. È, inoltre, componente dell'Esecutivo dell'Internazionale Socialista, riconfermata anche nel 2008.
Nel 2004 è stata eletta al Parlamento Europeo (SDI, lista "Uniti per l'Ulivo").
Nel 2007 ha partecipato alla Costituente Socialista. Nel I congresso (costitutivo del PS) presentò, abbinandola ala mozione "Prima la politica", la sua candidatura alla segreteria del partito, poi ritirata per favorire l'elezione di Nencini. Il congresso elesse Pia Locatelli presidente del Consiglio Nazionale, carica in cui è stata riconfermata dal congresso di Perugia del 9-11/7/2010.

Riccardo Lombardi
Presidente del PSI (16-8-1901/13-3-1984)

Figlio di un capitano dei carabinieri di origine toscana, che in Sicilia, dove si trovava per servizio, aveva conosciuto e sposato Maria Marrano, Riccardo Lombardi nacque a Regalbuto (EN) il 16-8-1901. Rimasto orfano del padre all'età di tre anni, frequentò le scuole medie presso il collegio dei gesuiti "Pennisi" di Acireale (CT) e poi si iscrisse alla facoltà di Ingegneria dell'università di Catania. Nel 1919 si trasferì a Milano e nel 1920 si iscrisse al Politecnico, dove poi si laureò (1922) in Ingegneria Industriale.

All'inizio del 1920 si iscrisse al PPI, da poco fondato da don Luigi Sturzo, collocandosi nella sua ala sinistra, che seguì anche quando essa si costituì, alla fine del 1920, in partito autonomo, il Partito Cristiano del Lavoro, con leader Guido Miglioli.

Partecipò poi ad alcune azioni degli "Arditi del Popolo", fra cui la difesa dell'*Avanti!* dagli attacchi fascisti e collaborò (1923) al giornale della sinistra cattolica *Il Domani d'Italia*.

Fu in quegli anni che cominciò ad allontanarsi dalla cultura cattolica e ad avvicinarsi a quella marxista.

Impiegatosi in un'impresa privata continuò la lotta antifascista, anche clandestinamente, dopo la soppressione dei partiti politici (5-11-1926). Nel 1928 conobbe Ena Viatto, che sarà la compagna della sua vita.

Agli inizi dell'agosto 1930, durante un volantinaggio davanti ad una fabbrica, venne scoperto ed arrestato dalla milizia fascista; venne rilasciato alla fine del mese dopo un pestaggio che gli causò una lesione ad un polmone, che gli creerà problemi per tutta la vita.

Nel corso degli anni '30 si dedicò al lavoro, senza però rinunciare all'attività clandestina nelle file di "Giustizia e Libertà", il movimento antifascista fondato da Carlo Rosselli.

Nel 1942 fu tra i fondatori del Pd'Az. (Partito d'Azione), del cui gruppo dirigente della sezione milanese fece parte. Nel 1943 fondò, assieme a Brenno Cavallai, l'organo clandestino del Pd'Az. *L'Italia Libera*.

Dopo l'8 settembre 1943, partecipò attivamente alla Resistenza come tenente generale delle brigate "Giustizia e Libertà" e rappresentò il partito nel CLNAI. Nel 1944 entrò nella segreteria del Pd'Az. per l'Alta Italia ed assunse la direzione dei *Nuovi quaderni di GL*.

Il 25 aprile 1945 fece parte della delegazione del Comitato di Liberazione che si incontrò con Mussolini per chiedergli la resa incondizionata. L'indomani fu nominato prefetto di Milano, carica che mantenne fino a quando, nominato ministro dei Trasporti nel I governo De Gasperi (10-12-1945/13-7-1946), si trasferì a Roma. Nel 1946 diventò segretario del Pd'Az. e fu eletto all'Assemblea Costituente.

Nel 1947 fu nominato presidente dell'Ente Siciliano di Elettricità, avente lo scopo di promuovere l'industrializzazione dell'isola; in tale veste realizzò nuove centrali idroelettriche e gli impianti termici di Termini Imerese e di Augusta.. Lo stesso anno guidò la maggioranza del Pd'Az. che, alcuni mesi dopo la scissione saragattiana, decise di confluire nel PSI, partito in cui rimarrà fino alla morte. Nelle file del PSI fu eletto deputato dalla I alla VIII legislatura (1948/1983).

Durante il 26° congresso del PSI del gennaio 1948 fu eletto componente della Direzione Nazionale (segretario Lelio Basso). Fece poi parte (assieme a Basso, Cacciatore, Caporaso, Morandi e Santi), per il PSI, dell'Esecutivo del Fronte Popolare. Al 28° congresso di Genova del giugno-luglio 1948, tenuto dopo la dura sconfitta del Fronte e in particolare del PSI alle elezioni politiche del 18-4-1948, Lombardi si presentò come leader (assieme a Foa, Santi, Jacometti, Pieraccini) della corrente centrista di "Riscossa Socialista", che ottenne la maggioranza relativa ed elesse Alberto Jacometti segretario del partito e Riccardo Lombardi direttore dell'*Avanti!* (5-7-1948/18-5-1949).

L'11 agosto successivo Lombardi fu tra i rappresentanti socialisti che, di concerto con quelli degli altri partiti e movimenti aderenti, deliberò lo scioglimento del Fronte.

Al 29° congresso del PSI del maggio 1949 la "Sinistra" di Nenni, Basso, Morandi, ecc. riconquistò la maggiorana e Lombardi rimase fuori della Direzione monocolore che ne derivò. Nel periodo successivo, però, le correnti del PSI, dopo aver subito ancora la scissione degli "autonomisti" di Romita, si amalgamarono e, dal 30°congresso (Milano, gennaio 1953), Lombardi rientrò nella Direzione, rimanendovi fino alla morte.

Dopo i fatti d'Ungheria del 1956 e il successivo congresso socialista di Venezia del 1957, Lombardi si schierò con Nenni nella battaglia per l'autonomia del PSI, pur mantenendo sempre una posizione originale. È di questo periodo l'elaborazione del concetto di "riforme di struttura", cioè di quelle riforme capaci di incidere profondamente nella struttura economica del Paese e di avviarne democraticamente il processo di trasformazione socialista. Classico esempio di esse la nazionalizzazione dell'energia elettrica.

L'indipendenza di giudizio di Lombardi si manifestò in maniera esplicita quando, la *notte di san Gregorio* (fra il 16 e il 17 giugno 1963), durante la riunione del Comitato Centrale, 15 componenti "lombardiani"si dichiararono insoddisfatti dell'accordo raggiunto con DC, PSDI e PRI e, sommando i loro voti a quelli della "sinistra" socialista di Vecchietti, impedirono il varo del primo governo di centro-sinistra a partecipazione socialista.

Quando poi esso, alcuni mesi dopo, fu costituito, De Martino prese il posto di Nenni alla segreteria del partito e Lombardi fu nominato direttore dell'*Avanti!* (4-2-1964/19-7-1964).

Dopo l'uscita dal PSI (10-1-1964) della quasi totalità della corrente di Vecchietti, sarà la corrente di Lombardi a costituire una nuova "sinistra" all'interno del PSI, ovviamente con caratteristiche diverse dalla precedente.

Per tutto il periodo demartiniano, Lombardi condusse una quasi solitaria battaglia per l'alternativa, fino a quando l'apporto suo e della sua corrente risulterà determinante per l'elezione (15-7-76) di Craxi a segretario. Lombardi sostenne il nuovo segretario anche nel congresso di Torino del marzo-aprile 1978, in cui fu presentato il "progetto socialista" e lanciata la politica dell'alternativa.

Essendo poi emerse (1979) divergenze fra Craxi e Lombardi, quest'ultimo, in un tentativo di mediazione fra "autonomisti" e "sinistra", fu eletto (16-1-1980) presidente del PSI, ma appena due mesi dopo (13-3-1980) si dimise dalla carica e si collocò all'opposizione interna.

Nel 1983 fu candidato al Senato, ma non fu eletto.

Si spense a Roma il 18-9-1984. Con lui moriva un grande protagonista della storia italiana contemporanea, dalla lucida intelligenza e dall'indiscussa integrità morale, un socialista degno di far da modello alle giovani generazioni.

Ivan Matteo Lombardo
Segretario del PSIUP (16-4-1946/14-1-1947)
Segretario dell' Unione dei Socialisti (8-2-1948/31-1-1949)

Ivan Matteo Lombardo, dirigente d'azienda, nacque a Milano nel 1902. Durante il fascismo partecipò all'attività clandestina socialista, anche con l'intento di ricostituire il partito in Italia. A tal proposito promosse, senza tuttavia addivenire a risultati concreti, una riunione clandestina, alla quale parteciparono Antonio Greppi, Francesco Lami Starnuti e Fernando Santi. Fu comunque fra i più attivi nella ricostituzione del partito del 22-7-1942, in cui fu eletto segretario Romita e nella Resistenza.

Lombardo assurse alla notorietà nazionale nel congresso di Firenze dell'aprile 1946, in cui

il partito socialista risultò chiaramente spaccato in due, fra una sinistra (Nenni) fautrice dell'unità di classe col PCI e un'ala autonomista (Saragat) decisa a salvaguardare la peculiare funzione

del PSIUP. Ormai in prossimità del referendum, si giunse ad un accordo fra le correnti, per

cui Nenni venne eletto presidente e Lombardo segretario del partito.

La scelta cadde su Lombardo perché lo si riteneva personaggio al di fuori delle logiche correntizie, anche se in realtà era vicino alle posizioni della destra interna. A questo equivoco

probabilmente contribuì anche il fatto che Lombardo non aveva partecipato al dibattito

precongressuale e congressuale, in quanto si trovava negli USA, impegnato in una missione governativa (era stato sottosegretario all'Industria e Commercio dal luglio 1945 nel governo Parri ed era stato riconfermato nel primo governo De Gasperi), e non sapeva niente di niente circa la sua elezione a segretario, tanto che dapprima credette ad un errore di persona.

Il dualismo di poteri con Nenni e il fragile equilibrio interno raggiunto dalle correnti non si
Trasformò in rottura aperta per l'approssimarsi del referendum e delle elezioni dell'Assemblea
Costituente, di cui Lombardo entrò a far parte.
Nel congresso di Roma del gennaio 1947 si ebbe infine la scissione saragattiana di Palazzo Barberini, a cui Lombardo, benché sostanzialmente sulle stesse posizioni degli scissionisti, non volle aderire, perché convinto che bisognava trascinare tutto il partito sulle posizioni autonomiste. Da quel momento divenne il leader della nuova destra del PSI. Al successivo congresso del gennaio 1948, in cui era in discussione la formazione del Fronte Popolare, inizialmente aderì alla mozione di Romita, favorevole al Fronte, ma non alla lista unica col PCI, ma poi se ne differenziò, presentando una propria mozione, contraria alla lista unica ed anche al Fronte Popolare, ottenendo 4000 voti (0,55%).
Dopo il Congresso Lombardo e i suoi lasciarono il PSI per fondare (7-8 febbraio 1948), assieme al gruppo di Silone ("Europa Socialista") e a quello di Codignola ("Azione Socialista G.L.") l'Unione dei Socialisti, di cui lo stesso Lombardo divenne segretario.

Egli si accordò quindi col PSLI per la presentazione di una lista in comune ("Unità Socialista") alle elezioni politiche del 18 aprile 1948 e venne eletto deputato. Entrò quindi, come ministro dell'Industria e Commercio, nel quinto governo De Gasperi (giugno 1948/ novembre 1949) e poi nel sesto (gennaio1950/agosto 1951), come ministro del Commercio Estero.
Intanto, assieme ad una parte dell'UdS era passato al PSLI, collocandosi nella sua ala destra. Lombardo fu anche a capo della delegazione italiana alla Conferenza di Parigi per la costituzione (com'è noto poi naufragata) della CED.
Morì a Roma nel 1980.

Pietro Longo
Segretario del PSDI (20-10-1978/11-10-1985)

Pietro Longo, di origini molisane (Campobasso), è nato a Roma il 29-10-1935 dall'ing. Leonardo e dalla prof.ssa Rosetta Fazio, impegnata politicamente nel PSI e nell'organizzazione femminile unitaria di sinistra UDI (Unione Donne Italiane), di cui nel 1947 divenne anche segretaria generale, carica poi ricoperta anche nella FMDL (Federazione Mondiale della Donna). Fu anche deputata nella legislatura 1948/1953.

Il primogenito Pietro, laureatosi in giurisprudenza, seguì le orme della madre e aderì al PSI, schierandosi con gli autonomisti di Nenni. Fautore della unificazione socialista fra PSI e PSDI, nelle elezioni politiche del 19-5-1968 fu eletto, nel collegio di Perugia, deputato per il PSI-PSDI Unificati. Al momento della nuova scissione socialdemocratica fu uno dei pochi (assieme a Mauro Ferri) di estrazione PSI ad aderire al nuovo partito, il PSU, poi di ridivenuto PSDI.

All'interno del PSDI costituì una sua componente, che il 20-10-1978 riuscì a mettere in minoranza il segretario Romita, di cui Longo prese il posto. Venne riconfermato nella carica nel 18° congresso di Roma del gennaio 1980, su posizioni di chiusura nei confronti del PCI e di adesione alla nuova formula del pentapartito. Fu ancora riconfermato nel congresso di Milano del marzo 1982 e in quello di Roma del maggio 1984. Entrò quindi, come ministro del Bilancio, nel I governo Craxi, ma fu costretto a dimettersi (13-7-1984) a causa della vicenda P2, nei cui elenchi era stato trovato il suo nome. L'11-10-1985 si dimise anche da segretario del PSDI, carica a cui fu eletto Franco Nicolazzi.

Longo mantenne però la sua componente e continuò a partecipare alle vicende del partito. Si alleò poi col gruppo Romita su una posizione tendenzialmente unitaria nei confronti del PSI craxiano, in contrasto con la linea del nuovo segretario Cariglia, contrario all'assorbimento del suo partito nel PSI.

Il 15-2-1989, dopo aver lasciato il PSDI, costituì, assieme a Romita, l'UDS ("Unità e Democrazia Socialista"), che il 13-10-1989 confluì nel PSI, nella cui Direzione Longo fu cooptato.

La sua carriera politica fu però stroncata nell'aprile 1992, a causa delle vicende giudiziarie in cui fu coinvolto.

Ernesto Cesare Longobardi

Di formazione positivista. Figlio di un ex garibaldino nacque nel 1877 a Napoli, dove studiò. A 18 anni si iscrisse al PSI. Nel 1901 fondò *Il Lavoratore*, organo del socialismo salernitano e fu anche uno dei fondatori della Camera del Lavoro di Salerno. Partecipò ai congressi del PSI del 1902 (eletto nella Direzione Nazionale), del 1904 (riconfermato nella Direzione), del 1906 (fu uno dei relatori), e del 1908. Fu vicino alla corrente sindacalista rivoluzionaria, ma con posizioni originali marxiste. Dal 1906 al 1909 lasciò Napoli e successivamente si stabilì a Venezia, dove gli fu affidata la cattedra di lingua inglese presso la Scuola Superiore di Commercio e diventò consigliere comunale.

Nel 1914-15 assunse posizioni interventiste e si distaccò dal PSI. Partecipò quindi alla guerra, arruolandosi come volontario nella Croce Rossa Italiana. Dopo la guerra si riavvicinò al PSI e si presentò alle elezioni del 1919. Nel 1921 pubblicò *La conferma del marxismo* ed aderì al PCdI, dove rimase fino alla morte (1943).

Arnaldo Lucci

Nasce a Sulmona (L'Aquila) il 16-09-1871, figlio di un ex garibaldino. Studia a Napoli, sua città di adozione, dove nel 1892 si laurea in giurisprudenza. Diventa avvocato civilista e, dal

1910, professore di Diritto Civile all'Università di Napoli. È autore di varie pubblicazioni giuridiche.

Esponente del primo socialismo napoletano, dal 1899 dirige il settimanale socialista *Propaganda*. Nel 1900 è uno dei cinque membri della Direzione eletti al congresso di Roma; nel 1910 viene eletto consigliere comunale e poi provinciale.

È eletto deputato nel 1913, nel 1921 e nel 1924. Nel 1926 i fascisti invadono e devastano la sua casa di Napoli, gli tolgono il mandato parlamentare, lo allontanano dall'insegnamento e lo arrestano. Dopo la guerra diventa vicepresidente della Consulta Nazionale.

Muore il 15-11-1945.

Emilio Lussu

Leader Partito Socialista Sardo d'Azione (luglio1948/20-11-1949)

Emilio Lussu nacque ad Armungia (CA) il 4-12-1890, da una famiglia contadina benestante. Iscrittosi alla facoltà di Giurisprudenza di Cagliari si laureò nel 1914.

Nel periodo della neutralità (1914-15) si schierò con gli interventisti democratici, fautori dell'ingresso in guerra a fianco della Francia e contro gli imperi centrali. Partecipò poi alla guerra come volontario, col grado di capitano, nella "Brigata Sassari", composta da giovani sardi, meritandosi due medaglie al valor militare (argento e bronzo) e il rispetto e la simpatia dei commilitoni. L'esperienza diretta della guerra di

trincea sulle montagne di Asiago gli mostrò la bestialità della carneficina causata dal conflitto e gli aspetti più drammatici della guerra, con la sua assurda disciplina applicata ai poveri contadini e pastori sardi, ispirandogli in seguito (1937) il suo magistrale capolavoro *Un anno sull'altipiano*, che lo collocherà fra i più grandi autori
italiani del Novecento (del romanzo sarà fatta, nel 1970, una riduzione cinematografica dal regista Francesco Rosi, intitolata *Uomini contro*).
La presa di coscienza della brutalità della guerra spinse Lussu ad impegnarsi in politica, anzitutto fondando il Partito Sardo d'Azione (di cui fu il primo presidente), formalmente costituito nel 1921, in cui confluì gran parte dei reduci. Nello stesso anno Lussu, fervente antifascista, venne eletto alla Camera (poi riconfermato nel 1924) e partecipò all'Aventino, dopo il delitto Matteotti. Egli stesso fu più volte aggredito ed anche ferito. Nel 1926 il Tribunale Speciale lo condannò a cinque anni di confino a Lipari, dove conobbe Carlo Rosselli e Francesco Fausto Nitti, assieme ai quali, con l'aiuto del socialista Italo Oxilia, fuggì (1929) a Tunisi e poi a Parigi, dove fu tra i fondatori, con Rosselli e Salvemini, del movimento "Giustizia e Libertà", da lui definito *movimento antifascista, rivoluzionario, democratico*. Dopo l'assassinio di Rosselli sarà Lussu a guidare il movimento.
A Parigi pubblicò l'altro suo capolavoro *Marcia su Roma e dintorni* (1933), in cui racconta il drammatico periodo della sua vita nella lotta antifascista nell'Italia nel dopoguerra. Parteci-

pò - per breve tempo, a causa delle non buone condizioni di salute —alla guerra di Spagna, in difesa della Repubblica aggredita dai franchisti.

Nel 1938 conobbe la futura moglie Ioyce, poetessa e scrittrice, che raccontò la sua esperienza nella lotta dell'esilio nel libro *Fronti e Frontiere*.

Nel 1943, dopo la caduta del fascismo potè rientrare in Italia, dove aderì al Partito d'Azione, costituito nel luglio 1942, divenendo il leader della sua ala socialista e partecipando attivamente alla resistenza armata antinazista.

Nel 1945 fece parte del governo Parri, come ministro azionista all'Assistenza postbellica, e del I governo De Gasperi, come ministro per i Rapporti con la Consulta. Nel 1946 venne eletto alla Costituente. Dal 1948 al 1968 fece parte del Senato.

Nel luglio 1948, al congresso di Cagliari del PSd'Az, sostenne la tesi, rimasta minoritaria, della fusione col PSI. Promosse allora la scissione dell'ala socialista che si costituì in Partito Socialista Sardo d'Azione, che il 20-11-1949 confluì nel PSI.

Lussu, che militò sempre nell'ala sinistra del partito, partecipò poi ai congressi del PSI di Bologna (1951), Milano (1953), Torino (1955), Venezia (1957), risultando sempre eletto nel Comitato Centrale e nella Direzione e successivamente nel solo CC..

Nel 1964, essendo contrario alla politica di partecipazione governativa con la DC, voluta dalla maggioranza autonomista del partito, partecipò alla scissione della sinistra socialista che diede vita al PSIUP diretto da Tullio Vecchietti. Nel 1968 si ritirò dalla politica attiva.

Morì a Roma il 5-3-1975.

Delle sue opere, oltre quelle già menzionate, ricordiamo:

Le nostre prigioni e la nostra evasione
La catena
Teoria dell'insurrezione

Lussu, a cui la sua città natale ha dedicato (7-8-2009) il museo *Emilio e Joyce Lussu* , è stato una limpida figura di democratico, antifascista, uomo d'azione, politico e scrittore di grande levatura.

Antonio Maffi

(Milano 1850-1912). Operaio tipografo (fonditore di caratteri), fu il primo operaio a entrare in Parlamento: fu infatti eletto, come candidato dell'*Unione Operaia Radicale,* in un collegio di Milano il 22/10/1882 e nelle due successive legislature. Si distinse come autodidatta in studi di economia e come propagandista della cooperazione. Fece parte del *Consiglio Superiore del Lavoro.*

Maffi rappresentava l'ipotesi del "partito grande", cioè della tendenza operaia propensa a tenere insieme democrazia radicale e socialismo, ispirandosi ad un superficiale eclettismo assai diffuso nella cultura popolare democratica dell'epoca. Fu sua, infatti, la proposta, al *Congresso Operaio Italiano* di chiamare il nuovo partito che si andava a costituire *Partito dei Lavoratori Italiani*, piuttosto che *Partito Operaio Socialista*, come aveva proposto Dell'Avalle. Fece parte del *Comitato Centrale Provvisorio* (1891), nonché del *Comitato Centrale* del *Partito dei Lavoratori Italiani* eletto a Genova (1892). Nello stesso anno della sua morte gli fu intitolata una strada nella città di Verona.

Mimmo Magistro
Segretario del PSDI (7-10-2007/...)

Mimmo Magistro, secondo di quattro figli, è nato a Bari nel 1950, da Francesco (operaio) e da Marianna (casalinga). Giovanissimo si dedicò allo sport, che gli darà non poche soddisfazioni. In gioventù aderì alla socialdemocrazia, diventando poi collaboratore dell'on. Michele Di Giesi e quindi capo della segreteria di Antonio Cariglia.
Uomo di vaste competenze amministrative, ha svolto vari incarichi professionali. Dal 1973 è iscritto all'Ordine Nazionale dei Giornalisti, diventando poi direttore di vari periodici, radio e TV locali. Nel 1983 è stato segretario della federazione di Bari del PSDI.
Ricostituitosi (dopo la confluenza nello SDI del 1998) il PSDI nel 2004, divenne vicesegretario vicario del segretario Giorgio Carta. Quando, in seguito alle dimissioni di Carta, si aprì nel PSDI una vertenza tra i seguaci di D'Andria e quelli di Carta, capeggiati da Magistro, fu quest'ultimo, assieme ad al-

tri, ad avanzare ricorso al giudice, che alla fine gli diede ragione. La controversia interna fra le due ali socialdemocratiche si chiuse definitivamente col congresso di Bellaria del PSDI, che elesse all'unanimità Magistro segretario nazionale, con Alberto Tomasini presidente e Giorgio Carta presidente onorario.

Nel 2009 Magistro è sembrato orientarsi per un'alleanza col centro-destra. Dal congresso di Barletta del 22-24/10/2010 Magistro è stato riconfermato all'unanimità, per il triennio 2010-2013.

Valdo Magnani
Leader del MLI/USI (maggio 1951/24-3-1957)

Valdo Magnani nacque a Reggio Emilia il 17-11-1912 da una famiglia cattolica, influenzata però dal socialismo prampoliniano. Valdo frequentò l'istituto per ragionieri e fece parte della Giunta Diocesana dell'Azione Cattolica. Conseguito il diploma si iscrisse (1930) alla facoltà di Economia e Commercio di Bologna, dove, nel 1935, conseguì la laurea. Si iscrisse poi, sempre a Bologna, in Filosofia (fra i suoi maestri Rodolfo Mondolfo, filosofo marxista fratello di Ugo Guido), conseguendo la relativa laurea, con lode, nel 1941. Durante gli studi si distaccò dalla fede religiosa e nel 1936 si iscrisse al PCI
Chiamato alle armi nel 1940, partecipò, come ufficiale, alla seconda guerra mondiale e, nel 1942, col grado di capitano, fu

inviato in Jugoslavia. Nel 1943, dopo l'8 settembre, si schierò con la Resistenza jugoslava, combattendo, come commissario politico, nella Divisione Garibaldi e meritandosi una medaglia di bronzo al valor militare; partecipò anche all'inizio della costruzione del regime socialista in Jugoslavia.

Nel 1945 rientrò in Italia e il ministro della Giustizia e leader del PCI Togliatti lo mise a capo di una commissione ministeriale per il riconoscimento dell'attività partigiana all'estero. Divenuto presidente dell'Associazione Combattenti e Reduci di R.E., nel 1946 prese parte attiva alla vita del PCI e nel 1947 divenne segretario provinciale di R.E.

Alle elezioni del 18-4-1948, in riconoscimento delle sue grandi capacità oratorie, della sua preparazione culturale e del suo passato di combattente, fu eletto deputato.

Il 19-1-1951, al congresso provinciale del PCI, sostenne posizioni non allineate a quelle ufficiali, contrarie allo "Stato-guida" e alle rivoluzioni importate. Qualche giorno dopo, a Roma, si incontrò col suo collega on. Aldo Cucchi (medico, medaglia d'oro al valor militare), con cui riscontrò convergenza di idee. Al ritorno da Roma i due resero note (25-1-1951) le loro dimissioni dal PCI (che il 1° febbraio successivo li espulse) e presentarono le dimissioni anche da deputati, che la Camera respinse (30-1-1951).

Sulla base della denuncia dell'egemonia sovietica sugli stati e sui partiti comunisti e della necessità di ricercare vie nazionali al socialismo, nel maggio successivo, Magnani, con Cucchi ed altri, diede vita al MLI (Movimento dei Lavoratori Italiani) e al settimanale *Risorgimento socialista*, su cui si sviluppò un ampio dibattito su temi di politica interna e internazionale e in cui emerse qualche simpatia per il regime jugoslavo "scomunicato" dal Cominform (l'Ufficio di Informazione Comunista, che aveva sostituito la III Internazionale).

Nel marzo 1953 il MLI, con la confluenza di altri gruppi di ispirazione socialista, si trasformò in USI (Unione Socialista Indipendente), sempre con la leadership di Magnani. L'USI si battè contro la cosiddetta "legge-truffa" alle politiche del 1953 e, pur non conseguendo alcun seggio, con i suoi circa 250.000 voti, diede un apporto fondamentale per non far scattare il previsto premio di maggioranza a favore della DC e dei suoi alleati.

Il XX congresso del PCUS, col rapporto Kruscev, e l'intervento sovietico in Ungheria produssero segni di rinnovamento e di autonomia nel PSI e ciò portò al superamento delle ragioni ideali che erano state alla radice della costituzione dell'USI, che quindi decise la confluenza in quel partito (tranne un piccolo gruppo capeggiato da Cucchi, che passò al PSDI).

Magnani fu cooptato nel CC e si schierò sulle posizioni di Basso, scrivendo anche sulla rivista di quest'ultimo *Problemi del socialismo*. Deluso dalla politica correntizia del PSI, nel 1961 chiese , e nel 1962 ottenne la riammissione nel PCI, che aveva modificato la sua posizione nei confronti del P.C. jugoslavo e accolto la tesi delle vie nazionali al socialismo. Da allora si dedicò con passione al mondo della cooperazione, tanto che, nel 1977, divenne presidente della Lega delle Cooperative.

Morì a Reggio Emilia il 3-2-1982. La sua opera più nota è *Dieci anni perduti. Cronache del PSI dal 1953 ad oggi*.

Enrico Manca
Presidente del PSR (13-11-1994/24-2-1996)

Enrico Manca, giornalista professionista, è nato a Roma il 23-11-1931. È laureato in giurisprudenza e, *honoris causa*, in Scienze della Comunicazione. Aderì giovanissimo al PSU, durante la segreteria di Ignazio Silone. Dopo la fusione tra PSU e PSLI da cui ebbe origine il PS-SIIS (poi PSDI), divenne segretario nazionale della Federazione Giovanile Socialista. Nel 1959 lasciò la carica e partecipò alla scissione della sinistra socialdemocratica di Mario Zagari e Matteo Matteotti che diede vita al MUIS, poi confluito nel PSI, dove in seguito aderì alla corrente di Francesco De Martino. Fu deputato dal 1972 (anno in cui fu eletto nella Direzione del partito al 39° congresso) al 1994.
Nel 1976, nel Comitato Centrale che rovesciò De Martino dalla segreteria, Manca aderì alla "rivolta dei quarantenni", capeggiando un gruppo di demartiniani dissidenti, che contribuirono all'elezione di Craxi a segretario del PSI. Manca fece allora parte (assieme a Salvatore Lauricella, Antonio Landolfi e Claudio Signorile) della segreteria.

Quando insorsero divergenze tra Manca e Craxi, quest'ultimo si alleò con Signorile e, al congresso di Torino del 1978, relegò il gruppo Manca all'opposizione. Successivamente avvenne all'incirca il contrario, quando Craxi scelse la linea della governabilità e quindi del pentapartito, non condivisa dalla sinistra di Signorile; la sua corrente "autonomista" si riavvicinò, infatti, a Manca (1980)e, col concorso determinante di una parte della sinistra, capeggiata da De Michelis, diede vita alla corrente riformista , divenuta maggioranza e rimasta tale fino alle dimissioni di Craxi.

Manca, durante il periodo craxiano, è stato ministro del Commercio con l'Estero nel II governo Cossiga (1980) e nel governo Forlani (1980-81). È stato, inoltre, presidente della RAI dal 1986 al 1992.

Nel 1994 si oppose, inutilmente, allo scioglimento del PSI. Subito dopo diede vita (assieme a Fabrizio Cicchitto) al PSR (Partito Socialista Riformista), di cui fu presidente, fino a quando il partito si unificò con la Federazione dei Socialisti di Intini, dando vita al PS (Partito Socialista), in cui confluirono tutti i craxiani, Manca compreso. Verificatasi nel PS la frattura tra la destra di De Michelis e la sinistra di Intini, si schierò con quest'ultimo e, l'8 febbraio 1998, partecipò alla costituzione dello SDI (PS ala Intini + SI di Boselli + PSDI di Schietroma + Laburisti Autonomisti).

Dopo essersi appartato per un certo periodo, aderì al movimento "Socialismo è Libertà" di Rino Formica.

Nel 2005 si è avvicinato alla "Margherita", rimanendo poi nell'area della sinistra riformista.

Attualmente dirige (con Giusi La Ganga) la fondazione "Socialisti Democratici per il Partito Democratico".

Fra i suoi scritti ricordiamo:

Informazione e democrazia (1989)
Nuovi Media. Nuovi servizi. Nuove regole. Integrazione, concertazione, pluralismo (1990)
Frammenti di uno specchio: i media e le politiche della postmodernità (2006)

Giacomo Mancini
Segretario del PSI (23-4-1970/12-11-1972)

Giacomo Mancini, di professione avvocato, nacque a Cosenza il 21-4-1916. Giovanissimo aderì al PSI e partecipò alla Resistenza a Roma. Dopo la guerra rientrò a Cosenza dove diventò consigliere comunale (1946/1952) e segretario provinciale del PSIUP fino al 1947. In quell'anno, al congresso in cui si verificò la scissione di Palazzo Barberini, entrò, come esponente della sinistra, nella Direzione nazionale, rimanendovi fino al maggio 1948, quando il congresso socialista registrò la vittoria della corrente di centro (Lombardi-Jacometti), che elesse una Direzione monocolore. Rientrò nella Direzione al 30° congresso, nel maggio 1953, anno in cui divenne anche segretario regionale in Calabria.

Alle elezioni del 18 aprile 1948 fu eletto per la prima volta alla Camera, dove venne sempre riconfermato fino alla decima legislatura.

Finita, dopo il 1956 (fatti d'Ungheria), l'alleanza fra PSI E PCI, Mancini si schierò con gli autonomisti di Nenni, che lo chiamò ad occuparsi dell'organizzazione del partito.

Negli anni del centro-sinistra organico ebbe diversi incarichi ministeriali: ministro della Sanità nel 1° governo Moro; ministro dei LL.PP. nel 2° e 3° governo Moro e nel 1° e 2° governo Rumor; ministro del Mezzogiorno nel 5° governo Rumor. A lui si devono, fra l'altro, l'introduzione del vaccino antipolio Sabin e la "legge-ponte" urbanistica.

Fu favorevole alla unificazione col PSDI. Al primo ed unico congresso (1968) del partito unificato, la sua mozione , detta Mancini-Ferri-Preti, in alleanza con quella di Tanassi, risultò vincitrice (nuovo segretario unico Mauro Ferri); ma nel 1969 l'ala facente capo a Mancini, poi costituitasi in corrente ("Presenza Socialista"), si staccò dal gruppo originario, avvicinandosi a quelle di De Martino e di Giolitti, con le quali costituì una nuova maggioranza.

Questo rimescolio interno fu una delle cause della nuova scissione socialdemocratica, da cui scaturì un nuovo partito socialdemocratico (PSU, poi ridivenuto PSDI), con segretario Ferri. Il PSI, invece elesse (9-7-1969) segretario De Martino e vicesegretario Mancini, il quale, in seguito all'ingresso nel governo di De Martino, il 23-4-1970 fu eletto segretario nazionale, fino a quando dovette cedere la segreteria allo stesso De

Martino, questa volta alleato con gli autonomisti di Nenni e Craxi.

Mancini non condivise la linea degli *equilibri più avanzati* portata avanti da De Martino e quando, alle elezioni del 1976, il PSI conseguì un risultato deludente, fu uno dei principali artefici delle decisioni del Comitato Centrale del luglio 1976, che, di fatto, defenestrò De Martino ed elesse segretario Craxi, leader della piccola corrente autonomista, e per questo ritenuto facilmente manovrabile dal più esperiente Mancini. Il quale, invece, finì per essere emarginato, tanto che, alle politiche del 1992, non fu riconfermato deputato.

Gli anni successivi all'avvento di Craxi lo vedono in seconda fila: dopo essere stato per breve tempo(1985) sindaco di Cosenza, nel 1993 venne rieletto, col sostegno di alcune liste civiche non collegate ai partiti tradizionali. Nello stesso anno venne coinvolto in vicende giudiziarie in seguito alle dichiarazioni di alcuni "pentiti", conclusesi però con l'assoluzione. Nel 1997 venne rieletto sindaco al primo turno, alla testa della coalizione di centro-sinistra dell'Ulivo, alla quale partecipò con il PSE-Lista Mancini., richiamantesi al socialismo europeo.

Morì a Cosenza l'8-4-2002.

Guido Marangoni

Critico d'arte, giornalista e uomo politico. Nacque a Casanova (VE) nel 1872 e morì a Bordighera nel 1941. Giunse a Venezia nel 1903, dove diresse *Il Secolo Nuovo* e si affermò come uno dei principali leader del socialismo cittadino. Diresse anche *Sorgete* e *Scintilla*. Lasciò Venezia nel 1905. Appartenne alla corrente intransigente rivoluzionaria; partecipò al congresso di Bologna del 1904 (fu eletto nella Direzione Nazionale), dove polemizzò con Turati, e a quello di Roma del 1906, dove polemizzò con Ferri. Nel 1909 fu eletto deputato. Durante la prima guerra mondiale e fino al 1920 fu presidente della provincia di Ferrara. La sua fama più che alla politica è legata al suo impegno per lo sviluppo e la promozione delle arti decorative. In questo campo la sua opera più nota è l'*Enciclopedia delle moderne arti decorative italiane* (1927).

Giacomo Matteotti
Segretario PSU 1922- 10-6-1924

Nacque a Fratta Polesine (RO) il 22 maggio 1885 da Girolamo, esercente, e da Elisabetta Granarolo. Sulla sua formazione intellettuale e politica influì molto il fratello maggiore Matteo. A sedici anni si iscrisse al PSI. Dopo aver frequentato il ginnasio e il liceo di Rovigo, si laureò in giurisprudenza all'università di Bologna, con una tesi su *La recidiva*, argomento su cui scrisse diverse pubblicazioni, avendo in programma di conseguire la libera docenza in diritto penale. Ben presto, però, la sua vita prese un'altra direzione, in seguito ai sempre più complessi impegni politici, essendo egli rimasto assai colpito dalle misere condizioni in cui vivevano i braccianti del Polesine. Inizialmente svolse la sua attività nelle amministrazioni locali, nelle leghe e nelle cooperative, anche ricoprendo la carica di consigliere comunale in vari comuni. Fu anche sindaco di Villamarzana e assessore di Fratta e poi, nel 1910, consigliere provinciale di Rovigo. Fondò varie biblioteche popolari e scolastiche, mentre nell'attività politica e sindacale dovette fronteggiare l'attività prima dei sindacalisti rivoluzionari e poi dei riformisti di destra del PSRI, seguaci di Bissolati, anche schierandosi decisamente contro la guerra di Libia.

Nel 1914 partecipò al congresso di Ancona e, in seguito, a tutti i successivi congressi, mettendosi in luce come riformista di sinistra ("quasi un massimalista", lo definì un giornale socialista), pur ammirando Turati e collaborando alla *Critica Sociale*, ma anche all'*Avanti!* e alla *Giustizia*. In occasione della prima guerra mondiale fu coerente con la linea ufficiale del partito, schierandosi decisamente per la neutralità, tanto che per questo, avendo manifestato il suo internazionalismo in un intervento al Consiglio Provinciale di Rovigo, quando fu chiamato alle armi, fu internato in Sicilia.

Al congresso dei comuni socialisti, tenutosi a Bologna nel 1916, fu eletto Segretario della *Lega dei Comuni Socialisti*.

Nel 1919 venne eletto deputato, carica in cui fu riconfermato nel 1921 e nel 1924, dimostrando sempre, rispetto alle correnti socialiste, indipendenza di giudizio, e avvalendosi, nella sua attività parlamentare, della sua grande competenza nel campo amministrativo.

 Fu chiamato a presiedere il congresso del PSI di Roma del 3 ottobre 1922, benché aderente alla minoranza, perché riconosciuto pervaso di spirito unitario e non settario.

Partecipò comunque, il giorno dopo, alla ormai inevitabile scissione operata da riformisti e centristi, presiedendone l'Assemblea che diede vita al PSU, la cui direzione poi, all'unanimità, lo elesse Segretario del partito, con vice Emilio Zannerini, attribuendogli, nello stesso tempo, anche la direzione del gruppo parlamentare.

Come segretario diede al suo partito un indirizzo rigorosamente antifascista, che toccò il suo culmine nel discorso pronunciato alla Camera il 30 maggio 1924, col quale denunciò le violenze messe in atto dai fascisti durante la campagna elettorale precedente le elezioni politiche del 6 aprile 1924, contestando la validità dei risultati che avevano assegnato la vittoria ai fascisti.

Il 10 giugno successivo venne rapito a Roma da un gruppo di sicari fascisti e assassinato. Il corpo venne ritrovato il 16-6-1924 alla *macchia della Quartarella*, un bosco del comune di Riano, a 25 km da Roma.

La sua figura resta fra le più nobili del movimento socialista italiano ed internazionale.

A lui sono intitolate vie e piazze in molti comuni d'Italia.

Matteo Matteotti
Componente del Comitato di segreteria del PSDI (6-1-1952/22-2-1952)
Segretario del PSDI (febbraio 1954/17-4-1957)

Matteo Matteotti, figlio secondogenito del martire socialista Giacomo, nacque a Verona nel 1921. Visse l'adolescenza e la prima giovinezza, come del resto il fratello Giancarlo (1918/2006), la sorella Isabella e la madre Velia (morta nel 1938), come una persona spiata in casa e seguita passo passo, per la stretta sorveglianza fascista, timorosa che attorno alla famiglia Matteotti si coagulasse un'opposizione antifascista.
Entrato (1943) in clandestinità a fianco di Eugenio Colorni, Matteo partecipò alla Resistenza e aderì al PSIUP, nella cui Direzione entrò, con voto consultivo, al congresso di Firenze dell'aprile 1946, in rappresentanza (poi sostituito da Leo Solari) della Federazione Giovanile Socialista. Il 2-6-1946 fu eletto all'Assemblea Costituente.
Nel gennaio 1947, al congresso di Roma del PSIUP, lesse, a nome delle correnti di "Iniziativa Socialista" (a cui aderiva) e di "Critica Sociale", una dichiarazione con la quale si invalidava in blocco il XXV congresso. Aderì pertanto alla scissione di Palazzo Barberini da cui scaturì il PSLI, nella cui prima direzione venne eletto (con la Segreteria collegiale Faravelli-Simonini-Vassalli), venendo riconfermato anche al I congresso del partito (Napoli, febbraio 1948).

Il 18-4-1948 fu eletto deputato nella lista di Unità Socialista (PSLI+ UdS).

Rimase ancora nella Direzione, per la mozione minoritaria di sinistra, nel congresso del gennaio 1949 (segretario Simonini). In occasione della votazione circa l'adesione dell'Italia al Patto Atlantico, Matteotti fu uno dei dieci deputati del PSLI che si astennero.

Nel dicembre dello stesso anno fu uno dei leader del centro-sinistra del partito che partecipò alla costituzione del PSU, nella cui Direzione venne eletto (segretario Mondolfo, poi sostituito da Silone), diventando anche, assieme a Codignola e a Viglianesi, vicesegretario; venne ancora riconfermato nella Direzione anche nel febbraio 1951 (segretario Romita). Partecipò quindi alla fusione PSU-PSLI, da cui sorse il PS-SIIS (poi PSDI).

Al congresso del PS-SIIS, essendo state presentate cinque mozioni, nessuna delle quali aveva raggiunto la maggioranza assoluta, fu deciso di eleggere un organo esecutivo collegiale, cioè un Comitato di segreteria di cinque elementi (più i capigruppo di Camera e Senato), di cui Matteotti, per la sinistra, fu chiamato a far parte, assieme a D'Ippolito, Lami-Starnuti, Russo e Codignola. Quest'organismo durò fino al 22-2-1952, quando finalmente venne eletto un segretario unico, nella persona di Giuseppe Romita, con vicesegretario appunto M. Matteotti.

Al successivo congresso dell'ottobre dello stesso anno 1952 la maggioranza di centro-sinistra che si era formata attorno a

Romita e Matteotti venne ribaltata, tanto che fu approvata l'adesione alla nuova legge elettorale, la cosiddetta "legge-truffa". La decisione fu presa col voto contrario della sinistra e con l'astensione di Matteotti, il quale fu comunque eletto nella Direzione del PSDI (segretario Saragat) e fu nominato rappresentante del PSDI presso l'Internazionale Socialista..

Le elezioni politiche del 1953 registrarono la condanna dell'elettorato nei confronti della legge maggioritaria e una flessione per il PSDI, ma Matteotti fu rieletto deputato. Quando, poi, il PSDI, nel febbraio 1954, decise di rientrare nel governo, da cui era uscito in occasione della fusione PSU-PSLI, e Saragat diventò vicepresidente del ministero Scelba, la segreteria del partito passò a Matteotti, che fu riconfermato nella carica al congresso dell'ottobre 1954 e in quello del febbraio 1956, nei quali si collocò nell'area centrale del PSDI.

Dopo il rapporto Krusciov e i fatti d'Ungheria e dopo la svolta autonomistica operata dal PSI (1956), ufficializzata dal congresso di Venezia del febbraio 1957, si intensificarono i tentativi volti a riunificate PSI e PSDI; ma il centro-destra del PSDI (come fece del resto anche la sinistra del PSI) adottò un ruolo frenante non condiviso dal segretario Matteotti, che il 17-4-1957 si dimise e fu sostituito da Tanassi.

Alle elezioni politiche Matteotti fu rieletto deputato, ma, di fronte all'irrigidimento antiunitario della maggioranza del PSDI, aderì alla scissione operata dalla sinistra del partito, la quale diede vita (1958) al **MUIS** (Movimento Unitario di Iniziativa Socialista), che nel 1959 confluì nel PSI:

Nel 1966 Matteotti fece parte, per il PSI, del comitato paritetico PSI-PSDI per l'unificazione socialista. Fece, inoltre parte del Parlamento fino al 1984. Nel 1969 aderì al PSU (poi PSDI), il partito socialdemocratico nato dalla nuova scissione del 4-7-1969.

Fra il 1970 e il 1974 fu ministro del Turismo (governo Colombo) e del Commercio Estero (II governo Andreotti e IV governo Rumor). Nel 1985 fu direttore de *L'Umanità*.

Matteo Matteotti morì a Verona il 13-6-2000. Fu sepolto a Fratta Polesine, accanto al padre Giacomo. Fu anche giornalista ed autore di saggi storici, come *Quei vent'anni* e *Le rivoluzioni promesse*.

Enzo Mattina
Leader di "Rinascita Socialista" (dic.1993/genn.1995)

Enzo Mattina, sindacalista e politico socialista, è nato a Buonabitacolo (Salerno), di cui per alcuni anni è stato sindaco, il 29-7-1940. Nel 1964 si è laureato in giurisprudenza presso l'università di Napoli. Dedicatosi fin da giovane all'attività sindacale, a partire dal 1963 il suo percorso si è svolto all'interno della federazione dei metalmeccanici della UIL, di cui è stato anche segretario nazionale. Successivamente è entrato anche nella segreteria confederale della UIL.

Nel 1984 fu eletto, per il PSI, deputato europeo, poi riconfermato nel 1989. È stato anche deputato nazionale nella XI legislatura (1994-96).

Sul piano politico fu uno dei primi a sollevare la questione morale. Nell'Assemblea Nazionale del 25-11-1992, in cui si verificò la divaricazione tra Craxi e Martelli, Mattina fu uno dei presentatori del terzo documento, volto al rinnovamento del partito, assieme a Spini e a Giugni.

Quando segretario del PSI fu eletto Giorgio Benvenuto, Enzo Mattina ne divenne il braccio destro (capo della segreteria politica), praticamente il numero due del partito. Fu ancora con Benvenuto il 29-5-1993, quando, all'indomani dell'elezione del nuovo segretario del PSI, Del Turco, fu fondato, in un'affollatissima assemblea di dirigenti di partito e sindacali, il movimento di "Rinascita Socialista", che si poneva in continuità con la volontà di rinnovamento della segreteria Benvenuto e si proponeva di partecipare a pieno titolo alla fondazione dell'alleanza progressista, costituita per affrontare le imminenti elezioni politiche (furono eletti due deputati del movimento di cui uno, appunto, Mattina).

Quando, alla fine del 1993, Benvenuto aderì ad Alleanza Democratica, Enzo Mattina divenne il leader indiscusso di "Rinascita Socialista", che agli inizi del 1995 confluì nella Federazione Laburista di Valdo Spini, di cui lo stesso Mattina divenne vicepresidente. Con la federazione laburista aderì poi al MDSL (Movimento dei democratici, socialisti e laburisti) che concorrerà, il 3-2-1998, assieme ad altri movimenti e partiti, alla fondazione dei DS (Democratici di Sinistra).

Nel 2008 ha aderito al partito socialista diretto da Nencini, nato dalla Costituente Socialista.

Ugo Guido Mondolfo

Segretario del PSLI (7-3-1949/11-6-1949)
Segretario del PSU (8-12-1949/20-9-1950)

Nacque a Senigallia (AN) il 26-6-1975. Si laureò in Lettere a Firenze e in Giurisprudenza a Siena.

Durante gli studi si avvicinò al socialismo e a Firenze fece parte, assieme a Gaetano Salvemini e a Cesare Battisti, del Gruppo Studenti Socialisti. A Siena collaborò, divenendone il direttore nel 1898, al giornale socialista *La Riscossa*. Dedicatosi all'insegnamento e alla ricerca storica, lavorò prima a Cagliari e, dal 1903, a Siena, dove fu uno dei fondatori della Federazione Nazionale Insegnanti Scuola Media, di cui nel 1904 divenne vicepresidente e, nel 1907, presidente.

Nel 1910 si trasferì a Milano, al liceo "Berchet", dove ebbe per alunno Lelio Basso, e riprese l'attività politica nell'ambito della corrente turatiana, collaborando attivamente a *Critica Sociale*. Nel 1914 fu eletto consigliere comunale di Milano e divenne uno dei principali esponenti della corrente riformista. Nel 1922 aderì alla scissione da cui scaturì il PSU di Matteotti e Turati. Il governo fascista nel 1926 lo trasferì ad altro liceo;

nel 1938, in base alle leggi razziali, lo mise anticipatamente a riposo e, durante la guerra, lo mandò in carcere e al confino.

Nel 1943 espatriò in Svizzera, da cui rientrò dopo la Liberazione, ridando vita alla celebre rivista socialista *Critica Sociale*, che dirigerà sino alla morte, e partecipando attivamente alla vita del PSIUP. Fu consigliere comunale di Milano dall'immediato dopoguerra alla morte e deputato nella prima legislatura per il PSLI.

Con la scissione di Palazzo Barberini aveva infatti aderito al PSLI, nella cui Direzione venne eletto e di cui divenne segretario per un breve periodo (7-3-1949/11-6-1949), col sostegno delle correnti di centro-sinistra e di sinistra (8 componenti su 15 della Direzione). Lasciò la carica perché favorevole alla fusione con gli altri gruppi autonomisti usciti dal PSI, a differenza delle correnti di destra, divenute maggioranza del PSLI, assai diffidenti in merito. Sicché, alla testa del centro e della sinistra del PSLI, assieme all'MSA di Romita e all'UdS di Silone, nel dicembre 1949 partecipò alla fondazione del PSU, di cui fu eletto segretario (8-12-1949/ 20-9-1950). Dimessosi per ragioni di salute fu sostituito da Silone e poi da Romita, che portò il partito all'unificazione col PSLI, da cui sorse il PSI-SIIS, poi divenuto PSDI. Per tutto questo periodo Mondolfo fu autorevole membro della Direzione del PSDI, capeggiando la corrente di sinistra, favorevole alla riunificazione col PSI.

Morì a Milano il 23-3-1958.

Rodolfo Morandi
segretario del PSIUP (22-12-1945/16-4-1946)

Rodolfo Morandi nacque a Milano il 1° gennaio 1903. Assistè così, giovanissimo, all'avvento del fascismo, di fronte al quale entrò in crisi la sua prima formazione politica mazziniana e la sua adesione all'idealismo.

Dopo la laurea in legge (1925) approdò quindi, fra il 1926 e il 1927, al marxismo. Ad esso si ispirò nella redazione del suo libro più noto, *Storia della grande industria*, pubblicato da Laterza nel 1931, in cui sono denunciate le responsabilità storiche della classe dirigente borghese nella crisi dello Stato liberale. Mentre lavorava al libro maturò una salda coscienza antifascista che lo portò ad aderire (1930) prima a "Giustizia e Libertà" e poi al partito socialista. Nel 1934 fu tra i promotori del *Centro Interno Socialista*, in contatto con la Direzione emigrata del PSI-IOS.

La sua attività politica clandestina era inframezzata con l'esercizio della professione forense, ma quando Morandi si accorse di essere stato individuato dalla polizia riparò in Francia, dove diresse il giornale clandestino *Fronte Rosso*.

Rientrato in Italia fu arrestato nel 1937 e condannato dal Tribunale Speciale fascista a 10 anni di reclusione. Ne scontò sei nelle carceri di Castelfranco Emilia e di Saluzzo, fino a quando, cioè, dopo la caduta del fascismo, nel 1943 il governo Badoglio lo fece rilasciare. Intanto era stato eletto nel Comitato Centrale del PSIUP, nato dalla fusione di PSI, MUP e UPI.

Dopo un periodo trascorso in Svizzera per le cattive condizioni di salute, nel 1944 rientrò clandestinamente nella Milano occupata dai nazifascisti e poi si spostò a Torino, collocandosi fra i massimi dirigenti della lotta partigiana, tanto che il 23-4-1945 fu nominato presidente del CLN Alta Italia.

Dal Consiglio Nazionale del 1° agosto 1945 fu eletto nella Direzione del partito, con Nenni segretario generale e Pertini segretario. Quando quest'ultimo si dimise da segretario fu chiamato Morandi a sostituirlo, fino al congresso dell'aprile 1946, in cui fu eletto segretario I.M. Lombardo. Membro della Consulta, poi della Costituente, entrò a far parte del 2° e del 3° governo De Gasperi come ministro dell'Industria e Commercio (1946-1947).

Nel congresso di Roma del gennaio 1947, in cui si verificò la scissione di Palazzo Barberini, fu rieletto nella Direzione e riconfermato in quello successivo, sempre per la corrente di sinistra.

Dopo le elezioni politiche del 1948 divenne senatore di diritto, poi rieletto nel 1953.

Il congresso del giugno 1948 fu vinto da "Riscossa Socialista" (corrente di centro del PSI)) e Morandi rimase quindi fuori della Direzione. Vi rientrò nel successivo 28° congresso di Firenze, dopo il quale fu eletto vicesegretario del PSI (con segretario Nenni), carica che conservò fino alla morte avvenuta a Milano il 26 luglio 1955.

La politica di Morandi nel periodo in cui fu vicesegretario fu soprattutto impostata sul concetto dell'unità di classe e quindi dell'unità d'azione col PCI; egli teorizzò anche un'adesione del PSI al leninismo per il superamento di riformismo e massimalismo. Inoltre diede un forte impulso alla riorganizzazione del PSI, squassato da molteplici scissioni, creando anche un apparato di funzionari di professione.

Al congresso di Torino del 1955, l'ultimo al quale partecipò, enunciò la teoria dell'incontro fra le masse socialiste e quelle cattoliche.

Morandi, al quale sono intitolate strade e piazze in varie città d'Italia (Roma, Milano, Perugia), fu uno dei principali leader di un filone storico del socialismo italiano, quello classista e rivoluzionario. Oltre a quella già citato ha lasciato altre opere , fra cui ricordiamo:

Democrazia diretta e riforme di struttura
La democrazia del socialismo
La politica unitaria

Oddino Morgari

Componene del Comitato Esecutivo del PSI/IOS   (2-9-1939/1940)

Nacque a Torino il 16-11-1865 da Paolo Emilio e Clementina Lomassi. Per un breve periodo giovanile fu influenzato dalle idee mazziniane, per cui fu costretto all'esilio in Francia; al rientro aderì al socialismo. Iniziava così per Morgari un periodo di intensa attività politica sia all'interno delle istituzioni, sia nel partito, sia fra i lavoratori.

Nel 1896 partecipò al congresso di Firenze, nel marzo 1897 fu eletto alla Camera (collegio di Torino), nel settembre seguente lo troviamo al congresso di Bologna, nel 1900 a quello di Roma.

La sua azione di instancabile propagandista e di incessante sostenitore di varie cause operaie in ogni parte d'Italia gli procurarono denunce e condanne.

Nel 1904 fu rieletto deputato: lo sarà in tutte le elezioni successive, fino allo scioglimento dei partiti (1926) da parte del regime fascista. Nel 1906, anno in cui diventò segretario della Camera del Lavoro di Torino, partecipò al congresso di Roma come leader della corrente "integralista" che si proponeva di mediare fra le due opposte frazioni dei sindacalisti rivoluzionari e dei riformisti, onde salvaguardare l'unità del partito, proponendo, per quanto riguardava la tematica delle alleanze, l'intransigenza di massima e la transigenza di eccezione e vi ottenne la maggioranza assoluta. Entrò così a far parte della Direzione Nazionale come delegato del Gruppo Parlamentare socialista. Il 22 febbraio 1908, come leader della corrente che era prevalsa al congresso, assunse la direzione dell'*Avanti!* (al posto di Ferri) per cederla il 30 settembre successivo a Bissolati, la cui corrente riformista aveva riconquistato la maggioranza. Al congresso di Firenze, Morgari rimarrà fedele alla linea mediana dell'integralismo.

Con lo scoppio della prima guerra mondiale l'impegno principale di Morgari fu rappresentato da un'incessante lotta per far cessare l'immane massacro.

Il 29 luglio 1914 pronunciò un commovente intervento nella riunione del *Boureau Socialiste International*, ma tutto fu inutile, perché dopo l'assassinio del leader pacifista francese Jean Jaurès le dichiarazioni di guerra si susseguirono e l'Internazionale Socialista si sfasciò, poiché i suoi principali partiti votarono i crediti di guerra.

Fecero eccezione i socialisti italiani e quelli svizzeri, le cui delegazioni si riunirono a Lugano per concertare iniziative contro la guerra. Morgari, che aveva partecipato agli incontri assieme a Lazzari, Turati, Serrati, Modigliani, Balabanoff ed altri, fu incaricato di prendere contatto con i partiti socialisti dei paesi belligeranti e di quelli neutrali.

Il 5 settembre 1915 fece parte della delegazione del PSI (con Lazzari, Serrati, Modigliani, Balabanoff) al convegno di Zimmerwald, a cui parteciparono 38 delegati di 11 paesi, in rappresentanza di partiti o minoranze di partiti socialisti ostili alla guerra e fu inserito in una Commissione socialista internazionale avente lo scopo di informare i partecipanti sugli sviluppi della comune lotta per la pace. L'anno dopo partecipò, assieme a Lazzari, Serrati, Modigliani, Dugoni, Prampolini, Balabanoff) ad una nuova conferenza internazionale che si tenne a Kienthal, in Svizzera, dal 24 al 30 aprile.

Il 24 gennaio 1918 vennero arrestati il segretario Lazzari e il vicesegretario Bombacci, per la loro attività pacifista, e Morgari, che era già segretario del Gruppo Parlamentare, venne nominato anche Segretario del partito, carica quest'ultima che mantenne fino al 18 giugno 1918.

Nella primavera del 1919 giunse a Budapest, come rappresentante del PSI e corrispondente dell'*Avanti!*, per seguire da vicino la rivoluzione di Bela Kun.

Il 2 agosto 1921 (segretario del PSI Bacci) fu uno dei firmatari dell'infelice Patto di Pacificazione stipulato tra socialisti e fascisti, e presto rinnegato dai secondi.

Nell'ottobre 1922 aderì al PSU (segretario Matteotti), nato dalla scissione di riformisti e centristi dal PSI. Nel 1925, dopo l'attentato Zaniboni e lo scioglimento del PSU, e la sua rinascita come PSLI, entrò nella direzione di quest'ultimo.

Nel 1926 riparò in Francia, dove con gli altri fuorusciti partecipò alla ricostruzione del partito (PSLI, poi diventato PSULI).

Nel congresso della riunificazione fra PSI e PSULI fu nominato segretario amministrativo del PSI/IOS (segretario politico Ugo Coccia). Partecipò ancora al congresso di Parigi (XXIII) del 1937, tenne comizi unitari e collaborò a giornali antifascisti.

Alla notizia del patto Molotov-Von Ribbentrop rimase amaramente deluso del PCdI e dell'URSS.

Dimessosi il Segretario politico del PSI/IOS Pietro Nenni, venne chiamato a far parte del Comitato Esecutivo che lo sostituì, composto, oltre che da lui, da Tasca e Saragat. Quando i tedeschi entrarono a Parigi (1940), si trovava ricoverato in ospedale: sul finire dell'anno gli fu permesso di ritornare a Torino e poi di trasferirsi a San Remo, dove morì nel novembre 1944. Con lui si spense una delle figure più limpide e coerenti del socialismo italiano.

L'11 novembre 1945 la salma venne trasferita a Torino.

Anna Maria Mozzoni

Nacque a Rescaldina (MI) il 5-5-1837. Fu una pioniera del femminismo in Italia e scrisse vari libri sulla condizione della donna. Si battè soprattutto per il voto alle donne, tanto che nel 1877 presentò al Parlamento italiano la prima petizione sull'argomento. Di sentimenti progressisti, intorno al 1865 si avvicinò ai gruppi mazziniani, scrivendo sul giornale *La donna* e, nel 1871, chiamata da Mazzini, su *La Roma del popolo*. Nel 1878 rappresentò l'Italia al *Congresso Internazionale per i Diritti delle Donne* di Parigi.

L'anno dopo entrò nella *Lega della Democrazia* di Milano e successivamente si avvicinò alle idee socialiste. Nel 1889 fu infatti con Turati, Lazzari e la Kuliscioff fra i fondatori della *Lega Socialista* milanese. Collaborò a *Critica Sociale* e alla *Rivista Critica del Socialismo*. Nel 1891 venne eletta nel Comitato Provvisorio del *Partito dei Lavoratori Italiani*.

Nel 1894 si trasferì a Roma, assieme al marito conte Malatesta Covo Simoni, che aveva sposato nel 1886, e scrisse anche sul quotidiano socialista *Avanti!* . Partecipò, come invitata, al

VI Congresso Socialista di Roma del 1900, ma poco dopo rimase fuori dell'attività militante, probabilmente per il forte dissenso sulla questione femminile con la Kuliscioff, le cui tesi erano prevalse nel detto congresso.
Morì a Roma, a 83 anni, il 14-6-1920.

Riccardo Nencini
Segretario del PS/PSI (6-7-2008/ad oggi)

Riccardo Nencini, nipote del celebre campione ciclista, è nato a Barberino di Mugello (FI) il 19-10-1959.
Nencini ha una laurea in Scienze Politiche conseguita all'università di Firenze e una laurea in Lettere *honoris causa* conferitagli dall'università di Leicester (Inghilterra), in quanto prolifico autore di saggi storici (*Corrotti e corruttori nel tempo antico, Il trionfo del trasformismo*), di romanzi (*Il giallo e il rosa*, vincitore del *Premio Selezione Bancarella Sport*), di romanzi storici.
Esordì nella vita pubblica come consigliere comunale e capogruppo del PSI di Firenze (1990- 95).
Nel 1992-94 ricoprì la carica di deputato nazionale.
Il 18-3-1993, durante la segreteria di Giorgio Benvenuto, entrò a far parte dell'Esecutivo del PSI e poi della Segreteria, come responsabile della Cultura.
Alle elezioni europee del 12-6-1994, in cui il PSI si presentò assieme ad Alleanza Democratica, Nencini risultò uno dei due eletti (l'altra fu Elena Marinucci)

Dopo lo scioglimento del PSI (12-11-1994) aderì al SI guidato da Boselli e quindi allo SDI, nato dalla fusione dello SDI con altri gruppi socialisti.

Come rappresentante dello SDI nelle maggioranze di centrosinistra, è stato presidente del Consiglio Regionale della Regione Toscana dal maggio 2000 al marzo 2010, quando è divenuto assessore al Bilancio della regione.

Ha partecipato al processo di formazione della Costituente Socialista che ha dato vita al Partito Socialista, nel cui congresso costitutivo di Montecatini, tenuto dopo la sconfitta alle politiche del 2010 e le conseguenti dimissioni di Boselli dalla segreteria, è stato eletto (6-7-2008) all'unanimità segretario nazionale, carica in cui è stato riconfermato l'11-7-2010, in occasione del secondo congresso del PS, nel frattempo (7-10-2009) divenuto PSI.

Dal marzo 2010 è assessore al Bilancio della Regione Toscana.

Pietro Nenni
Segretario del PSI unificazionista (Francia, 17-3-1930/20-7-1930)
Segretario del PSI/IOS (Francia,18-4-1933/28-8-1939)
Segretario del PSIUP (22-8-1943/1-8-1945)
Segretario generale del PSIUP (1-8-1945/16-4-1946)
Presidente PSIUP (16-4-1946/14-1-1947)
Segretario del PSI (18-5-1949/10-12-1963)
Presidente del PSI (14-11-1965/30-10-1966)

Presidente del PSU (PSI-PSDI Unificati, poi PSI) (30-10-1966/5-7-1969)
Presidente del PSI (10-10-1973/31-12-1979)

Pietro Nenni nacque a Faenza il 9-2-1891 da Giuseppe (morto nel 1896) e Angela Castellani, ambedue al servizio di nobili locali. Nel 1900 venne accolto in un orfanotrofio di Faenza e nel 1908 fu assunto come scrivano in una locale fabbrica di ceramiche. Lo stesso anno, per aver partecipato ad uno sciopero fu licenziato dalla fabbrica ed espulso dall'orfanotrofio. Da allora prese a scrivere su alcuni fogli locali laici, aderendo poi al partito repubblicano. Intensificò in seguito la sua attività politica e giornalistica dirigendo *Il pensiero romagnolo* e collaborando a *La lotta di classe*, diretto da Benito Mussolini. Insieme a quest'ultimo fu arrestato nel 1911, dopo poco tempo dal matrimonio con Carmen Emiliani, per aver partecipato ai moti contro la guerra di Libia. Mentre era in carcere gli nacque la prima (Giuliana) delle sue quattro figlie.
Nel 1913 diventò direttore del giornale repubblicano *Il Lucifero* e nel 1914 fu uno dei leader della "Settimana rossa". Di nuovo arrestato, verrà scarcerato per una sopravvenuta amnistia. Interventista democratico durante il periodo della neutralità, nel 1915 si arruolò volontario.

Finita la guerra mondiale cominciò a maturare la sua adesione al socialismo. Nel 1920 lasciò il partito repubblicano e nel 1921, saputo dell'attacco fascista alla sede dell'*Avanti!*, vi accorse per dare manforte ai difensori. Il direttore del giornale socialista Serrati lo assunse come corrispondente da Parigi e fu proprio in quella città, nel dicembre 1921, che Nenni si iscrisse al PSI. Nel maggio 1922 fu nominato redattore capo dell'*Avanti!*, alla cui difesa partecipò, nell'agosto successivo, in occasione della seconda aggressione fascista. Nell'ottobre 1922, poco prima della Marcia su Roma, il PSI si divise ed i riformisti turatiani fondarono il PSU con segretario Matteotti. Subito dopo una delegazione del PSI, capeggiata da Serrati, si recò a Mosca per concordare con l'Internazionale Comunista la fusione col PCdI.

Gli accordi raggiunti furono da molti considerati una liquidazione del PSI, per cui Nenni e Vella organizzarono il "Comitato di Difesa Socialista", contrario alla fusione, che nel congresso del 1923 ottenne la maggioranza e Nenni assunse la direzione dell'*Avanti!*.

Le elezioni del 1924, svoltesi all'insegna della violenza fascista e l'assassinio di Matteotti furono seguiti dal fallito attentato di Zaniboni nei confronti di Mussolini. La prima reazione del regime fu lo scioglimento del PSU (che si ricostituirà con la nuova sigla PSLI) a cui Nenni rispose con la proposta alla Direzione del PSI di riaccogliere i riformisti nel PSI. La risposta fu negativa e Nenni lasciò (17-12-1925) la Direzione del partito e quella dell'*Avanti!*, organizzando, assieme a Romita e Schiavi una corrente fusionista pronta a battersi nel nuovo congresso del PSI, programmato per il novembre 1926, ma che non poté aver luogo a causa dello scioglimento di tutti i partiti non fascisti.

Nenni fu costretto a riparare in Francia, dove intanto si erano ricostituiti i due partiti socialisti (PSI e PSLI, poi PSULI). Nel 1926 venne cooptato nella Direzione del PSI; diventò inoltre segretario della *Concentrazione di Azione Antifascista*, mentre continuava la sua battaglia per l'unificazione socialista.

Al convegno di Grenoble avvenne la scissione nel PSI tra il gruppo contrario alla fusione, capeggiato dalla Balabanoff e quello, largamente maggioritario, favorevole all'unificazione, che fu realizzata nel successivo luglio 1930. Nenni entrò nell'Esecutivo del PSI/IOS (segretario Coccia) e in quello dell'IOS (Internazionale Operaia Socialista), oltre ad essere nominato (assieme a Pallante Rugginenti) direttore de *L'Avvenire del Lavoratore* (poi *Nuovo Avanti*).

In questo periodo egli scriveva per molti giornali francesi, pubblicando anche vari libri in lingua francese (*Sei anni di guerra civile*, *La lotta di classe in Italia*, ecc.)

Nel 1933 venne eletto segretario del partito e nel 1934 firmò, assieme a Giuseppe Saragat, il 1° "Patto di unità d'azione" col PCdI. Il congresso del 1937 lo riconfermò segretario del partito, direttore del *Nuovo Avanti* e membro dell'esecutivo dell'IOS. Intensa era intanto anche la sua battaglia antifascista, che culminò con la partecipazione alla guerra di Spagna (commissario politico delle Brigate Internazionali e fiduciario dell'IOS).

A proposito della firma del Patto germano-sovietico di non aggressione (1939) scrisse un articolo molto critico (*Il voltafaccia della politica sovietica*), ma rimase legato alla politica unitaria col PCdI, sconfessata invece alla Direzione del PSI/IOS. Per cui Nenni lasciò la segreteria del partito, la direzione del giornale e la carica di componente dell'esecutivo dell'IOS.

Continuò però a collaborare a vari giornali, cercando di mantenere i contatti con diversi gruppi socialisti in Francia e riuscendo a pubblicare clandestinamente, essendo la Francia occupata dai nazisti, qualche numero del *Nuovo Avanti*. Nel 1942 la figlia Vittoria venne arrestata e deportata ad Auschwitz, dove morirà. L'8-2-1943 lo stesso Nenni venne arrestato dai tedeschi e, dopo due mesi, consegnato alla polizia fascista. Rinchiuso a "Regina coeli", venne poi confinato a Ponza, da cui uscirà dopo la caduta del fascismo.

Il 22-8-1943, con la costituzione del PSIUP, sorto dalla fusione del PSI con MUP e UPI, fu eletto segretario del partito (dal 1°-8-1945 segretario generale, con segretario Pertini), direttore dell'*Avanti!* e rappresentante del PSI nel CLN. Dopo l'8 settembre, per sfuggire ad un nuovo arresto, si rifugiò in Laterano.

Nel giugno 1945 entrò nel governo Parri e poi nel primo governo De Gasperi, come vicepresidente del Consiglio e ministro per la Costituente.

Nel congresso di Firenze fu eletto presidente del partito (segretario Ivan Matteo Lombardo). Si battè con grande impegno per la repubblica in occasione del referendum, elaborando, fra l'altro, uno dei suoi celebri ed efficacissimi slogan (*O la repubblica o il caos!*). Entrò quindi, come ministro degli Esteri, nel secondo governo De Gasperi, fino al gennaio 1947, quando avvenne la scissione socialdemocratica di Palazzo Barberini.

In vista delle elezioni politiche del 18 aprile 1948 si battè per la costituzione del Fronte Popolare e per la lista unica del Fronte stesso, che subì una dura sconfitta, tanto che al congresso di Genova del giugno 1948, la sinistra di Nenni fu messa in minoranza.

Nel 1949 Nenni aderì al movimento mondiale dei "Partigiani della pace", di cui divenne vicepresidente e, nello stesso anno la "sinistra" riconquistò la maggioranza nel PSI, il che gli valse la rielezione a segretario, carica che gli sarà riconfermata fino al 1963.

Nel 1951 gli fu assegnato il "Premio Stalin" per la pace, ma dopo le rivelazioni del XX congresso del PCUS, donò la relativa somma alla Croce Rossa Internazionale.

Nel 1956 ebbe luogo il famoso incontro di Pralognan tra Nenni e Saragat, che avviò, sia pure tra mille ritardi e difficoltà, il processo di riunificazione tra PSI e PSDI, mentre la invasione dell'Ungheria da parte delle truppe del Patto di Varsavia portò al raffreddamento dei rapporti col PCI ed alla fine del Patto di unità di azione con quest'ultimo.

Nel 1962, dopo la drammatica esperienza del governo Tambroni, il PSI, guidato dalla maggioranza "autonomista" che aveva Nenni come leader indiscusso, diede l'appoggio esterno al governo Fanfani, il che spianò la strada al primo governo organico di centro-sinistra "Moro-Nenni". La svolta politica da un lato provocò la scissione della sinistra socialista, che diede vita al PSIUP di Vecchietti e Basso, e dall'altro facilitò decisamente il riavvicinamento fra PSI e PSDI, che nel 1966 finirono col fondersi, eleggendo Nenni presidente del Partito Socialista Unificato (segretari De Martino e Tanassi). Sembrava così realizzato, almeno in parte, il sogno che Nenni, che nel giugno 1968 fu eletto vicepresidente dell'Internazionale Socialista, aveva coltivato per tutta la vita, quello cioè di superare tutte le scissioni che avevano dilaniato il socialismo italiano, e che egli aveva definito *l'orgia delle scissioni*, ma nel 1969 gli ex socialdemocratici lasciarono il partito, con grande amarezza di Nenni, che si dimise da presidente del PSI e da ministro degli esteri.

Il 25-11-1970 fu nominato senatore a vita e il 10-10-1973 ritornò alla presidenza del PSI.

Partecipò quindi, con grande impegno, alla battaglia del referendum sul divorzio, in occasione della quale tenne il suo ultimo comizio, riconfermando, ancora una volta, le sue doti di eccezionale oratore, trascinatore di masse.

Nel 1976 sostenne l'elezione di Craxi a segretario del PSI e, nello stesso anno partecipò al congresso del PSOE (Partito

Socialista Operaio Spagnolo), che al suo ingresso gli tributò un'interminabile ovazione.

Il 1° gennaio 1980 morì nella sua casa di Roma. L'indomani sull'*Avanti!* apparve il suo ultimo articolo, intitolato *Rinnovarsi o perire*.

Aveva scritto, a suo tempo:

Io non mi sento né uomo del Parlamento né uomo di governo né, tanto meno, uomo di Stato, ma un militante della classe operaia; con una sola speranza: che il giorno in cui morirò gli operai possano dire: - È morto uno dei nostri, uno che si sentiva come noi, che lottava con noi, che non ci ha mai abbandonato.

Numerose le pubblicazioni di Pietro Nenni. Oltre quelle sopra citate, vogliamo ricordare:

L'assassinio di Matteotti e il processo al Regime
Storia di quattro anni. La crisi socialista dal 1919 al 1922
Spagna
Vento del Nord
Diari

Franco Nicolazzi
Segretario PSDI (11-10-1985/9-3-1988)

Franco Nicolazzi è nato a Gattico (Novara) il 10-4-1924. Giovanissimo aderì alla Resistenza, operando come partigiano delle "Brigate Matteotti" nel Monferrato.

Il 10-10-1944 si iscrisse al PSIUP e, nel 1946, si schierò con la corrente di "Iniziativa Socialista" di Zagari, Matteotti e Bonfantini, in cui si collocava gran parte dei giovani socialisti.

Nel 1947 partecipò alla scissione di Palazzo Barberini, guidata da Giuseppe Saragat. Nel 1959 entrò nel C.C. del PSDI per la corrente di centro-sinistra capeggiata da Saragat, venendo riconfermato anche nel congresso del 1962 e in quello del 1966, alla vigilia dell'unificazione PSI-PSDI, quando fu eletto per la prima volta nella Direzione del partito.

Divenuto uno dei principali dirigenti della federazione di Novara, alle elezioni del 5-5-1963 era stato eletto deputato, carica sempre riconfermata dagli elettori, dalla IV alla X legislatura, terminata il 22-4-1992.

Negli anni '80 costituì una propria componente all'interno del PSDI, con la stessa denominazione della corrente di militanza iniziale, "Iniziativa Socialista", che in un primo tempo sosteneva il segretario del partito Pietro Longo. Nel congresso di Roma del maggio 1984, tuttavia, passò all'opposizione. Venuto successivamente ad un accordo con la segreteria, nell'estate seguente Nicolazzi fu eletto vicesegretario unico; il 15-5-1985, però, si dimise dalla carica e si ricollocò all'opposizione, ponendosi come alternativa a Longo.

L'11 maggio 1985 fu eletto segretario e venne poi riconfermato nel congresso del gennaio 1987. Nicolazzi si dimise dal vertice socialdemocratico davanti al Comitato Centrale del PSDI il 28-8-1988 e venne poi (9-3-1988) sostituito da Antonio Cariglia.

Nicolazzi ha ricoperto la carica di ministro dei LL.PP. nei governi Cossiga I, Forlani, Spadolini I e II, Fanfani V, Craxi I e II. Sua l'iniziativa dell'introduzione del principio del "silenzio-assenso" per le autorizzazioni richieste dalla Pubblica Amministrazione.

Chiamato in causa in vicende giudiziarie, si è ritirato dalla politica attiva.

Nel 2006 è diventato presidente della fondazione "Giuseppe Saragat".

Tito Oro Nobili
Segretario PSI (aprile1923/aprile1925)

Nacque a Magliano Sabina (RI) nel 1896. Frequentò il ginnasio a Terni, il liceo classico a Rieti e la facoltà di giurisprudenza all'università di Roma. Nel 1904 si trasferì a Terni, nella cui sezione socialista si scontrò con gli elementi massoni, che finirono col prevalere. Partecipò, nel 1911, al congresso straordinario di Modena per la corrente intransigente rivoluzionaria. Espulsi i massoni dal congresso di Ancona del 1914, Nobili riprese il suo posto nella federazione di Terni e venne eletto prima consigliere comunale e poi consigliere provinciale.

Partecipò quindi al XV congresso di Roma (1918), da cui venne eletto nella Direzione Nazionale. Nel 1920 fu eletto sindaco di Terni e nel 1921 deputato nazionale. Tra il 1921 e il 1922 subì gravi aggressioni fasciste. Nel 1923 fece parte del Comitato di Difesa Socialista, contrario alla fusione col PCdI decisa a Mosca, e sostituì il "terzino" Francesco Buffoni come rappresentante del Gruppo Parlamentare. Dal XX congresso di Milano del 1923 venne eletto nella Direzione del partito e quindi Segretario nazionale, carica lasciata nell'aprile del 1925, in quanto fautore della continuazione dell'Aventino, che la maggioranza della direzione era orientata a lasciare.

Nel 1926 fu oggetto di una violenta aggressione fascista, in seguito alla quale perse quasi del tutto la vista. Fu inoltre condannato a cinque anni di confino, due dei quali trascorsi a Favignana.

Dopo la guerra venne designato dal CLN presidente della Società Terni; fece parte della Consulta e poi dell'Assemblea Costituente e quindi del Senato.

Morì l'8 febbraio 1967.

Flavio Orlandi

Segretario del PSDI (giugno 1972/27-6-1975)

Nacque a Canino il 12-4-1921. Fece parte del gruppo di autonomisti, guidati da Giuseppe Romita, che nel 1949 lasciò il PSI e costituì il MSA, poi confluito nel PSU, che a sua volta si fuse col PSLI, dando vita al PS-SIIS, divenuto poi PSDI, nella cui Direzione entrò a partire dal 1962. Fu deputato del PSDI dalla terza alla sesta legislatura (1958/1976). Dal 1959 fu, assieme a Michele Pellicani, condirettore de *La Giustizia*.

Nel periodo 1966/1969, cioè per tutto il tempo in cui durò l'unificazione PSI-PSDI, fu , assieme a Gaetano Arfè, condirettore dell'*Avanti!*

Succedendo a Tanassi, dal giugno 1972 al giugno 1975, fu segretario del PSDI, quando gli subentrò lo stesso Tanassi.

Nel 1979 fu eletto deputato europeo del PSDI.

Morì a Viterbo il 9-1-2009.

Alberto Paglierini

Partecipò al congresso di Roma del 1906 e venne eletto nel Comitato Esecutivo del PSI.

Francesco Paoloni

Giornalista (scrisse anche sull'*Avanti!*), originario di Perugia. Appartenne alla corrente "integralista" (centrista), mirante a conciliare riformisti e rivoluzionari. Partecipò ai congressi di Roma del 1906 (venne eletto nel Comitato Esecutivo), di Firenze del 1906 (fu il relatore politico) e di Modena del 1911.

Alla vigilia della prima guerra mondiale si schierò con accanimento con gli interventisti e con Benito Mussolini, al cui giornale *Il popolo d'Italia* collaborò fin dai primi tempi. Dal 1927 al 1931 fu stretto collaboratore di Mussolini e nel 1929 divenne anche deputato e poi segretario della federazione fascista di Napoli. Con la fascistizzazione della stampa fu anche insediato alla direzione de *Il mattino* di Napoli.

Uno dei suoi scritti più noti è *I nostri "boches": il giolittismo partito tedesco in Italia*, con prefazione di Benito Mussolini.

Giuseppe Parpagnoli

Nacque a Roma nel 1886. Sindacalista della corrente rivoluzionaria. Partecipò al congresso di Roma del 1900, in cui fece parte dell'Ufficio di Presidenza, e a quello di Imola del 1902, in cui fu uno dei relatori, nonché firmatario dell'ordine del giorno rivoluzionario (risultato minoritario) ed eletto nella Direzione Nazionale. Nel 1903 fondò la Camera del Lavoro di Roma ed organizzò il primo sciopero per le otto ore. Fu anche uno dei fondatori della CGdL nazionale.

Nel 1915 vinse il concorso di segretario dell'Università Agraria e si trasferì a Corneto Tarquinia (VT), di cui in seguito diventò sindaco.

Dopo il congresso di Livorno del gennaio 1921 fu rieletto nella Direzione (per i massimalisti), e vi fu riconfermato anche dal congresso di Milano dell'ottobre 1921. Subito dopo l'avvento del fascismo, non volendo vivere sotto un regime autoritario, emigrò in Argentina, dove prese contatto con gli altri antifascisti. Fu uno dei dirigenti della sezione socialista di Buenos Aires, in contatto con la Direzione Nazionale, riorganizzata in Francia ed anche col Partito Socialista Argentino.

Sandro Pertini

segretario del PSIUP nell'Italia occupata dalla primavera 1944
segretario del PSIUP dal 1-8-1945 al 22-12-1945

Alessandro Pertini nacque il 25-9-1896 a Stella S. Giovanni, in provincia di Savona, quarto di cinque fratelli, da Alberto, proprietario terriero, e da Maria Muzio, a cui il Nostro fu molto legato.

Studiò prima al collegio "Don Bosco" di Varazze e poi nel ginnasio-liceo di Savona dove fu alunno del professore di filosofia Adelchi Baratono, massimalista di destra che lo fece avvicinare al socialismo.

Nel 1915 fu chiamato alle armi e, sebbene diplomato, in ossequio al neutralismo socialista, si rifiutò di fare il corso allievi ufficiali. Successivamente, essendo divenuta obbligatoria la frequenza al corso, diventò sottotenente e ottenne una medaglia d'argento al valor militare.

Nel 1918 si iscrisse al PSI, militando nella corrente riformista turatiana, e nel 1919 fu eletto consigliere comunale di Stella. Nel 1921 partecipò, come delegato, al congresso di Livorno, contrassegnato dalla nascita del PCdI, e nel 1922 aderì alla scissione riformista, iscrivendosi al PSU.

Nel 1923, presso l'università di Modena, si laureò in giurisprudenza e, nel 1924, in quella di Firenze, conseguì la laurea in scienze politiche.

Ostile al fascismo, subì varie aggressioni squadristiche, nonché devastazioni del suo studio di avvocato a Savona. Il 3-5-1925 fu arrestato per aver distribuito un suo opuscolo (*Sotto il barbaro regime fascista*) e condannato a otto mesi di detenzione.

Perseguitato dai fascisti, che gli spezzarono, durante un'aggressione un braccio, sul finire del 1926 si trasferì a Milano, ma gli vennero assegnati cinque anni di confino. Per sfuggire alla cattura, il 12-12-1926 espatriò in Francia assieme a Turati, con l'aiuto di Carlo Rosselli, Ferruccio Parri, Adriano Olivetti e Italo Oxilia. Per questo fatto venne condannato in contumacia a dieci anni di arresto. Stabilitosi a Nizza, dove svolse vari mestieri, fra cui l'operaio edile nell'impresa gestita dall'ex segretario del PSLI Emilio Zannerini, impiantò (1929) una radio clandestina per fare propaganda antifascista in Italia; per questa attività, difeso dall'ex parlamentare socialista Dino Rondani, venne processato e condannato dalle autorità francesi a un mese con la condizionale.

Il 26-3-1929 dalla frontiera svizzera rientrò in Italia, allo scopo di riorganizzare le file del partito socialista, ma il 14 aprile successivo, a Pisa, fu riconosciuto e arrestato. Il 30-11-1929 il Tribunale Speciale lo condannò a dieci anni e nove mesi di reclusione e a tre di vigilanza speciale.

Rinchiuso inizialmente nel carcere dell'isola di Santo Stefano, fu in seguito, per le precarie condizioni di salute, trasferito alla casa penale di Turi, dove conobbe Antonio Gramsci, al quale si legò di grande amicizia. Nel 1932 fu trasferito presso il sanatorio giudiziario di Pianosa, ma poiché la sua salute peggiorava la madre presentò domanda di grazia, da cui Pertini si dissociò. Nel 1936 venne trasferito a Ponza come confinato politico e nel 1940, benché avesse già scontato la sua pena, fu assegnato, per altri cinque anni, al confino a Ventotene, dove conobbe i comunisti Umberto Terracini e Pietro Secchia.

Venne liberato dopo la caduta del fascismo, il 7-8-1943, e il 22 successivo partecipò al convegno di fusione tra PSI, MUP e UPI, che diede vita al PSIUP, di cui Pertini (assieme ad Andreoni) fu eletto vicesegretario, con segretario Nenni.

Il 18-10-1943 fu catturato, assieme a Saragat, dai nazisti e condannato a morte. I due, però, riuscirono a fuggire, grazie all'azione (20-1-1944) di un commando partigiano guidato da Giuliano Vassalli e di cui faceva parte il siciliano Filippo Lupis.

Nel maggio 1944 si recò al Nord come responsabile del PSIUP nell'Italia occupata e rappresentante del partito nel CLNAI.

Partecipò attivamente alla Resistenza (difesa di Roma, insurrezioni di Firenze e di Milano) come membro del Comitato Militare Insurrezionale e venne poi insignito della medaglia d'oro al valor militare.

Finita la guerra Pertini si immerse nella politica a tempo pieno. Nel convegno del 1° agosto 1945 fu eletto segretario del partito, ma si dimise il 22-12-1945 perché contrario alle posizioni accentuatamente fusioniste di alcuni dirigenti. Al congresso di Firenze dell'aprile 1946 entrò nella Direzione del partito e il 2-6-1946 fu eletto deputato alla Costituente; pochi giorni dopo, l'8 giugno, sposò la giornalista ex partigiana Carla Voltolina.

Durante il congresso di Roma del gennaio 1947, si adoperò per mediare fra le due opposte posizioni, ma non riuscì ad evitare la scissione di Palazzo Barberini. Nel 1948 fu presidente del gruppo del PSI al Senato. Fu eletto deputato nel 1953, 1958, 1963, 1968, 1972,1976.

Dopo circa un anno dalle prime elezioni politiche (1948) rientrò nella Direzione (1949), divenendo anche direttore dell'*Avanti!* di Roma fino al 1950; dal 1955, dopo la morte di Morandi, fu eletto vicesegretario del partito, con segretario Nenni, fino al 1957. Dal 1947 al 1968 fu anche direttore del giornale genovese *Il Lavoro*.

Nella V e VI legislatura (1968-1976) ricoprì l'incarico di presidente della Camera, distinguendosi per competenza ed imparzialità.

L'8 luglio 1978, al 16° scrutinio, con 832 voti su 995 fu eletto Presidente della Repubblica.

Il carisma personale di Pertini, la sua coerente lotta antifascista, la sua riconosciuta onestà e la sua dirittura morale, la sua vicinanza al popolo fecero sì che egli venisse unanimemente considerato il presidente più amato dagli italiani.

Durante la sua presidenza per la prima volta furono nominati presidenti del Consiglio un laico (Giovanni Spadolini, 1981) e un socialista (Bettino Craxi, 1983). Cinque i senatori a vita da lui nominati: Camilla Ravera (partigiana), Edoardo De Filippo (commediografo ed attore), Leo Valiani (storico), Carlo Bo (critico letterario), Norberto Bobbio (filosofo). Notoria è la sua amicizia per il papa Giovanni Paolo II.

Finito il mandato presidenziale non rinnovò la tessera del PSI, al fine di mantenersi al di sopra delle parti, ma non cessò di essere socialista. In questa veste diventò, infatti, presidente della Fondazione di Studi Storici "Filippo Turati", sorta per conservare ed incrementare la documentazione sul socialismo italiano.

Morì a Roma il 24-2-1990. Le sue ceneri furono traslate nel cimitero di Stella. A lui sono oggi intitolate scuole, vie, piazze, l'aeroporto di Torino-Caselle, l'ospedale "Sandro Pertini" di Roma ed una fondazione omonima.

Paolo Pillitteri
Leader del (secondo) MUIS (luglio 1975/6-3-1976)

Gian Paolo Pillitteri, figlio di un maresciallo dei carabinieri, è nato a Sesto Calende (Varese) il 5-12-1940. Nel 1946 la famiglia si trasferì a Milano e Pillitteri studiò al liceo Berchet, dove conobbe la sorella di Bettino Craxi, Rosilde, che nel 1965 diventerà sua moglie.

Laureatosi in Lettere classiche, Pillitteri divenne giornalista e critico cinematografico, poi docente di Storia del Cinema, nonché collaboratore di vari giornali socialisti (*Avanti!*, *Mondoperaio*, *Critica Sociale*) Negli anni Sessanta entrò nel PSI, per il quale fu eletto consigliere ed assessore del comune di Garbagnate Milanese; ma nel 1969 aderì alla scissione socialdemocratica e quindi passò al PSU (poi PSDI), che dal 1970 rappresentò nella Giunta Municipale di Milano, come assessore alla Cultura, ottenendo notevoli successi.

Nel 1975, quando cominciava a profilarsi nel PSI una nuova e decisiva svolta autonomista, Pillitteri e una parte della sinistra del PSDI lasciarono il partito di Tanassi per costituire un movimento autonomo che prese lo stesso nome di quello adottato nel 1958 dalla sinistra socialdemocratica di Zagari., il MUIS (Movimento Unitario di Iniziativa Socialista), il quale, il 6 marzo 1976, confluì nel PSI, in occasione del 40° congresso.

Intanto Pillitteri continuò a far parte dell'esecutivo cittadino come assessore all'Edilizia Privata e al Bilancio, diventando, per un certo periodo, consigliere regionale (1980) e segretario regionale per la Lombardia del PSI.

Nel 1983 venne eletto deputato (sarà riconfermato nel 1992). Nel 1986 divenne sindaco di Milano, alla testa di una amministrazione di centro-sinistra, che l'anno dopo, per dissensi con la DC, lasciò il posto ad una nuova compagine PCI-PSI-Verdi, premiata dall'elettorato nelle elezioni del 1990 (PSI al 20%).

Dal 1992 dovette affrontare inchieste giudiziarie conclusesi nel 2007 con la sua riabilitazione.

Lelio Porzio
segretario del Partito Socialista dell'Italia liberata (1943/15-4-1944)

Lelio Porzio nacque a Sessa Aurunca (Caserta) il 27-9-1895 da una famiglia che vantava fra i suoi ascendenti combattenti al seguito di Garibaldi e dei fratelli Bandiera.

Si laureò giovanissimo in giurisprudenza ed esercitò la professione forense a Napoli. Inizialmente militò nelle file del PSRI di Bissolati della cui sezione di Napoli divenne segretario. Durante il fascismo capeggiò un gruppetto di antifascisti appartati ed isolati, e per questo, poco prima della caduta del regime, in seguito ad una perquisizione della polizia in casa sua, in cui vennero trovati testi marxisti e materiale di propaganda socialista, fu arrestato e rinchiuso per alcuni mesi nel carcere di Poggioreale. Poco dopo la liberazione di Napoli diede inizio, con una riunione svoltasi nel suo studio, alla ricostituzione del Partito Socialista a Napoli e poi nell'Italia liberata, contattando numerosi esponenti socialisti meridionali e costituendo un Consiglio Nazionale, che lo elesse segretario generale del partito, carica che ricoprì fino al 15-4-1944, quando venne sostituito (diventando comunque vicesegretario del partito) da Oreste Lizzadri, inviato dal Comitato Centrale del PSIUP di Roma.

Nel 1946 fu direttore de *La Voce* e, dal 1946 al 1968 consigliere comunale di Napoli., di cui fu anche vicesindaco.

Morì a Napoli il 6-3-1983.

Fernando Pozzani
Al congresso di Imola (6-9/11/1902) fu eletto nella Direzione Nazionale.

Luigi Preti
Presidente del PSDI (marzo 1989/7-5-1992)
Presidente onorario del PSDI (7-5-1992/1994)
Leader del Movimento per la Rinascita Socialdemocratica (17-2-1996/19-11-2009)

Luigi Preti, ultimo di quattro fratelli, nacque a Ferrara il 23-10-1914, da Vito e Maria Giordano.
Nel 1936 si laureò in giurisprudenza col massimo dei voti, presso l'università di Ferrara, e successivamente conseguì anche la laurea in Lettere. Finiti gli studi si dedicò all'insegnamento, prima di Storia e Filosofia nei licei e poi di Istituzioni di Diritto Pubblico nell'università della sua città. Nello stesso tempo svolse anche l'attività di giornalista e di scrittore di saggi di carattere giuridico o storico.
Ostile al fascismo, nella sua città capeggiato da Italo Balbo, si orientò verso le idee socialiste. Nel 1941, quando era sotto le armi, fu per questo denunciato al Tribunale Militare e incarcerato. Sfuggì ad una probabile condanna a morte grazie alla caduta del regime fascista.
Approfittando del caos di quei giorni riuscì ad evadere e a riparare prima a Milano e poi in Svizzera, a Zurigo, dove co-

nobbe Ignazio Silone, presidente del *Centro Estero* del PSI, che gli affidò la direzione de *L'Avvenire dei Lavoratori*.

Rientrato in Italia dopo la guerra, Preti fu eletto segretario della federazione di Ferrara del PSI e consigliere comunale. Il 2 giugno fu, inoltre, eletto all'Assemblea Costituente.

Nel gennaio 1947 aderì alla scissione socialdemocratica che diede vita al PSLI di Saragat.

Al congresso di Napoli del gennaio 1950 fu eletto nella Direzione Nazionale del PSLI e poi riconfermato in quello di Roma del marzo 1951 in cui fu decisa la fusione col PSU, da cui sorse il PS-SIIS (PSDI dal gennaio 1952). Da allora alternò importanti incarichi di partito a incarichi di governo.

Fu favorevole alla fusione col PSI (30-10-1966), ma quando si verificò la nuova scissione si schierò coi socialdemocratici guidati da Tanassi e Ferri che diedero vita al PSU (poi di nuovo PSDI).

Preti fu eletto alla Camera nelle prime dieci legislature repubblicane (aprile1948/aprile 1992).

Nell'attività governativa esordì come sottosegretario al Tesoro (17-3-1954/2-7-1955) nel governo Scelba e nel successivo governo Segni. Col II ministero Fanfani divenne ministro delle Finanze, passando poi al Commercio con l'Estero nel IV governo Fanfani. Nel I e nel II governo Moro fu ministro per la Riforma della Pubblica Amministrazione, mentre nel III ritornò alle Finanze. Partecipò, inoltre al I (Bilancio) e al III governo Rumor (Finanze), al governo Cossiga e al V governo Andreotti (Trasporti).

Nella ricostituita (dal 1969) socialdemocrazia, pur non entrando più nelle compagini governative, svolse sempre un ruolo di primo piano come dirigente e leader di corrente, fino ad essere eletto (12-3-1989) presidente del Consiglio Nazionale e, quando fu sostituito da Cariglia, Presidente onorario (7-5-1992).

Alla fine del 1994, assieme all'ex segretario del PSDI Enrico Ferri, fondò (10-12-1994) la corrente SOLE (Socialdemocrazia Liberale Europea), collocata all'ala destra del PSDI, che, sconfitta al congresso di Bologna del 28-29/1/1995, si trasformò in movimento autonomo, che il leader Ferri avvicinò poi al CCD di Casini. Preti, essendo contrario a tale passo, se ne distaccò e fondò (17-2-1996) il "Movimento per la Rinascita Socialdemocratica", che si collocherà stabilmente nel centro-destra, federandosi con Forza Italia. Dopo la sua morte il movimento sarà guidato da Vittorino Navarra.

La fama di Preti come scrittore è soprattutto legata al suo romanzo *Giovinezza, Giovinezza* (1964), vincitore del premio "Bancarella".

Luigi Preti è morto a Bologna il 19-1-2009.

Eugenio Reale
Leader di Alleanza Socialista (1958/1959)

Medico, nato nel 1905, appartenente all'alta borghesia napoletana; aderì al PCI nel 1926, quando il fascismo divenne regime, nella convinzione che il PCI fosse la forza in grado di sfidare e contrastare la dittatura. Dopo l'espatrio di Giorgio Amendola divenne il maggiore dirigente della federazione napoletana del partito comunista: Durante il fascismo il Tribunale Speciale lo condannò (27-1-1932) a dieci anni di prigione. Uscì nel 1934, grazie a un indulto, e subito riprese l'attività clandestina. Nel 1937 passò in Francia, dove divenne collaboratore de *La voce degli italiani*.

Allo scoppio della guerra, in seguito al patto di non aggressione germano-sovietico, come altri comunisti, dalle autorità francesi fu confinato a Venet. Nel 1942 subì un processo a Tolosa per ricostituzione dell'Internazionale Comunista e nel 1943 venne estradato in Italia.

Liberato alla caduta del fascismo, fu tra quelli che accolsero a Napoli, dopo l'esilio trascorso in URSS, il leader del PCI Palmiro Togliatti, di cui divenne amico.

A nome del suo partito ebbe incarichi importanti: membro dell'Alta Corte di Giustizia (settembre 1944), sottosegretario agli Esteri nel governo Bonomi, interlocutore di alti esponenti del Vaticano (gennaio 1945), ambasciatore a Varsavia, consigliere di Togliatti per le questioni internazionali, deputato alla Costituente (1946) e senatore (1948), membro della Direzione del PCI, incaricato di tenere i rapporti tra il PCI e le "democrazie popolari" dell'Est europeo, membro della delegazione italiana (assieme a Luigi Longo) alla riunione costitutiva del Kominform (Ufficio Comunista di Informazione), una nuova versione della disciolta Internazionale Comunista.

Negli anni '50 ebbe inizio, però, un suo lento distacco dal PCI, di cui non fu riconfermato né senatore, né membro della Direzione. Fu nel 1956, in seguito alla repressione sovietica della rivoluzione ungherese, che divenne esplicito il suo dissenso dal PCI, da lui accusato di subordinare le sue scelte agli interessi della politica sovietica e maturando per esso un'avversione sempre più radicale.

Il 30-12-1956 la federazione di Napoli lo espulse dal PCI. Nella primavera del 1957 Reale ed un gruppo di ex comunisti (Giuseppe Averardi, Michele Pellicani, Francesco Salvatore Romano) decisero di fondare una rivista di denuncia delle degenerazioni staliniste, il settimanale *Corrispondenza Socialista*, attorno al quale si formò un gruppo di militanti, che nel novembre del 1958 costituirono un movimento politico denominato "Alleanza Socialista", poi (novembre 1959) confluito nel PSDI.

All'interno del PSDI Reale accentuò il suo anticomunismo, ormai divenuto "viscerale", al punto che negli anni '60 lasciò il partito, accusando il suo leader di essere un "servo sciocco dei comunisti", per aderire al movimento presidenzialista di Pacciardi, "Unione Popolare Democratica per una Nuova Repubblica".

Rinaldo Rigola

Nacque il 2-2-1868 a Biella. Figlio di un tintore e di una stiratrice; a 13 anni cominciò a lavorare come apprendista falegname. Diventò poi operaio dell'industria, lavorante a domicilio, piccolo artigiano, fiero della sua indipendenza economica.

Dopo aver militato nel POI (1886) e in un gruppo anarchico (1889-92), nel 1893 aderì al Partito Socialista, attestandosi su posizioni riformiste. Nel 1895 divenne consigliere comunale di Biella e direttore del *Corriere biellese*. Per sottrarsi ad un arresto fuggì poi a Lugano e quindi a Lione, dove fondò una sezione socialista. Poté ritornare in Italia nel 1900, perché eletto deputato, e partecipare al Congresso di Roma dello stesso anno, in seguito al quale entrò nella Direzione del partito come uno dei cinque rappresentanti del Gruppo Parlamentare. Partecipò anche al 7° congresso (Imola, settembre 1902), all'8° (Bologna, 1904), dove fu il primo firmatario dell'ordine del giorno di centro-destra, e nel 1904 venne rieletto deputato, sempre nel collegio di Biella.

Nel 1906 fu il principale fondatore della CGdL (Confederazione Generale del Lavoro), di cui divenne il primo segretario generale, conservando la carica fino al 1918.

Al congresso socialista di Roma del 1906 si schierò con gli integralisti e venne eletto nella Direzione, ma successivamente (1907) si pronunciò per l'autonomia del sindacato, per il quale propugnava una funzione egemonica sul movimento operaio, in ciò sostenuto dai riformisti di destra di Bissolati; ma quando costoro ammorbidirono la loro posizione nei confronti della guerra di Libia, se ne distaccò e, nel congresso di Modena (1911) aderì alla corrente riformista di sinistra di Turati, votando però contro l'espulsione di Bissolati e dei suoi amici politici.

Pur dichiarandosi contrario alla guerra mondiale, nel 1918 sostenne, in contrasto con il partito, l'ingresso dei rappresentanti sindacali nelle commissioni governative per lo studio delle questioni del dopoguerra e dovette dare le dimissioni da segretario generale, lasciando il posto a Ludovico D'Aragona. Nel 1921-22 scivolò su posizioni di destra sindacale e propugnò la rottura del Patto di alleanza fra PSI e CGdL. Nel dicembre 1922 fu eletto consigliere comunale di Milano. Dal 1924 al 1925 diresse il settimanale *IL lavoro*.

Dopo lo scioglimento della CGdL (non riconosciuto da Bruno Buozzi), fondò l'Associazione Nazionale Studi "Problemi del lavoro", che pubblicò, dal 1927 al 1940, la rivista *Problemi del lavoro*, finendo poi per sostenere il corporativismo fascista.. Nel 1947 approvò la scissione di Palazzo Barberini.

Fra le sue opere, oltre ad un saggio autobiografico, sono da ricordare una *Storia del movimento operaio italiano* (1947) e il *Manualetto di tecnica sindacale* (1947).

Morì a Milano il 10-1-1954.

Giuseppe Romita:
Segretario del PSI dal 20-9-1942 al 22-8-1943
Leader del Movimento Socialista Autonomo

Segretario del PSU dal 14-2-1951 al 1°-5-1951
Cosegretario (con Saragat) del PS-SIIS (1-5-1951/6-1-1952)
Segretario del PSDI dal 22-2-1952 al 7-10-1952

Giuseppe Romita nacque a Tortona (AL) il 7-1-1887 da Guglielmo (contadino e poi capomastro) e Maria Granelli. Conseguì ad Alessandria il diploma di geometra (ottenendo, come premio, una medaglia d'oro); ancora giovanissimo, nel 1903, insofferente delle molte ingiustizie perpetrate verso i soggetti più deboli della società, aderì al PSI. Nel 1907 si iscrisse al corso di ingegneria del Politecnico di Torino, mantenendosi insegnando matematica in un istituto privato.
Nel 1909 venne costituita a Torino la sezione della Federazione Italiana Giovanile Socialista, ricostituita dalla minoranza rimasta fedele al PSI (leader il siciliano Arturo Vella), dopo la scissione sindacalista rivoluzionaria, e Romita entrò a far parte dell'esecutivo e poi (1910) anche del Consiglio Nazionale, divenendo anche corrispondente del battagliero organo giovanile *Avanguardia* ed uno dei dirigenti, assieme ad Angelo Tasca di cinque anni più giovane, più noti. Nel 1910 partecipò, come delegato, al Congresso di Milano del PSI e diventò anche vicesegretario della Federazione provinciale del PSI di Torino.
In seguito alla guerra di Libia (1911-12) la maggioranza della sezione di Torino passò alla corrente "intransigente" e Romita divenne segretario della sezione (1911) e poi (1912) direttore del settimanale *Il Grido del Popolo*, mantenendo però una cer-

ta diffidenza verso la demagogia del direttore dell'*Avanti!* Mussolini, non rifiutando aprioristicamente le conquiste gradualiste utili a migliorare le condizioni di vita della classe operaia, ma lottando nel contempo contro l'"opportunismo". Come delegato della mozione intransigente, che a Torino era prevalsa sugli integralisti e sui riformisti, partecipò al XII Congresso Nazionale di Modena, vinto per l'ultima volta dai riformisti.

Nell'autunno 1913 si laureò in ingegneria e nell'aprile 1914 partecipò al Congresso di Ancona, che riconfermò la maggioranza rivoluzionaria guidata da Lazzari e Mussolini, già prevalsa nel 1912 a Reggio Umilia. Nel giugno 1914 fu eletto consigliere comunale di Torino e di Tortona, lasciando l'incarico di direttore del *Grido del Popolo* e di corrispondente da Torino dell'*Avanti!* e impegnandosi, fra l'altro, nella lotta contro i guerrafondai interventisti, che condusse con fermezza e coerenza anche dopo la defezione di Mussolini.

Scoppiata la guerra, fu dichiarato inabile e continuò la sua battaglia antimilitarista. Nel 1916 sostituì nella direzione del *Grido del Popolo* Maria Giudice, arrestata per propaganda sovversiva. Restituito l'incarico alla Giudice dopo la sua liberazione, fu chiamato nuovamente alla segreteria della sezione, dove si scontrò con l'estremismo verbale del gruppo degli "intransigenti rigidi" di Pietro Rabezzana. Richiamato ancora una volta alla segreteria della sezione nel 1917, in occasione della cosiddetta "rivolta del pane" dell'agosto di quell'anno, venne arrestato assieme all'intero gruppo dirigente socialista. Uscirà, essendo stato prosciolto, nell'aprile 1918.

Nel periodo successivo aderì alle posizioni massimaliste di Serrati e nel novembre 1919, a soli 32 annni, fu uno dei 156 deputati conquistati dal PSI e uno degli 11 eletti sui 19 seggi assegnati al collegio di Torino.

Nel 1920, dopo aver iniziato ad esercitare la libera professione di ingegnere, sposò la maestra Maria Stella, da cui avrà i figli Gemma (1922) e Pierluigi (1924), futuro esponente socialista di primo piano. Gli impegni di lavoro e di famiglia, tuttavia, non gli impedirono di continuare a svolgere un'intensa attività politica. Nel 1920 mise le sue capacità professionali al servizio degli operai, durante l'occupazione delle fabbriche e nello stesso anno fu rieletto consigliere comunale di Torino.

Al congresso di Livorno del gennaio 1921 Romita, più che mai convinto che solo l'unità del movimento socialista può dare prospettive di vittoria, aderì ancora una volta alla corrente massimalista unitaria guidata da Serrati. La scissione comunista spaccò il gruppo dirigente torinese e Romita, ancora una volta fu richiamato alla direzione del *Grido del Popolo* e, per alcuni mesi del 1922, anche del quotidiano *Il popolo socialista*. Alle elezioni politiche del maggio 1921 fu riconfermato deputato.

Al congresso dell'ottobre 1922 si schierò con il gruppo di Arturo Vella, contrario ad un'adesione incondizionata alla III Internazionale, e si adoperò nel tentativo di evitare la scissione riformista che diede vita al PSU. Nel novembre-dicembre dello stesso anno fece parte della delegazione del PSI che si recò a Mosca, per concordare la riunificazione col PCdI (la cui maggioranza vi era contraria) nell'ambito dell'Internazionale Comunista. Romita respinse le condizioni di Mosca e, al ritorno, fu relatore di minoranza della delegazione e si schierò col "Comitato di Difesa socialista" costituito da Vella e Nenni per la salvaguardia dell'identità socialista. Il Comitato vinse il congresso e Romita entrò nella Direzione Nazionale.

Nel 1924, nonostante la violenza squadrista, fu rieletto deputato e tornò alla direzione de *Il Grido del Popolo*; dopo l'assassinio di Matteotti, partecipò all'*Aventino* e nel 1925 si schierò con Nenni per la riunificazione di PSI e PSU.

Quando i gruppi dirigenti dei due partiti socialisti, nella loro grande maggioranza, decisero di emigrare all'estero, particolarmente in Francia, per proseguire liberamente la lotta politica, Romita fu tra quelli che decisero di rimanere in Italia per tutto il ventennio per non perdere il contatto con le masse, affrontando difficoltà non meno gravi di quelle degli esuli.

Il 16-11-1926 venne arrestato e condannato a cinque anni di confino, trascorsi inizialmente a Pantelleria, poi ad Ustica, nella dimora che era stata di Antonio Gramsci, quindi all'Ucciardone di Palermo ed, infine, a Ponza, che poté lasciare, perché prosciolto, nel settembre 1929. Non poté riprendere l'esercizio della professione, essendo stato radiato dall'albo degli ingegneri. Riprese i contatti con alcuni socialisti sia in Italia che in esilio, ma venne scoperto e di nuovo arrestato e confinato a Veroli, in provincia di Frosinone, fino al 20-6-1933, dopo di che si trasferì a Roma. Nella capitale entrò in contatto con un piccolo gruppo clandestino, formato da Vernocchi, Lizzadri, Canevari e Perrotta, assieme ai quali il 22-7-1942 diede vita, anche formalmente, alla ricostituzione del PSI, di cui il 20-9-1942 fu nominato segretario, carica che conserverà anche nella clandestinità, fino alla fusione del PSI col MUP e con l'UPI e alla conseguente elezione di Nenni alla segreteria del PSIUP (22-8-1943); Romita fu comunque eletto nella Direzione.

Dopo l'8 settembre fu delegato, assieme a Nenni, a rappresentare il PSIUP nel CLN, mentre il figlio Pier Luigi aderì alla Resistenza armata. Per tutto il restante periodo bellico Romita, membro dell'esecutivo, si dedicò alla ricostruzione del partito.

Nel giugno 1945 entrò, come ministro del Lavori Pubblici, nel governo Parri e, nel successivo dicembre, nel governo De Gasperi, come ministro dell'Interno. In tale veste gestì il referendum istituzionale (per il quale si era tenacemente battuto) che diede la vittoria alla Repubblica.; nel contempo venne eletto alla Costituente. Nel secondo gabinetto De Gasperi tornò ai LL.PP., ministero chiave per la ricostruzione postbellica, in cui Romita diede ottima prova delle sue capacità.

Nel contempo partecipava al dibattito interno fra la sinistra favorevole all'alleanza col PCI e gli autonomisti. Pur vicino alle posizioni delle correnti autonomiste, privilegiando l'unità del partito, non partecipò alla scissione saragattiana del gennaio 1947 che diede vita al PSLI. Da quel momento, però, diventò il nuovo punto di riferimento degli autonomisti rimasti nel PSI, che cercavano un dialogo unitario sia con l'Unione dei Socialisti di Lombardo e Silone che con la sinistra del PSLI. Saranno queste le tre componenti socialiste, che dopo l'uscita di Romita dal PSI e della sinistra del PSLI da quel partito, fonderanno, nel dicembre 1949, il PSU, di cui nel 1951 Romita divenne segretario; in tale veste condusse in porto le trattative per la fusione col PSLI, da cui nacque il PSSIIS, poi PSDI, di cui nel 1952 Romita fu eletto segretario.

Mentre inizialmente si era schierato per la legge elettorale proporzionale, nel congresso del PSDI dell'ottobre 1952, aderì alle posizioni di Saragat a favore della nuova legge, poi detta "legge-truffa". Eletto alla Camera (era stato senatore di diritto) nel 1953 entrò nel governo Scelba, ricoprendo di nuovo la carica di ministro del LL:PP. Nel 1956 fu eletto consigliere comunale a Torino e a Roma. Lasciato il governo, riprese a lavorare per la riunificazione tra PSI e PSDI, senza però poter vedere l'esito della sua battaglia.

Morì a Roma il 15 marzo 1958. Nella sua lunga militanza socialista era stato guidato da alcuni capisaldi: la lotta di classe per il riscatto del proletariato, l'unità del partito come bene prioritario, il socialismo nella democrazia.

Importante il suo libro-testimonianza *Dalla Monarchia alla Repubblica*.

Pier Luigi Romita
Segretario del PSDI (1-10-1976/20-10-1978)
Segretario dell'UDS (15-2-1989/11-10-1989)

Pier Luigi nacque a Torino il 27-7-1924 da Maria e Giuseppe Romita, futuro segretario del ricostituito PSI nel 1942 e poi del PSU, del PS-SIIS e del PSDI.
Ancora piccolissimo seguì il padre da un luogo di confino all'altro: Ustica, Ponza e Verola (Frosinone). Nel 1933 lo troviamo a Roma, dove la famiglia si è trasferita e dove compie gli studi superiori.
Nel 1942, a 18 anni, aderì al PSI, di cui il padre era segretario nazionale e partecipò alla Resistenza con i partigiani che operavano intorno al Albano Laziale. Finita la guerra, continuò gli studi e nel 1947 si laureò in ingegneria, diventando successivamente professore di Idraulica alla facoltà di Agraria dell'Università di Milano.
Seguì quindi l'itinerario politico del padre che, uscito dal PSI nel 1949, partecipò alla costituzione del PSU, che successivamente si fuse col PSLI, dando vita al PS-SIIS, poi PSDI. Quest'ultimo partito nel 1958, dopo la morte del padre, lo candidò alla Camera nel collegio Cuneo-Alessandria-Asti, dove fu sempre rieletto, prima per il PSDI e poi per il PSI., fino al 1992. È anche stato consigliere comunale di Tortona, Alessandria e Torino.
Dopo essere stato, nella seconda metà degli anni '60, sottosegretario ai LL.PP., all'Interno e alla P.I., divenne ministro, per

il PSDI, della Ricerca Scientifica nel II governo Andreotti (1972-73),
nel governo Forlani (1980-81) e nel V governo Fanfani (1982-83) Nei due ministeri presieduti da Craxi fu, sempre per il PSDI, ministro per gli Affari regionali e poi, dal 1°-8-1984, del Bilancio. Fece, infine parte, per l'UDS, del VI e, per il PSI, del VII governo Andreotti come ministro per gli Affari Regionali. Già esponente di primo piano del PSDI (era entrato nel CC e nella Direzione nel 1959 e vi era stato riconfermato nel 1962), diventato uno dei leader della corrente di sinistra, fu un sostenitore dell'unificazione socialista del 1966, poi fallita con la nuova scissione che nel 1969 ricostituì il partito socialdemocratico (PSU, poi di nuovo PSDI), a cui Romita aderì. Per tutto il periodo della sua permanenza nelle file della socialdemocrazia fu vicinissimo al presidente Saragat, da lui sostituito alla segreteria del PSDI nel 1976, nello stesso periodo in cui Craxi assumeva quella del PSI. Rimase al vertice del PSDI fino all'ottobre 1978, fino a quando, cioè, essendo stato messo in minoranza nel CC, rassegnò le dimissioni e fu sostituito da Pietro Longo.
Negli anni successivi continuò a guidare la corrente di sinistra, propugnando sempre la creazione di un'area socialista assieme al PSI, al fine di unificare le forze socialiste in Italia. Nel febbraio 1989, assieme a Pietro Longo, lasciò il PSDI, seguito da un consistente numero di quadri socialdemocratici, e fondò l'Unione Democratica Socialista, di cui fu eletto segretario, e che, nell'ottobre successivo, confluì nel PSI.

Scioltosi il PSI, nel 1994 aderì allo SDI di Enrico Boselli e nel 1997, nelle file del MDSL (Movimento dei Democratici, dei Socialisti e dei Laburisti) partecipò alla costituzione dei DS (Democratici di Sinistra), nel cui Comitato Regionale piemontese fu eletto.
Morì a Milano il 23-3-2003.

Dino Rondani
Avvocato. Nacque a Sogliano al Rubicone (FO) il 20 gennaio 1868, ma a vent'anni si trasferì a Milano, dove si avvicinò agli ambienti socialisti. Laureatosi in giurisprudenza a Torino, fu uno dei partecipanti allo storico congresso di Genova di fondazione del PSI (1892).
Dal 1892 al 1896 fu segretario della *Lega Nazionale delle Cooperative*. A Parma (1895) venne eletto nell'*Ufficio Esecutivo Centrale* del partito, dove rimase fino al 1898, quando in seguito alla repressione seguita ai fatti di Milano venne condannato in contumacia a sedici anni di carcere e fu costretto a fuggire in esilio in Svizzera, Germania, Inghilterra e USA, dove diresse il giornale degli emigranti italiani *Il proletario*. Sia durante l'esilio che negli anni precedenti si era reso famoso come propagandista appassionato e conferenziere instancabile (anche quattro conferenze al giorno!).
Rientrò in Italia dopo la sua elezione a deputato nel 1900, carica in cui venne confermato fino al 1921. Dopo l'avvento del fascismo, nel 1926 emigrò in Francia, a Nizza, e nel 1929 fu

l'avvocato difensore di Sandro Pertini, accusato di gestire una radio clandestina. Partecipò come delegato a due dei congressi tenuti a Parigi, quello del 1930 e quello del 1937, durante il periodo dell'esilio. Negli anni dal 1931 al 1933 lo troviamo nella Spagna repubblicana, da cui in seguito rientrò in Francia, diventando segretario della sezione socialista di Nizza, da lui organizzata assieme ad Emilio Zannerini. A Nizza rimase fino al 1942, quando il governo di Vichy lo consegnò — quasi settantacinquenne! - all'Italia fascista, dove venne arrestato e confinato. Fu liberato alla caduta del regime, nel luglio del 1943. Morì a Nizza il 24 giugno 1951.

Giuseppe Russo
Componente del Comitato di segreteria del PSDI (6-1-1952/22-2-1952)

Al XXVI congresso del PSI (Roma, gennaio 1948), che era chiamato a pronunciarsi sul Fronte Popolare e sull'eventuale lista unica, inizialmente si schierò con la corrente autonomista di Romita; successivamente, però, assieme a Ivan Matteo lombardo, presentò una mozione ultrautonomista, contraria sia al Fronte sia alla lista unica.
Al II congresso del PSU (gennaio 1951) fu eletto nella Direzione del partito (segretario G. Romita) a maggioranza romitiana, favorevole alla fusione col PSLI (che darà vita al PS-SIIS).

Al congresso di Bologna (gennaio 1952), in cui il PS-SIIS adottò la definitiva denominazione di PSDI, fu chiamato a far parte, in rappresentanza della componente romitiana di centro-sinistra, della Segreteria collegiale che resse il partito fino alla formazione di una maggioranza interna di centro-sinistra che in seguito eleggerà (22-2-1952) segretario unico Romita, lasciando la componente saragattiana all'opposizione. In quell'occasione Russo fu chiamato nell'Esecutivo socialdemocratico.

Fu poi riconfermato nella Direzione del partito (PSDI), sempre per la componente romitiana, nel congresso di Genova, con Saragat segretario, e divenne, assieme a D'Ippolito (destra di Simonini) e Tanassi (centro di Saragat) anche vicesegretario del partito. Partecipò anche al successivo congresso, in rappresentanza della mozione Romita-Matteotti (25,3%), senza entrare nella Direzione.

Luigi Salvatori

Avvocato e giornalista, nato a Querceta (Serravezza, LU) nel 1881, leader del socialismo versiliese.

Dal 1910 diresse il settimanale *Versilia*. Partecipò al IX congresso di Roma del 1906 (fu eletto nel Comitato Esecutivo), al XV congresso di Roma (presentatore della mozione massimalista, risultata maggioritaria) e al XVI congresso di Bologna del 1919. Nel 1919 fu eletto deputato e nel 1921, con la scissione di Livorno, aderì al PCdI. Durante il fascismo fu confinato, dal 1926 al 1928 a Favignana; dopo l'8 settembre del 1943, fu uno degli organizzatori del CLN della Versilia.

Morì il 20 luglio 1946 a Pietrasanta (LU), città che gli ha dedicato una targa.

Giuseppe Saragat

Componente del Comitato Esecutivo del PSI/IOS (2-9-1939/1941)

Segretario del PSLI (13-2-1947/5-2-1948)

Segretario del PSLI (8-1-1950/1-5-1951)

Cosegretario (con Romita) del PS-SIIS (1-5-1951/6-1-1952)

Segretario del PSDI (7-10-1952/febbraio 1954)

Segretario del PSDI 30-10-1957/4-12-1963

Presidente del PSDI (giugno 1975/11-6-1988)

Segretario del PSDI 26-3-1976/1-10-1976)

Giuseppe Saragat nacque a Torino il 19-9-1898 da una famiglia di origine sarda. Arruolatosi volontario durante la prima guerra mondiale (croce di guerra al valor militare) conobbe Bruno Buozzi e Claudio Treves, a cui lo stesso Saragat attribuirà la paternità della sua visione del socialismo. Dopo la guerra si laureò (1921) in Economia e Commercio e trovò lavoro alla Banca Commerciale Italiana a Torino e poi a Milano.

La sua adesione ufficiale al socialismo risale al congresso del 1-4 ottobre 1922, in occasione della scissione riformista che diede vita al PSU (con leader Turati e Matteotti), partito a cui appunto Saragat aderì, facendo la sua scelta a favore del socialismo gradualista, per la libertà e la democrazia, contro il fascismo. Il suo esordio nella politica nazionale risale all'intervento pronunciato il 29 marzo 1925, come delegato della federazione di Torino ad un convegno del PSU, che era stato accompagnato da una serie di articoli per il giornale del partito *La Giustizia* e per *Quarto Stato* di Nenni e Rosselli.

Cessata in Italia ogni libertà politica, anche Saragat, come tanti altri dirigenti e militanti socialisti, il 20-11-1926, intraprese la via dell'esilio, stabilendosi dapprima a Vienna, città in cui si legò d'amicizia col leader socialista Otto Bauer e studiò le tesi politiche del cosiddetto "austromarxismo".

Nella sua opera *Marxismo e democrazia*, pubblicata nel 1929, e in vari articoli su *Rinascita socialista* egli svolse la sua critica sia al riformismo che al massimalismo ed elaborò la sua teoria del socialismo, per cui la democrazia va conquistata anche con la rivoluzione e il socialismo va conquistato nella democrazia. Dopo aver partecipato, con un notevole apporto teorico, alla battaglia per la riunificazione tra PSI e PSULI (nuova denominazione del PSU, già divenuto PSLI) partecipò, come relatore su *L'azione politica in Italia*, al 1° congresso dell'esilio (Parigi, 1930), da cui sorse il partito unificato PSI/IOS.

Saragat venne eletto nella Direzione (la carica gli verrà riconfermata anche nei due successivi congressi del 1934 e del 1937). Nel periodo successivo alla riunificazione si rinsaldò il suo sodalizio con Pietro Nenni e Saragat si rivelò il migliore teorico socialista italiano del momento, conducendo una duplice battaglia ideale contro il "socialismo liberale" di Rosselli, che aveva preso le distanze dal marxismo e contro il comunismo, allora imbevuto della dottrina stalinista del "socialfascismo". Dopo la svolta comunista a favore dei fronti popolari, pur mantenendo tutte le sue riserve di carattere ideologico, ma tuttavia considerando prioritaria la lotta contro il fascismo, firmò, assieme a Nenni, il Patto di unità d'azione col PCdI. Ma quando (agosto 1939) si seppe del Patto germano-sovietico di non aggressione, si schierò con la Direzione che dichiarò decaduto tale Patto; e quando Nenni lasciò l'incarico di segretario del PSI/IOS venne sostituito da un triumvirato, di cui Saragat (con Morgari e Tasca) fece parte, che ruppe ogni rapporto col PCdI.

Dopo l'invasione nazista dell'URSS i comunisti si impegnarono nella lotta antifascista, per cui riprese il dialogo col PSI/IOS per una battaglia unitaria: con Nenni arrestato e confinato, sarà Saragat a firmare per il PSI il nuovo accordo col PCdI (Amendola e Dozza) e col Pd'Az. (Lussu).

Saragat rientrò in Italia dopo la caduta del fascismo, durante il governo Badoglio e, dopo essere stato arrestato a Torino per un breve periodo, arrivò a Roma nel settembre 1943, dove intanto il ricostituito PSI si era fuso col MUP di Basso e con l'UPI di Zagari ed aveva assunto la denominazione di PSIUP, nella cui Direzione Saragat, benché assente, su proposta di Nenni, era stato eletto. Assieme a Nenni e Pertini, firmerà il nuovo Patto col PCI. Arrestato, assieme a Pertini ed altri (18-10-1943), durante l'occupazione nazista di Roma, venne liberato grazie ad un'audace azione condotta da un commando partigiano socialista, capeggiato da Giuliano Vassalli.

Dopo la liberazione di Roma, Saragat partecipò, in rappresentanza del PSIUP, al governo Bonomi, come ministro senza portafoglio.

Con la definitiva sconfitta del fascismo, riprese la vita democratica e nel PSIUP cominciarono ad affiorare diversità di vedute circa la politica da seguire: unità della classe operaia, rappresentata dall'alleanza PSIUP-PCI (Nenni), o lotta per il socialismo nella piena autonomia del PSIUP (Saragat) è la scelta posta davanti al congresso di Firenze (aprile 1946), che in vista del referendum istituzionale, si concluse con un compromesso sulla composizione del vertice del partito. La vittoria del 2 giugno 1946 assegnò la presidenza dell'Assemblea Costituente ai socialisti e Saragat (già ambasciatore in Francia fino al marzo 1946) venne chiamato, a grande maggioranza, a ricoprire l'alta carica il 25 giugno 1946.

Ma nel gennaio 1947 ebbe luogo la celebre scissione di Palazzo Barberini, capeggiata da Saragat, il quale inizialmente rappresentò il punto di unione tra i fondatori di diversa estrazione ideologica ed anagrafica, da cui scaturì il nuovo partito socialdemocratico (PSLI), di cui Saragat, dimessosi da presidente della Costituente, sarà eletto segretario il 13-2-1947, ricoprendo poi tale carica in vari periodi successivi.

A metà del 1947 PCI e PSI furono estromessi dal governo in cui, alla fine dell'anno, entrarono PSLI e PRI, dando così inizio alle coalizioni centriste. In vari periodi Saragat diventò ministro: nel 4° (1947/1948) e nel 5° (1948/1949) ministero De Gasperi (vicepresidente del Consiglio), nel ministero Scelba (1954/1955, vicepresidente), nel 1° (1963/1964) e nel 2° (1964) governo Moro (ministro degli Esteri).

Nel 1949 si schierò a favore dell'ingresso dell'Italia nel Patto Atlantico, e fu pertanto fra i socialdemocratici che votarono a favore della relativa proposta, diventando poi uno dei più convinti sostenitori dell'Alleanza Atlantica.

Intanto, dopo alterne vicende, nel 1951 fu realizzata la fusione tra il PSLI ed il PSU di Romita, da cui nacque il PS-SIIS, poi (1952) divenuto PSDI. Del nuovo partito Saragat fu co-segretario, assieme a Romita. Ne diverrà segretario unico dal 7-10-1952 fino al febbraio 1954, quando entrerà nel governo Scelba, dando così una brusca frenata al riavvicinamento col PSI che era sembrato delinearsi dopo le elezioni del 1953, il fallimento della legge truffa ed i negativi risultati elettorali della socialdemocrazia, allora attribuiti da Saragat al *destino cinico e baro*. Il processo di unificazione sembrò riprendere slancio dopo "l'incontro di Pralognan" con Nenni e la virata autonomistica del PSI dopo i "fatti d'Ungheria" (1956). Ma anche allora si trattò di un fuoco di paglia, in quanto si dovette registrare un nuovo fallimento del processo di unificazione, a causa della scarsa volontà della sinistra socialista e del centro-destra saragattiano (per cui Saragat pagò il prezzo della scissione a sinistra del MUIS), di arrivare ad una conclusione positiva.

Il 20-10-1957, in occasione dell'XI congresso del partito (Milano, ottobre 1957), tornò alla segreteria del PSDI, che lascerà nel dicembre 1963, in occasione del suo ingresso nel 1° governo Moro.

Il 28-12-1964 Giuseppe Saragat venne eletto Presidente della Repubblica. Nella nuova veste di Capo dello Stato improntò la sua azione ai valori della Resistenza e a favore della formazione di governi di centro-sinistra.. Durante il suo settennato ebbe finalmente luogo (1966) l'unificazione socialista, purtroppo prontamente seguita da una nuova scissione (1969), cosicché Saragat, terminato il suo mandato, da senatore a vita (dal 29-12-1971), ritornò al suo partito (PSDI), di cui nel 1975 assunse la presidenza e poi, per breve tempo, la segreteria, successivamente ceduta a Pier Luigi Romita.

Gli ultimi anni della sua vita, da uomo di profonda cultura qual era, li dedicò ai poeti da lui più amati: Dante, Leopardi, Manzoni.

Morì a Roma l'11 giugno 1988.

Roberto Scheda
Presidente del Nuovo PSI (24-6-2007/23-3-2009)

Il vercellese avv. Roberto Scheda, ex senatore ed attuale assessore della Giunta di Vercelli, nel congresso dell'ala destra del NPSI (Caldoro) del 23-24/6/2007 è stato eletto Presidente del Consiglio Nazionale del NPSI e componente del Comitato di Segreteria dello stesso partito, poi confluito (23-3-2009) nel "Popolo delle Libertà".

Gianfranco Schietroma
Segretario del PSDI (29-1-1995/8-2-1998)

Gianfranco Schietroma, figlio del senatore socialdemocratico Dante, è nato a Roma il 19-10-1950. Laureatosi in giurisprudenza col massimo dei voti, iniziò a svolgere la professione di avvocato penalista.
Iscrittosi al PSDI nel 1989, venne eletto consigliere regionale del Lazio (1990/1995), di cui è stato anche assessore regionale ai LL.PP. e alla Cultura.
In occasione delle elezioni politiche del 1994, essendo il partito sbandato e decimato (segretario Enrico Ferri), si presentò assieme alla componente socialista e socialdemocratica gravitante attorno a Giuliano Amato nella coalizione centrista "Patto per L'Italia", i cui contraenti maggiori erano il Patto Segni e il PPI, ma non fu eletto.
Nel 1995 fu eletto consigliere comunale di Frosinone.
Il 29-1-1995, in occasione del XXIV congresso del PSDI, fu eletto per acclamazione segretario nazionale del partito, superando in seguito la controversia col segretario uscente Ferri e collocando il partito nella sua area politica naturale, la sinistra riformista. Rimase in carica fino all'8-2-1998, quando

aderì al progetto di fusione (col SI di Boselli, con la minoranza del PS guidata da Intini e coi Laburisti Autonomisti, contrari a confluire nei DS), che diede vita allo SDI (Socialisti Democratici Italiani). Schietroma in seguito sarà coordinatore nazionale dello SDI e, dal 15-7-2001, vicepresidente.

Nel 1996 fu eletto deputato ed entrò poi, come sottosegretario alle Finanze, nel I governo D'Alema e, successivamente, come sottosegretario agli Interni, nel II governo Amato.

Il 16-7-2002 fu eletto componente laico del CSM, carica che lascerà nel 2006 per potersi ricandidare alla Camera, dove fu eletto nella lista della "Rosa nel Pugno" (SDI+ Radicali).

Nel 2007 aderì al progetto della Costituente Socialista ed entrò a far parte del Comitato promotore. Venne poi eletto nel Consiglio Nazionale e nella Direzione del PS e divenne segretario della federazione provinciale di Frosinone.

Nel 2009 è stato candidato (non eletto) per il centro-sinistra alla presidenza della Provincia di Frosinone

Giacinto Menotti Serrati
Leader dei terzinternazionalisti alleati del PCdI nelle elezioni 1924, e poi in esso confluiti.

Serrati nacque a Spotorno (Savona) il 25-11-1872. Lasciati gli studi, nel 1892 aderì al partito socialista e fu tra i fondatori della della prima lega socialista di Oneglia, nonché collaboratore dell'organo del partito *Lotta di classe*.

Trasferitosi a Milano, durante gli anni della reazione, per la sua attività di propagandista fu perseguitato. Per sfuggire ad arresti e condanne si rifugiò a Marsiglia, dove fece anche lo scaricatore di porto e il marinaio. Espulso dalla Francia fu costretto ad imbarcarsi e nel 1899 si stabilì in Svizzera, dove collaborò all'*Avvenire dei lavoratori* ed organizzò l'*Unione Socialista* di lingua italiana, di cui divenne segretario. Nel 1902 accettò l'offerta di Dino Rondani di dirigere il settimanale di lingua italiana *Il Proletario* di New York.. Nel 1911 rientrò in Italia e divenne segretario della Camera del Lavoro di Oneglia, dove diresse *La Lima*, e poi di quella di Venezia, dove diresse *Il Secolo Nuovo*.

Da sempre su posizioni di sinistra all'interno del PSI, partecipò ai congressi di Reggio Emilia (1893), di Firenze (1908), di Milano (1910), di Modena (1911), di Reggio Emilia (1912), di Ancona (1914), in cui fu eletto nella Direzione del partito, e di tutti quelli successivi fino al 1922. Nel novembre 1914 fu chiamato, dopo la defezione interventista di Mussolini, alla direzione dell'*Avanti!*, carica che mantenne fino all'aprile 1923.

La sua posizione di ostilità alla guerra gli procurò grande prestigio all'interno del PSI, della cui corrente massimalista diverrà, dopo la guerra il leader riconosciuto. Durante la guerra fece parte delle delegazioni italiane che parteciparono alle conferenze di Zimmerwald e di Kienthal dei socialisti rimasti fedeli all'internazionalismo e quindi contrari alla guerra, fra cui Lenin.

Nel 1917, per i moti di Torino contro la guerra, venne arrestato e condannato a tre anni e mezzo di carcere. Uscì, per amnistia, nel 1919, e divenne direttore anche della rivista *Comunismo*, sostenendo l'adesione del PSI alla III Internazionale Comunista, pur difendendo, con grande vigore, l'autonomia, la peculiarità e la personalità del socialismo italiano. Nel 1922, però, dopo l'espulsione dei riformisti, fece parte della delegazione del PSI che si recò a Mosca per partecipare al IV congresso della III Internazionale e per trattare la fusione tra PSI e PCdI.

Il documento di fusione concordato a Mosca (che prevedeva, fra l'altro, l'espulsione di Vella e di coloro che nell'ultimo congresso socialista avevano manifestato perplessità sulla fusione stessa) venne ratificato dalla Direzione del PSI, ma venne contestato da Vella e dal redattore capo dell'*Avanti!* Nenni, che diedero vita ad un "Comitato di Difesa Socialista", a cui il congresso del PSI dell'aprile 1923 (a cui Serrati non potè partecipare, perché tratto in arresto dai fascisti al suo rientro in Italia) assegnò la maggioranza. La nuova Direzione massimalista autonomista deliberò il divieto delle correnti organizzate; sicché quando Serrati, ormai leader di tutti i fusionisti, diede vita alla Rivista *Pagine Rosse*, venne espulso assieme ai suoi collaboratori. I terzinternazionalisti, quindi, attuarono una ulteriore scissione, organizzandosi in gruppo autonomo, con leader appunto il Serrati, e alle elezioni politiche del 1924 si presentarono assieme al PCdI nelle liste di "Alleanza per l'unità proletaria" e successivamente confluirono nel

PCdI, nel cui Comitato Centrale Serrati venne eletto, divenendo responsabile sindacale del partito e direttore di *Sindacato rosso*.

Morì ad Asso (Como) il 10-5-1926.

Claudio Signorile
Presidente del movimento di Unità Socialista (21-2-2004/23-9-2005)

Claudio Signorile, nato a Bari il 9-9-1937, laureato in Lettere, di professione docente universitario di Storia moderna e contemporanea, si iscrisse giovanissimo (era ancora studente universitario) al partito socialista, della cui organizzazione giovanile (FGSI) è stato segretario nazionale fino al 1965.

Al congresso di Genova (9-12/11/1972) entrò nella Direzione del PSI (segretario De Martino) per la sinistra lombardiana, di cui in seguito divenne leader, specialmente dopo la morte di Lombardi. Fu poi uno dei protagonisti della "rivolta dei quarantenni" che durante il CC del Midas Hotel, nel 1976, rovesciarono la segreteria di De Martino ed elessero al suo posto Bettino Craxi. Accanto al nuovo segretario fu costituita una segreteria, di cui Signorile (assieme a Lauricella, Manca e Landolfi) fece parte.

Al congresso di Torino del 29-3/2-4/1978, vinto dall'asse Craxi-Signorile sulla base della politica dell'*alternativa*, Signorile fu nominato vicesegretario unico, fino a quando avvenne la rottura (1980) con i craxiani e la sinistra passò all'opposizione.

Signorile rimase comunque sempre componente del Comitato Centrale e poi dell'Assemblea Nazionale fino allo scioglimento del partito e membro della Direzione fino alla segreteria Benvenuto (1993).

Signorile è stato deputato per sei legislature, dal 1972 al 1994, ministro per il Mezzogiorno (1982/83) nel V governo Fanfani e ministro dei Trasporti (1983/87) nel I e nel II governo Craxi (sua l'introduzione dell'obbligo del casco per i motociclisti).

Dopo lo scioglimento del PSI egli si è adoperato per una nuova unità socialista.

Il 21-2-2004 fondò il movimento politico di "Unità socialista", che si proponeva appunto il superamento della diaspora socialista. Il movimento, in occasione delle elezioni europee del 13-6-2004, si presentò con una lista denominata "Socialisti uniti per l'Europa", assieme al NPSI di De Michelis, ma i due seggi conquistati toccarono ambedue al NPSI.

Le difficoltà del tentativo di staccare il NPSI dall'abbraccio con il centro-destra, indussero Signorile a dialogare soprattutto con lo SDI, appoggiandolo nelle regioni in cui esso presentò proprie liste alle regionali del 2005. Nello stesso anno, nel convegno di Fiuggi del 23-9-2005 "Unità Socialista" aderì al progetto della "Rosa nel Pugno" (che vedeva coinvolti lo SDI e il PR), della cui Direzione Signorile fu chiamato a far parte. Nel 2006 Signorile fu candidato al Senato, ma non fu eletto.

Il sostanziale fallimento del progetto della RnP indusse in seguito Signorile a guardare con favore il processo di formazione del Partito Democratico, sicché, nell'aprile 2007, si unì ad Ottaviano Del Turco nel dissociarsi dall'iniziativa di Boselli (SDI) della Costituente Socialista, per aderire, invece, alla imminente costituzione del PD, uscendo dallo SDI e formando (14-5-2007) il movimento "Alleanza Riformista", poiché considerava positivamente la prospettiva dell'integrazione dei socialisti italiani in una forza politica in cui si potesse realizzare l'unità di tutti i riformisti.

La maggioranza del suo ex movimento però non l'ha seguito, trasformandosi in una corrente interna dello SDI, diretta da Angelo Sollazzo.

Dei numerosi libri di Claudio Signorile ricordiamo:

Dal centro sinistra all'alternativa
Democrazia dell'alternanza e sinistra di governo
Il Mezzogiorno e l'economia nazionale
Il Socialismo federativo
Un'altra sinistra

Ignazio Silone

responsabile del Centro Estero di Zurigo del PSI-IOS, in tale veste rappresentante del PSI dal 23-12-1941 al 16-4-1944
Segretario dell'Unione dei Socialisti (febbraio 1949/4-12-1949)
Segretario del PSU (20-9-1950/14-2-1951)

Secondino Tranquilli (solo in seguito lo pseudonimo "Ignazio Silone" divenne il suo nome legale) nacque a Pescina (L'Aqui-

la) il 1° maggio 1900 da Paolo (piccolo proprietario) e Maria Annina Delli Quadri (tessitrice). Frequentò le elementari a Pescina e il ginnasio presso il seminario diocesano. Dopo il terremoto (13-1-1915) che sconvolse la Marsica, della sua famiglia rimasero solo lui e il fratello minore Romolo. Affidato quindi alla nonna paterna, studiò in diversi collegi, da ultimo a Reggio Calabria, ma non terminò gli studi essendosi dedicato alla politica, commosso dalle tristi condizioni dei "cafoni" marsicani, da lui definiti "dannati della terra"..
Nel 1917, infatti, si trasferì a Roma e poco dopo aderì all'Unione Giovanile Socialista romana, di cui nel 1919 divenne segretario, collocandosi nella sua ala sinistra, allora rappresentata da Amadeo Bordiga e da Antonio Gramsci. Nel gennaio 1920, dal congresso nazionale giovanile venne chiamato alla direzione di *Avanguardia*, mentre continuava la sua collaborazione all'*Avanti!*, da poco iniziata.
Dopo la guerra, contro la quale, in linea col PSI, si era schierato, partecipò alla scissione di Livorno del 1921 da cui ebbe origine il PCdI. Entrò quindi nel Comitato Centrale della gioventù comunista (segretario Giuseppe Berti), di cui faceva parte anche Luigi Longo, il futuro successore di Togliatti alla guida del PCI. In questo periodo dirigeva *l'avanguardia* e scriveva anche sul giornale comunista triestino *Il Lavoratore*.
Nello stesso anno 1921, durante il quale collaborò col segretario del partito Bordiga, fu delegato al 3° congresso dell'Internazionale Comunista, dove conobbe Lenin. Alla fine del 1922 subì un arresto da parte della polizia fascista, sicché, quando

uscì dal carcere, si rifugiò prima a Berlino, poi in Spagna, dove collaborò a vari giornali comunisti, ed infine a Parigi, dove diventò redattore della *Riscossa*.

Nel 1925 ritornò a Pescina e si avvicinò alle posizioni di Gramsci, ma nel 1926, dopo lo scioglimento dei partiti fu costretto a riparare all'estero, dove compì varie missioni per conto della segreteria clandestina del partito. Nel 1927 —come membro dell'Ufficio Politico del PcdI - si recò a Mosca, dove rimase scosso per la piega repressiva assunta dallo stalinismo e fu critico verso l'espulsione dal PCUS di Zinov'ev e poi di Trotsky. Nel 1928 Silone, che intanto si era trasferito in Svizzera, a Zurigo, apprese che il fratello Romolo era stato ingiustamente arrestato dalla polizia fascista: morirà in carcere nel 1932.

Intorno al 1930 maturò la sua crisi politica ed umana: nel 1931, dopo le espulsioni di Tasca, Tresso, Leonetti e Ravazzoli, è espulso a sua volta dal PCdI; Silone rimane all'estero, intenzionato a proseguire la lotta antifascista, non più da posizioni marxiste, ma da "da socialista senza partito e cristiano senza chiesa".

Nello stesso periodo emerge la sua vocazione per la letteratura: Silone si rivelò scrittore di grande talento, come dimostrava la pubblicazione in tedesco (poi tradotta in 28 lingue), a Zurigo (1933), del suo capolavoro *Fontamara*. Seguiranno *Vino e pane* e *Il seme sotto la neve*.

Successivamente aderì al *Centro Estero* del PSI, che dal dicembre 1941, sotto la sua presidenza, e con la collaborazione di

Formica, Gorni, Pellegrini e Valar e, più in là, di Modigliani, assunse la rappresentanza del PSI, la cui direzione centrale in Francia era stata scompaginata in seguito all'invasione nazista. Tale attività venne interrotta per gli arresti del dicembre 1942, fra cui quello dello stesso Silone (14-12-1942), rilasciato il 30-12-1942 ed internato prima a Baden, poi a Davos e infine a Zurigo, sino all'ottobre 1944; l'attività del Centro riprese, anche se solo sul piano dell'elaborazione teorica, nel febbraio 1944, fino al successivo aprile. Dal 1° febbraio 1944 Silone assunse la direzione dell'*Avvenire dei lavoratori*.
Il successivo 13 ottobre rientrò in Italia e incontrò a Roma Pietro Nenni, segretario del partito socialista. Nel dicembre 1945 fu nominato direttore dell'edizione romana dell'*Avanti!* e membro della Direzione, prendendo parte attivamente alla dialettica interna del partito; sarà infatti uno dei due firmatari (con Pertini) della mozione "unificata" del congresso di Firenze del 1946. Entrò quindi nella nuova Direzione e venne poi eletto all'Assemblea Costituente. Successivamente fondò il periodico *Europa socialista*, che si batteva per l'autonomia dei socialisti e per un'Europa unita, esaminando a fondo anche il rapporto fra politica e cultura. Nel gennaio 1947 lasciò il PSI per aderire al Gruppo Parlamentare del PSLI, ma non al partito.
Nel febbraio 1948 il suo gruppo si fuse con quello di Ivan Matteo Lombardo e con quello di Tristano Codignola; ne scaturì una nuova formazione politica denominata *Unione dei Socialisti*, di cui Silone, nel 1949, diverrà il leader; intanto alle

politiche del 1948 essa si presentò assieme al PSLI nelle liste di *Unità Socialista*.

L'Unione dei Socialisti nel 1949, fondendosi con la destra socialista di Romita e con la sinistra socialdemocratica di Mondolfo, diede vita al PSU (*Partito Socialista Unitario*), di cui Silone il 20-11-1950 fu eletto segretario, e che nel 1951 si unificò col PSLI.

Successivamente Silone si allontanò dalla politica per dedicarsi alla sua attività di scrittore, con la sola eccezione della sua sfortunata candidatura, per il PSDI, alle elezioni del 1953. Silone morì a Ginevra il 22 agosto 1978.

Fra le sue opere, oltre quelle già menzionate, ricordiamo:

Il Fascismo. Origini e sviluppo (1934)
La scuola dei dittatori (1938)
Una manciata di more (1952)
Il segreto di Luca (1956)
Uscita di sicurezza (1965)
L'avventura di un povero cristiano (1968)

Recenti ricerche storiche hanno sollevato dubbi, peraltro fortemente contrastati da una parte degli storici, su una presunta collaborazione dello scrittore con la polizia fascista dal 1923 al 1930.

Alberto Simonini

Componente della segreteria collegiale del PSLI (15-1-1947/13-9-1947)

Segretario del PSLI (5-2-1948/7-3-1949)

Simonini nacque a Reggio Emilia il 19-2-1896 da Augusto (manovale delle ferrovie) e da Faustina Gallinari (contadina). Conseguita la licenza elementare cominciò a lavorare come meccanico.

Nel 1912, a Brescia, si iscrisse alla Federazione Giovanile Socialista, di cui organizzò il locale circolo, subendo anche una condanna a tre giorni di carcere per propaganda antimilitarista. Nel 1914, rientrato a Reggio Emilia, assunse posizioni energiche contro l'imminente ingresso in guerra, proponendo lo sciopero generale per impedirlo.

Nel 1920 lo troviamo fra i massimi esponenti massimalisti della sua città. Nel 1921 partecipò come delegato al congresso di Livorno, ancora per la mozione massimalista, ma su posizioni unitarie vicine a quelle di Baratono, tanto che, nella scissione dell'ottobre 1922, aderì al PSU di Turati e Matteotti, come appunto fece Baratono e i centristi che lo seguirono. Il 28 giugno 1923 venne bandito da Parma, la cui Camera del Lavoro rappresentava, con foglio di via obbligatorio. Da quell'anno diventò ispettore viaggiante del giornale *La Giustizia* e poi del partito.

Dopo l'assassinio di Matteotti si trasferì a Torino come segretario confederale della CGdL e segretario regionale del sindacato edili.

Durante il fascismo per vivere fece il rappresentante di commercio e nel 1929 rientrò a Reggio Emilia, dove, nel 1932, subì due arresti. Trasferitosi successivamente a Bologna partecipò a riunioni clandestine per ricostruire una organizzazione socialista. In questa attività venne a scontrarsi con l'ala unitaria del PSIUP, tanto che nel Consiglio Nazionale del luglio-agosto 1945, pur pronunciandosi a favore del Patto di unità d'azione col PCI, si schierò contro ogni tentativo di fusione.

Partecipò al congresso dell'aprile 1946 del PSIUP, nella cui Direzione fu eletto per la corrente di "Critica Sociale". Nel gennaio 1947 aderì alla scissione di Palazzo Barberini che diede vita al PSLI, della cui segreteria collegiale, assieme a Giuseppe Faravelli e Giuliano Vassalli, entrò a far parte; passata la segreteria al solo Saragat nel settembre 1947, rimase nella Direzione del partito, di cui farà parte fino alla morte, sempre come leader della destra interna. Dopo l'entrata del PSLI nel governo De Gasperi (dicembre 1947), il congresso di Napoli (1-5/2/1947) chiamò alla segreteria Alberto Simonini, che fu riconfermato poi anche dal congresso di Genova (23-26/1/1949). Simonini in seguito si dimise, quando nella Direzione si formò una maggioranza di centro-sinistra (che elesse al suo posto U.G. Mondolfo) contraria all'adesione al Patto Atlantico.

In seguito appoggerà la legge elettorale maggioritaria, detta "legge-truffa" ed avanzerà molte riserve sul dialogo tra PSI e PSDI, per un'eventuale riunificazione dei due partiti.

Simonini nel 1946 era stato eletto all'Assemblea Costituente e poi alla Camera nella I (1948), II (1953), III (1958) legislatura. Nel 1958 fece parte del I governo Fanfani (1958-59), come ministro delle Poste e Telecomunicazioni.

Morì a Strasburgo, dove si trovava per intervenire ai lavori dell'Assemblea Parlamentare Europea, il 6-7-1960.

Romeo Soldi

Nato a Cremona (30-05-1870), operò nel socialismo romano.

Dopo aver frequentato (1892-93) la facoltà di giurisprudenza a Berlino, si laureò (1894) a Roma. Nel dicembre 1899 ottenne la libera docenza di Economia Politica.

Partecipò a vari congressi del PSI: Reggio Emilia (1893), in cui propose la costituzione di un gruppo parlamentare autonomo, Firenze (1896), Bologna (1897), Roma (1900), in cui fu eletto nella Direzione, Imola (1902) in cui fu uno dei relatori e fu riconfermato nella Direzione, Bologna (1904), dove assunse una posizione centrista (in precedenza militava nell'ala "intransigente"), fu relatore sui problemi del commercio, e fu riconfermato nella Direzione.

Collaborò a *Critica Sociale*, all'*Avanti!* e all'*Eco del popolo* di Cremona. Fu deputato di Cremona.

Morì nel 1959.

Valdo Spini
Coordinatore del PSI (21-6-1994/20-9-1994)
Presidente della Federazione Laburista (6-11-1994/13-2-1998)

Valdo Spini, figlio dello storico Giorgio Spini, è nato a Firenze il 20-1-1946. La sua prima militanza politica è nell'organizzazione unitaria della sinistra universitaria (UGI) di cui è stato presidente. Dopo la laurea in Economia e Commercio è diventato professore nella facoltà di Scienze Politiche dell'università di Firenze.

Nel 1962 si iscrisse al PSI e nel 1979 (VIII legislatura) fu eletto deputato, militando nell'area della sinistra lombardiana del PSI e poi nei DS e distinguendosi sempre per la correttezza e per la dirittura morale, che lo guideranno anche nei tempi più neri della storia del PSI. Sarà riconfermato fino alla XV legislatura.

Entrato nel 1980 nella Direzione del PSI, durante la segreteria di Bettino Craxi ricoprì, assieme a Claudio Martelli, la carica di vicesegretario dal 1981 al 1984. Nel 1989 fu eletto consigliere comunale ed assessore del comune di Firenze e nel 1992 entrò nel governo Amato come sottosegretario agli Esteri. È stato poi ministro dell'Ambiente nel governo Amato (9-3-1993/28-4-1993) e nel governo Ciampi (4-5-1993/16-4-1994) dopo essere stato, per soli 5 giorni, ministro delle Politiche Comunitarie nello stesso governo. Dal 1996 al 2001 è stato presidente della Commissione Difesa della Camera.

Dopo le dimissioni di Craxi si candidò alla segreteria del PSI in contrapposizione a Giorgio Benvenuto, ottenendo il 42,1% dei consensi. Nel giugno 1994, a seguito del ritiro del segretario Del Turco, venne nominato coordinatore del PSI. Durante tale periodo portò avanti il progetto di fondazione della Federazione Laburista, che non venne appoggiato fino in fondo dal segretario Del Turco (tornato alla guida del partito) e dal vicesegretario Boselli, che invece guidarono il PSI verso lo scioglimento. Spini realizzò il suo progetto il 6-11-1994, con la costituzione della Federazione Laburista, che poi sarà allargata ad altri piccoli spezzoni socialisti, dando vita al MDSL (Movimento dei Democratici, dei Socialisti e dei Laburisti).

Il 13-2-1998 la Federazione Laburista partecipò, assieme ad altri partiti e movimenti alla costituzione dei DS (Democratici di Sinistra), della cui Direzione Spini, per un certo periodo (gennaio 2000/novembre 2001) fu il presidente.

Nell'aprile 2007, dopo il congresso dei DS che deliberò la fusione con la Margherita per fondare il PD (Partito Democratico), Spini fu tra i promotori della scissione di coloro che non volevano abbandonare la tradizione socialista, per cui fondarono il nuovo raggruppamento della "Sinistra Democratica per il Socialismo Europeo".

Spini si schierò per l'adesione alla Costituente Socialista, del cui comitato promotore entrò a far parte, ma la maggioranza del nuovo partito non lo seguì, preferendo allearsi con i due partiti comunisti e con i Verdi. Spini, invece, aderì al progetto di unificazione socialista, assieme ad una frazione della

SD ("Democrazia e Socialismo" di Angius) e nel 2008 si presentò nella lista del PS, ma non venne rieletto, a causa del mancato apparentamento con i DS, che mal digerivano la presenza di una forza socialista autonoma. Quando, nel settembre 2008, il gruppo di Angius decise di lasciare il PS, Spini vi rimase.

Nel 2009 si è candidato a sindaco (8,36%) di Firenze, riuscendo ad essere eletto consigliere comunale.

L'attività letteraria di Spini è molto vasta, sia nel campo professionale in materia economica, sia in quello politico, del quale ci limitiamo a citare due titoli:

Compagni siete riabilitati! Il grano e il loglio dell'esperienza socialista (2006)
Vent'anni dopo la Bolognina (2010)

Mario Tanassi

Segretario del PSDI (17-4-1957/20-10-1957)
Segretario del PSDI gennaio 1964/30-10-1966)
Segretario (assieme a Francesco De Martino del PSI-PSDI Unificati (30-10-1966/9-11-1968)
Presidente PSU/PSDI (luglio 1969/febbr. 1972)
Segretario del PSDI (febbr. 1972/giug. 1972)
Segretario del PSDI (27-6-1975/marzo 1976)

Mario Tanassi, figlio di Vincenzo, socialista molisano, nacque a Ururi (Campobasso) il 17-3-1916. Pubblicista laureato in

Scienze Politiche, lasciò il Molise giovanissimo per partecipare alla seconda guerra mondiale in Eritrea, dove visse poi per alcuni anni, diventando segretario della sezione del PSIUP di Asmara.

Rientrato in Italia, aderì al PSLI, al cui III congresso (Roma, giugno 1949) presentò la mozione "Una politica socialista per l'unità socialista". Successivamente, assieme a Matteo Matteotti e Flavio Orland, aderì al PSU, dove sostenne la linea fusionista di Romita, eletto segretario dopo il congresso del gennaio 1951. Tanassi in quell'occasione entrò nella Direzione del PSU, che poco dopo si fuse col PSLI, assumendo la denominazione di PS-SIIS.

Al congresso di Bologna (gennaio 1952) del PS-SIIS, in quell'occasione divenuto PSDI, Tanassi fu riconfermato nella Direzione e in quello successivo di Genova (ottobre 1952) divenne anche vicesegretario del partito (segretario Saragat, con la cui corrente Tanassi si era schierato).

Quando Saragat, entrato nel governo Scelba, lasciò la segreteria del PSDI a Matteo Matteotti, Tanassi continuò ad essere vicesegretario, sempre per la corrente centrista saragattiana. La situazione rimase invariata anche dopo il congresso di Milano del febbraio 1956, fino a quando Matteotti, per contrasti sul modo di condurre le trattative per la fusione PSI-PSDI — Tanassi faceva parte, per il PSDI, della Commissione mista a tale scopo istituita dai due partiti - si dimise (17-4-1957). Alla segreteria del partito fu allora chiamato Mario Tanassi fino al nuovo congresso (Milano, ottobre 1957) che richiamò Saragat alla segreteria, mentre Tanassi fu riconfermato nella Direzione. Tale carica gli fu confermata anche dopo i congressi del novembre 1959 e del novembre 1962. Nel 1963 fu eletto deputato, poi riconfermato nel 1968 e nel 1972.

Costituito il primo governo organico di centro-sinistra Moro-Nenni (1964), Saragat, diventato ministro degli Esteri, lasciò la segreteria del PSDI, che passò a Tanassi, con vicesegretario Antonio Cariglia. Il congresso di Napoli, che si tenne dopo l'elezione di Saragat alla presidenza della repubblica (28-12-1964), spianò la strada all'unificazione socialista e lasciò invariato il tandem Tanassi-Cariglia. Dalla unificazione socialista tra PSI e PSDI sorse (30-10-1966) il Partito Socialista Unificato (più precisamente PSI-PSDI Unificati) guidato da una segreteria collegiale di Francesco De Martino e Mario Tanassi.

Tanassi divenne poi (12-12-1968/5-8-1969) ministro dell'Industria, Commercio e Artigianato nel I governo Rumor.

Il deludente risultato delle politiche del 1968 rappresentò forse la principale spinta che portò ad una nuova separazione della componente socialdemocratica, che il 5-7-.1969 decise di riprendere la sua autonomia e costituì il Partito Socialista Unitario (dal 10-2-1971 nuovamente PSDI) con segretario Mauro Ferri e Tanassi presidente del Consiglio Nazionale. Tanassi rientrò nel governo come ministro della Difesa (27-3-1970/17-2-1972) nei ministeri Rumor III e Colombo.

Nel febbraio 1972 Tanassi ritornò alla segreteria del PSDI, che però nel giugno 1972 passò a Flavio Orlandi, essendo Tanassi nuovamente entrato, ancora come ministro della Difesa (26-

6-1972/14-3-1974), nei governi Andreotti II, con l'incarico anche della vicepresidenza, e Rumor IV.

L'ultimo incarico governativo Tanassi lo ebbe come ministro delle Finanze (14-3-1974/23-11-1974) nel V governo Rumor.

Tanassi ritornò di nuovo alla guida del PSDI nel giugno 1975, ma rimase coinvolto nello scandalo Lockheed e lasciò la politica.

Morì a Roma il 5-5-2007.

Angelo Tasca
Componente del Comitato Esecutivo del PSI/IOS (2-9-1939/1941)

Angelo Rossi, ma conosciuto col suo pseudonimo come Angelo Tasca, nacque a Moretta (CU) da Carlo e Angela Damilano il 19 novembre 1892. Trasferitosi a Torino, studiò al liceo "Gioberti", dove ottenne la maturità classica nel 1911. Si iscrisse quindi alla facoltà di Lettere e Filosofia, che potè frequentare, grazie al beneficio dell'esenzione dalle tasse per meriti scolastici. Giovanissimo aderì (1909) all'organizzazione giovanile del PSI, nella quale ben presto si affermò come conferenziere e dirigente. Divenne successivamente anche dirigente della Federazione del PSI di Torino e si legò d'amicizia con altri due brillanti studenti universitari, anche loro divenuti socialisti: Antonio Gramsci e Palmiro Togliatti, assieme ai quali, e a Terracini, fondò il settimanale *L'Ordine Nuovo*.

Nel primo dopoguerra divenne segretario della Camera del Lavoro di Torino e nel 1920 consigliere comunale; nel 1921, al congresso di Livorno del PSI, partecipò alla fondazione del PCdI, risultando eletto nel primo Comitato Centrale di quel partito. Si qualificò in seguito come leader della "destra" interna, favorevole ad un dialogo con la sinistra massimalista del PSI, rispetto alla "sinistra" di Bordiga e al "centro " di Gramsci. Il regime fascista lo fece arrestare nel 1923 e nel 1926, anno in cui entrò nella segreteria del partito e in cui fu costretto ad espatriare in Francia, di cui prenderà la nazionalità nel 1936. In Francia si affermò anche come giornalista, scrivendo prima per *Le Monde* e poi per il quotidiano socialista *La Populaire*.

Nel 1928-29 fece parte del presidium dell'Internazionale Comunista, dove sostenne le posizioni di Bucharin, leader della "destra" del PCUS e dell'Internazionale, entrando così in conflitto con Stalin; il che gli costerà, nel settembre 1929, l'espulsione dal PCdI. Da allora le sue posizioni politiche furono sempre più intrise di anticomunismo, anche quando, nel 1935, egli rientrò nel PSI/IOS, allora legato al PCdI da un Patto di unità d'azione (1934-1939), dove presto entrò in rotta di collisione con Nenni, che di quel patto era sostenitore..

Il patto di non aggressione, firmato nell'agosto del 1939 fra Urss e Germania nazista, causò grossi sbandamenti nella sinistra; in particolare, nel PSI esso provocò le dimissioni del segretario del partito e direttore del *Nuovo Avanti* Nenni (fautore dell'unità d'azione) e l'elezione di un Comitato Esecutivo, composto da Oddino Morgari, Giuseppe Saragat e dallo stesso Tasca, che ne divenne l'elemento principale, visto l'allontanamento di Saragat da Parigi e le condizioni di salute di Morgari.

Lo scoppio, subito dopo, della guerra mondiale e la successiva invasione nazista della Francia, finiranno per causare il disfacimento dell'Esecutivo, che trasferirà i suoi poteri alla Federazione socialista del Sud-Ovest, che poi, a sua volta, li passerà al *Centro Estero* di Zurigo, diretto da Ignazio Silone.

Durante la repubblica di Vichy, nel clima di smarrimento generale causato dalla guerra e dal patto germano-sovietico, sull'onda forse del suo anticomunismo e del suo antimarxismo, sembrò aderire al regime collaborazionista del maresciallo Pétain, scrivendo sul giornale collaborazionista *L'Effort* e dirigendo, tra il 1941 e il 1944, il centro studi del Ministero della Propaganda.

Nel 1944, quando la Francia fu liberata, venne arrestato con l'accusa di collaborazionismo, ma venne scagionato, grazie alle credenziali fornite dal governo di Bruxelles che certificava una sua intesa segreta con la con la resistenza belga.

Finita la guerra rimase a Parigi, spostandosi su posizioni politiche socialdemocratiche e scrivendo per varie testate. Dal 1948 al 1954 fu consulente dell'Ufficio studi europeo della Nato per le questioni attinenti il comunismo.

Tasca si affermò anche come storico, specialmente grazie al suo capolavoro, prima pubblicato in Francia (1938) e poi in Italia (1949), *Nascita e avvento del fascismo*.

Morì a Parigi il 3 marzo 1960.

Alberto Tomassini
Presidente del PSDI (7-10-2007/ad oggi)

Esponente di spicco del PSDI veneto (ex consigliere comunale di Venezia ed ex assessore della Regione Veneto) ed ex presidente dell'Inail, l'ing. Alberto Tomasini è stato eletto al congresso di Belluria (RN) del 5-7/10/2007 del PSDI presidente del Consiglio Nazionale del partito. È anche membro della Direzione Nazionale.
Dal congresso (XXVIII) del PSDI di Barletta del 22-24/10/2010 è stato eletto Presidente Nazionale del partito.

Filippo Turati
Leader della Lega Socialista di Milano
Leader del PSLI/PSULI in Francia (1926/1930)

Nacque a Canzo (Como) il 26-11-1857. Dopo aver studiato al liceo classico di Pavia, si laureò in legge all'Università di Bologna e si stabilì a Milano. Ivi si avvicinò alla sinistra democratica radicale, ostile al trasformismo. Nel 1884 conobbe a Napoli la rivoluzionaria russa Anna Kuliscioff, con la quale nacque un sodalizio affettivo e politico destinato a durare tutta la vita. Fu lei a spingerlo ad avvicinarsi al socialismo ed al marxismo; nel 1889 i due costituirono la *Lega Socialista* milanese, che fu all'avanguardia nel perseguire la formazione di un autonomo partito socialista della classe lavoratrice, libero da influenze anarchiche e radicali, obiettivo raggiunto nel Congresso di Genova del 1892, con la fondazione del *Partito dei Lavoratori Italiani* (dal 1895 *Partito Socialista Italiano*).

Nel 1891 Turati aveva fondato la rivista, che diresse fino al 1926, *Critica Sociale*, destinata a diventare il più autorevole organo teorico e politico del socialismo italiano.

Favorevole alla tattica gradualista del socialismo riformista, di cui divenne il riconosciuto leader, al fine di perseguire l'evoluzione in senso democratico e progressista dello Stato, fu favorevole alla collaborazione con le altre forze dell'Estrema, i repubblicani e i radicali.

Nel 1893, in occasione del congresso dell'*Internazionale Socialista* di Zurigo, conobbe Engels.

Nel 1896 venne eletto per la prima volta deputato, carica che mantenne fino all'avvento del fascismo. Il 9 maggio 1898 venne arrestato e condannato a 12 anni per i moti del pane di Milano, detti *la protesta dello stomaco*. Rieletto in un'elezione suppletiva , uscì per indulto un anno dopo, esercitando di fatto, pur senza rivestire alcuna carica interna ufficiale, la leadership del partito fino al 1912 quando la sinistra socialista ne conquistò la maggioranza.

I dissensi con quest'ultima portarono nel 1922 i riformisti guidati da Turati ed altri gruppi centristi a lasciare il partito ed a costituire il *Partito Socialista Unitario* con segretario Giacomo Matteotti. L'assassinio di quest'ultimo per mano fascista (1924), la morte della signora Anna (1925) e l'intensificarsi della minaccia fascista (*Con la barba di Turati/noi faremo spazzolini/per lustrare gli stivali/di Benito Mussolini*) indussero il Turati, nel dicembre 1926, a cercare salvezza nell'esilio, fuggendo all'estero con l'aiuto di Ferruccio Parri, Sandro Pertini, Carlo Rosselli, Italo Oxilia ed altri. Stabilitosi a Parigi riprese la sua attività politica, adoperandosi per la costituzione della *Concentrazione Antifascista* (1927) e per la riunificazione socialista, realizzata nel 1930, senza trascurare l'attività contro il regime fascista, con scritti, conferenze, interventi ai congressi socialisti internazionali. Morì a Parigi il 29-3-1932. Dal 1948 le sue ceneri riposano a Milano.

La meritata fama del grande dirigente socialista è inoltre legata al fatto di essere stato l'autore delle parole del celebre *Inno dei lavoratori* (musica di Amintore Galli), di cui riportiamo alcune strofe.

Inno dei lavoratori (1886)

Testo di Filippo Turati —Musica di Amintore Galli

Su fratelli, su compagne,
su, venite in fitta schiera:
sulla libera bandiera

splende il sol dell'avvenir.

Nelle pene e nell'insulto
Ci stringemmo in mutuo patto,
la gran causa del riscatto
niun di noi vorrà tradir.

Il riscatto del lavoro
dei suoi figli opra sarà:
o vivremo del lavoro
o pugnando si morrà,
o vivremo del lavoro
o pugnando si morrà,
o vivremo del lavoro
o pugnando si morrà.

La risaia e la miniera
ci han fiaccati ad ogni stento
come i bruti d'un armento
siam sfruttati dai signor.

I signor per cui pugnammo
ci han rubato il nostro pane
ci han promessa una dimane:
la diman si aspetta ancor.

Il riscatto del lavoro

> dei suoi figli opra sarà:
> o vivremo del lavoro
> o pugnando si morrà,
> o vivremo del lavoro
> o pugnando si morrà,
> o vivremo del lavoro
> o pugnando si morrà.

Dario Valori
Segretario del secondo PSIUP (settembre 1971/13-7-1972)

Dario Valori nacque il 6-7-1925 a Milano, dove frequentò il liceo classico e conseguì la laurea in Lettere. Intraprese quindi la carriera di giornalista. Nel 1945 aderì al PSI, dedicandosi all'organizzazione giovanile. Verso la fine del 1947 entrò nella segreteria di "Alleanza Giovanile", un organismo composto da comunisti, socialisti e indipendenti che aderì al Fronte Popolare nel 1948. Dal 1948 al 1953 fu condirettore del settimanale socialcomunista *Pattuglia*.

Valori, aderente alla corrente di sinistra del partito, entrò nella Direzione Nazionale nel 1951, come responsabile della Gioventù Socialista, rimanendovi poi fino al 1959 e poi dal 1961 al 1963, cioè fino alla scissione della sinistra, che nel gennaio 1964 ricostituì un nuovo PSIUP.

Di quest'ultimo partito fu uno dei principali esponenti, diventandone dall'inizio e fino al marzo 1971 vicesegretario, con segretario Tullio Vecchietti.; da quella data , e fino allo scioglimento del partito (13-7-1972) ebbe il ruolo di segretario nazionale, in sostituzione di Vecchietti, divenuto presidente del partito. All'atto dello scioglimento del partito, Valori fu uno dei leader della maggioranza che ne decise la confluenza nel PCI, che lo cooptò nel CC e nella Direzione. Nel PCI si occupò principalmente di informazione e poi di attività ricreative e culturali di massa.

Valori fu più volte parlamentare: deputato del PSI nel 1958 e nel 1963; senatore, per le liste unitarie PCI-PSIUP nel 1968 e nel 1972; per il PCI nel 1976, nel 1979 e nel 1983. Dal 1976 al 1983 fu anche vicepresidente del Senato.

Morì a Roma il 20-3-1984:

Giuliano Vassalli

Leader dell'UPI (autunno 1942/22-8-1943)
Componente della segreteria collegiale del PSLI (15-1-1947/13-9-1947)

Giuliano Vassalli, figlio del civilista Filippo, nacque a Perugia il 25-4-1915. Seguendo le orme paterne, si laureò (1936) in Giurisprudenza all'università di Roma.

Durante la guerra maturò una coscienza antifascista che lo portò ad aderire all'Unione Proletaria Italiana di cui era il dirigente più autorevole, assieme a Mario Zagari. Nel convegno di fusione tra PSI, MUP e UPI che diede vita al PSIUP entrò nella Direzione del partito e, nell'ottobre 1943, nella Giunta

Militare Centrale del CLN. Il 5-11-1943 entrò nell'Esecutivo segreto del PSIUP, accanto a Nenni (segretario) e a Lizzadri.

Il 20 gennaio 1944, a capo di un commando partigiano socialista, riuscì a liberare da "Regina Coeli" Sandro Pertini e Giuseppe Saragat, prigionieri dei nazisti e già condannati a morte. Catturato dai tedeschi nell'aprile 1944 venne imprigionato e torturato dalle SS nel carcere di via Tasso. Sarà liberato il 4-6-1944, per intercessione delle autorità ecclesiastiche di Roma. Fu decorato di medaglia d'argento al valor militare.

Dopo la guerra partecipò alla vita politica , militando nella corrente del PSIUP di "Iniziativa Socialista", che si collocava nella sinistra del partito, ma su posizioni fortemente autonomiste. Nel gennaio del 1947 aderì alla scissione di Palazzo Barberini, da cui sorse il PSLI, nella cui Direzione fu eletto; fu chiamato anche a far parte (assieme a Giuseppe Faravelli ed Alberto Simonini) della Segreteria collegiale del PSLI.

Nel 1949, assieme alla sinistra del PSLI lasciò il partito per partecipare alla fondazione del PSU, della cui direzione fece parte fino alla fusione col PSLI (1951), a cui Vassalli non aderì. Nel 1957 fu insignito del "Premio di fedeltà alla Resistenza", a favore dei cui ideali si era sempre battuto e sempre si batterà in seguito. Nel 1959 rientrò nel PSI. Fu consigliere comunale e capogruppo del PSI a Roma (1962/1966), deputato della lista

PSI/PSDI (1968/1972), senatore e capogruppo parlamentare del PSI (1983/1987).

Fu, inoltre, ministro di Grazia e Giustizia nel governo Goria (28-7-1987/13-4-1988), nel I governo De Mita (13-4-1988/22-7-1989), nel VI governo Andreotti (22-7-1989/31-1-1991).
Avvocato di fama e docente ordinario di diritto e procedura penale, nonché autore di numerosissime pubblicazioni scientifiche, Vassali il 4-2-1991 fu nominato dal presidente Cossiga giudice costituzionale. L'11-11-1999 divenne presidente della Corte Costituzionale.
Morì a Roma il 21-10-2009.

Tullio Vecchietti
Segretario PSIUP (12-1-1964/sett.1971)
Presidente PSIUP (sett. 1971/13-7-1972)

Tullio Vecchetti nacque il 29-7-1914 a Roma, dove studiò fino al conseguimento della laurea in Scienze Politiche. Appena ventenne cominciò a frequentare gruppi antifascisti clandestini. Nel 1938, avendo vinto una borsa di studio alla Sorbona di Parigi, vi si recò e prese contatti con i socialisti e i giellisti emigrati. Nel 1942-43 fece parte, assieme a Mario Zagari, Achille Corona, Ezio Crisafulli e Giuliano Vassalli del gruppo dell'Unione Proletaria Italiana che, fondendosi con il PSI e con il MUP, nel convegno del 22-23 agosto 1943, diede vita al PSIUP.

Vecchietti entrò nella prima Direzione del partito unificato e prese parte alla Resistenza a Roma. Nel periodo 1944-47 fu componente del Consiglio Nazionale del PSIUP e negli anni 1945-46 assessore al Comune di Roma. Rientrò ancora nella Direzione nel gennaio 1947, in occasione del congresso della scissione saragattiana. Dal 1949 al 1951 diresse la rivista ideologica del PSI *Mondo Operaio*, ricoprendo anche importanti incarichi nella federazione romana del partito.

Vecchietti, divenuto uno dei principali esponenti della corrente di sinistra del PSI, nel 1951 fu eletto di nuovo nella Direzione, divenendo nel contempo direttore dell'*Avanti!* e mantenendo le due cariche fino al 1959, anno in cui la maggioranza autonomista optò per una Direzione propria monocolore; Vecchietti, divenuto ormai il leader della sinistra, continuò comunque a far parte del Comitato Centrale e, a partire dal 1958, diresse per un certo tempo la rivista della sua corrente *Mondo Nuovo*. Nel 1961 rientrò ancora nella Direzione del PSI, in rappresentanza della sinistra socialista, ancora minoritaria, rimanendovi fino alla fine del 1963.

Nel convegno della sinistra del 12-1-1964 fu decisa la scissione e si diede vita ad un nuovo PSIUP, di cui fu eletto segretario appunto Vecchietti. Nel marzo 1971 fu eletto presidente del partito, mentre nuovo segretario divenne Dario Valori.

In seguito al rovescio elettorale del 1972, il quarto congresso del PSIUP deliberò lo scioglimento del partito e la maggioranza, guidata da Vecchietti e Valori, decise la confluenza nel

PCI. Vecchietti entrò nel CC e nella Direzione del PCI, rimanendovi fino al 1989 e occupandosi di politica internazionale. Vecchietti era stato eletto per la prima volta alla Camera nel 1953, poi nel 1958 e nel 1963 per il PSI; nel 1968 per il PSIUP e nel 1976 per il PCI; fece parte del Senato nel 1972 (lista PCI-PSIUP), nel 1979, nel 1983 e nel 1987 per il PCI.

Insegnante e studioso, ci ha lasciato diverse pubblicazioni, fra cui *Il pensiero politico di Vincenzo Gioberti* e *Le origini della democrazia in Italia: Mario Pagano*.
Collaborò con la *Rivista storica italiana* e la *Nuova antologia*.
Morì a Roma il 15-2-1999.

Olindo Vernocchi
Segretario PSI (1925-1926)

Figlio di un medico condotto. Nacque a Forlimpopoli (FO) il 12 aprile 1888. Durante gli studi universitari in Legge aderì al partito socialista, di cui divenne instancabile propagandista e brillante conferenziere. Nel 1910 e nel 1914 venne eletto consigliere comunale della sua città. Sempre nel 1914 partecipò, come delegato, al congresso di Ancona e diresse il giornale socialista della provincia di Forlì *La lotta di classe*. Chiamato alle armi nel 1915 fu dapprima assegnato a Forlì e, successivamente, a causa della sua attività politica, trasferito ad Agrigento, nel cui circondario si adoperò moltissimo per la costituzione di leghe di mestiere, di Camere del Lavoro, di circoli socialisti e quindi presiedette il primo congresso provinciale socialista di Agrigento. Congedato alla fine della guerra, fu assunto all'*Avanti!*, nella redazione romana. A Roma diresse l'Unione romana del PSI fino allo scioglimento del partito. Partecipò al congresso di Milano (ottobre 1921), a quello di Roma (ottobre 1922, scissione dei riformisti), in cui venne eletto nella Direzione Nazionale, con Fioritto segretario. Successivamente fu uno dei componenti del Comitato di Difesa Socialista e partecipò al congresso di Milano dell'aprile 1923, da cui fu riconfermato nella Direzione (con Tito Oro Nobili segretario) e quindi nominato, assieme a Nenni e Momigliano, direttore dell'*Avanti!* Nell'aprile 1925, in sostituzione del dimissionario Nobili, venne eletto Segretario nazionale, rimanendo in carica fino allo scioglimento dei partiti (7-11-1926).

Nel 1927, fallito un suo tentativo di espatrio clandestino, fu sottoposto a sorveglianza speciale, riuscendo tuttavia a mantenere i contatti con esuli socialisti in Francia e militanti in Italia, anche grazie alla sua professione di ispettore di una compagnia di assicurazioni per la quale viaggiava. Il 22-7-1942, nel suo studio, assieme a Romita, Lizzadri, Canevari e Perotti, venne approvato il documento politico che servirà da base per la ricostituzione del PSI in Italia, dopo il crollo, in seguito all'invasione nazista, della Direzione socialista in esilio. La ricostituzione venne formalizzata il 20-9-1942 e Vernocchi, assieme agli altri quattro, entrò a far parte dell'Esecutivo Segreto del PSI, con Romita segretario, assieme al quale rappresentò poi il PSI presso il Comitato delle Opposizioni.

Nell'agosto 1943, realizzata la fusione tra PSI, MUP e UPI entrò a far parte della Direzione del neocostituito PSIUP, carica riconfermatagli dal Consiglio Nazionale del 1945. Subito dopo la scissione socialdemocratica di Palazzo Barberini (1947) fu Vernocchi a proporre che il partito riprendesse la vecchia denominazione di PSI. Nel 1946 fu eletto all'Assemblea Costituente.
Morì a Roma il 24-12-1954.

Ezio Vigorelli
Componente del Comitato di segreteria del PSDI (6-1-1952/22-2-1952)

Avvocato, nato a Lecco nel 1982, ma vissuto a Milano.
Fu volontario nella prima guerra mondiale, da cui tornò invalido di guerra. Aderì al PSI nel 1921 e, nel 1922, fu eletto consigliere comunale di Milano. Dopo l'assassinio di Matteotti fu uno dei fondatori di "Italia Libera", organizzazione formata da antifascisti ex combattenti.
Durante il ventennio subì aggressioni, fu sottoposto a vigilanza speciale e per due volte incarcerato a San Vittore.
Dopo l'armistizio, per sfuggire alla polizia fascista, il 21-9-1943 riparò in Svizzera assieme alla famiglia. Rientrato in Italia, partecipò alla Resistenza, come ufficiale partigiano, e fu uno degli organizzatori della "Repubblica dell'Ossola", in cui ricoprì l'incarico di "giudice straordinario".

Durante la guerra d Liberazione i suoi due figli, Bruno e Adolfo, caddero in combattimento nel giugno 1944. Nello stesso anno pubblicò *L'offensiva contro la miseria*.

Finita la guerra, continuò a militare nel partito socialista, divenne presidente dell'ECA e consigliere comunale di Milano, partecipò al congresso di Firenze, fu eletto alla Costituente.

Nel gennaio 1947 aderì alla scissione del PSLI e fu chiamato a far parte del Collegio dei Probiviri. Il 18-4-1948, fu eletto deputato per Unità Socialista (PSLI+UdS) e poco dopo entrò nel V governo De Gasperi come sottosegretario al Tesoro (23-5-1948/5-4-1949).

Al congresso del PSLI del gennaio 1949 fu eletto nella Direzione del partito, in rappresentanza della corrente di sinistra (segretario Simonini). Nel dicembre dello stesso anno partecipò, assieme alla sua corrente, uscita dal PSLI, alla costituzione del PSU, della cui Direzione fece parte come capogruppo alla Camera (segretari prima Mondolfo, poi Silone).

Unificatisi il PSLI e il PSU nel PS-SIIS, al primo congresso del nuovo partito (ora divenuto PSDI) si decise di costituire una Direzione collegiale, composta da un rappresentante per ciascuna delle cinque correnti e da quelli dei gruppi del Senato (D'Aragona) e della Camera (Vigorelli). Tale organo durò fino all'elezione (22-2-1952) di un segretario unico (Romita).

Alle politiche del 1953 Vigorelli fu rieletto deputato per il PSDI ed entrò, come ministro del Lavoro, nel ministero Scelba e nel I governo Segni (16-2-1954/15-5-1957). Nel 1957 fu riconfermato nel Comitato Centrale.

Nel 1958 fu rieletto alla Camera, ma nello stesso anno, assieme alla corrente di sinistra, favorevole all'unificazione col PSI, lasciò il PSDI per aderire al MUIS, che nel 1959 confluì nel PSI.

Divenne, in seguito, presidente della Metropolitana di Milano.

Morì a Milano il 24-10-1964.

Carlo Vizzini

Segretario del PSDI (7-5-1992/30-4-1993)

Carlo Vizzini, nato a Palermo il 28-4-1947, è figlio di Calogero Vizzini, già fra i fondatori della socialdemocrazia italiana, parlamentare ed ex presidente del "Palermo Calcio".

Carlo, laureatosi in giurisprudenza con una tesi su *Organizzazione e funzione dei partiti politici*, nel 1971 diventò assistente ordinario di Scienza delle Finanze e Diritto finanziario e nel 1973 professore universitario di Storia delle dottrine economiche.

Il giovane Vizzini politicamente seguì le orme del padre e si iscrisse al PSDI.

Nel 1976 fu eletto deputato e nel 1979 fu riconfermato, ricoprendo anche, nel corso delle due legislature, la funzione di sottosegretario alle Partecipazioni Statali (V governo Andreotti e I governo Cossiga).

Nel 1980 fu eletto vicesegretario del PSDI, con segretario Pietro longo. Nel 1983 fu ancora eletto deputato, diventando sottosegretario al Bilancio e nel 1984 fu nominato ministro per gli Affari Regionali nel I e poi nel II governo Craxi. Nello stesso anno 1983 divenne (assieme a Massari e a Puletti) vicesegretario del partito (segretario Longo).

Rieletto deputato nel 1987 entrò, come ministro dei Beni Culturali, nel governo Goria; riconfermato alla Camera nel 1989, fece parte del VI governo Andreotti come ministro della Marina Mercantile. Nel marzo dello stesso anno 1989 era stato eletto, al XXII congresso di Rimini , vicesegretario unico del PSDI (segretario Cariglia). Nel 1991 poi fece parte, ancora come ministro delle Poste, del VII governo Andreotti.

Il 7-5-1992 il Consiglio Nazionale del PSDI lo elesse segretario al posto di Cariglia, divenuto presidente del partito, che Vizzini intendeva profondamente rinnovare; ma, dopo meno di un anno, la disastrosa situazione finanziaria lo indusse a rassegnare le dimissioni (29-3-1993). Sarà sostituito, il 30-4-1993, da Enrico Ferri.

Successivamente, per alcuni anni, si ritirò dalla politica attiva.

Ricomparve, nel 1998, come aderente a Forza Italia, del cui Comitato di Presidenza nel 1999 entrò a far parte.

Nel 2001 fu eletto senatore per il suo nuovo partito, che lo ha riconfermato anche nel 2006.

Nel 2007 è stato nominato assessore del comune di Palermo e nel 2008 è stato riconfermato senatore per il nuovo partito di centro-destra nato dalla fusione di FI con AN, il PDL (Popolo della Libertà). Ha successivamente aderito al PSI di Nencini.

Mario Zagari
Leader del MUIS (8-2-1959/19-6-1959)

Mario Zagari nacque il 14-9-1913 a Milano, nella cui università conseguì la laurea in giurisprudenza, vincendo anche una borsa di studio in economia politica all'università di Berlino. Partecipò alla seconda guerra mondiale come ufficiale degli alpini, meritando una decorazione al valor militare. Clandestinamente fu tra gli organizzatori dell'UPI, movimento rivoluzionario che si batteva per una società socialista, cui aderivano, fra gli altri, Achille Corona, Ezio Crisafulli, Tullio Vecchietti e Giuliano Vassalli. Il movimento, di cui Zagari era uno dei più autorevoli leader, il 22-8-1943 si fuse col PSI di Romita e col MUP di Basso, dando così vita al PSIUP, che elesse Nenni segretario. Zagari, che partecipò attivamente alla Resistenza armata e per un breve periodo fu rinchiuso a "Regina Coeli", fu eletto nel Comitato Centrale del partito.
Nel 1946 Zagari, direttore del quindicinale *Iniziativa Socialista* (1946-1948), da cui prendeva il nome l'omonima corrente del PSIUP, venne eletto all'Assemblea Costituente.
Al congresso di Firenze del 1946 Zagari fu eletto nella Direzione, con l'incarico di responsabile dell'Ufficio Internazionale del PSIUP, e nel gennaio 1947 partecipò alla scissione di Palazzo Barberini, alla testa della corrente di "Iniziativa Socialista", collocandosi ben presto nell'ala sinistra del PSLI, nella cui Direzione venne eletto.

Nel Convegno Nazionale del PSLI (13-9-1947) che chiamò Saragat alla segreteria del partito, fu eletto (assieme ad Alberto Simonini) vicesegretario nazionale, carica mantenuta fino al febbraio 1948.

Nell'aprile 1948 fu eletto deputato nella lista di "Unità Socialista" (PSLI+UdS).e nel gennaio 1949 fu riconfermato nella Direzione del PSLI.

Nel novembre 1949, come esponente dell'area di centro-sinistra del PSLI, assieme all'MSA di Romita e all'UdS di Silone, partecipò alla fondazione del PSU, nella cui Direzione venne eletto, rimanendovi fino alla fusione col PSLI, da cui sorse il PS-SIIS, poi PSDI. Nel febbraio 1952 fu chiamato a dirigere l'organo del partito *Voce Socialista*.

Nei congressi del 1954 e del 1956 fu eletto nella Direzione del PSDI e nel 1957 nel CC; sempre in rappresentanza della sinistra del partito, nel 1956 fece parte della commissione mista col PSI per l'unificazione socialista. Fallito il progetto di unificazione, nel 1958 fu il principale leader della sinistra socialdemocratica, che lasciò il PSDI per costituire (1958) il MUIS, poi (1959) confluito nel PSI, in cui Zagari, entrato nel Comitato Centrale, rimase fino alla morte.

Nel 1961 fu riconfermato nel CC e nel 1962 fu eletto consigliere comunale di Roma. Nel 1963 fu rieletto deputato e fu riconfermato nel 1968, nel 1972 e nel 1976., anno in cui entrò nella prima Assemblea Europea di Strasburgo, in riconoscimento delle sue appassionate battaglie europeiste.

Zagari è stato anche uomo di governo: sottosegretario agli Esteri (1964-1969) nel II e III governo Moro e nel I governo Rumor; ministro del Commercio con l'Estero (1970-72) nel III governo Rumor e nel governo Colombo (1970-72); ministro di Grazia e Giustizia (1973-74) nel IV e V ministero Rumor.

Nel 1979 (prime elezioni dirette) fu eletto nel Parlamento Europeo, di cui divenne uno dei vicepresidenti e vi fu riconfermato nel 1984. Zagari fu anche presidente di vari enti, fra cui l'Istituto per la cooperazione economica con i paesi in via di sviluppo.

Non va dimenticata, infine, la sua attività giornalistica, durante la quale diresse, oltre ai giornali sopra citati, *L'Italia Socialista, Autonomia Socialista, Unità Socialista, Iniziativa Europea, Sinistra Europea*.

Morì a Roma il 29-2-1996.

Emilio Zannerini
segretario PSLI 1925-1926

Nacque a Massa Marittima (Grosseto) l'8 agosto 1891. Muratore. Giovanissimo (1903) si iscrisse al Movimento Giovanile Socialista e collaborò a *Il Risveglio*. Mobilitato durante la prima guerra mondiale finì davanti al Tribunale Militare per propaganda antimilitarista. Dopo la guerra svolse attività sindacale nel grossetano e divenne segretario del sindacato metallurgici di Piombino. Politicamente aderì alla corrente massimalista, spostandosi successivamente su posizioni centriste e unitarie. Nel 1920 fu tra i dirigenti cooptati nella Direzione del PSI in sostituzione dei membri eletti deputati alle elezioni del 16 novembre 1919 (ricoprendo la carica di vicesegretario) e vi rimase fino all'ottobre 1922. Nel 1921, assieme al segretario Bacci, fu uno dei firmatari, a nome del PSI, del "Patto di Pacificazione", poi miseramente fallito. Nell'ottobre 1922 aderì alla scissione dei riformisti e dei centristi che diedero vita al PSU, di cui divenne vicesegretario e dunque stretto collaboratore del segretario Giacomo Matteotti nell'impegnativa opera di costruzione del partito.

Il PSU, dopo il suo scioglimento (13-11-1925), si ricostituì come PSLI e Zannerini ne venne eletto Segretario. Rimase in carica fino a qualche giorno prima delle leggi eccezionali fasciste del 5-11-1926, essendo espatriato clandestinamente per sfuggire all'arresto. Fu infatti condannato (latitante) a cinque anni di confino e nel 1927 a due anni e sei mesi di reclusione. Si rifugiò prima in Svizzera e poi, rimanendovi fino al 1943, in Francia, a Nizza, in cui creò, assieme a Dino Rondani, l'organizzazione del PSLI/PSULI; a Nizza divenne imprenditore edile, avendo anche occasione di dare lavoro, come muratore, a Sandro Pertini, rifugiatosi nella stessa città. Durante il periodo dell'esilio, Zannerini rimase sempre in contatto con gli emigrati antifascisti. Nell'agosto 1943 tornò in Italia nel grossetano, ma poco dopo fu costretto, per sfuggire ai fascisti di Salò, a trasferirsi a Siena, dove divenne presidente del locale C.L.N, partecipando attivamente alla Resistenza. Tornato a Grosseto si dedicò alla riorganizzazione del PSI.

Fu poi, sempre per il PSI, componente della Consulta, deputato all'Assemblea Costituente, senatore nella prima legislatura e deputato nella seconda. Successivamente non volle più ricandidarsi, preferendo trascorrere i suoi ultimi anni nella sua terra, ma dedicandosi sempre alla propaganda socialista. Morì a Grosseto l'8 giugno 1969.

Saverio Zavettieri
Segretario de "I Socialisti Italiani" (11-3-2007/10-10-2009)
Segretario dei "Socialisti Uniti-PSI" (10-10-2009/2010)

Zavettieri è nato a Bova Marina (Reggio Calabria) il 21-6-1942. Ha militato nel sindacato CGIL dal 1960 al 1980. Dedicatosi poi alla politica, fu eletto deputato del PSI in epoca craxiana, nel 1983, nel 1987 e nel 1992. Nel 1988 fu eletto anche consigliere provinciale di Reggio Calabria.
Dopo lo scioglimento del PSI partecipa a varie iniziative unitarie socialiste, tutte però senza esito.
Nel 2000, alle elezioni regionali, appoggia in Calabria la coalizione di centro-destra e viene nominato assessore regionale alla P:I. Aderisce quindi al NPSI di De Michelis.
Al 5° congresso del partito (21-23/10/2005), però, si schiera, assieme a Bobo Craxi, a favore di una svolta del NPSI che possa finalmente condurre all'unità socialista nell'ambito del centro-sinistra, accogliendo cioè la proposta che viene da Boselli (SDI). La vittoria, dopo varie vicende, viene infine assegnata alla maggioranza De Michelis-Caldoro, per cui il 7-2-

2006, Craxi e Zavettieri costituiscono un nuovo partito denominato "I Socialisti", che alle politiche del 2006, si schiera con l'Ulivo (centro-sinistra).

Al suo primo congresso (Rimini, 11-2-2007) il partito cambia il suo nome in "I Socialisti Italiani" ed elegge all'unanimità segretario Saverio Zavettieri. Il nuovo partito aderisce al progetto della "Costituente Socialista" lanciato da Boselli, per cui Zavettieri entra a far parte del Comitato promotore per la Costituente Socialista, alla quale però, finisce col non partecipare, ritenendo il costituendo Partito Socialista troppo appiattito a sinistra.

Zavettieri quindi mantiene l'autonomia del suo movimento, mentre B. Craxi rimane nel PS, ma solo per poco. Infatti, contrario alla politica del segretario del PS Nencini di alleanza con i partiti alleati in"Sinistra e Libertà", si ricompatta con Zavettieri, dando vita assieme a lui, il 10-10-2009, ad un nuovo raggruppamento denominato "Socialisti Uniti-PSI", con segretario appunto Saverio Zavettieri, che rifiuta ogni sorta di confluenza e si pone in termini critici verso il bipolarismo. B. Craxi, però, in seguito, ritornerà al PS (poi PSI) di Nencini.

Adolfo Zerbini

Socialista romano. Fu uno dei promotori, assieme ad Oddino Morgari e Francesco Paoloni, della società *La Propaganda Editoriale Socialista*, operante dal 1910 al 1911.

Partecipò ai congressi di Roma del 1906 (fu eletto nel Comitato Esecutivo), di Firenze del 1908 (fu uno dei firmatari dell'O.d.G. rivoluzionario, minoritario), di Milano del 1910, di Reggio Emilia del 1912, di Ancona del 1914 (tenne la relazione finanziaria e venne eletto nella Direzione Nazionale per la corrente rivoluzionaria, maggioritaria), di Roma del 1918 (tenne la relazione amministrativa) come esponente della corrente "intransigente rivoluzionaria".

Testi consultati

- Luigi Cortesi *La costituzione del PSI* Edizioni Avanti!, 1962
- Gaetano Arfè *Storia del socialismo italiano 1892-1926* G. Einaudi Editore, 1965
- Alessandro Schiavi *Andrea Costa* Editoriale Opere Nuove, 1955
- Franco Catalano *Filippo Turati* Edizioni *Avanti!*, 1957
- Alessandro Schiavi *Esilio e morte di Filippo Turati* Editoriale Opere Nuove, 1956
- Maria Casalini *La signora del socialismo italiano-Vita di Anna Kuliscioff* Editori Riuniti, 1987
- Tommaso Detti *Serrati e la formazione del PCI* Editori riuniti, 1972
- Angelica Balabanoff *La mia vita di rivoluzionaria* Feltrinelli, 1979
- Alceo Riosa *Angelo Tasca socialista* Marsilio Editori, 1979
- Umberto Chiaramonte *Arturo Vella e il socialismo massimalista* Piero Lacaita Editore, 2002
- Antonio Poli (a cura di) *Matteotti* Federazione Provinciale PSI, Milano, 1974
- Alessandro Schiavi *La vita e l'opera di Giacomo Matteotti* Editoriale Opere Nuove, 1957

- Antonio Greppi *La coscienza in pace-50 anni di socialismo* Edizioni Avanti!, 1963
- Aldo Garosci *Vita di Carlo Rosselli* Vallecchi Editore, 1973
- AA.VV. *L'emigrazione socialista nella lotta contro il fascismo (1926-1939)* Sansoni, 1982
- Pietro Nenni *Taccuino 1942* Arnoldo Mondadori Editore, 1955
- Vera Modigliani *Esilio* Garzanti, 1946
- Ottorino Gurgo-Francesco De Core *Silone* Marsilio, 1998
- Oreste Lizzadri *Il Regno di Badoglio* Edizioni Avanti!, 1963
- Maurizio Punzo *Dalla Liberazione a Palazzo Barberini* CELUC, 1973
- Giuseppe Tamburrano *Pietro Nenni* Editori Laterza, 1986
- Enzo Santarelli *Nenni* Utet, 1988
- AA.VV. Atti del convegno (11-12/11/1998) *Giuseppe Saragat 1898-1998* P. Lacaita Ed.., 1999
- Michele Donno *Giuseppe Saragat e la socialdemocrazia italiana 1947-1952* Univ.Bologna, 2007
- Federico Fornaro *Giuseppe Romita* Franco Angeli, 1996
- Alberto Benzoni *Il partito socialista dalla Resistenza ad oggi* Marsilio Editori, 1980
- Maurizio Punzo *Dalla Liberazione a Palazzo Barberini* CELUC, 1973

- Liliano Faenza *La crisi del socialismo in Italia (1946-1966)* Edizioni ALFA, 1967
- Ciuffoletti —Degl'Innocenti —Sabbatucci *Storia del PSI – dal dopoguerra ad oggi* Laterza, 1993
- Oreste Lizzadri *Il socialismo italiano dal frontismo al centro sinistra* Lerici Editore, 1969
- Silvano Miniati *PSIUP 1964-1972 Vita e morte di un partito* Edimez, 1981
- Giuseppe Averardi *I socialisti democratici* Edizioni di "Corrispondenza Socialista", 1971
- Giuseppe Cacciatore *La sinistra socialista nel dopoguerra* Dedalo Libri, 1979
- Aldo Agosti *Rodolfo Morandi* Editori Laterza, 1971
- Vico Faggi *Sandro Pertini: sei condanne due evasioni* Arnoldo Mondadori Editore, 1974
- Raffaello Uboldi *Il cittadino Sandro Pertini* Rizzoli, 1983
- Massimo Pini *Craxi – una vita, un'era politica* Arnoldo Mondadori Editore, 2006
- Colarizi—Gervasoni *La cruna dell'ago-Craxi, il PSI e la crisi della Repubblica*, Laterza, 2005
- Salvatore D'Agata *Antonio Cariglia il socialdemocratico* Editalia, 1991
- Giorgio Benvenuto *Via del Corso* Sperling & Kupfer Editori, 1993
- Carmine Pinto *La fine di un partito – il PSI dal 1992 al 1994* Editori Riuniti, 1999

- Lelio Lagorio *L'esplosione – Storia della disgregazione del PSI* Edizioni Polistampa, 2004
- Valdo Spini *Compagni siete riabilitati!* Editori Riuniti, 2006
- Ferdinando Leonzio *Socialismo-"L'orgia delle scissioni"* Edizioni Ddisa, 2008

(18-10-2016) *Si segnala, inoltre, per gli utenti di "Domani Socialista" che volessero essere informati sui simboli che sono stati espressi dal movimento socialista italiano, il sito internet* **www.isimbolidelladiscordia.it** *gestito da Gabriele Maestri, ricercatore dell´universitá di Roma Tre e studioso dell´argomento.*

Nota di edizione

Questo libro

In una succinta ma puntuale cornice storica, in cui è tratteggiata la lunga e appassionante vicenda del socialismo italiano, sono inserite le essenziali biografie politiche di oltre 120 esponenti socialisti che in diverse circostanze si trovarono ai vertici dei partiti o movimenti espressi da quell'area politica nell'arco di un secolo (1892-2010). "Non è vero, come si diceva una volta, che "munnu a statu, e munnu è", perché il mondo è cambiato, e di questo cambiamento protagonista è stato il movimento socialista."

L'autore

Ferdinando Leonzio, appassionato cultore di storia e di ricerca storica, autore anche di articoli, recensioni e prefazioni, ha pubblicato i seguenti libri:

Una storia socialista
Lentini 1892-1956
Alchimie
Il culto e la memoria
Filadelfo Castro
Intervista ad Enzo Nicotra
Lentini vota
13 storie leontine
Socialismo- l'orgia delle scissioni
Segretari e leader del socialismo italiano
Breve storia della socialdemocrazia slovacca
La scommessa
Donne del socialismo
La diaspora del socialismo italiano
Cento gocce di vita
La diaspora del comunismo italiano
Sei parole sui fumetti
Otello Marilli

Le edizioni ZeroBook

Le edizioni ZeroBook nascono nel 2003 a fianco delle attività di www.girodivite.it. Il claim è: "un'altra editoria è possibile". ZeroBook è una piccola casa editrice attiva soprattutto (ma non solo) nel campo dell'editoriale digitale e nella libera circolazione dei saperi e delle conoscenze.

Quanti sono interessati, possono contattarci via email: zerobook@girodivite.it

O visitare le pagine su: http://www.girodivite.it/-ZeroBook-.html

Ultimi volumi:

Emma Swan e l'eredità di Adele Filò / di Simona Urso (ISBN 978-88-6711-153-4)

Otello Marilli / di Ferdinando Leonzio (ISBN 978-88-6711-155-8)

Dizionario politico-sociale di Nova Milanese : Passato e presente / Adriano Todaro (ISBN 978-88-6711-151-0)

Autobianchi : vita e morte di una fabbrica / di Adriano Todaro

prefazione di Diego Novelli (ISBN 978-88-6711-141-1)

Sei parole sui fumetti / di Ferdinando Leonzio (ISBN 978-88-6711-139-8)

Sotto perlaceo cielo : mito e memoria nell'opera di Francesco Pennisi / di Luca Boggio (ISBN 978-88-6711-129-9)

La diaspora del comunismo italiano / di Ferdinando Leonzio (ISBN 978-88-6711-127-5)

Celluloide : storie personaggi recensioni e curiosità cinematografiche / a cura di Piero Buscemi (ISBN 978-88-6711-123-7)

Accanto ad un bicchiere di vino : antologia della poesia da Li Po a Rino Gaetano / a cura di Piero Buscemi (ISBN 978-88-6711-107-7, 978-88-6711-108-4)

Il cronoWeb / a cura di Sergio Failla (ISBN 978-88-6711-097-1)

Col volto reclinato sulla sinistra / di Orazio Leotta (ISBN 978-88-6711-023-0)

L'isola dei cani / di Piero Buscemi (ISBN 978-88-6711-037-7)

Saggistica:

I Sessantotto di Sicilia / Pina La Villa, Sergio Failla (ISBN 978-88-6711-067-4)

Il Sessantotto dei giovani leoni / Sergio Failla (ISBN 978-88-6711-069-8)

Antenati: per una storia delle letterature europee: volume primo: dalle origini al Trecento / di Sandro Letta (ISBN 978-88-6711-101-5)

Antenati: per una storia delle letterature europee: volume secondo: dal Quattrocento all'Ottocento / di Sandro Letta (ISBN 978-88-6711-103-9)

Antenati: per una storia delle letterature europee: volume terzo: dal Novecento al Ventunesimo secolo / di Sandro Letta (ISBN 978-88-6711-105-3)

Il cronoWeb / a cura di Sergio Failla (ISBN 978-88-6711-097-1)

Il prima e il Mentre del Web / di Victor Kusak (ISBN 978-88-6711-098-8)

Col volto reclinato sulla sinistra / di Orazio Leotta (ISBN 978-88-6711-023-0)

Il torto del recensore / di Victor Kusak (ISBN 978-6711-051-3)

Elle come leggere / di Pina La Villa (ISBN 978-88-6711-029-2

Segnali di fumo / di Pina La Villa (ISBN 978-88-6711-035-3)

Musica rebelde / di Victor Kusak (ISBN 978-88-6711-025-4)

Il design negli anni Sessanta / di Barbara Failla

Maledetti toscani / di Sandro Letta (ISBN 978-88-6711-053-7)

Socrate al caffé / di Pina La Villa (ISBN 978-88-6711-027-8)

Le tre persone di Pier Vittorio Tondelli / di Alessandra L. Ximenes (ISBN 978-88-6711-047-6)

Del mondo come presenza / di Maria Carla Cunsolo (ISBN 978-88-6711-017-9)

Stanislavskij: il sistema della verità e della menzogna / di Barbara Failla (ISBN 978-88-6711-021-6)

Quando informazione è partecipazione? / di Lorenzo Misuraca (ISBN 978-88-6711-041-4)

L'isola che naviga: per una storia del web in Sicilia / di Sergio Failla

Lo snodo della rete / di Tano Rizza (ISBN 978-88-6711-033-9)

Comunicazioni sonore / di Tano Rizza (ISBN 978-88-6711-013-1)

Radio Alice, Bologna 1977 / di Lorenzo Misuraca (ISBN 978-88-6711-043-8)

L'intelligenza collettiva di Pierre Lévy / di Tano Rizza (ISBN 978-88-6711-031-5)

I ragazzi sono in giro / a cura di Sergio Failla (ISBN 978-88-6711-011-7)

Proverbi siciliani / a cura di Fabio Pulvirenti (ISBN 978-88-6711-015-5)

Parole rubate / redazione Girodivite-ZeroBook (ISBN 978-88-6711-109-1)

Accanto ad un bicchiere di vino : antologia della poesia da Li Po a Rino Gaetano / a cura di Piero Buscemi (ISBN 978-88-6711-107-7, 978-88-6711-108-4)

Neuroni in fuga / Adriano Todaro (ISBN 978-88-6711-111-4)

Celluloide : storie personaggi recensioni e curiosità cinematografiche / a cura di Piero Buscemi (ISBN 978-88-6711-123-7)

Sotto perlaceo cielo : mito e memoria nell'opera di Francesco Pennisi / di Luca Boggio (ISBN 978-88-6711-129-9)

Per una bibliografia sul Settantasette / Marta F. Di Stefano (ISBN 978-88-6711-131-2)

Iolanda Crimi : un libro, una storia, la Storia / di Pina La Villa (ISBN 978-88-6711-135-0)

Autobianchi : vita e morte di una fabbrica / di Adriano Todaro

prefazione di Diego Novelli (ISBN 978-88-6711-141-1)

Dizionario politico-sociale di Nova Milanese : Passato e presente / Adriano Todaro (ISBN 978-88-6711-151-0)

Narrativa:

L'isola dei cani / di Piero Buscemi (ISBN 978-88-6711-037-7)

L'anno delle tredici lune / di Sandro Letta (ISBN 978-88-6711-019-3)

Emma Swan e l'eredità di Adele Filò / di Simona Urso (ISBN 978-88-6711-153-4)

Poesia:

Il libro dei piccoli rifiuti molesti / di Victor Kusak (ISBN 978-88-6711-063-6)

L'isola ed altre catastrofi (2000-2010) di Sandro Letta (ISBN 978-88-6711-059-9)

La mancanza dei frigoriferi (1996-1997) / di Sergio Failla (ISBN 978-88-6711-057-5)

Stanze d'uomini e sole (1986-1996) / di Sergio Failla (ISBN 978-88-6711-039-1)

Fragma (1978-1983) / di Sergio Failla (ISBN 978-88-6711-093-3)

Raccolta differenziata n°5 : poesie 2016-2018 / di Victor Kusak (ISBN 978-88-6711-149-7)

Libri fotografici:

I ragni di Praha / di Sergio Failla (ISBN 978-88-6711-049-0)

Transiti / di Vicotr Kusak (ISBN 978-88-6711-055-1)

Ventimetri / di Victor Kusak (ISBN 978-88-6711-095-7)

Visioni d'Europa / di Benjamin Mino, 3 volumi (ISBN 978-88-6711-143_8)

Opere di Ferdinando Leonzio:

Una storia socialista : Lentini 1956-2000 / di Ferdinando Leonzio (ISBN 978-88-6711-125-1)

Lentini 1892-1956 : Vicende politiche / di Ferdinando Leonzio (ISBN 978-88-6711-138-1)

Segretari e leader del socialismo italiano / di Ferdinando Leonzio (ISBN 978-88-6711-113-8)

Breve storia della socialdemocrazia slovacca / di Ferdinando Leonzio (ISBN 978-88-6711-115-2)

Donne del socialismo / di Ferdinando Leonzio (ISBN 978-88-6711-117-6)

La diaspora del socialismo italiano / di Ferdinando Leonzio (ISBN 978-88-6711-119-0)

Cento gocce di vita / di Ferdinando Leonzio (ISBN 978-88-6711-121-3)

La diaspora del comunismo italiano / di Ferdinando Leonzio (ISBN 978-88-6711-127-5)

Sei parole sui fumetti / di Ferdinando Leonzio (ISBN 978-88-6711-139-8)

Otello Marilli / di Ferdinando Leonzio (ISBN 978-88-6711-155-8)

Parole rubate:

Scritti per Gianni Giuffrida: La nuova gestione unitaria dell'attività ispettiva: L'Ispettorato Nazionale del Lavoro / di Cristina Giuffrida (ISBN 978-88-6711-133-6)

Cataloghi:

ZeroBook: catalogo dei libri e delle idee 2018

ZeroBook: catalogo dei libri e delle idee 2017

ZeroBook: catalogo dei libri e delle idee 2016

ZeroBook: catalogo dei libri e delle idee 2015

ZeroBook: catalogo dei libri e delle idee 2012

Catalogo ZeroBook 2007

Catalogo ZeroBook 2006

Riviste:

Post/teca, antologia del meglio e del peggio del web italiano

ISSN 2282-2437

https://www.girodivite.it/-Post-teca-.html

Girodivite, segnali dalle città invisibili

ISSN 1970-7061

https://www.girodivite.it

https://www.girodivite.it

ZeroBook catalogo delle idee e dei libri

bimestrale

https://www.girodivite.it/-ZeroBook-free-catalogo-puoi-.html

www.ingramcontent.com/pod-product-compliance
Lightning Source LLC
Chambersburg PA
CBHW060310230426
43663CB00009B/1654